山西省法学会重点项目（SXLS（2017）A05）

光明社科文库
GUANGMING DAILY PRESS
A SOCIAL SCIENCE SERIES

·法律与社会书系·

加快县域城镇发展法律问题研究

董玉明 | 著

光明日报出版社

图书在版编目（CIP）数据

加快县域城镇发展法律问题研究 / 董玉明著． -- 北京：光明日报出版社，2024.3
ISBN 978-7-5194-7867-4

Ⅰ.①加… Ⅱ.①董… Ⅲ.①城镇—城市规划—法规—中国 Ⅳ.①D922.297.4

中国国家版本馆 CIP 数据核字（2024）第 063228 号

加快县域城镇发展法律问题研究
JIAKUAI XIANYU CHENGZHEN FAZHAN FALÜ WENTI YANJIU

著　　者：董玉明	
责任编辑：杨　茹	责任校对：杨　娜　李海慧
封面设计：中联华文	责任印制：曹　净

出版发行：光明日报出版社
地　　址：北京市西城区永安路 106 号，100050
电　　话：010-63169890（咨询），010-63131930（邮购）
传　　真：010-63131930
网　　址：http://book.gmw.cn
E - mail：gmrbcbs@gmw.cn
法律顾问：北京市兰台律师事务所龚柳方律师

印　　刷：三河市华东印刷有限公司
装　　订：三河市华东印刷有限公司

本书如有破损、缺页、装订错误，请与本社联系调换，电话：010-63131930

开　　本：170mm×240mm	
字　　数：386 千字	印　　张：21.5
版　　次：2024 年 3 月第 1 版	印　　次：2024 年 3 月第 1 次印刷
书　　号：ISBN 978-7-5194-7867-4	
定　　价：99.00 元	

版权所有　　翻印必究

内容摘要

　　本著作以2016年至2017年国家启动特色小城镇与小镇建设项目及其整治为背景，经过五年多的研究，较系统地梳理总结和分析了改革开放以来我国县域城镇发展的战略及政策法治措施的实施情况，总结了40多年来我国县域城镇发展的历史进程、政策法律调整机制及主要政策法律资源的供给情况，在此基础上，总结了县域城镇发展及法治的政治基础、经济基础、社会基础和基本经验，针对新形势面临的问题提出完善对策和建议。

　　本著作认为，我国改革开放以来县域城镇国民经济和社会发展及其法治的基本经验集中体现为八个方面：一是坚持党中央的统一领导；二是以扩权强县与扩权强镇为目标的简政放权；三是法律保留下的政策指导和行政法规、规章及规范性文件优先；四是国务院职能部门的有效管理和激励；五是大力开展公共设施建设；六是形成城乡一体化的社会保障机制；七是重视县域城镇法律服务能力的提升；八是县域法治的标准化推进。

　　进入新时代，我国县域城镇面临新形势、新任务，发展过程中存在六个方面的问题：一是农业县发展缓慢的困境问题；二是乡镇不分与镇的混乱问题；三是简政放权不到位的问题；四是产业发展基础水平提升问题；五是城乡人口互动问题；六是县镇级关键岗位主要党政干部的稳定问题。

　　在以上分析基础上，提出八项建议：一是必须坚持党中央的统一领导；二是彻底改变农业县发展的被动格局；三是将广东贵州等地简政放权的经验推广到全国；四是为改变县域城镇的混乱局面坚守建制镇发展思路；五是大力提升县域城镇的产业化水平；六是放开城乡人口互动政策；七是稳定县域城镇干部队伍；八是分类确定县域城镇化规划的发展目标。

目 录
CONTENTS

导 论 ··· 1
  一、研究背景和意义 ··· 1
  二、研究动态分析 ··· 5
    （一）关于特色城镇与县域经济社会发展的研究 ············· 5
    （二）关于县域及特色城镇法治问题的研究 ·················· 10
  三、基本研究范畴的界定 ·· 13
    （一）关于对县域及县域经济的范畴界定 ····················· 13
    （二）关于对县域之内特色小城镇的范畴界定 ··············· 14
    （三）关于县域城镇法律问题的界定 ···························· 15
  四、研究思路与方法 ··· 16
  五、基本研究内容 ··· 17
  六、创新、不足与展望 ··· 17

第一章 我国加快县域经济及县域城镇发展分析 ················· 19
  一、我国加快县域经济发展的简要分析 ························ 19
  二、我国县域内建制镇的发展情况分析 ························ 23
    （一）1986年至2000年的大力撤乡、并乡和建镇时期 ······ 29
    （二）2001至2005年的乡镇双减和镇首超乡时期 ··········· 29
    （三）2006年至2015年镇数量稳步增长及乡数量继续大幅减少时期 ··· 29
    （四）2016年至2021年乡镇总数首次跌破3万以下时期 ········ 30

第二章 促进小城镇建设的中央政策法治实践 ···················· 32
  一、特色城镇及小城镇战略的实施 ······························ 32
    （一）建制镇意义上的特色小城镇 ······························ 32

1

（二）改革开放以来我国小城镇与小镇的政策演变 …………… 34
　二、小城镇建设的试点实践 …………………………………………… 39
　三、全国小城镇建设示范镇的实践 …………………………………… 46
　四、小城镇户籍管理改革实践 ………………………………………… 50
　五、小城镇建设专项贷款制度安排 …………………………………… 50
　六、国家星火小城镇建设示范镇实践 ………………………………… 52
　七、土地增减挂钩试点小城镇实践 …………………………………… 53
　八、绿色重点小城镇试点示范的实践 ………………………………… 61
　九、小城镇宜居小区示范实践 ………………………………………… 63
　十、美丽特色小（城）镇建设实践 …………………………………… 64
　十一、特色小镇培育的实践 …………………………………………… 69
　十二、其他国家级特色小镇的培育实践 ……………………………… 75
　　（一）运动休闲特色小镇建设的实践 ……………………………… 75
　　（二）森林小镇建设的实践 ………………………………………… 80
　　（三）历史文化名镇的评选 ………………………………………… 82
　　（四）全国特色景观旅游名镇（村）的评选 ……………………… 90
　十三、特点与问题总结 ………………………………………………… 99
　　（一）阶段性特征 …………………………………………………… 99
　　（二）动态管理特征 ………………………………………………… 99
　　（三）政策引导特征 ………………………………………………… 99

第三章　地方小城镇建设的政策法治实践 ……………………………… **101**
　一、积极组织参加国家级各类城镇建设的推荐活动 ………………… 101
　二、积极开展旨在促进本地小城镇发展的综合试点工作 …………… 102
　三、绿色小镇的创建 …………………………………………………… 110
　四、小城镇的整治 ……………………………………………………… 112
　五、省市级特色小镇和特色城镇的创建 ……………………………… 114

第四章　县域政策法律调整梳理与分析 ………………………………… **119**
　一、党内政策和法规的调整 …………………………………………… 119
　二、宪法及地方组织法规定 …………………………………………… 136
　三、县域发展专门的法律调整 ………………………………………… 139
　四、行政法规及规范性文件的调整 …………………………………… 140

五、国务院部委规章及规范性文件的调整 …………………… 148
　　六、地方性法规和规章的调整 ………………………………… 189

第五章　县域内镇的政策法律调整梳理与分析 …………………… **191**
　　一、党内政策和法规的调整 …………………………………… 193
　　二、宪法及地方组织法规定 …………………………………… 199
　　三、相关法律的调整 …………………………………………… 203
　　四、行政法规及规范性文件的调整 …………………………… 204
　　五、国务院部委规章及规范性文件的调整 …………………… 211
　　六、地方性法规及规范性文件的调整 ………………………… 242
　　七、地方性规章及规范性文件的调整 ………………………… 272

第六章　我国县域及镇的法治完善 ………………………………… **291**
　　一、我国县域及镇的法治基础 ………………………………… 291
　　　（一）我国县域城镇发展及其法治的政治基础 ……………… 292
　　　（二）我国县域城镇发展及其法治的经济基础 ……………… 293
　　　（三）我国县域城镇发展及其法治的社会基础 ……………… 294
　　二、我国县域城镇发展及法治经验 …………………………… 294
　　　（一）坚持党中央的统一领导 ………………………………… 294
　　　（二）以扩权强县与扩权强镇为目标的简政放权 …………… 295
　　　（三）法律保留下的政策及其他法规、规章及规范性文件优先 …… 295
　　　（四）国务院职能部门的有效管理和激励 …………………… 296
　　　（五）大力开展公共设施建设 ………………………………… 296
　　　（六）形成城乡一体化的社会保障机制 ……………………… 297
　　　（七）重视县域和乡镇法律服务能力的提升 ………………… 297
　　　（八）县域法治的标准化推进 ………………………………… 297
　　三、我国县域城镇化面临问题的分析 ………………………… 298
　　　（一）农业县发展缓慢的困境问题 …………………………… 298
　　　（二）乡镇不分与镇的混乱问题 ……………………………… 300
　　　（三）简政放权不到位的问题 ………………………………… 300
　　　（四）产业发展基础水平提升问题 …………………………… 301
　　　（五）城乡人口互动问题 ……………………………………… 301
　　　（六）县镇级党政主要领导干部的稳定问题 ………………… 302

四、我国县域城镇发展及法治完善的对策建议 ………… 302
（一）必须坚持党中央的统一领导 ………………… 302
（二）彻底改变农业县发展的被动格局 ……………… 303
（三）将广东贵州等地简政放权的经验推广到全国 …… 304
（四）为改变镇的混乱局面坚守建制镇发展思路 …… 304
（五）大力提升县域及其城镇的产业化水平 ………… 304
（六）放开城乡人口互动政策 ………………………… 305
（七）为保持规划执行的连续性，稳定县域及其城镇干部队伍 …… 305
（八）分类确定县域城镇化规划的发展目标 ………… 306

参考文献 …………………………………………………… 308
附录一　县域城镇化国家重要政策法律文件目录 ……… 311
附录二　列表目录 ………………………………………… 329
后　记 ……………………………………………………… 330

导 论

一、研究背景和意义

2017年5月11日,国务院办公厅为贯彻落实全国科技创新大会精神,全面实施《国家创新驱动发展战略纲要》,[①] 推动实现县域创新驱动发展,发布《国务院办公厅关于县域创新驱动发展的若干意见》(以下简称《意见》)。该《意见》指出,实施创新驱动发展战略,基础在县域、活力在县域、难点也在县域。新形势下,支持县域开展以科技创新为核心的全面创新,推动大众创业、万众创新,加快实现创新驱动发展,是打造发展新引擎、培育发展新动能的重要举措,对于推动县域经济社会协调发展、确保如期实现全面建成小康社会奋斗目标具有重要意义。该《意见》提出,坚持分类指导、精准施策,结合县域经济社会发展水平和定位,因地制宜确定县域创新驱动发展的目标和任务,加快经济发展方式转变和社会转型,推动实现县域差异化、可持续发展。到2020年,县域创新驱动发展环境显著改善,创新驱动发展能力明显增强,全社会科技投入进一步提高,公民科学素质整体提升,大众创业、万众创新的氛围更加浓厚,形成经济社会协调发展的新格局,为我国建成创新型国家奠定基础。到2030年,县域创新驱动发展环境进一步优化,创新驱动发展能力大幅提升,创新创业活力有效释放,产业竞争力明显增强,城乡居民收入显著提高,生态环境更加友好,为跻身创新型国家前列提供有力支撑。与此同时,《意见》提出的重点任务之一就是加强创新创业载体建设。除创设各类开发区外,在有条件的县(市)建设创新型县(市)、创新型乡镇。[②] 由此,县域经济的发展与其县域内各类镇的发展存在着密切相关性。

与此相适应,2016年7月1日,住房和城乡建设部、国家发展改革委、财

[①] 新华社北京2016年5月19日电:近日,中共中央、国务院印发了《国家创新驱动发展战略纲要》,并发出通知,要求各地区各部门结合实际认真贯彻执行。

[②] 参见国务院办公厅《关于县域创新驱动发展的若干意见》(国办发〔2017〕43号)。

政部联合发布《关于开展特色小镇培育工作的通知》（以下简称《通知》）。该《通知》提出，为贯彻党中央、国务院关于推进特色小镇、小城镇建设的精神，落实《国民经济和社会发展第十三个五年规划纲要》关于加快发展特色镇的要求，住房和城乡建设部、国家发展改革委、财政部（以下简称三部委）决定在全国范围开展特色小镇培育工作。其指导思想是：全面贯彻党的十八大和十八届三中、四中、五中全会精神，牢固树立和贯彻落实创新、协调、绿色、开放、共享的发展理念，因地制宜、突出特色，充分发挥市场主体作用，创新建设理念，转变发展方式，通过培育特色鲜明、产业发展、绿色生态、美丽宜居的特色小镇，探索小镇建设健康发展之路，促进经济转型升级，推动新型城镇化和新农村建设。该《通知》提出目标：到 2020 年，培育 1000 个左右各具特色、富有活力的集休闲旅游、商贸物流、现代制造、教育科技、传统文化、美丽宜居等于一体的特色小镇，引领带动全国小城镇建设，不断提高建设水平和发展质量。

在培育要求方面，共有以下五点：一是特色鲜明的产业形态；二是和谐宜居的美丽环境；三是彰显特色的传统文化；四是便捷完善的设施服务；五是充满活力的体制机制。在组织领导和政策支持方面，由三部委负责组织开展全国特色小镇培育工作，明确培育要求，制定政策措施，开展指导检查，公布特色小镇名单。省级住房和城乡建设、发展改革、财政部门负责组织开展本地区特色小镇培育工作，制定本地区指导意见和支持政策，开展监督检查，组织推荐。县级人民政府是培育特色小镇的责任主体，制定支持政策和保障措施，整合落实资金，完善体制机制，统筹项目安排并组织推进。镇人民政府负责做好实施工作。国家发展改革委等有关部门支持符合条件的特色小镇建设项目申请专项建设基金，中央财政对工作开展较好的特色小镇给予适当奖励。三部委依据各省小城镇建设和特色小镇培育工作情况，逐年确定各省的推荐数量。省级住房和城乡建设、发展改革、财政部门按推荐数量，于每年 8 月底前将达到培育要求的镇向三部委推荐。特色小镇原则上为建制镇（县城关镇除外），优先选择全国重点镇。①

上述《通知》发布后，截至 2017 年，共组织了两批评审。2016 年 10 月公布第一批特色小镇 127 个。2017 年 7 月公布第二批特色小镇 276 个，总计 403 个。2017 年 5 月 9 日，国家体育总局办公厅下发《关于推动运动休闲特色小镇

---

① 参见住房和城乡建设部、国家发展和改革委员会、财政部联合公布的《关于开展特色小镇培育工作的通知》（建村〔2016〕147 号）。

建设工作的通知》，启动了运动休闲特色小镇建设工作。经对各省、自治区、直辖市体育局，国家体育总局有关直属单位和中国足球协会推荐的运动休闲特色小镇申报项目进行筛选，决定将北京市房山区张坊运动休闲特色小镇等96个项目列为第一批运动休闲特色小镇试点项目。[①]

2017年7月4日，原国家林业局[②]办公室发布《关于开展森林特色小镇建设试点工作的通知》（以下简称《通知》）。该《通知》指出，森林特色小镇是指在森林资源丰富、生态环境良好的国有林场和国有林区林业局的场部、局址、工区等适宜地点，重点利用老旧场址工区、场房民居，通过科学规划设计、合理布局，建设接待设施齐全、基础设施完备、服务功能完善，以提供森林观光游览、休闲度假、运动养生等生态产品与生态服务为主要特色的，融合产业、文化、旅游、社区功能的创新发展平台。原国家林业局要求在全国国有林场和国有林区林业局范围内选择30个左右的小镇作为首批国家建设试点，并提出建设条件：一是具有一定规模。一般应选择在森林分布集中，森林覆盖率应在60%以上，森林景观优美、周边生态环境良好，具备较好文化底蕴、无重大污染源、规模较大的国有林场或国有林区林业局建设。二是建设积极性高。国有林场和国有林区林业局建设积极性较高，当地政府重视森林特色小镇建设工作，在小镇项目建设投入、招商引资、土地优惠以及基础设施建设等方面政策扶持力度大。三是主导产业定位准确。主要依托森林资源和生态优势，重点发展森林观光游览、休闲度假、运动养生，以及森林食品、森林药材等林产品培育、采集和初加工的绿色产业。四是基础设施较完备。国有林场和国有林区林业局水电路讯等基础设施较完善，建设地点原则上要选择在距机场或高铁站50—100公里范围内。[③]

上述工作在国家层面的开展，极大地促进了地方省级层面的评选。各地除积极组织有关单位参加国家级特色小镇评选外，也开始注重省级层面的特色小镇培育和评选工作。但很快就发现存在一些诸如"虚假小镇""虚拟小镇"以及利用特色小镇建设突破法律底线的"问题小镇"等现象。与此同时，还存在着一些地方政府或企业自行命名建设的"特色小镇"。这些特色小镇不一定形成建制镇，可以隶属于各市、区、县、镇、乡，甚至村。因而存在市中镇、区中

---

① 参见国家体育总局办公厅《关于推动运动休闲特色小镇建设工作的通知》（体群字〔2017〕73号）。
② 原国家林业局现改为国家林业和草原局（下同）。
③ 参见原国家林业局办公室《关于开展森林特色小镇建设试点工作的通知》（办场字〔2017〕110号）。

镇、县中镇、镇中镇、乡中镇，甚至村中镇，使小镇建设出现混乱。为此，到2017年底，不得不对特色小镇建设进行整顿，原预期2018年启动的第三批国家级特色小镇的评选培育工作也被予以暂停。

2017年12月4日，国家发展改革委、原国土资源部、原环境保护部、住房和城乡建设部四部委联合发布《关于规范推进特色小镇和特色小城镇建设的若干意见》（以下简称《意见》）。该《意见》指出，特色小镇是在几平方公里土地上集聚特色产业、生产生活生态空间相融合，不同于行政建制镇和产业园区的创新创业平台。特色小城镇是拥有几十平方公里以上土地和一定人口经济规模、特色产业鲜明的行政建制镇。近年来，各地区各有关部门认真贯彻落实党中央、国务院决策部署，积极稳妥推进特色小镇和小城镇建设，取得了一些进展，积累了一些经验，涌现出一批产业特色鲜明、要素集聚、宜居宜业、富有活力的特色小镇。但在推进过程中，也出现了概念不清、定位不准、急于求成、盲目发展以及市场化不足等问题，有些地区甚至存在政府债务风险加剧和"房地产化"的苗头。为深入贯彻落实党中央、国务院领导同志重要批示精神，就规范推进各地区特色小镇和小城镇建设提出意见。该《意见》提出了一系列整顿特色小城镇发展秩序的治理措施：一是准确把握特色小镇内涵，不能把特色小镇当成筐，什么都往里装，不能盲目把产业园区、旅游景区、体育基地、美丽乡村、田园综合体以及行政建制镇戴上特色小镇的"帽子"；二是遵循城镇化发展规律；三是注重打造鲜明特色；四是有效推进生产、生活、生态空间"三生融合"；五是厘清政府与市场边界；六是实行创建达标制度；七是严防政府债务风险；八是严控房地产化倾向；九是严格节约集约用地；十是严守生态保护红线。文件要求，国务院有关部门对已公布的两批403个全国特色小城镇、96个全国运动休闲特色小镇等，开展定期测评和优胜劣汰。[①] 由此，国家级特色小城镇的评选活动暂时叫停，但一些省一级的特色小镇评选还在一边整顿，一边继续推进。总体而言，南方各省比较活跃，北方各省相对落后。

在以上政策背景下，本著作者承担了山西省法学会重点项目：《加快县域经济、特色小镇发展的法律问题研究》之命题专项科研任务［SXLS（2017）A05］。其研究的基本立足点在于，在国家积极推进县域特色小镇及特色小城镇建设中，法律及其法治的回应情况如何，存在哪些问题，如何予以完善的问题。

---

① 参见国家发展改革委、原国土资源部、原环境保护部、住房和城乡建设部四部委联合发布的《关于规范推进特色小镇和特色小城镇建设的若干意见》（发改规划〔2017〕2084号）。

因此，本著作的研究理论和实践意义，一方面体现为积极发挥法律及其法治功能为县域经济下特色小城镇建设提供法律保障与服务；二是如何通过法律及其法治功能的发挥促进我国县域经济下特色小城镇建设的健康发展。该著作经过5年多的研究，具有了初步成果。本著作是在鉴定意见基础上进一步完善形成的。同时，基于著作所涵盖的内容涉及我国县域城镇发展中所有以镇的名义的发展及其法治状况，因此，此次正式出版，将书名定位于《加快县域城镇发展法律问题研究》。

与此同时，本著作作者承担了2022年度国家社会科学基金一般项目：《宏观调控法视角下促进共同富裕的经济法保障研究》（22BFX104）课题。其中，有关县城城镇发展的法治问题与实现中国式现代化下的共同富裕密切相关。故而，本著作也是该国家社科基金项目的阶段性成果之一。

二、研究动态分析

（一）关于特色城镇与县域经济社会发展的研究

在我国，自中华人民共和国成立以来，县域之下的建制镇一直存在，并与建制乡并存。在政策法律层面将其统称为"乡镇"，且主要以农业发展为主。20世纪80年代初，费孝通先生在调研江南一些乡镇发展状况后，首先提出了"小城镇，大战略"的发展思路，[①] 引起学界的关注并发表了大量的文章，进而推进了特色小城镇的发展。对此，对于有关的研究动态，河南财经政法大学城市与乡村发展研究所郭荣朝、康洋鸣（2017）发表《我国小城镇发展研究综述》一文，对截至2016年的研究状况进行了总结。其认为，国内研究主要集中于以下十个方面：

一是地位研究。其中，20世纪80年代初，费孝通先生就明确提出"小城镇，大战略"的理念；目前小城镇在经济社会发展过程中仍然居于重要地位。[②]

二是发展历程研究。有论文指出，"温州模式"是我国小城镇发展的典范，浙江省小城镇的改革历程包括两大发展阶段、三个转型时期，总结出阶段性特征，以及不同阶段小城镇的空间发展形态与特征。[③]

三是影响因素研究。主要包括条件与机遇、政府政策引导、城镇体系自组

[①] 费孝通. 费孝通文集：第九卷［C］. 北京：群言出版社，1999：192-234.
[②] 李培林. 小城镇依然是大问题［J］. 甘肃社会科学，2013（3）：1-4.
[③] 陈前虎，寿建伟，潘聪林. 浙江省小城镇发展历程、态势及转型策略研究［J］. 规划师，2012，28（12）：86-90.

织发展及其耦合效应等，其中乡镇体制改革以及国家对产业、金融、土地等政策的调整已成为根本性因素。①

四是综合评价研究。主要从规模、经济、生活质量、土地集约利用、发展潜力等方面构建评价指标体系，对小城镇的可持续发展和培育试点进行了综合评价。②

五是存在问题研究。主要包括：小城镇数量多，规模小，动力不足，建设质量不高，示范效应不强；经济水平不高，产业支撑力度不够，工业结构与农业联系较少，第三产业发展滞后；枢纽功能弱小，缺乏应有的吸引辐射能力；小城镇空间分布格局不合理，土地集约程度低；千城一面，没有形成自身特色；管理体制及政策无法适应现实需要；基础设施严重不足或重复建设，建设资金筹措渠道过于单一；环境污染问题严重等。③ 尤其要加强小城镇产业集聚问题的研究。

六是吸纳农业转移人口意愿研究。影响农业转移人口意愿的因素有文化程度、房产、承包地、签订就业合同状况、未婚子女平均年龄等，他们更多愿意在中小城市和小城镇落户，文化程度偏低、城市生活适应性较弱、获取城市保障机制能力较弱的更愿意落户小城镇。④

七是发展模式研究。其主要体现在对 20 世纪末期形成的苏南模式，苏南模式创新，温州模式，大连模式，山东资源、产业、人口协同发展模式的研究。⑤ 与此同时，中国新型城镇化论坛提出的特色旅游小镇、特色农业小镇、特色工业小镇、互联网小镇、创客小镇、体育小镇等的研究。然而，在小城镇发展模式方面是无法复制的。

八是发展趋势研究。随着我国城镇化水平的快速提高，"大城市病"不断涌现，而小城镇发展也将进入黄金时期，并呈现出分化趋势，要高度重视中心镇

---

① 曹阳，田文霞.沿边开发开放民族地区小城镇发展：耦合力、模式与对策：基于延边州朝阳川镇的调查 [J].学术交流，2011（2）：95-97.
② 翁加坤，余建忠.浙江省首轮小城市培育试点三年行动计划评估方法：以象山县石浦镇为例 [J].小城镇建设，2014（4）：56-60.
③ 赵莹，李宝轩.新型城镇化进程中小城镇建设存在的问题及对策 [J].经济纵横，2014（3）：8-11.
④ 卢小军，张宁，王丽丽.农业转移人口城市落户意愿的影响因素 [J].城市问题，2016（11）：99-103.
⑤ 耿宏兵，刘剑.转变路径依赖：对新时期大连市小城镇发展模式的思考 [J].城市规划，2009，33（5）：79-83.

的发展，① 政府要采取相应的对策措施，给予小城镇 15 年的发展培育期。

九是发展策略研究。主要从自身特点、发展政策、行政区划调整、规划导引等方面提出相应的差异化发展对策，② 培育中心镇是我国城镇化的必然规律。

十是特色规划设计研究。城镇化的快速推进，致使小城镇传统的、具有差异性的城镇特色正逐渐缺失，小城镇特色规划设计应得到进一步强化。③

而在国外研究方面，主要集中于以下四个方面：

一是经济与环境问题研究。尤其是德国、日本等西方发达国家的一些小城镇出现了经济不断衰退、人口不断流失等问题。

二是社会问题研究。例如，对意大利小城镇住房市场危机与城市密度以及印度小城镇的社会空间组织等社会问题的研究。

三是可持续发展问题研究。主要是指小城镇建成后，如何保持其产业优势，不至于出现"空城"现象。

四是西方发达国家的经验启示。日本城市大发展时期，小城镇不断萎缩，20 世纪 80 年代则通过完善村镇基础设施，培育发展小城镇，鼓励人们返乡工作，已形成以大都市圈为主、大中城市与中小城镇共同发展的格局。德国城镇化水平已达到 96%，70% 的人口居住于各种职能类型的小城镇。英国则以"乡村工业化"为特色，缓解特大城市人口急剧膨胀所带来的压力。美国则利用近 20 年时间培育发展小城镇，形成以发展小城镇为特色的城镇化路径，目前 50% 以上人口居住在小城镇。一些小城镇能够成为人口产业承载的主体。④

综上所述，国内外专家学者对小城镇的战略地位、发展现状、影响因素、评价体系、存在问题、市民化意愿、发展模式、发展趋势、经验启示、发展策略、规划设计等方面进行了较为全面的研究。然而，有关特色小城镇培育发展的研究成果则较少，尤其是如下一些方面仍需进一步深入研究：一是小城镇培育发展特色确定；二是特色小城镇培育发展机制创新；三是特色小城镇培育发展质效提升；四是特色小城镇培育发展政策设计建议等。

从 2017 年以来的研究动态来看，主要围绕对特色城镇的培育问题展开区域

---

① 段进军．关于我国小城镇发展态势的思考 [J]．城市发展研究，2007（6）：52-57.
② 李兰昀，吴朝宇，李恺．重庆市主城区小城镇城乡统筹发展规划策略研究 [J]．城市发展研究，2012，19（12）：157-159，163；
严罚．小城镇文化特色塑造与景观设计浅析 [J]．江苏城市规划，2012（5）：5.
③ 顾朝林．县镇乡村域规划编制手册 [M]．北京：清华大学出版社，2016：142-229.
④ 郭荣朝，康洋鸣．我国小城镇发展研究综述 [J]．创新科技，2017（3）：17-18.

的和全国性研究。典型的如中国城市规划设计研究中心史旭敏、管京，专门就乡村振兴背景下山西省的小城镇建设进行了研究。① 同期，太原师范学院姜晓丽也对山西省特色小镇遴选及发展对策进行了研究。② 南京农业大学公共管理学院吴未、周佳瑜，以浙江省为例，研究了特色小城镇发展水平评价指标体系。③ 内蒙古工业大学建筑学院荣丽华、王彦开，对内蒙古特色小镇培育建设问题进行了研究。④ 而庄园、冯新刚、陈玲则对国家评选出的403个特色小镇发展潜力进行了评估性研究。⑤ 同济大学建筑与城市规划学院张立、白郁欣，对403个国家（培育）特色小城镇的特征进行了分析。⑥

与此同时，一些论文对于县域经济社会发展与特色小城镇发展的关系进行了探讨。吉林大学刘国斌教授承担国家社会科学基金项目"新型城镇化进程中县域的突出作用与发展机制研究"。该研究成果认为，大中小城市和小城镇协调发展与县域经济的"亚核心"耦合机制可以从产业发展、制度创新、人口流动、基本公共服务完善以及生态文明建设五个方面实现。⑦ 高天跃、路城认为，近年来，我国经济快速发展，而"三农"问题也受到社会的广泛关注，利用城镇化与县域经济来解决"三农"问题能够得到良好的效果，我国目前的县域经济实际上仍然是农村经济，要想使农村经济得到良好的发展，那么就必须与城镇化进行结合。然而，我国农村城镇化和县域经济受到多方面因素的影响，整体水平较低、发展十分滞后，已经从根本上影响了我国经济的全面发展，因此，就农村城镇化与县域经济的发展进行分析，并提出科学、合理的建议。⑧ 张薇认为，县域经济是我国重要的、功能较为完备的综合性经济体系，小城镇是城乡

---

① 史旭敏，管京. 乡村振兴背景下的小城镇发展研究：以山西省为例［J］. 小城镇建设，2018，36（11）：66-72，96.
② 姜晓丽. 山西省特色小城镇遴选及发展研究［J］. 生产力研究，2018（4）：7-11，39.
③ 吴未，周佳瑜. 特色小城镇发展水平评价指标体系研究：以浙江省为例［J］. 小城镇建设，2018，36（12）：39-44.
④ 荣丽华，王彦开. 内蒙古特色小镇培育建设研究［C］//彭震伟. 乡村振兴战略下的小城镇. 上海：同济大学出版社，2018：16.
⑤ 庄园，冯新刚，陈玲. 特色小城镇发展潜力评价方法探索：以403个国家特色小城镇为例［J］. 小城镇建设. 2018，36（9）：31-42.
⑥ 张立，白郁欣. 403个国家（培育）特色小城镇的特征分析及若干讨论［J］. 小城镇建设，2018，36（9）：20-30.
⑦ 刘国斌，朱先声. 新型城镇化背景下大中小城市和小城镇协调发展研究［J］. 黑龙江社会科学，2018（4）：46-51.
⑧ 高天跃，路城. 试析农村城镇化与县域经济的发展［J］. 山西农经，2016（5）：12-13.

经济社会发展的重要中间环节。小城镇建设有利于繁荣县域经济、推进农业产业化和工业化、促进城乡统筹发展，是实现区域可持续发展的重要举措。小城镇建设要因地制宜、合理规划，采用科学方法。① 冯嘉认为，特色小镇将培植产业生态、优化产业与招商项目空间布局，进一步提升产业集聚效应、提升产业的差异化优势并构建特色产业体系。与此同时，更为关键的是，特色小镇建设能通过发展产业优化县域空间格局，从而为县域积极承接城市产业转移、接受中心城市辐射、紧跟城市建设提供了可能。县域经济借助特色小镇对县域范围内原有产业进行精准梳理与定位，通过市场化和国际化的资源配置，全产业链化的赋能传统产业转型升级，进而推动县域经济的转型升级，将是值得期待的路径和模式之一。② 陈晨认为，通过县级行政区划地理空间，以县级政权为调控中心，乡镇为联系纽带，农村为根据地，在建设过程中体现出地域特点，以市场为方向标，在政府帮助管理下的区域化经济叫做县域经济。③ 由此，说明了乡镇在连接城市与乡村中的纽带作用。而其作用的发挥，离不开县域的调控。北部湾大学经济管理学院教授傅远佳2017年民建广西区委议政项目"加强特色小镇建设，推动县域经济发展"的终期成果认为，特色小镇是我国新型城镇化建设的有机组成部分，是乡村振兴战略发展格局的重要组成部分，是新时代县域经济发展的全新载体。广西培育和建设特色小镇具有区位优势、资源优势、交通优势以及历史文化传统优势。近年来，广西初步建立了一批国家级、省级和市级特色小镇，培育和建设成效显著。但广西特色小镇量少而质不高；对特色小镇理解不够而创新不足；产业层次不高而特色产业主导不强；融资过少而资金不足；政府支持力度不够。以特色小镇为载体全方位发展县域经济，应当加强组织领导，强化统筹协调；加强产业主导，壮大特色产业；加强政策扶持，落实要素保障；加强政府引导，激发市场活力；加强观念创新，突出建设重点。④ 四川省社会科学院廖冲绪、陈仲四川省哲学社会科学"十一五"规划青年项目"乡镇机构及职能研究——以四川乡镇机构改革为例"之成果认为，自20世纪90年代以来，乡镇撤并作为乡镇机构改革的一项重要工作，历来受到政府、民众、学术界的关注。从已经进行的乡镇撤并工作来看，初步取得了一定

---

① 张薇. 小城镇拉动县域经济发展研究 [J]. 经贸实践，2017（13）：126.
② 冯嘉. 特色小镇在县域经济转型中的角色扮演和价值分析 [J]. 中国房地产，2019（29）：49-53.
③ 陈晨. 县域小城镇经济关联分析 [J]. 中国市场，2018（15）：34-35.
④ 傅远佳. 加快特色小镇建设推动广西县域经济发展 [J]. 商业经济，2019（6）：23-27.

的成绩，但也暴露出一些不能忽视且又必须加以解决的问题。在考察世界其他国家的乡镇规模及其设置的基础上，理清我国乡镇规模及设置的历史发展脉络，对最近所进行的乡镇撤并存在的政府服务不到位、国有资产流失、给被兼并乡镇干部带来心理不平衡、给被兼并乡镇群众带来不方便、给新设立的乡镇带来很大压力、引发新的干群矛盾等问题进行了分析，并从科学发展观的视角提出了推进乡镇撤并，必须坚持科学规划、统筹兼顾。总之，在乡镇撤并过程中，乡镇的设置既要考虑当地历史文化传统的影响，符合当地经济社会发展的需要，又要考虑当地的自然条件，符合人民群众的需要，有利于人民群众的生产生活。坚持"以人为本"的价值取向，围绕构建社会主义和谐社会和建设社会主义新农村的目标，科学而审慎地进行乡镇撤并的工作，而不能盲目地搞"一刀切"，要统筹兼顾，以促进科学发展。①

（二）关于县域及特色城镇法治问题的研究

在我国，县域法治研究的上位问题是区域法治。有关区域法治研究成果众多，但具体涉及县域法治研究的成果较少。然而，无论是政界，还是学界，均认为，县域法治，在整个国家法治中具有"压舱石"的地位和作用。② 代表性成果：中共中央党校马正立的国家社会科学基金一般项目"基层党组织公信力提升研究"的阶段性成果认为，党的十八大提出治理体系与治理能力现代化，将法治定位为治国理政的基本方式。县域政权作为我国政治体系中与基层民众联系最为紧密的一环，充当着推动法治从文件走向实践的"桥头堡"。县域处于国家治理体系的"节点"，治理体系与治理能力现代化的实现要依托县域治理法治化保驾护航。法治化不足在某种程度上阻碍县域改革、制约县域发展、影响县域稳定。③ 中国政法大学杨玉圣教授国家社会科学基金一般项目"县域法治与县域善治研究"的阶段性成果认为，县域法治研究，是基于县域法治建设这一现实生活实践问题而提出的一个新研究课题。学界有识之士已从不同专业视阈，围绕法治、自治与礼治等关键问题，进行了多学科、富有价值的学术探讨。就法治语境下的县域治理而言，以法治为导向，以自治、礼治为支撑，在发达

---

① 廖冲绪，陈仲. 我国乡镇撤并存在的问题及对策分析[J]. 学理论，2009（30）：43-44.
② 习近平. 习近平谈治国理政：第二卷[C]. 北京：外文出版社，2017：139-150；
封丽霞. 全面依法治国中的县域治理[M]. 北京：人民出版社，2015.
③ 马正立. 县域治理法治化思考[J]. 宁夏党校学报，2017，19（1）：67-70.

县域,有可能最终达到县域善治的愿景。① 西南政法大学周祖成教授国家社会科学基金重大项目"全面推进依法治国与全面深化改革关系研究"的阶段性成果认为,县域在国家法治建设中处于极为重要的地位,既是法治改革民众参与的重要试验场,又是法治社会效果的检验场,能够达成对改革风险的有效控制。作为法治建设的试验场,县域法治建设应该遵循"观念—制度—行为—效果"的路径,通过民主政治的基层实践,塑造和强化领导干部、执法人员和民众的法治观念;以决策机制、执法权、司法权运行法治化为制度导向,建构符合法治原则与精神的决策制度、领导干部选拔任用制度、执法制度、司法制度和民众参与制度、权利保障与救济制度等,筑牢县域法治的制度基础;同时,也要对县域法治试验的效果进行评估,通过评估量化法治实践并引导县域法治的科学构建,应注重评估方法选择和指标设定的科学性、合理性,强调评估过程的公开性、评估结果的反馈性,推动县域法治试验的科学理性发展。② 华东政法大学陈金钊教授国家社会科学基金项目"体系解释的原理、方法及运用"的阶段性成果认为,县域治理法治化是法治中国建设的组成部分,它不仅牵涉国家、政府和社会组织的权力,还涉及央地权力的重新配置等问题。县域治理的法治化路径究竟是应由法治政府引领,还是由法治社会引领,值得探究。从宏观层面上看,县域治理的法治化过程中,国家主义之下的政府万能思想应该受到抑制,社会组织的作用应该凸显与强化。因而,在全面推进法治中国战略的同时,需把法治政府和法治社会放到同等重要的位置,以此实现县域治理法治化。从微观层面上看,需要明确及强化不同治理主体的主体治理地位,将县域治理中的矛盾与冲突纳入法律关系调整的范畴,发挥多元主体依法治理作用。③ 南京师范大学法学院教授公丕祥国家社会科学基金重点项目"当代中国区域法治发展的理论与实践研究"的阶段性成果认为,在中国的社会历史条件下,县域法治不仅在区域法治体系而且在国家法治发展进程中具有独特的战略地位,构成了国家法治体系的基础性环节。县域法治状况在很大程度上决定着整个国家法治体系的效能,深刻地影响着国家法治现代化进程的总体格局。在当代中国国家

---

① 杨玉圣. 法治、自治、礼治与善治:立足于县域法治与县域善治的讨论 [J]. 政法论坛, 2017 (4):23-39.
② 周祖成,池通. 国家法治建设县域试验的逻辑与路径 [J]. 政法论坛, 2017, 35 (4):12-22.
③ 陈金钊. 论县域治理法治化 [J]. 扬州大学学报(人文社会科学版), 2019, 23 (2):65-73, 81.

政权体系中，县级政权构成了国家政权结构的基本单元和基础，县域政治是整个国家政治运作的基层枢纽。党的十八大以来，在推进国家治理现代化的时代进程中，无论是县域国家权力机关制度建设，还是县域政府治理变革，抑或县域法治社会的成长，都充分展示了新时代中国县域法治发展的蓬勃生机和活力。党的十九大对推动坚持全面依法治国基本方略在县域基层的具体实践作出了战略部署，为新时代法治中国进程中的县域法治发展注入了强劲动力。[①] 浙江工业大学石东坡教授国家社会科学基金专项"法治评估指标体系构建及评估实测"的阶段性成果认为，根据党的十九大报告和十九届四中全会决定，县域法治是指在县、市、区层级的法治治理区域。中国特色社会主义法治体系得以执行、落实、实施和实现，是指依据宪法法律法规，实现依法执政、依法行政、依法治理、依法自治，依据党章党内法规，实现从严治党，使得党政、司法、监察、村（居）等各种公共权力科学、民主、依法、合规地履职尽责，尊重、保障、促进和实现人民权力、公民权利和社会公益，遵循法治精神、价值、思维和方法调整社会关系，提升社会生活制度化、规范化和法治化的质量、能力和水平的实践过程与状态。随着地方（区域）法治研究的具体化、纵深化，县域法治的社会实证、法律实施与价值评价三维研究在日渐对接，并由议题确立、实例描述阶段进入类型解析、绩效评价阶段。通过以新时代县域法治评估指标体系对某区的持续评估，可以发现，法治运行机制与法治实现机制之间既有联系又有区别，县域实践中更多的着眼点和侧重点是在法治实现机制中的领导机制、程序机制、激励机制、监督机制、传播机制、融合机制上，而在法律与权力的权威度、法律与治理的实效性、权力与权利的能动性、程序与速率之间的优位性上，仍然可能存在着深层紧张关系。法治运行机制本身处于法律的支配地位，解释和适用在决策、改革、执法、监督中应当得到进一步强化，在法治实现机制对法治运行机制的保障与促进上，能够进一步使得后者成为更为能动、自治、有效的系统工程，而非嵌入、补位或被动的回应。[②]

上述研究成果中县域法治很少提及小城镇的法治化问题。网上检索，王春云认为，小城镇法治建设的本质是，在城镇范围内，确立宪法和法律的至上权威，用法律发展保障维护城镇人民权利，规范制约城镇公共权力。[③] 庄会利认

[①] 公丕祥. 新时代的中国县域法治发展 [J]. 求是学刊，2019，46（1）：1-14，181.
[②] 石东坡，张琪，叶需文. 县域法治及其实现机制的样本与进路：以浙江省台州市路桥区为例 [J]. 浙江工业大学学报（社会科学版），2020，19（3）：241-251.
[③] 王春云. 小城镇法治建设略述 [J]. 小城镇建设，2001（6）：62-63.

为，小城镇建设是社会主义新农村建设的一项基础性工作，也是一项时间长、牵涉面广，矛盾多的复杂工作，在小城镇建设中，必须依法办事，参与各方都要增强法治意识，努力使小城镇建设走上健康、有序、规范的可持续发展轨道。[1] 沈国明提出，要用好地方性法规为农垦城镇化提供的制度条件。[2] 宋才发、董占军对民族地区特色小城镇建设的法治保障问题进行了较全面的探讨。[3] 王燕青认为，在当前城乡融合发展的大背景下，需要小城镇能够有效承接国家向乡村下沉的公共服务体系和法律制度，使党的领导和国家战略覆盖每个村庄。中小城镇的建设和治理千头万绪，法治就成为小城镇现代化治理和发展之路的一条功能线。[4] 另外由本著作作者辅导的、由王璐完成的法律硕士学位论文专门就山西特色小镇法治治理问题进行了调研。[5] 由此说明，涉及县域下特色小镇法律问题研究明显不足，这是有必要对本著作内容展开研究的学术基础。与此同时，从政策法律制度的供给情况看，既有的政策法律，已经不适应快速发展的县域城镇化的政策法律需求，为本著作研究奠定了实践基础。

三、基本研究范畴的界定

由于本著作涉及县域、县域经济、特色城镇、特色小城镇以及法律问题等关键词，在理论和实践层面均存在一些争议或实践中的模糊现象，因此，本著作的研究需要对基本研究范畴予以界定，以便于在特定语境下探讨所研究的问题。

（一）关于对县域及县域经济的范畴界定

根据民政部民政事业发展统计公报，截至2021年底，全国共有县级行政区划单位2843个，其中包括：市辖区977个、县级市394个、县1301个、自治县117个、旗49个、自治旗3个。另外，还有1个林区和1个特区。[6] 因此，广义上讲，这些都属于我国县域的范畴。但本著作将县域研究范畴主要定位于1301个县域政权组织及民族自治县和旗，即可称之为狭义的县域。其基本理由有两

---

[1] 庄会利. 浅析小城镇建设中的法治思想 [J]. 理论学刊, 2008 (8): 93-94.
[2] 沈国明. 小城镇建设与法治 [J]. 农场经济管理, 2010 (12): 45-47.
[3] 宋才发, 董占军. 民族地区特色小城镇建设的法治保障探讨 [J]. 云南民族大学学报（哲学社科科学版）, 2018 (6): 12-17.
[4] 王燕青. 以法治引领甘肃小城镇治理机制创新路径探索 [J]. 农村经济与科技, 2021 (11): 267-268.
[5] 王璐. 山西省特色小城镇法治治理调研报告 [D]. 太原: 山西大学, 2019.
[6] 参见中华人民共和国民政部网站信息：《2021年民政事业发展统计公报》。

个，一是从城市化进程来看，无论是属于市辖区的县级单位，还是已经属于县级市的县级单位或组织，其基本上已经属于城市的范畴，其与理论界研究的县域有较大的区别；二是林区和特区的县级行政区划不具有普遍意义。

由上，本著作所指的"县域经济"及其社会发展范畴，也主要是指1301个县域政权组织及民族自治县和旗组织的发展，其内涵包括了各县域的自然禀赋、市场基本要素及其产业发展的战略方向。按照国民经济原理，该县域经济和社会发展是国民经济和社会发展在县域范畴的缩影。但总体来说，其经济发展的基础主要以农业为主，以二、三产业发展致富为目标。该县域之下的城镇系我国城市之尾，乡村之首，其介于城乡之间，是国家实现城乡统筹发展战略的主战场。

(二) 关于对县域之内特色小城镇的范畴界定

同样，根据民政部公布的报告数据，截至2021年底，我国属于乡镇一级的行政单位共有38558个，其中，建制镇21322个、建制乡7197个、民族乡958个、苏木153个、民族苏木1个、街道8925个、区公所2个。① 建制镇的占比达55.3%，反映了改革开放以来县域城镇化的成果。而且，资料信息显示，有关撤乡建镇、建街道一直处于变动状态。总的趋势是建制乡在压缩，建制镇和街道在扩张。而对于县域之下的特色小城镇而言，首先就是指作为建制镇的行政单位或政权组织。由此，所谓的特色小城镇的研究，在本著作中将全面反映我国镇的演变历史，尤其是集中研究自2016年国家提出培育特色城镇和特色小镇以来，国家和地方重点培育的特色城镇及小城镇。与此同时，在政策法律文件的表达方面，特色城镇的培育并未分大小。但有关小城镇的表述被限定于人口1万~2万以下，一般的规划面积限定在单个特色小镇规划面积原则上控制在1~5平方公里（文化旅游、体育、农业田园类特色小镇规划面积上限可适当提高）。② 而与特色小镇相对应的大镇或发达城镇则主要是指能够吸引较多人口居住就业的城镇。其中，东部地区经济发达镇建成区常住人口标准一般在10万人左右，中部和东北地区建制镇人口一般在5万人左右，西部地区建制镇人口一般在3万人左右；常住人口城镇化率、公共财政收入等指标连续2年位居本省

---

① 参考资料同上，其中，苏木系内蒙古自治区牧区相当于乡的行政区划单位。
② 参见国务院办公厅转发国家发展改革委《关于促进特色小镇规范健康发展的意见》的通知（国办发〔2020〕33号）。

(自治区、直辖市)所辖乡镇10%以内。① 至于介于小镇和大镇之间的县域城镇可以确定为中型城镇。对此,本著作中所指的特色小镇与这一政策表述相一致。按照"十四五"规划,到2025年,将稳步有序推动符合条件的县和镇区常住人口20万以上的特大镇设市。按照区位条件、资源禀赋和发展基础,因地制宜发展小城镇,促进特色小镇规范健康发展。②

此外,值得关注的是,在小城镇建设中,有一些以企业或其他经济组织为主体开发的以"镇"命名的项目实体,具有强烈的产业特色,这些"镇"一般不会成为一个独立的建制镇,它可能隶属于市、区、县、镇、乡,甚至村等行政建制,进而形成了市中镇、区中镇、县中镇、镇中镇、乡中镇,甚至村中镇。对于这些由企业或其他经济组织主导的经济镇或小城镇,符合国家产业政策的往往受到中央和地方政策的支持。典型的如体育主管部门主导的各地体育休闲运动小镇建设,以及林业部门主导的森林小镇建设都具有这方面的特征。对此,本著作认为,这类具有强烈产业特色的经济镇或小城镇,虽然不属于行政建制镇的范畴,但它可能是由经济镇过渡到行政建制镇的一种重要形式,而且在实践中也是造成镇的混乱的主要原因。

(三)关于县域城镇法律问题的界定

首先,在本著作研究中遇到的问题是如何界定法及其法治的范畴。在我国,关于法的定位,有狭义和广义之分,狭义的法仅指由有权立法机关制定和实施的规范性文件。按照《立法法》规定,除宪法外,狭义的法律③、行政法规、部门规章、地方性法规和规章文件,它们是我国法律的基本形态。而广义的法则除这些正式的"法律"④外,还包括相关党政机关依法制定和实施的各类具有法律效力的规范性文件,其形态如指导意见、通知、决定、决议、发展规划、实施方案等。尤其是,党的十八届四中全会以来,特别强调党内政策和法规在国家法治建设中的重要地位。对此,本著作采用广义的法的定位,而所谓法治就是指国家依照广义的法对县域及其城镇的治理。

---

① 参见中共中央办公厅、国务院办公厅发布《关于深入推进经济发达镇行政管理体制改革的指导意见》。
② 参见《中华人民共和国国民经济和社会发展第十四个五年规划和2035年远景目标纲要》第二十八章,完善城镇化空间布局第五节推进以县城为重要载体的城镇化建设。
③ 狭义的法律,特指由全国人民代表大会及其常委会制定、由国家主席签发主席令颁发的规范性文件。
④ 这里的法律,是指广义的法律,即包括《立法法》所规定的所有的法律形态。

其次，研究问题需要把握问题的实质。比如，研究政治问题的实质就是政权建设问题；研究经济问题的实质就是要回答一个国家、一个区域、一个企业经济力的保持和增长问题，即按照经济学原理就是有关生产什么，怎样生产，如何分配的问题；研究社会问题，其实质是需要回答群体性人口生存与发展的保障问题。那么，法律问题的实质又是什么呢？对此，本著作认为，一方面，按照法学原理，法律问题的实质就是权利（权力）与义务（责任）的合理配置问题；另一方面，法律作为一种约束人类行为的规范及制度，按照马克思主义的基本原理，属于上层建筑范畴，法律上权利（权力）与义务（责任）的界定总是以一定社会条件下的政治、经济和社会关系为基础的。法律及法的供给来自特定历史条件下现实政治、经济和社会发展的需求。法律的表达方式有自己特定的权力、权利、义务、责任、职责、职权、法制、法治等基本范畴。为此，本著作有关县域城镇法律问题的研究，将主要围绕我国县域城镇建设中党政机关和市场主体所涉及的权力、权利、义务、责任、职责、职权、法制、法治等基本问题展开研究。另一方面，根据"没有民主的法治不是真正意义的法治"这一法治基本原理，在本著作研究中，关注我国县域城镇化建设中民主制度的法律框架及其运行。

四、研究思路与方法

本著作的基本研究思路：坚持以马克思主义唯物主义和辩证法为基本方法，以党的十八大以来习近平总书记和中央有关统筹城乡和振兴乡村的指示精神和战略政策指导为基础，在客观分析我国县域城镇建设及其法治中存在的法律问题基础上，提出完善县域城镇发展及其法治的建议。

在研究方法上，除运用马克思主义的基本方法外，遵循科研规范，主要涉及以下一些基本的研究方法。

一是范畴界定方法。首先针对概念模糊问题，就著作研究中所涉及的基本概念范畴作出定义。对此，已如上文所述。

二是历史分析的方法。主要对自新中国成立以来，在特定政策法律背景下县域城镇建设的历史发展予以总结，探索其发展及法治的基本规律。重点总结改革开放以来，在国家层面和地方层面，检视中央和地方针对县域城镇发展及其法治实施了哪些战略措施、规范与法治行动，以便激励和规范县域经济和社会的发展，进而形成鲜明的、具有中国特色的县域城镇发展路径。

三是比较分析的方法。主要涉及对国内各省情况的比较，从中分析在各地县域城镇建设中存在的共性和差异，通过比较，对县域城镇建设及其法治完善提出建议。

与此同时，本著作采用了政策法律梳理的方法，就我国改革开放以来，涉及县域城镇建设的政策法律调整问题进行了较为全面的梳理，通过对500多个政策法律文件的全面梳理分析，从中可以看出我国县域城镇发展在不同时期采取的政策法律措施，为总结经验、发现问题并提出完善的建议奠定了基础。

五、基本研究内容

本著作的基本内容，除导论外，包括六个部分。第一部分对我国加快县域城镇发展进行了分析。在简要分析县域经济发展的基础上，重点对县域内的小城镇发展战略进行了分析；第二部分对促进县域城镇建设的中央政策法治实践情况进行了梳理总结及简要分析；第三部分对地方促进县域城镇建设的政策法治实践进行了梳理总结及简要分析；第四部分对县域政策法律调整现状进行了梳理分析；第五部分对县域内镇的政策法律调整现状进行了梳理分析；最后，基于以上分析，在第六部分分析了县域城镇建设及其法治的政治、经济和社会基础，总结了县域城镇发展八个方面的经验，结合新时代、新形势、新任务要求提出了面临的六个方面的突出问题，并在此基础上提出了八个方面的完善对策建议。

六、创新、不足与展望

本著作的主要创新点在于：在对相关范畴予以界定的基础上，较全面地总结了我国自改革开放以来，有关县域城镇发展及其法治的历史发展演变，通过对不同时期的政策法律的梳理，提炼出相应的经验，针对新时期的新形势、新任务，揭示了当前和今后县域城镇发展及其法治面临的突出问题，并在此基础上，提出了进一步完善的建议。从方法论角度讲，严格按照学术规范要求，尽可能地做到数据与资料的翔实，以便充分展示改革成果，为著作结论做支撑。

著作的不足之处在于，一些问题的分析不够深入，特别是对于地方政策法律的研究，内容十分庞大，需要分别专项研究。对此，本著作只对有代表性的成果予以了梳理，更为全面的研究则受到著作篇幅的限制。另外，结论受个人水平的限制可能不够准确。

然而，通过本著作的研究发现，我国县域发展至今，发展中的镇的比例虽然已经超过乡的比例，但在很多地区，只是名义上的"镇"，其实质还是"乡"的内容。因而，乡镇不分和乡镇混同现象比较严重。如何使既有的镇真正成为能够吸引人才和产业的经济发展主体，至少还有 10~15 年的发展路程，所谓城镇化不仅仅是人口聚集的城镇化，城镇化也不是简单地将农民变为市民。我国县域城镇的发展必须立足于城市发展的思维和定式，需要继续观察和思考。对此，本著作只是抛砖引玉，相关问题的研究，还需要进一步跟进，深入研究。

第一章　我国加快县域经济及县域城镇发展分析

一、我国加快县域经济发展的简要分析

在我国，自秦国改变"分封制"推行"郡县制"以来，县的行政建制一直存在至今。因此，"郡县安，天下安"，县域治理事关国家长治久安乃为古训。自中华人民共和国成立以来，我国县的建制被继承下来。并且，县域作为我国基层政权与行政组织，不仅是县域内的政治、文化、社会中心，也是经济中心。按照宪法和地方组织法规定，在党中央的统一领导下，县党委、县人大和县人民政府负责县域内国民经济和社会发展的规划、组织和领导工作。尤其是，随着改革开放提出国家把"经济建设"确定为工作中心任务以来，使县域经济成为我国国民经济和社会发展的重要抓手。县域经济主要以自身自然禀赋为基础，不仅应以农业之第一产业为基础，而且需要大力发展工业加工业之第二产业、服务之第三产业。截至目前，我国县域经济的重要性在于，现有的县及民族自治县和旗仍有相当的县域发展以农村农业为基础，[①] 并辅之以农业为基础的第二产业、第三产业，担负着保障全国粮食食品供给和安全以及县域内城镇居民和农村居民安居乐业的重任。

与此同时，所谓加快县域经济发展的重大命题，首先要解决农村贫困问题并实现农业的现代化。对此，党中央于2015年发起脱贫攻坚战，经过"十三五"5年的努力，彻底摆脱了农村人口的绝对贫困，也使我国的"贫困县"得以摘帽，成为历史，并进入了乡村振兴的新发展阶段。但在如何进一步提升农业生产水平，实现农业现代化方面，无论在组织架构、土地空间布局与合理使用以及利益实现机制上均存在一些需要研究探讨的问题。

就组织架构而言，改革开放以来，农村普遍推行土地联产承包责任制，经济主体由原来的集体经济演变为个人家庭农场经济以及农民合作经营经济。在改革开放初期，其确实调动了亿万农民的积极性，实现了全国粮食及食品的增

[①] 这里的农业是指大农业，包括农业、林业、牧业、渔业及相关副业。

产增收，解决了亿万农民的温饱问题。但是，当农业需要大规模的商品化、市场化、现代化的经营时，究竟是仍然依靠农民个体的家庭式的经营？还是依靠集体经济组织的力量？存在着争议，各地的做法也不尽相同。

就土地空间布局及合理利用而言，国家规定了严格的农村农业土地保护政策和法律，规定了十八亿亩耕地红线。不断地加大对农田、水利等农业生产设施的公共投资，为我国农业现代化奠定了发展基础。但严格的土地保护政策和法律，在一定程度上限制了以农业为基础的县域经济的发展。其集中表现就是在广大的农业县区，农业土地不得用于其他产业的开发。进而导致一些以农业为基础的县域经济长期处于经济增长缓慢的局面。现在推行农村土地的"三权"分置，允许土地流转、抵押，给盘活农村土地，实现农业商品化、市场化和现代化提供了条件，但其效果如何还有待观察。

就利益实现机制而言，与国家提倡农业商品化、市场化政策保持一致，县域内的农业及其相关产业亦推行市场化改革，取得一定成效。但是，农业是一个特殊的产业。市场经济原理和各国实践表明，迄今为止，农业受自然因素影响较大，不能完全按照市场规律运行。为此，各级党组织和人民政府对于农业的保护、扶持和相机抉择地干预必不可少。所以，农业的市场化改革必须慎重推进。在此方面，各县域情况差异较大，中央级、省级、市（区）级、县（市）级各级党组织和人民政府负有重大职责。在农业丰收时，出现农民增产不增收，各级人民政府必须出手，以粮食最低保护价或政府采购的方式保障农民的利益；而在农业遭受自然灾害歉收甚至绝收时，各级人民政府也必须出手予以财政救济。这些已经不属于市场运行机制的范畴。

其次，加快县域经济和社会发展的另一个重大命题是加快县域内城镇化的步伐。这是因为，在我国城镇化目标实现中，大中小城市发展，各自具有不同的功能。其中，县域的城镇化处于整个城市化体系或城市圈的末端，大量的农村人口需要通过县域城镇化的实现，就近转变农民户口身份，由农民变为市民，与市民一样享受城镇公共福利和社会保障。由此，在县域内实行撤乡建镇是一个基本的途径。并且，按照发达国家的经验，我国应当至少有70%的人口居住于城镇。国家预定的"十四五"规划城镇化目标是65%，但根据第七次人口普查情况来看，各省与65%目标的差距不一。其详细情况见表1.1：

表 1.1 第七次人口普查全国各地城镇人口比情况（2020 年）

序号	地区	城镇人口占比	与"十四五"规划要求 65%相比
1	上海（东部）	89.3%	超 24.3%
2	北京（东部）	87.5%	超 22.5%
3	天津（东部）	84.7%	超 19.7%
4	广东（东部）	74%	超 9%
5	江苏（东部）	73.44%	超 8.44%
6	浙江（东部）	72.17%	超 7.17%
7	辽宁（东三省）	72.14%	超 7.14%
8	重庆（西部）	69.46%	超 4.46%
9	福建（东部）	68.75%	超 3.75%
10	内蒙古自治区（西部）	67.61%	超 2.61%
11	黑龙江（东三省）	65.61%	超 0.61%
12	宁夏回族自治区（西部）	64.93%	差 0.07%
13	山东（东部）	63.05%	差 1.95%
14	湖北（中部）	62.89%	差 2.11%
15	陕西（西部）	62.66%	差 2.34%
16	吉林（东三省）	62.64%	差 2.36%
17	山西（中部）	62.53%	差 2.47%
18	江西（中部）	60.44%	差 4.56%
19	海南（东部）	60.27%	差 4.73%
20	青海（西部）	60.08%	差 4.92%
21	河北（东部）	60.07%	差 4.93%
22	湖南（中部）	58.76%	差 6.24%
23	安徽（中部）	58.33%	差 6.67%
24	四川（西部）	56.73%	差 8.27%

续表

序号	地区	城镇人口占比	与"十四五"规划要求65%相比
25	新疆维吾尔自治区（西部）	56.53%	差8.47%
26	河南（中部）	55.45%	差9.55%
27	广西壮族自治区（西部）	54.20%	差10.8%
28	贵州（西部）	53.15%	差11.85%
29	甘肃（西部）	52.23%	差12.77%
30	云南（西部）	50.05%	差14.95%
31	西藏自治区（西部）	35.73%	差29.27%

资料来源：根据第七次人口普查公报数据整理。

表1.1说明，在"十四五"期间，我国的上海、北京、天津、广东、江苏、浙江、辽宁、重庆、福建、内蒙古自治区、黑龙江和宁夏回族自治区12个省、自治区和直辖市已经提前完成或接近了"十四五"规划预期的城镇化目标，包括县域内的城镇化应重在进一步提升质量上；尚有一定差距的包括山东、湖北、陕西、吉林和山西5省，需要继续增加城镇比例，并提升既有城镇的质量；差距接近5个百分点左右的江西、海南、青海、河北、湖南、安徽6省，城镇化比例增长仍有较大的发展空间；而需要下大力气实现城镇化的有四川、新疆维吾尔自治区、河南、广西壮族自治区、贵州、甘肃、云南、西藏自治区8个省及自治区。由此，各省、自治区、直辖市域内县域城镇化目标的实现各异，需要采取不同的对策。

然而，将农村人口移居于城市，不是简单的"移民"或由农村居民转变为城市居民。大量的农村人口涌入城市，需要就业、生活及社会保障。农村人口涌入城市后，有关住房、教育、医疗、交通、电力通信、自来水、燃气供应、暖气供应等公共设施与服务的配套建设、生活条件的改善和社会保障等，逐渐地由村民自治为主演变为以各级人民政府履行公共职责为主。在既有的财政体制下，单单依靠地方力量，特别是县域经济力量是难以支撑的。必须在"中央统筹、省负总责、市县落实"以及"党政同责"的体制机制基础上，才能保障可持续发展。与此同时，依托本地自然禀赋和产业优势，县域经济发展战略的提出，特别是特色小镇和小城镇的规划，也会吸引本地和外地的社会资本投资于县域经济和城镇化建设，而政府的财政保障则主要起公共服务保障和市场风险的兜底作用。

而且，农村居民转化为城市居民后，要使其适应城市生活，需要一个过程。农村居民长期居住于城市，无论其身份是否转换，能够拥有水电气暖保障及卫生条件较好的住房自然是好的一面。但辩证地看，也失去了居住于乡村可以自由地养鸡、养猪、养羊、养牛，以及闲散的农村田园般的生活。这些方面，特别是对于年龄较大的农村村民来说，其对于城市生活多有不适应之处，其生活的幸福指数还不如在农村生活高。为此，对于县域城镇化而言，不是简单地将农村居民变为城市居民就万事大吉，由此引发的社会问题更值得关注，政府也负有重要的职责。也为此，现有的国家政策包容性地允许农民进城后自愿保留其农村的土地承包权及其财产性收益。这样，对于进城的农民而言，至少在心理上可以安稳一些，对于承包土地的经营，如果自己不便，可以转包给他人经营。但是，对于完全失去土地的进城农民而言，他们只能融入城市生活，依靠"非农经济"收入，满足自身的生活需求。而在此方面，作为接壤城市与乡村之间的县域及其城镇的发展起着十分重要的作用。县域及其城镇经济繁荣，就能给县域内城镇居民提供较多的就业机会，保障其生活所需，反之亦然。而县域及其城镇经济的繁荣，一方面需依靠自身的努力；另一方面，则需要中央和省、市一级党的组织、人大机构及人民政府的合理规划、布局和政策支持，这一点尤其对于自然资源和人才匮乏、产业单一的、欠发达的，甚至处于贫困或相对贫困状态的县域而言，尤其重要。

二、我国县域内建制镇的发展情况分析

在我国，县域之下是乡镇。乡镇级建制是我国政权结构中最基层的政权及行政和经济组织单位。其中，建制镇和建制乡并列，统称为"乡镇"。该种体制，自新中国成立以来一直存在。其中，原有的建制镇主要集中于县域政权机构所在的城关镇以及县域内的商贸集中地，并且一直存在。在改革开放之前，绝大部分被设置为建制乡并主要承担着组织农业生产的重任。然而，乡的建制在"文革"期间被人民公社取代。改革开放后，到1985年开始制定和实施"七五计划"时，又全部恢复了乡的建制。此时，虽然"乡镇"统称，但是，经过改革开放以来40多年的经济发展，为减轻国家财政和农民负担，在乡镇总数减少的基础上，建制镇的比例大幅提升，建制乡的比例逐年下降。在城镇化政策引导下，县域内的撤乡建镇或撤乡建街道成为趋势。而观察自20世纪80年代中期以来，我国乡镇级行政区划的历史演变（见表1.2），从中可以看出我国建制镇的历史演变过程。

表1.2 我国建制镇的历史演变情况（1986年—2021年）

年度	镇（个）	乡（含民族乡）（个）	街道办事处（个）	说明
1986	10717	61415	5718	1986年年底，全国乡镇总数72132个。其中，建制镇占比15%；建制乡占比85%
1987	11103	58739	不详	1987年年底，全国乡镇总数69842个，比上年减少2290个。其中，建制镇占比16%，比上年增加386个；建制乡占比84%，比上年减少2676个
1988	11481	45195	不详	1988年年底，全国乡镇总数56676个，比上年减少13166个。其中，建制镇占比20%，比上年增加378个；建制乡占比80%，比上年减少13544个
1989	不详	不详	不详	为适应经济发展的需要新设建制镇392个
1990	12084	44397	不详	1990年年底，全国乡镇总数56481个，比1988年减少195个。其中，建制镇占比21%，建制乡占比79%
1991	12455	42654	不详	1991年年底，全国乡镇总数55109个，比上年减少1372个。其中，建制镇占比23%，比上年增加371个；建制乡占比77%，比上年减少1743个
1992	14539	33872	不详	1992年年底，全国乡镇总数48411个，比上年减少6698个。其中，建制镇占比30%，比上年增加2084个；建制乡占比70%，比上年减少8782个
1993	15806	32445	不详	1993年年底，全国乡镇总数48251个，比上年减少160个。其中，建制镇占比33%，比上年增加了1267个；建制乡占比67%，比上年减少了1427个
1994	16702	31463	不详	1994年年底，全国乡镇总数48165个，比上年减少86个。其中，建制镇占比35%，比上年增加了896个；建制乡占比65%，比上年减少了982个
1995	17532	29502	5596	1995年年底，全国乡镇总数47034个，比上年减少1131个。其中，建制镇占比37%，比上年增加了830个；建制乡占比63%，比上年减少了1961个

续表

年度	镇 （个）	乡 （含民族乡） （个）	街道 办事处 （个）	说明
1996	18171	27056	5565	1996年年底，全国乡镇总数45227个，比上年减少1807个。其中，建制镇占比40%，比上年增加了639个；建制乡占比60%，比上年减少了2446个；街道办事处比上年减少了31个
1997	18925	25966	5678	1997年年底，全国乡镇总数44891个，比上年减少336个。其中，建制镇占比42%，比上年增加754个；建制乡占比58%，比上年减少1090个。街道办事处5678个，比上年增加113个
1998	19216	25712	5732	1998年年底，全国乡镇总数44928个，比上年增长37个。其中，建制镇占比43%，比上年增加291个；建制乡占比57%，比上年减少254个。街道办事处5732个，比上年增加54个
1999	19756	24745	5904	1999年年底，全国乡镇总数44501个，比上年减少427个。其中，建制镇占比44%，比上年增加540个；建制乡占比56%，比上年减少967个。街道办事处5904个，比上年增加172个
2000	20312	23199	5902	2000年年底，全国乡镇总数43511个，比上年减少900个。其中，建制镇占比47%，比上年增556个；建制乡占比53%，比上年减少1546个。街道办事处5902个，比上年减少2个
2001	20374	19341	5510	2001年年底，乡镇数量之比首次出现建制镇超过建制乡。截至2001年年底，全国乡镇总数39715个，比上年减少3796个。其中，建制镇占比51%，比上年增加62个；建制乡占比49%，比上年减少3858个。街道办事处5510个，比上年减少392个
2002	20601	18639	5576	2002年年底，全国乡镇总数39240个，比上年减少475个。其中，建制镇占比53%，比上年增加227个；建制乡占比47%，比上年减少702个。街道办事处5576个，比上年增加66个

续表

年度	镇（个）	乡（含民族乡）（个）	街道办事处（个）	说明
2003	20226	18064	5751	2003年年底，全国乡镇总数38290个，比上年减少950个。其中，建制镇占比53%，比上年减少375个；建制乡占比47%，比上年减少575个。首次出现双减效应。共有街道办事处5751个，比去年同期增加175个
2004	19883	17451	5904	2004年年底，全国乡镇总数37334个，比上年减少956个。其中，建制镇占比53%，比上年减少343个；建制乡占比47%，比上年减少613个，全年撤并乡镇956个。共有街道办事处5904个，比上年增加153个
2005	19522	15951	6152	2005年年底，全国乡镇总数为35473个，比上年减少1861个。其中，建制镇占比55%，比上年减少361个；建制乡占比45%，比上年减少1500个。共有街道办事处6152个，比上年增加248个
2006	19369	15306	6355	2006年年底，全国乡镇总数为34675个，比上年减少798个。其中，建制镇占比56%，比上年减少153个；建制乡占比44%，比上年减少645个。共有街道办事处6355个，比上年增加203个
2007	19249	15120	6434	2007年年底，全国乡镇总数为34369个，比上年减少306个，其中，建制镇占比56%，比上年减少120个；建制乡占比44%，比上年减少186个。共有街道办事处6434个，比上年增加79个
2008	19234	15067	6524	2008年年底，全国乡镇总数为34301个，比上年减少68个，其中：建制镇占比56%，比上年减少15个；建制乡占比44%，比上年减少53个。共有街道办事处6524个，比上年增加90个
2009	19322	14848	6686	2009年年底，全国乡镇总数为34170个，比上年减少131个，其中，建制镇19322个，占比57%，比上年增加88个；建制乡14848个，占比43%，比上年减少219个。街道办事处6686个，比上年增加162个

续表

年度	镇（个）	乡（含民族乡）（个）	街道办事处（个）	说明
2010	19410	14571	6923	2010年年底，全国乡镇总数33981个，比上年减少189个。其中，建制镇占比57%，比上年增加88个；建制乡占比43%，比上年减少277个。街道办事处6923个，比上一年增加237个
2011	19683	13587	7194	2011年年底，全国乡镇总数33269，比上年减少721个。其中，建制镇占比59%，比上年增加273个；建制乡占比41%，比上年减少984个。街道办事处7194个，比上年度增加271个
2012	19881	13281	7282	2012年年底，全国乡镇总数33162，比上年减少107个。其中，建制镇占比60%，比上年增加198个；建制乡占比40%，比上年减少306个。街道办事处7282个，比上年度增加88个
2013	20117	12812	7566	2013年年底，全国乡镇总数32929个，比上年减少233个。其中，建制镇占比61%，比上年增加236个；建制乡占比39%，比上年减少469个。街道办事处7566个，比上年度增加284个
2014	20401	12282	7696	2014年年底，全国乡镇总数32683个，比上年减少246个。其中，建制镇占比62%，比上年增加284个；建制乡占比38%，比上年减少530个。街道办事处7696个，比上年度增加130个
2015	20515	11315	7957	2015年年底，全国乡镇总数31830个，比上年减少853个。其中，建制镇占比64%，比上年增加114个；建制乡占比36%，比上年减少967个。街道办事处7957个，比上年度增加261个
2016	20883	10872	8105	2016年年底，全国乡镇总数31755个，比上年减少75个。其中，建制镇占比66%，比上年增加368个；建制乡占比34%，比上年减少443个。街道办事处8105个，比上年度增加148个

续表

年度	镇（个）	乡（含民族乡）（个）	街道办事处（个）	说明
2017	21116	10529	8241	2017年年底，全国乡镇总数31645个，比上年减少110个。其中，建制镇占比67%，比上年度增加233个；建制乡占比33%，比上年度减少343个。街道办事处8241个，比上年度增加136个
2018	21297	10253	8393	2018年年底，全国乡镇总数31550个，比上年减少95个。其中，建制镇占比68%，比上年增加181个；建制乡占比32%，比上年减少276个。街道办事处8393个，比上年增加152个
2019	21013	9221	8519	2019年年底，全国乡镇总数30234个，比上年减少1316个。其中，建制镇占比70%，比上年减少284个；建制乡占比30%，比上年减少1032个，乡镇共减少，且建制乡减少至1万以下。街道办事处8519个，比上年度增加126个
2020	21157	8809	8773	2020年年底，全国乡镇总数29966个，比上年减少268个，且乡镇总数破3万以下。其中，建制镇占比71%，比上年增加144个；建制乡占比29%，比上年减少412个。街道办事处8773个，比上年增加254个
2021	21322	8336	8925	2021年年底，全国乡镇总数29658个，比上年减少308个。其中，建制镇占比72%，比上年增加165个；建制乡占比28%，比上年减少473个。街道办事处8925个，比上年度增加152个

资料来源：根据民政部《年度民政事业发展统计公报》整理。

表1.2表明，从1986年到2021年，在改革大背景下，我国县域内基层乡镇组织一直处于变动状态。在乡镇总量由72132个大幅度下降为29658个的基础上，建制镇由10717个增加至21322个，除个别年份比上年度减少外，普遍呈现出持续增长的态势。而与之相反的是，建制乡则逐年减少，甚至个别年度大幅度减少，由61415个减少至8336个。因此，县域内乡镇机构的改革政策指向明显的就是撤乡建镇或改街道办事处。其中，从各年份的数据演变看，可以划分为几个重要的历史时期或节点。

(一) 1986年至2000年的大力撤乡、并乡和建镇时期

这一时期，经历了"七五计划""八五计划"和"九五计划"的制定和实施。在此之前，从1978年到1985年，经过农村体制改革，使亿万农民的吃饭问题基本解决，但要进一步解决农民收入的增长以及县域经济的发展的问题，不能完全依靠农业。起始于江南地区乡镇企业的发展实践，以及费孝通等学者关于"小城镇，大战略"理论的研究，为国家通过撤乡建镇，提升县域内城镇化水平提供了理论和实践依据。为此，从1986年执行"七五计划"开始，国家实行了大规模的撤乡、并乡和建镇改革。通过15年的努力，为减轻农民负担，乡镇总数从72132个减少为43511个，减少建制乡38216个，减少率达62%。其中，最高年份为1988年，当年一下撤销了13544个建制乡。而建制镇则由10717个增加到20312个，15年共增加9595个，增长率47%。到2000年年底，乡镇比例结构中，建制镇的比例为47%，建制乡的比例为53%，已经接近对半。同时，原有县域内的街道办事处，本来即是县域内城镇的范畴，在15年城镇化进程中，由1986年的5718个增加到5902个，共增加了184个街道办事处，增长率仅为3%，基本处于稳定的状态。总之，经过"七五计划""八五计划""九五计划"15年国家计划的实施，我国县域内的乡镇总数大力压缩40%，乡镇结构比例基本接近，为国家实现城镇化、现代化目标奠定了基础。

(二) 2001至2005年的乡镇双减和镇首超乡时期

2001年进入21世纪，中国加入世界贸易组织（WTO）与国际经济接轨。国际上有关城镇化理论和实践，对中国乡镇撤并改革产生重大影响。为此，有关县域内的乡镇机构改革继续深化。从数量上看，乡镇总数从2001年底的39715个减少为35473个，共减少4242个，减少幅度11%。建制镇由20374个减少为19522个，减少852个，减少率4%；建制乡由19341个减少为15951个，共减少3390个，减少幅度18%，出现了"双减"效应。但从全面减少后的乡镇比例结构看，则发生了质的变化。2001年底，建制镇的比例首次超过建制乡。到"十五"期末的2005年，建制镇的占比55%，建制乡的占比45%。街道办事处由5510个增加至6152个，增加了642个，增幅率12%，增幅较大，反映了一些乡镇被改制为街道办事处。

(三) 2006年至2015年镇数量稳步增长及乡数量继续大幅减少时期

2006年到2015年时期，国家执行了"十一五"规划和"十二五"规划。在这10年发展中，我国乡镇总数由34675个减少至31830个，减少2845个，减少率为8%。建制镇除个别年份比上年度减少外，大多数年份仍持续增加，由19369个增加到20515个，10年里增加了1146个，增幅率6%。但建制乡的减少

幅度较大，由 15306 个减少至 11315 个，减少 3991 个，减幅率达 26%，减幅达 1/4 多。而街道办事处的增幅也较大，由 6355 个增加至 7957 个，共增加了 1602 个，增幅 25%，10 年增加了 1/4。而在乡镇比结构中，建制镇的占比，比"十五期末"增加了 9%，与此同时，建制乡的占比则减少了 9%。

（四）2016 年至 2021 年乡镇总数首次跌破 3 万以下时期

在 2016 年至 2020 年的"十三五"时期，乡镇总数由 31755 个减少至 29966 个，减少 1789 个，减少率 6%，首次跌破 3 万以下。其中，建制镇总数由 20883 增加至 21157 个，共增加 274 个，增加率仅 1%。在建制乡的变化方面，从 10872 个减少至 8809 个，首次跌破 1 万个以下，共减少 2063 个，减少率 19%，接近 1/5。同时，街道办事处由 8105 个增加至 8773 个，共增加 668 个，增幅率 8%，有较大的增长。在乡镇比结构方面。建制镇的占比，比"十二五"时期增加 7%，而建制乡则减少 7%。

值得注意的是，2021 年是"十四五"规划执行的第一年，截至 2021 年底，共有乡镇 29658 个。其中，建制镇占比 72%，比上年增加 165 个；建制乡占比 28%，比上年减少 473 个；街道办事处 8925 个，比上年度增加 152 个。其继续保持了撤乡建镇、建街道的发展趋势。

上述分析表明，经过 36 年的发展，我国县域内的乡镇结构比例发生了巨变。总体上，在建制镇的比例已高达 72% 的情况下，应当开始适度控制建制镇的增长。加快既有建制镇质量的提升，特别是要注意提升建制镇的城市内涵，这是因为，按照城镇化要求，县域内建制镇的发展目标就是要就近解决农村人口转户问题。然而，从 2020 年第七次人口普查情况来看，各地建制镇数量的增加，并不意味着城市人口的增加。下表（表 1.3）中部地区建制镇比例与人口城镇化率比较情况可予以说明。

表 1.3　中部地区建制镇比例与人口城镇化率比较（2020）

地区	建制镇率	第七次人口普查常住城市人口率	比较
河南省	56%	55.43%	说明城市人口略高于农村人口，建制镇与城市人口比基本一致
江西省	59%	60.44%	城市人口与建制镇基本一致
安徽省	78%	58.33%	建制镇率较高，但与实际城市人口比相差高达 19.67%

续表

地区	建制镇率	第七次人口普查常住城市人口率	比较
湖南省	73%	58.76%	建制镇率较高，但与实际城市人口比相差高达14.24%
山西省	60%	62.53%	实际城市人口比超过建制镇比率2.53%
湖北省	83%	62.89%	建制镇率较高，但与实际城市人口比相差高达20.11%

资料来源：根据各省第七次人口普查公布数据及民政部门公布的行政区划资料整理。

表1.3表明，在目前，我国县域内建制镇比例的提高，与城市人口的占比并不一致。上表中，湖北、安徽、湖南三省的建制镇比例虽然已经较高，但其与既有的城市人口比并不匹配。由此说明，有了建制镇的"外壳"，还需要建制镇的"内容"，而其重要的内容就是要使当地农民转化为市民，并使其享有市民的待遇。因此，在今后，对于县域内建制镇的建设，必须予以分类施策。其中，对于县域内建制镇比例较高的地区，应当重点放在建制镇的内涵塑造与质量提升之上，重点是通过建制镇公共配套设施的改善，以及良好营商环境的构造，吸引更多的农村人口愿意进城创业，居住生活，并自愿将农村户口转为城市户口；对于建制镇与城市人口基本接近的县域，则应当从本地产业实际出发，保持合理的城乡比例，同样也需要提升建制镇的质量；而对于建制镇比例较小的地区，则还需要在符合建制镇标准要求基础上，继续增加建制镇的数量。总之，除个别地区外，一个县域内不能全部改为建制镇，保持必要的乡的建制，有利于城乡统筹，这是由农业是国民经济的基础地位所决定的。

第二章　促进小城镇建设的中央政策法治实践

一、特色城镇及小城镇战略的实施

第一章是以行政区划为基础分析我国县域内建制镇发展的基本情况。而对于本著作涉及的特色城镇及小城镇而言，应属于镇的一个类别。并且，从我国实施小城镇战略的政策导向上看，有一个历史发展的过程。

（一）建制镇意义上的特色小城镇

首先，对于建制镇意义上的特色小城镇而言，每一个建制镇的建设，均设定于特定的区域，有着特定的自然资源禀赋、产业基础和文化传统。除政治体制上需要与国家保持一致外，在经济、文化和社会方面，各建制镇均有其独特的地方。因此，本著作认为，建制镇本身就是一个具有一定特色的镇。全国现有2万多个建制镇，就有2万多个各具特色的镇。当然，在标准化建设要求下，不排除在许多建设方面有雷同之处。

其次，关于小城镇标准问题，20世纪80年代，我国的县域城镇包括特大型、大型、中型、小型四类。对此，根据原国家计委计综〔1987〕2390号文件的要求，由原建设部会同有关部门共同制定的《村镇规划标准》，经有关部门会审，正式颁发强制性国家标准，即《村镇规划标准》（GB—50188-93），自1994年6月1日起施行。① 按照该标准规定，村庄、集镇按其在村镇体系中的地位和职能分为基层村、中心村、一般镇、中心镇四个层次。村镇规划规模分级，应按照不同层次及常住人口规划数量，分别划分为大、中、小型三级。其中，集镇的划分标准如下表2.1：

---

① 参见原建设部《村镇规划标准》（建标〔1993〕732号）。

表 2.1　集镇规划规模分级（1993）

类型	一般集镇	中心镇
大型	>3000 人	>10000 人
中型	1000 人~3000 人	3000 人~10000 人
小型	<1000 人	<3000 人

以上集镇常住人口包括：农村村民、城镇居民、城镇集体户（单身职工、寄宿学生等）。此外，集镇人口规划还要考虑通勤人员（指劳动、学习在镇内规划范围外的职工、学生等），以及在集镇出差、探亲、旅游、赶集等临时参与集镇活动的流动人口。

上述标准曾作修订，执行至 2006 年。2007 年 1 月 16 日，原建设部发布关于国家标准《镇规划标准》（GB—50188—2007）的公告。原《村镇规划标准》同时废止。截至目前，有关镇和村庄的规划及其大小划分，均按照该《镇规划标准》执行。具体情况见表 2.2。

表 2.2　镇及村庄规划分级（2007）

类型	镇区	村庄
特大型	>50000 人	>1000 人
大型	30001 人~50000 人	601 人~1000 人
中型	10001 人~30000 人	201 人~600 人
小型	≤10000 人	≤200 人

表 2.2 表明，从 2007 年开始，我国的建制镇不再分为中心镇和一般镇，原属于县城所在地的城关镇或中心镇按照小城市的规范建设，所谓小城镇中的建制镇，就是指规划常住人口在 10000 人及 10000 人以下的镇。另外，建制乡的类别与规划参照该标准执行。

与此同时，本著作注意到，由于我国各地差异较大，关于小城镇的建设存在着地方标准。典型的如为科学指导小城镇建设、提升小城镇规划建设水平、促进城镇化健康发展，建设一批产业鲜明、服务高效、文化浓郁、环境宜人的小城镇。根据国家及省有关法律法规、标准和技术规范规定，2018 年 8 月，河北省制定了《河北省小城镇建设标准（试行）》。其中规定，人口规模 3 万人以下的镇应设置科技站 1 座、文体活动综合广场 1 处以上（含农民体育健身工程），配套体育健身设施。人口规模 3 万人以上的镇应设置综合文化站（建筑面积≥500m², 用地面积 800m²-1500m²)、体育场馆（室外活动场地用地面积 1500m²-2000m²)、科技站、图书馆、影剧院等。① 由此说明，在河北这一人口大省，人口3万人的镇，也被视为小镇。

（二）改革开放以来我国小城镇与小镇的政策演变

经过网上查询，输入"小城镇"和"小镇"关键词，截至目前，国家没有一部专门的法律和行政法规调整。数量较多的是政策性文件或规范性文件。其中，在中央层面，主要包括以下的政策性文件：

1984年11月22日，国务院批转民政部《关于调整建镇标准的报告》（以下简称《报告》）的通知。该《报告》指出，随着农村商品经济和乡镇工业的蓬勃发展，小城镇的作用日益显示出来。加速小城镇建设，充分发挥其联结城乡的桥梁和纽带作用，促进城乡经济的交流和发展，已成为当前基层政权上的一项重要任务。我国小城镇（指建制镇）的建设和发展经历了一个曲折的过程。新中国成立初期，随着国民经济的恢复和发展，小城镇有了较快的发展。以后由于"左"的影响，小城镇发展缓慢。在"十年动乱"期间，小城镇又遭到了破坏。党的十一届三中全会以来，农村经济的繁荣，促进了小城镇的恢复和发展，现在全国已有建制镇5698个。特别是今年中央一号文件下达后，各地对建镇工作更加重视，仅半年多时间，全国就新建了2000多个镇。预计到今年年底还将有一个较大的发展。为了研究小城镇的政权建设问题，我们于今年八月召集十三个省、自治区、直辖市的有关同志进行了座谈；还派人到部分省市进行了典型调查。当前建镇工作中的主要问题是，建镇标准不统一，有的地方把镇、村分割开来，很不利于小城镇的发展。在发展方向上，小城镇应成为农村发展工副业、学习科学文化和开展文化娱乐活动的基地，逐步发展成为农村区域性的经济文化中心。为此，对1955年和1963年中共中央和国务院设镇的规定作出调整：一是凡县级地方国家机关所在地，均应设置镇的建制。二是总人口在20000以下的乡，乡政府驻地非农业人口超过2000的，可以建镇；总人口在20000以上的乡，乡政府驻地非农业人口占全乡人口10%以上的，也可以建镇。三是少数民族地区、人口稀少的边远地区、山区和小型工矿区、小港口、风景旅游、边境口岸等地，非农业人口虽不足2000人，如确有必要，也可设置镇的建制。四是凡具备建镇条件的乡，撤乡建镇后，实行镇管村的体制；暂时不具

---

① 参见河北省住房和城乡建设厅出台关于印发《河北省小城镇建设标准（试行）》的通知（冀建村〔2018〕39号）（2018.08）。

备设镇条件的集镇，应在乡人民政府中配备专人加以管理。① 该文件对于20世纪80年代县域小城镇的发展提供了基本的政策依据。

1992年9月30日，原国家计委办公厅发布《关于开展农村小城镇建设试点工作的若干意见（试行）》的通知。该通知要求，农村小城镇建设试点的选点条件：一是农业生产条件较好，人口密度较大并具有一定发展潜力；二是经济、社会和自然条件较好，农村第二、三产业具有一定基础；三是水、电、路、通信条件较好；四是建制镇（不包括县城）或乡政府所在地；五是农村经济计划联系点县（市）应优先安排试点；六是当地领导重视、政策优惠、群众积极性高的小城镇可优先作为试点。②

1994年9月8日，经国务院同意，原建设部、国家计委、国家体改委、国家科委、农业部、民政部印发《关于加强小城镇建设的若干意见》（以下简称《意见》）的通知。《意见》提出，小城镇建设首先必须搞好规划，要按照逐步实现农村现代化的要求，规划和建设小城镇。各级人民政府要对小城镇建设工作进行认真研究，特别是各县（市）人民政府要对本地区的小城镇进行综合分析、排队，根据当地经济和社会发展的实际，确定重点发展的小城镇，作出全面的规划部署。对于沿路、沿江河、沿海、沿边境等地理位置和交通条件较好、乡镇企业有一定基础或农村批发和专业市场初具规模的小城镇，要首先重点地抓好规划和建设。③

2000年6月13日，中共中央、国务院发布《关于促进小城镇健康发展的若干意见》（以下简称《意见》）。该文件系我国改革开放以来，中央专门指导小城镇发展的纲领性政策文件。该文件在提出充分认识小城镇建设的战略意义基础上，明确提出了我国建设小城镇的基本原则，即发展小城镇要以党的十五届三中全会确定的基本方针为指导，遵循以下原则：一是尊重规律，循序渐进。防止不顾客观条件，一哄而起，遍地开花，搞低水平分散建设。不允许以小城镇建设为名，乱集资、乱摊派、加重农民和企业负担。二是因地制宜，科学规划。各地要从实际出发，根据当地经济发展水平、区位特点和资源条件，搞好小城镇的规划和布局，突出重点，注重实效，防止不切实际，盲目攀比的行为出现。三是深化改革，创新机制。小城镇建设和管理要按照社会主义市场经济

---

① 参见国务院批转民政部《关于调整建镇标准的报告》的通知（国发〔1984〕165号）。
② 参见原国家计委办公厅印发《关于开展农村小城镇建设试点工作的若干意见（试行）》的通知（计办农经〔1992〕544号）。
③ 参见原建设部、国家计委、国家体改委、国家科委、农业部、民政部关于印发《关于加强小城镇建设的若干意见》的通知（建村〔1994〕564号）。

的要求，改革创新，广泛开辟投融资渠道，促进基础设施建设和公益事业发展，走出一条在政府引导下，主要通过市场机制建设小城镇的路子。要转变政府职能，从根本上降低管理成本，提高管理效率。四是统筹兼顾，协调发展。发展小城镇，不能削弱农业的基础地位。要利用小城镇连接城乡的区位优势，促进农村劳动力、资金、技术等生产要素优化配置，推动一、二、三产业协调发展。要坚持物质文明和精神文明一起抓，在搞好小城镇经济建设的同时，大力推进教育、科技、文化、卫生以及环保等事业的发展，实现城乡经济社会和生态环境的可持续发展。《意见》要求，各级政府要按照统一规划、合理布局的要求，抓紧编制小城镇发展规划，并将其列入国民经济和社会发展计划。重点发展现有基础较好的建制镇，搞好规划，逐步发展。在大城市周边地区，要按照产业和人口的合理分布，适当发展一批卫星城镇。在沿海发达地区，要适应经济发展较快的要求，完善城镇功能，提高城镇建设水平，更多地吸纳农村人口。在中西部地区，应结合西部大开发战略，重点支持区位优势和发展潜力比较明显的小城镇加快发展。要严格限制新建制镇的审批。在小城镇的规划中，要注重经济社会和环境的全面发展，合理确定人口规模与用地规模，既要坚持建设标准，又要防止贪大求洋和乱铺摊子。规划的编制要严格执行有关法律法规，切实做好与土地利用总体规划以及交通网络、环境保护、社会发展等各方面规划的衔接和协调。规划的调整要按法定程序办理。小城镇建设要各具特色，切忌千篇一律，特别要注意保护文物古迹以及具有民族和地方特点的文化自然景观。为鼓励农民进入小城镇，《意见》提出，从2000年起，凡在县级市市区、县人民政府驻地镇及县以下小城镇有合法固定住所、稳定职业或生活来源的农民，均可根据本人意愿转为城镇户口，并在子女入学、参军、就业等方面享受与城镇居民同等待遇，不得实行歧视性政策。对在小城镇落户的农民，各地区、各部门不得收取城镇增容费或其他类似费用。要积极探索适合小城镇特点的社会保障制度。对进镇落户的农民，可根据本人意愿，保留其承包土地的经营权，也允许依法有偿转让。农村集体经济组织要严格按照承包合同管理，防止进镇农民耕地撂荒和非法改变用途。对进镇农户的宅基地，要适时置换出来，防止闲置浪费。小城镇户籍制度改革，要高度重视进镇人口的就业问题。各省、自治区、直辖市人民政府要按照国家有关规定和当地实际情况，制定小城镇户籍制度改革的具体办法。①

---

① 参见《中共中央、国务院关于促进小城镇健康发展的若干意见》（中发〔2000〕11号）。

2008年，住房和城乡建设部办公厅发布关于印发《中国西部小城镇环境基础设施技术政策和技术指南的通知》。该通知提出，小城镇是指由国家行政部门正式批准、具有镇建制的建制镇，包括县城镇以及规划期内将发展成为建制镇的集镇。小城镇人口规模在5万人以下。[1]

2016年，国家发展和改革委员会发布《关于加快美丽特色小（城）镇建设的指导意见》（以下简称《意见》）。该《意见》指出，特色小（城）镇包括特色小镇、小城镇两种形态。特色小镇主要指聚焦特色产业和新兴产业，集聚发展要素，不同于行政建制镇和产业园区的创新创业平台。特色小城镇是指以传统行政区划为单元，特色产业鲜明、具有一定人口和经济规模的建制镇。特色小镇和小城镇相得益彰、互为支撑。发展美丽特色小（城）镇是推进供给侧结构性改革的重要平台，是深入推进新型城镇化的重要抓手，有利于推动经济转型升级和发展动能转换，有利于促进大中小城市和小城镇协调发展，有利于充分发挥城镇化对新农村建设的辐射带动作用。[2]

2017年，国家发改委、国土资源部、环境保护部、住房城乡建设部发布《关于规范推进特色小镇和特色小城镇建设的若干意见》。该意见进一步明确，特色小镇是在几平方公里土地上集聚特色产业、生产生活生态空间相融合、不同于行政建制镇和产业园区的创新创业平台。特色小城镇是拥有几十平方公里以上土地和一定人口经济规模、特色产业鲜明的行政建制镇。准确把握特色小镇内涵。各地区要准确理解特色小镇内涵特质，立足产业"特而强"、功能"聚而合"、形态"小而美"、机制"新而活"，推动创新性供给与个性化需求有效对接，打造创新创业发展平台和新型城镇化有效载体。不能把特色小镇当成筐，什么都往里装，不能盲目把产业园区、旅游景区、体育基地、美丽乡村、田园综合体以及行政建制镇戴上特色小镇的"帽子"。各地区可结合产业空间布局优化和产城融合，循序渐进发展"市郊镇""市中镇""园中镇""镇中镇"等不同类型特色小镇；依托大城市周边的重点镇培育发展卫星城，依托有特色资源的重点镇培育发展专业特色小城镇。[3]

2018年，国家发展改革委办公厅发布《关于建立特色小镇和特色小城镇高

---

[1] 参见住房和城乡建设部办公厅关于印发《中国西部小城镇环境基础设施技术政策和技术指南的通知》（建办科函〔2008〕692号）。
[2] 参见国家发展和改革委员会发布的《关于加快美丽特色小（城）镇建设的指导意见》（发改规划〔2016〕2125号）。
[3] 参见国家发展改革委、国土资源部、环境保护部、住房和城乡建设部发布的《关于规范推进特色小镇和特色小城镇建设的若干意见》（发改规划〔2017〕2084号）。

质量发展机制的通知》(以下简称《通知》)。该《通知》要求,一要明确典型特色小镇条件。即要立足一定资源禀赋或产业基础,区别于行政建制镇和产业园区,利用3平方公里左右国土空间(其中建设用地1平方公里左右),在差异定位和领域细分中构建小镇大产业,集聚高端要素和特色产业,兼具特色文化、特色生态和特色建筑等鲜明魅力,打造高效创业圈、宜居生活圈、繁荣商业圈、美丽生态圈,形成产业特而强、功能聚而合、形态小而美、机制新而活的创新创业平台。二要明确典型特色小城镇条件。基本条件是:立足工业化城镇化发展阶段和发展潜力,打造特色鲜明的产业形态、便捷完善的设施服务、和谐宜居的美丽环境、底蕴深厚的传统文化、精简高效的体制机制,实现特色支柱产业在镇域经济中占主体地位、在国内国际市场占一定份额,拥有一批知名品牌和企业,镇区常住人口达到一定规模,带动乡村振兴能力较强,形成具有核心竞争力的行政建制镇排头兵和经济发达镇升级版。三要探索差异化多样化经验。鼓励各地区挖掘多种类型小镇案例,避免模式雷同、难以推广。立足不同产业门类,挖掘先进制造类、农业田园类及信息、科创、金融、教育、商贸、文旅、体育等现代服务类案例。立足不同地理区位,挖掘"市郊镇""市中镇""园中镇""镇中镇"等特色小镇案例,以及卫星型、专业型等特色小城镇案例。立足不同运行模式,挖掘在机制政策创新、政企合作、投融资模式等方面的先进经验。[①]

2020年9月16日,国务院办公厅转发国家发展改革委《关于促进特色小镇规范健康发展意见的通知》。该通知提出,准确把握发展定位。准确理解特色小镇概念,以微型产业集聚区为空间单元进行培育发展,不得将行政建制镇和传统产业园区命名为特色小镇。准确把握特色小镇区位布局,主要在城市群、都市圈、城市周边等优势区位或其他有条件区域进行培育发展。准确把握特色小镇发展内涵,发挥要素成本低、生态环境好、体制机制活等优势,打造经济高质量发展的新平台、新型城镇化建设的新空间、城乡融合发展的新支点、传统文化传承保护的新载体。要强化底线约束。地方各级人民政府要加强规划管理,严格节约集约利用土地,单个特色小镇规划面积原则上控制在1~5平方公里(文化旅游、体育、农业田园类特色小镇规划面积上限可适当提高),保持生产生活生态空间合理比例,保持四至范围清晰、空间相对独立,严守生态保护红

---

① 参见国家发展改革委办公厅发布《关于建立特色小镇和特色小城镇高质量发展机制的通知》(发改办规划〔2018〕1041号)。

线、永久基本农田、城镇开发边界三条控制线。①

由以上国家关于小城镇建设的政策指引来看，2016年之前，主要由原建设部和民政部主导的小城镇建设中指的小城镇就是《镇规划标准》（2007）（以下简称《标准》）中的小城镇，即常住人口在10000人以下的建制镇，然而在2008年住房和城乡建设部办公厅关于印发《中国西部小城镇环境基础设施技术政策和技术指南》的通知中，明确提出小城镇人口规模在5万人以下。由此涵盖了2007年标准中的大、中、小城镇。本著作认为，该政策含义是指小城镇建设的环境基础设施要按照5万人的规模（包括流动人口）规划设计，但对于小城镇的理解，应主要按照2007年《标准》规定的常住人口10000人或10000人以下的标准理解。

与此同时，由国家发展改革委自2017年开始主导的小城镇建设则对小城镇和小镇作了区别。其中，小城镇仍然指建制镇，而小镇则是以产业园区为基础的经济镇。这种经济镇，可以以"镇"的名义命名，但其不属于建制镇意义上的小城镇。小镇是指规划面积原则上控制在1~5平方公里（文化旅游、体育、农业田园类特色小镇规划面积上限可适当提高），保持生产生活生态空间合理比例，保持四至范围清晰、空间相对独立，严守生态保护红线、永久基本农田、城镇开发边界三条控制线的一个特定的经济区域。并且允许各地挖掘"市郊镇""市中镇""园中镇""镇中镇"等特色小镇案例，以及卫星型、专业型等特色小城镇案例。其基本动因就是希望借用"小镇"这一名义，将一定的产业聚集于一定的区域（园区）进行优势发展的经济创新模式，其类似于产业开发区。但这种模式的推行，由于与建制镇部分存在交叉，造成了镇的建设的混乱。

尽管如此，要保证政策的有效性，还需要采取有力的措施予以积极推进。为此，中央各国家机关和相关机构，为落实党中央各个时期促进小城镇建设，采取了一系列政策法治措施。其目的是希望通过国家在政策、项目和资金方面的支持，把县域内的城镇快速建设起来。

二、小城镇建设的试点实践

1992年，原国家计委办公厅发布《关于开展农村小城镇建设试点工作的若干意见（试行）》的通知。拟通过试点总结经验，探索办法，树立样板，带动和加快全国农村的小城镇建设，促进传统农业向现代化、商品化转变，加快农

---

① 参见《国务院办公厅转发国家发展改革委关于促进特色小镇规范健康发展意见的通知》（国办发〔2020〕33号）。

村二、三产业的发展,实现农村剩余劳动力的合理转移,走出一条符合中国国情的农村工业化、乡村城镇化道路。此后,原建设部、国家计委、国家体改委、国家科委于1994年9月8日发布的《关于加强小城镇建设的若干意见》,结合这两个文件精神,按照"统一规划,合理布局,因地制宜,各具特色,保护耕地,优化环境,综合开发,配套建设"的方针,以及城市化、现代化、社会化的方向要求,经过各地申报和审核,原建设部先后于1994年12月31日和1995年3月29日,公布了全国小城镇建设试点镇名单,具体情况详见表2.3:

表2.3 全国小城镇建设试点镇名单（1994—1995）

地区	小城镇建设试点镇
北京市（5）	顺义县（现为顺义区）杨镇、昌平县（现为昌平区）小汤山镇、通县（现为通州区）漷县镇、大兴县（现为大兴区）榆垡镇、房山区长沟镇
天津市（3）	静海县（现为静海区）大邱庄镇、武清县（现为武清区）王庆坨镇、大港区（现为滨海新区）中塘镇
辽宁省（20）	沈阳市陈相屯镇、沈阳市白塔堡镇（现为白塔街道）、沈阳市茨榆坨镇（现为街道）、沈阳市沙岭镇（现为街道）、鞍山市高力房镇、抚顺市南杂木镇、本溪市田师傅镇、丹东市前阳镇、锦州市沟帮子镇（现为街道）、锦州市新立屯镇、锦州市高山子镇、营口市路南镇、阜新市泡子镇、辽阳市佟二堡镇、辽阳市刘二堡镇、铁岭市宝力镇、朝阳市三十家子镇、盘锦市高升镇、锦西市（现为葫芦岛市）前所镇、前卫镇
上海市（10）	闵行区马桥镇、嘉定区曹王镇、宝山区罗店镇、南汇县（现为浦东新区）祝桥镇、奉贤县（现为奉贤区）洪庙镇、松江县（现为松江区）小昆山镇、金山县（现为金山区）枫泾镇、青浦县（现为青浦区）徐泾镇、崇明县（现为崇明区）新河镇、浦东新区民建村
浙江省（20）	建德市乾潭镇、肖山市浦沿镇（现为杭州市滨江区浦沿街道）、富阳市（现为富阳区）新登镇、温州市永中镇（现改为街道）、瑞安市马屿镇、湖州市南浔镇、湖州市织里镇、海宁市周王庙镇、诸暨市大唐镇（现为街道）、上虞市（现为上虞区）小越镇（现为街道）、东阳市横店镇、义乌市大陈镇、永康市芝英镇、开化县华埠镇、龙游县湖镇镇、舟山市白泉镇、温岭市泽国镇、椒江市（现为椒江区）洪家镇（现为街道）、缙云县壶镇镇、玉环县（现为玉环市）陈屿镇（2009年撤销）

40

续表

地区	小城镇建设试点镇
安徽省（20）	芜湖县（现为芜湖市）荻港镇、和县乌江镇、霍邱县叶集镇（现为六安市叶集区）、当涂县丹阳镇、凤台县毛集镇、青阳县丁桥镇、宿州市符离镇、五河县新集镇、金寨县南溪镇、濉溪县临涣镇、郎溪县南丰镇、怀宁县高河镇、肥西县三河镇、六安市苏埠镇、亳州市双沟镇、萧县黄口镇、凤阳县武店镇、阜阳县（现为阜阳市）插花镇、铜陵县（现为铜陵市义安区）钟鸣镇、芜湖县清水镇（现为街道）
广西壮族自治区（17）	玉林市石南镇、贵港市覃塘镇、北流市六靖镇、容县杨梅镇、平南县大安镇、桂平县（现为桂平市）木乐镇、合浦县石康镇、钦州市那蒙镇、钦州市大番坡镇、浦北县寨圩镇、博白县文地镇、灵山县陆屋镇、横县（现为横州市）校椅镇、崇左县（现为崇左市）驮卢镇、宁明县爱店镇、鹿寨县雒容镇（现归柳州市鱼峰区管辖）、岑溪县（现为岑溪市）南渡镇
海南省（4）	琼海市大路镇、万宁县（现为万宁市）龙滚镇、大茂镇、昌江县叉河镇
云南省（17）	玉溪市大营街镇（现为街道）、华宁县盘溪镇、大理市喜洲镇、巍山县大仓镇、禄丰县（现为禄丰市）广通镇、耿马县孟定镇、曲靖县（现为曲靖市）越州镇、陆良县板桥镇、个旧市大屯镇（现为街道）、蒙自县（现为蒙自市）新安所镇（现为街道）、保山市河图镇（现为街道）、潞西县（现为芒市）遮放镇、楚雄市富民镇、勐腊县勐仑镇、丽江县（现为丽江市）石鼓镇、永平县曲硐古镇、安宁县（现为安宁市）八街镇（现为街道）
陕西省（15）	户县（现为鄠邑区）秦渡镇（现为街道）、草堂镇（现为街道）、兰田县（现为蓝田县）油坊街（现为华胥镇）、泾阳县云阳镇、三原县大程镇、耀县（现为耀州区）董家河镇、凤翔县（现为凤翔区）陈村镇、眉县常兴镇、蒲城县荆姚镇、华县（现为华州区）柳枝镇、丹凤县商镇、宁强县阳平关镇、安康县（现为安康市）恒口镇、延川县永坪镇、榆林市镇川镇
甘肃省（10）	酒泉市总寨镇、敦煌市肃州镇、高台县南华镇、武威市双城镇、会宁县新堡子镇、积石山县大河家镇、定西县（现为定西市）内官营镇、西峰市（现为西峰区）肖金镇、宁县和盛镇、北道区（现为麦积区）甘泉镇
青海省（4）	湟中县（现为湟中区）多巴镇、湟中县上新庄乡集镇（现为湟中区上新庄镇）、民和县马营镇、贵德县河西镇

41

续表

地区	小城镇建设试点镇
厦门市（2）	同安县（现为同安区）大嶝镇（现为街道）、马巷镇（现为街道）
青岛市（2）	胶州市李哥庄镇、平度市同和镇（现为街道）
新疆生产建设兵团（4）	农一师南口镇、农六师梧桐镇、农四师老霍城镇、农八师西营镇
河北省（25）	鹿泉市（现为鹿泉区）铜冶镇、晋州市总十庄镇、鹿泉市（现为鹿泉区）寺家庄镇、石家庄市南高营镇、石家庄市贾庄镇、滦南县柏各庄镇、玉田县鸦鸿桥镇、遵化市马兰峪镇、丰南县（现为丰南区）黄各庄镇、大厂县夏垫镇、霸州市胜芳镇、霸州市信安镇、三河市燕郊镇、三河市段甲岭镇、武安市磁山镇、卢龙县石门镇、宣化县（现为宣化区）沙岭子镇（现划归张家口市经济开发区）、泊头市交河镇、沙河市白塔镇、承德市大石庙镇、蠡县留史镇、高碑店市白沟镇、枣强县大营镇、芦台农场场部（现划归唐山市，成立芦台经济开发区）、辛集市位伯镇
山西省（16）	晋城市巴公镇、晋城市南村镇、阳城县北留镇、高平市河西镇、沁水县加丰镇、榆次市（现为榆次区）东阳镇、介休市义安镇、祁县东观镇、清徐县徐沟镇、古交市河口镇、平定县冶西镇、永济市虞乡镇、交口县双池镇、大同市马营乡、阳泉市荫营镇、繁峙县砂河镇
内蒙古自治区（13）	赤峰市建昌营镇、赤峰市红花沟镇、根河市满归镇、鄂伦春自治旗克一河镇、通辽市木里图镇、奈曼旗八仙筒镇、察右前旗平地泉镇、五原县巴彦套海镇、临河市（现为临河区）新华镇、牙克石市塔尔气镇、哲里木盟（现为通辽市）大林镇、宁城县热水镇、察右后旗土牧尔台镇
吉林省（12）	德惠市米沙子镇（现归长春市宽城区）、农安县合隆镇、桦甸市红石砬子镇、永吉县乌拉街镇（现归吉林市龙潭区）、公主岭市范家屯镇、辉南县辉南镇、抚松县万良镇、大安市安广镇、前郭县长山镇、安图县二道白河镇、东丰县横道河子镇、白山市六道江镇

续表

地区	小城镇建设试点镇
黑龙江省（20）	哈尔滨市新发镇、阿城市（现为阿城区）玉泉镇（现为街道）、龙江县景星镇、宁安市东京城镇、东宁县（现为东宁市）三岔口镇、桦南县土龙山镇、虎林县（现为虎林市）东方红镇、大庆市喇嘛甸镇、双城市（现为双城区）周家镇（现为街道）、黑河市爱辉镇、宝清县七星泡镇、省农场总局宝泉岭农垦城、肇东市昌五镇、海伦市伦河镇、绥化市四方台镇、尚志市亚布力镇、北安市赵光镇、依兰县达连河镇、海林市柴河镇、铁力市双丰镇
江苏省（35）	江阴市周庄镇、丹阳市界牌镇、江都市（现为江都区）宜陵镇、张家港市后塍镇（现为街道）、泰兴市刁铺镇（现为街道）、盐城市大冈镇、苏州市淀山湖镇、太仓市沙溪镇、苏州市支塘镇、东台市富安镇、武进县（现为武进区）横山桥镇、无锡市磺塘镇（文件表述，现查无）、江宁县禄口镇（现为江宁区禄口街道）、镇江市新桥镇、宜兴市和桥镇、昆山市陆家镇、邳州市官湖镇、淮安市平桥镇、海门市悦来镇、常州市洛阳镇、建湖县上冈镇、溧阳市别桥镇、无锡市长泾镇、扬州市口岸镇（现为街道）、吴县甪直镇（现为吴中区甪直镇）、徐州市碾庄镇、苏州市塘桥镇、大丰县（现为大丰区）新丰镇、南京市栖霞镇（现为街道）、铜山县（现为铜山区）潘塘镇、泗洪县双沟镇、靖江市新桥镇、常熟市碧溪镇（现为街道）、兴化市戴南镇、六合县（现为六合区）灵岩镇（2007年撤销，并入雄州街道）
福建省（18）	晋江市英林镇、南安市水头镇、龙海市（现为漳州市龙海区）角美镇、长泰县（现为漳州市长泰区）岩溪镇、漳州市天宝镇、尤溪县（现为晋江市）西滨镇、永安市大湖镇、建阳市水吉镇（现为建阳区水吉镇）、邵武市拿口镇、永定县（现为永定区）坎市镇、连城县姑田镇、福安市穆阳镇、福鼎县（现为福鼎市）点头镇、长乐市（现为长乐区）金峰镇、连江县琯头镇、莆田县（现为莆田市）江口镇，仙游县榜头镇、宁化县石壁镇
江西省（20）	进贤县文港镇、景德镇市竟成镇、新余市良山镇、德兴市泗洲镇、吉水县八都镇、万载县黄茅镇、南康县（现为南康区）唐江镇、宜黄县黄陂镇、萍乡市宣风镇、修水县渣津镇、余江县（现为余江区）锦江镇、南昌市向塘镇、宁都县青塘镇、宜春市慈化镇、赣江市（现为赣州市）沙石镇、新建县（现为新建区）乐化镇、铜鼓县大段镇、南昌市罗家镇、万载县株潭镇、上饶市沙溪镇

续表

地区	小城镇建设试点镇
山东省（38）	济南市仲宫镇、章丘市（现为章丘区）普集镇（现为街道）、桓台县起凤镇、淄博市王村镇、淄博市湖田镇（现为街道）、淄博市朱台镇、枣庄市桑村镇、广饶县人王镇、东营市仙河镇、莱州市沙河镇、烟台市养马岛镇（现为街道）、龙口市北马镇、栖霞县桃村镇、长岛县砣矶镇（现归蓬莱区）、寿光市大家洼镇（现归潍坊市滨海经济开发区，并改为街道）、安丘市景芝镇、昌邑市石埠镇、临朐县冶源镇（现为街道）、邹城市中心店镇、鱼台县鱼城镇、新泰市小协镇、乳山市海阳所镇、文登市（现为文登区）莳山镇（现已撤销）、五莲县街头镇、莱芜市口镇（现为街道）、武城县鲁权屯镇、邹平县（现为邹平市）长山镇、博兴县兴福镇、临沂市罗庄镇（现为街道）、兰陵县兰陵镇、莘县朝城镇、曹县庄寨镇、肥城市石横镇、蒙阴县常路镇、济南市刁镇、高密市柴沟镇、临朐县杨善镇、滨州市魏桥镇
河南省（30）	开封县（现为开封市）朱仙镇、清丰县马庄桥镇、灵宝市焦村镇、长葛市后河镇、浚县善堂镇、郾城县召陵镇、永城县（现为永城市）芒山镇、鹿邑县玄武镇、信阳县（现为信阳市）明港镇、上蔡县杨集镇、新乡县小冀镇、辉县市孟庄镇、汝州市寄料镇、宝丰县大营镇、沁阳市西向镇、济源市轵城镇、洛阳市关林镇、偃师市（现为偃师区）顾县镇、安阳县水冶镇、林州市姚村镇、内黄县楚旺镇、巩义市小关镇、新郑县（现为新郑市）龙湖镇、新密市超化镇、登封市卢店镇、镇平县贾宋镇、内乡县马山口镇、邓州市穰东镇、唐河县湖阳镇、邓州市孟楼镇
湖北省（22）	谷城县石花镇、老河口市孟楼镇、枣阳市兴隆镇、襄阳县（现为襄阳市襄州区）太平店镇、枝江县（现为枝江市）董市镇、当阳市半月镇、长阳县都镇湾镇、汉川县（现为汉川市）马口镇、孝感市三汊镇、江陵县郝穴镇、松滋县（现为松滋市）刘家场镇、潜江市浩口镇、钟祥市胡集镇、蕲春县蕲州镇、黄梅县小池镇、黄州市（现为黄冈市黄州区）团风镇、嘉鱼县簰洲湾镇、蒲圻市（现为赤壁市）赤壁镇、丹江口市武当山镇、宣恩县沙道沟镇、天门市岳口镇、武昌县（现为江夏区）金口镇
湖南省（21）	双峰县三塘铺镇、株洲市龙头铺镇、醴陵市白兔潭镇、溆浦县低庄镇、洞口县高沙镇、临湘市羊楼司镇、岳阳县广兴州镇、常德市蒿子港镇、桃源县陬市镇、临澧县合口镇、稀南县向阳镇、桃江县灰山港镇、南县茅草街镇、安化县梅城镇、湘乡市棋梓镇、常宁县松柏镇（2015年与水口山街道合并为水口山镇）、祁阳县黎家坪镇、永兴县马田镇、长沙县金井镇、望城区（现为望城区）雷锋镇、浏阳市永安镇

续表

地区	小城镇建设试点镇
广东省（26）	番禺市（现为广州市番禺区）大岗镇、海丰县门平镇（文件表述，现查无）、清远市源潭镇、揭东县（现为揭东区）炮台镇、揭西县棉湖镇、南海市（现为南海区）沙头镇、南海市（现为南海区）里水镇、新会市荷塘镇（现划归蓬江区）、恩平市沙湖镇、高州市石鼓镇、湛江市龙头镇、博罗县园洲镇、澄海市（现为汕头市澄海区）东里镇、潮阳市（现为潮阳区）峡山镇（现为街道）、饶平县钱东镇、高要市（现为高要区）白土镇、云浮市腰古镇、东源县埔前镇（现归间源市源城区）、五华县华城镇、斗门县（现为斗门区）白蕉镇、中山市小榄镇、中山市沙溪镇、东莞市长安镇、东莞市常平镇、广州市钟落潭镇、东莞市清溪镇
四川省（34）	温江县（现为温江区）万春镇、郫县（现为郫都区）犀浦镇（现为街道）、成都市十陵镇（现为街道）、大邑县安仁镇、泸县玄滩镇、简阳市贾家镇、资中县银山镇、三台县西平镇、江油市武都镇、射洪县柳树镇、绵竹县（现为绵竹市）汉旺镇、什邡县（现为什邡市）洛水镇、自贡市大山铺镇、富顺县牛佛镇（现归自贡市大安区）、乐山市牛华镇、峨眉山市桂华侨镇、珙县巡场镇、宜宾市李庄镇、高县庆符镇、南充市龙门镇（现为街道）、南部县定水镇、广元市宝轮镇、旺苍县嘉川镇、达川市（现为达州市通川区）西外镇、通江县涪阳镇、广安县（现为广安市）代市镇、盐边县渔门镇、雅安市多营镇、康定县（现为康定市）姑咱镇、南坪县（现为九寨沟县）漳扎镇、冕宁县泸沽镇、德阳市罗江镇、夹江县黄土镇、广汉市向阳镇
贵州省（13）	贵阳市东风镇、瓮安县草塘镇、独山县麻尾镇、兴义市威舍镇、金沙县安底镇、余庆县构皮滩镇、遵义市新舟镇、仁怀县（现为仁怀市）茅台镇、湄潭县永兴镇、玉屏县大龙镇（现为街道）、息烽县小寨坝镇、岑巩县新兴集镇（文件表述，没有对应的镇）、盘县特区红果镇（现为街道）
宁夏回族自治区（7）	平罗县太西镇、贺兰县立岗镇、吴忠市金积镇、中卫县（现为中卫市沙坡头区）宣和镇、固原县（现为原州区）三营镇、永宁县李俊镇、青铜峡市峡口镇
新疆维吾尔自治区（16）	乌鲁木齐县安宁渠镇、霍城县清水河镇、伊犁哈萨克自治州霍尔果斯口岸、吐鲁番市七克台镇、阿勒泰市北屯镇、奇台县老奇台镇、玛纳斯县乐土驿镇、博乐市小营盘镇、精河县大河沿子镇、乌苏县（现为乌苏市）哈图布呼镇、和布克赛尔县和什托洛盖镇、巴楚县色力布亚镇、哈密市二堡镇、阿克苏市阿热买里镇、和田县巴格其镇、和静县巴润哈尔莫敦镇

45

续表

地区	小城镇建设试点镇
重庆市（3）	大足县（现为大足区）龙水镇、江津市（现为江津区）白沙镇、巴县（现为巴南区）界石镇
宁波市（4）	鄞县（现为鄞州区）邱隘镇、慈溪市周巷镇、镇海区骆驼镇（现为街道）、奉化市（奉化区）溪口镇
大连市（4）	大连湾镇（现为街道）、杨树房镇（现为街道）、石河镇（现为街道）、皮口镇（现为街道）
三峡库区移民迁建试点（16）	开县（现为开州区）临江镇、万县市（现为万州区）龙沙镇、熊家镇、白羊镇、梁平县（现为梁平区）七桥镇、忠县汝溪镇、云阳县江口镇、奉节县吐祥镇、巫山县官渡镇、巫溪县文峰镇、垫江县澄溪镇、涪陵市（现为涪陵区）李渡镇、丰都县镇江场镇、石柱县西沱镇、开县（现为开州区）郭家镇、巫山县福田镇

上表近 540 多个小城镇及集镇建设试点单位，① 约占截至 1995 年 17532 个建制镇的 3.1%，涉及全国各省、自治区、直辖市和一些副省级市范围，尤其重要的是还涉及三峡库区移民后，移民区的小城镇建设问题。

三、全国小城镇建设示范镇的实践

在推行小城镇试点镇建设基础上，原建设部于 1997 年、1999 年分两批，在全国选择了一些建设初具规模，基础设施和公共设施基本配套，镇容景观和生态环境比较好，建设管理水平比较高，并较好地发挥了促进当地经济和社会发展的小城镇，将其命名为"全国小城镇建设示范镇"，希望通过这些"小城镇示范镇"的榜样作用，推动全国小城镇的建设。该全国小城镇建设示范镇的名单如表 2.4：

---

① 上表各镇经与网上公布文件查询对比，纠正了一些错误表述，体现近 30 年来建制镇改为街道情况。有个别文件中表述的镇或集镇无法对应。随着行政区域改革，相关情况还会发生变化。

表 2.4 全国小城镇建设示范镇名单（1997—1999）

地区	小城镇建设示范镇
北京市（1）	怀柔县（现为怀柔区）杨宋镇（1997）
天津市（2）	大港区（现为滨海新区）中塘镇、(1997)静海县（现为静海区）大邱庄镇（1999）
上海市（4）	奉贤县（现为奉贤区）洪庙镇（1997）、嘉定区南翔镇、松江区小昆山镇、嘉定区安亭镇（1999）
内蒙古自治区（2）	鄂温克自治旗（现为鄂温克族自治旗）大雁镇（1997）、赤峰市元宝山区建昌营镇（1999）
辽宁省（3）	海城市南台镇（1997）、灯塔市佟二堡镇、海城市西柳镇（1999）
江苏省（8）	张家港市塘桥镇（1997）、昆山市淀山湖镇（1997）、宜兴市和桥镇、昆山市周庄镇、锡山市（现为锡山区）华庄镇、江阴市华士镇、常熟市大义镇、吴江市（现为吴江区）黎里镇（1999）
浙江省（8）	绍兴县（现为绍兴市）柯桥镇（1997）、宁波市鄞州区邱隘镇（1997）、宁波市奉化市（现为奉化区）溪口镇（1997）平阳县鳌江镇、乐清市柳市镇、苍南县龙港镇、东阳市横店镇（1999）宁波慈溪市周巷镇（1999）
福建省（2）	龙海市角美镇（1997）、南安市水头镇（1999）
山东省（6）	文登市（现为文登区）崮山镇（1997）、青岛市平度市同和镇（现为街道）（1997）、广饶县大王镇、安丘市景芝镇、文登市（现为文登区）宋村镇（1999）、青岛市胶南市（现为黄岛区）隐珠镇（1999）
河南省（4）	内乡县马山口镇（1997）、巩义市米河镇、许昌市尚集镇、林州市姚村镇（1999）
广东省（5）	中山市小视旗镇（1997）、东莞市长安镇（1997）、顺德市（现为顺德区）北镇、番禺市榄核镇（1999）、深圳市龙岗区大鹏镇（1999）
四川省（4）	绵阳市娩城镇（1997）、珙县巡场镇、郫县（现为郫都区）犀浦镇、广元市中区宝轮镇（1999）
河北省（2）	河北省农垦局芦台农场场部、高碑店市白沟镇（1999）
山西省（1）	阳泉市郊区荫营镇（1999）
吉林省（1）	辉南县辉南镇（1999）

续表

地区	小城镇建设示范镇
黑龙江省（2）	黑龙江省农垦总局建三江农垦城、阿城市（现为阿城区）玉泉镇（1999）
安徽省（2）	凤台县毛集镇、霍邱县姚李镇（1999）
江西省（1）	德兴市泗洲镇（1999）
湖北省（4）	当阳市半月镇、谷城县石花镇、蕲春县蕲州镇，仙桃市沔城镇（1999）
湖南省（2）	浏阳市大瑶镇、临澧县合口镇（1999）
广西壮族自治区（2）	北海市铁山港区南康镇、平南县大安镇（1999）
重庆市（2）	大足县（现为大足区）龙水镇、荣昌县（现为荣昌区）广顺镇（1999）
贵州省（1）	仁怀市茅台镇（1999）
西藏自治区（1）	林芝地区（现为林芝市）八一镇（1999）
陕西省（1）	渭南市庄里镇（1999）
甘肃省（2）	张掖市大满镇、酒泉市总寨镇（1999）
宁夏回族自治区（1）	吴忠市利通区金积镇（1999）
新疆维吾尔自治区（1）	乌苏市哈图布呼镇（1999）

此项工作延续至2004年。至2004年11月8日，原建设部发布《关于调整和增补全国小城镇建设示范镇的通知》。该通知指出，为促进和带动小城镇的健康发展，我部先后以建村〔1997〕201号、建村〔1999〕289号文件公布命名了75个全国小城镇建设示范镇，作为各地学习和借鉴的典型样板。近年来，这些示范镇的成功经验与做法，带动了当地小城镇的建设与发展。为进一步提升示范镇的带动力，增强对全国重点镇发展的引导，按照我部2004年工作要点的安排，现决定对已公布的75个示范镇进行一次全面检查；在此基础上，做好拟增补示范镇的评估和申报工作。各省、自治区、直辖市要组织专门力量对本地区所有示范镇进行全面检查和评估，总结成功经验与做法，找出存在的问题与差距。在检查中，要着重考察以下三种情况：一是镇行政建制已经或即将撤销，

如改街道办事处或并入其他行政区等；二是未能列入全国重点镇名单①；三是已

---

① 2004年2月4日，原建设部、国家发展和改革委员会、民政部、原国土资源部、原农业部、科学技术部以下简称"六部委"发布《关于公布全国重点镇名单的通知》（建村〔2004〕23号）。该通知指出，全国重点镇是当地县域经济的中心，承担着加快城镇化进程和带动周围农村地区发展的任务。各地要按照党的十六大提出的"全面繁荣农村经济、加快城镇化进程"的要求，坚持城乡经济社会统筹发展的原则，将全国重点镇健康发展作为农村全面建设小康社会的重要任务，努力把全国重点镇建设成为促进农业现代化、增加农民收入的重要基地。各地、各部门要加强科学规划，指导和监督全国重点镇严格按规划进行建设，推进制度创新，积极消除不利于城镇化发展的体制和政策障碍，及时研究解决实践中遇到的问题。六部委对全国重点镇实施动态管理，通过定期或不定期检查和跟踪监测评估，及时对全国重点镇名单进行调整。此次公布的全国重点镇包括：北京市14个，天津市13个，河北省98个，山西省62个，内蒙古自治区50个，辽宁省61个，吉林省43个，黑龙江省56个，上海市16个，江苏省94个，浙江省87个，安徽省91个，福建省68个，江西省82个，山东省96个，河南省115个，湖北省74个，湖南省98个，广东省119个，广西壮族自治区61个，海南省21个，重庆市56个，四川省124个，贵州省61个，云南省59个，西藏自治区11个，陕西省68个，甘肃省42个，青海省12个，宁夏回族自治区11个，新疆维吾尔自治区26个，全国共计1889个。2013年7月24日，住房和城乡建设部、国家发展和改革委员会、财政部、国土资源部、农业部、民政部、科学技术部发布《关于开展全国重点镇增补调整工作的通知》（建村〔2013〕119号）。通知提出，2004年以来，全国重点镇在集聚人口、扩大就业、带动农村地区发展等方面取得一定成效，不少镇已经成为当地经济社会发展的中心。但总的来看，全国重点镇的数量偏少，一些镇出现了撤并调整，一些镇发展比较滞后，还有一批未入全国重点镇范围的镇发展迅速，已成为实际工作中的扶持重点。按照推进新型城镇化对小城镇建设提出的新要求，增补调整全国重点镇十分必要。全国重点镇区位优势明显、产业人口集聚能力较强，是县（市）域中心和副中心，在县（市）域经济社会发展中起着核心的作用。通过增补调整确定一批全国重点镇，支持加快发展，可以为全国的小城镇健康、持续发展提供示范；有利于增加投资需求和拉动内需增长，加快发展壮大县域经济；有利于有效转移农村人口和缓解大中城市压力，促进大中小城市和小城镇协调发展；有利于增强服务城市和辐射农村的功能，推动地区城乡经济社会一体化发展。全国重点镇增补调整是一项综合性强的工作，各地要充分认识做好这项工作的重要意义，加强部门间协调配合，科学增补调整全国重点镇。工作目标：增补调整全国重点镇，使每个县（市）至少有1个重点发展的建制镇列入全国重点镇。将全国重点镇作为今后各地各有关部门扶持小城镇发展的优先支持对象，将其发展成为既能承接城市产业转移、缓解城市压力，又能服务支持农村、增强农村活力的小城镇建设示范。全国重点镇推荐条件同时符合以下条件的建制镇，可作为全国重点镇的推荐对象。（一）人口达到一定规模。镇区常住人口达到一定规模或镇区常住人口占县域总人口超过一定比重，吸纳县域新增城镇人口能力较强。（二）区位优势明显。区位优势明显，地理位置优越，对外交通便捷，有较为丰富的劳动力资源，有高等级公路直接连接。（三）经济发展潜力大。经济基础与市场机制良好，主导产业特色明显，具有较强市场竞争力和辐射带动力，符合集约节约、绿色低碳和循环经济理念，产业发展无明显土地、水资源、环境容量等方面制约。（四）服务功能较完善。镇区基础设施完善、功能齐全，能为周边乡镇提供水平较高的教育、医疗、交通、文体等公共服务，镇区基础设施与公共服务向农村地区稳步延伸。（五）规划管理水平较高。经济社会发展规划、城乡规划、土地利用总体规划相互衔接且符合实际。有强有力的规划建设管理机构及稳定的技术和管理队伍，确保各类规划实施落地。镇容镇貌整洁，建设富有特色。镇领导班子改革意识强，勇于探索和实践。（六）科技创新能力较强。应用符合自身特点及环保节能要求的新技术、新材料、新工艺，以提高小城镇总体生活品质、完善服务功能为目标开展科技创新探索，为小城镇集约、智能、绿色、低碳发展提供科技支撑。经过评审，2014年7月21日，住房和城乡建设部、国家发展和改革委员会、财政部、原国土资源部、原农业部、民政部、科学技术部等部门以建村〔2014〕107号文公布了新的全国重点镇名单，2004年的名单宣布作废。新公布的名单中，北京市21个（增7个），天津市10个（减3个），河北省191个（增93个），山西省138个（增76个），内蒙古自治区143个（增93个），辽宁省88个（增27个），吉林省81个（增38个），黑龙江省115个（增59个），上海市22个（增6个），江苏省96个（增2个），浙江省137个（增50），安徽省127个（增36个），福建省91个（增23个），江西省124个（增42个），山东省207个（增111），河南省203个（增88个），湖北省104个（增30个），湖南省170个（增72个），广东省123个（增4个），广西壮族自治区116个（增55个），海南省34个（增13个），重庆市89个（增33个），四川省277个（增153个），贵州省136个（增75个），云南省184个（增125个），西藏自治区138个（增127个），陕西省128个（增60个），甘肃省142个（增100个），青海省65个（增53个），宁夏回族自治区28个（增17个），新疆维吾尔自治区111个（增85个），共计3585个。约占2014年全国建制镇20401个的17.6%。除天津市减少外，其余呈现出全面增长的态势。

49

不符合全国小城镇建设示范镇的要求，典型性和示范性不强。凡具有以上情况之一的示范镇，都要进行调整。此外对于因行政区划调整，示范镇名称出现变化的（包括在地、市、县、区以及镇名等），要在检查总结报告中予以说明。与此同时，各省、自治区、直辖市要结合全国重点镇工作情况，参照《全国小城镇建设示范镇评选标准》的有关要求，对拟增补的示范镇进行综合评估。在具体评估工作中，要充分体现城乡统筹与科学发展观，坚持为解决"三农"问题服务、为全面建设小康社会服务、为建设和谐社会服务的小城镇特色；对于在保护生态环境、合理利用资源、维护群众利益、工程质量安全等方面存在严重问题的，要予以一票否决。在此基础上，做出综合评估报告，提出相应数量的拟增补示范镇名单。有关增补申报程序与材料要求，请参照建村〔1999〕128号文件。

四、小城镇户籍管理改革实践

1997年5月20日，经国务院批转，公安部发布《小城镇户籍管理制度改革试点方案》，开始启动小城镇落户新政策，即下列农村户口的人员，在小城镇已有合法稳定的非农职业或者已有稳定的生活来源，而且在有了合法固定的住所后居住已满两年的，可以办理城镇常住户口：一是从农村到小城镇务工或者兴办第二产业、第三产业的人员；二是小城镇的机关、团体、企业、事业单位聘用的管理人员、专业技术人员；三是在小城镇购买了商品房或者已有合法自建房的居民。上述人员的共同居住的直系亲属，可以随迁办理城镇常住户口。外商、华侨和港澳同胞、台湾同胞在小城镇投资兴办实业、经批准在小城镇购买了商品房或者已有合法自建房后，如有要求，可为他们需要照顾在小城镇落户的大陆亲属办理城镇常住户口。在小城镇范围内居住的农民，土地已被征用、需要依法安置的，可以办理城镇常住户口。经批准在小城镇落户人员的农村承包地和自留地，由其原所在地的农村经济组织或者村民委员会收回，凭收回承包地和自留地的证明，办理在小城镇落户手续。这项改革截至目前，已由试点形成常规性制度，为小城镇落户扫清了制度性障碍。[①]

五、小城镇建设专项贷款制度安排

1997年6月23日，中国农业银行发布关于印发《中国农业银行小城镇建设

---

① 参见国务院批转公安部小城镇户籍管理制度改革试点方案和关于完善农村户籍管理制度意见的通知（国发〔1997〕20号）。

专项贷款管理暂行规定》的通知。该通知指出，小城镇建设贷款是农业银行近几年开办的一项新的贷款业务，风险小，收益高、贷款周转快。管好用好小城镇建设贷款，对于调整农业银行贷款结构，实现城乡联动，具有十分重要的意义。各级银行要提高认识，加强领导，把小城镇建设贷款摆上信贷工作主要位置，给予充分重视，提高小城镇建设贷款管理水平。各级银行信贷部门要加强与小城镇建设行政主管部门的联系与合作，及时沟通情况，反馈信息，并按照"各司其职，各负其责"的原则，主动与建设行政主管部门搞好配合，取得支持和协助，做好贷款调查、评估、发放、管理、收回和总结工作。要加强信贷、计划协作，保证贷款落到实处。各银行要在资产负债比例管理范围内，优先安排资金、计划，保证专项贷款及时、均衡到位。信贷部门要及时向计划部门提供项目贷款所需资金、计划，以便计划部门综合平衡，统筹安排。根据《中国农业银行小城镇建设专项贷款管理暂行规定》，小城镇建设贷款适用范围及贷款对象：一是小城镇建设贷款是用于支持小城镇建设发展的专项商业性贷款；二是小城镇建设贷款的适用范围是：建制镇及经济发达具有一定规模和条件的集镇房产开发、集贸市场建设、商饮、服务业，以及其他有偿还收入来源的小城镇基础和公用设施等建设和开发；三是小城镇建设贷款对象是承担小城镇建设的房产开发、工程建设及经营公司或符合贷款适用范围的其他经济实体。

小城镇建设贷款政策和原则：一是坚持支持小城镇建设与发展乡镇企业和第三产业相结合，引导乡镇企业和第三产业向小城镇适当集中，连片发展；二是贯彻统筹规划，合理布局，适当集中、集约经营的方针，重点支持具有一定发展规模和条件的小城镇试点镇建设和开发；三是坚持安全、周转、效益原则，自主经营，择优选项，科学管理；四是按照"先短期、后长期，先续建、后新建，先重点、后一般"的原则，安排小城镇建设贷款项目。

此外，按照规定，小城镇建设贷款基本条件是，小城镇建设贷款承贷单位，除必须具备的贷款基本条件外，还必须符合以下条件要求：一是从事小城镇建设开发的承贷单位必须取得建设行政主管部门核发的房产开发、工程建设及经营业务的资质证明，其资质等级必须达到所承担的建设经营项目的要求，有开发、施工技术和经营管理能力，有开发建设和经营业绩证明；二是建设项目必须纳入建设管理部门的统一规划，有建设、土地等管理部门的批准文件，符合节约用地和环境保护的要求；三是房产开发和其他贷款项目必须拥有30%以上的资本金，并具有符合规定的贷款保证人、贷款抵押或质物，企业资产负债率在70%以下，资信等级在AA级以上；四是其他自筹资金落实，并有有关证明文件；预售款、销售款存入农业银行；五是在农业银行开立基本账户，接受银行信贷监督，定期向开户行提交生产经营计划和财务报表。①

与此同时，有关金融支持小城镇发展的实践，还表现为：2017年，住房和城乡建设部、中国建设银行发布《关于推进商业金融支持小城镇建设的通知》。2020年，国家发展改革委、国家开发银行、中国农业发展银行、中国工商银行、中国农业银行、中国建设银行、中国光大银行发布《关于信贷支持县城城镇化补短板强弱项的通知》等。这些通知的落实，为促进县域小城镇党的发展提供了金融政策指引。

六、国家星火小城镇建设示范镇实践

2002年7月10日，科学技术部星火计划办公室推出"国家星火小城镇建设示范镇"计划，并公布了首批全国星火小城镇示范镇创建单位的34个镇的名单。要求各地要从实际出发，因地制宜，突出重点，注重实效，正确处理好能力建设和人居环境建设的关系，把能力建设摆在突出的位置；引导农民不断提高自身素质，提高就业和从事农业产业化工作的能力；大力发展农村中小企业、乡镇企业和民营企业，引导企业合理配置人才、知识和技术，提高国际国内竞争力；引导小城镇切实转变工作目标、工作重点、工作方式和管理方式，提高聚集产业和吸纳农村剩余劳动力的能力。

表2.5 "十五"第一批全国星火小城镇示范镇创建单位

地区	星火小城镇示范镇
重庆市	渝北区统景镇
四川省	成都市金牛区天回镇（现为街道）、绵竹市汉旺镇
陕西省	三原县大程镇
甘肃省	永昌县河西堡镇
宁夏回族自治区	青铜峡市峡口镇
新疆维吾尔自治区	霍城县清水河镇
河北省	三河市燕郊镇
辽宁省	海城市腾鳌镇、沈阳市新城子区（现为沈北新区）道义镇、大连市旅顺口区三涧堡镇（现改为街道）

---

① 参见中国农业银行关于印发《中国农业银行小城镇建设专项贷款管理暂行规定》的通知（农银发〔1997〕145号）。

续表

地区	星火小城镇示范镇
江苏省	盐都县（现为盐都区）大冈镇
浙江省	绍兴县（现为绍兴市）杨汛桥镇、诸暨市店口镇、余姚市泗门镇
福建省	晋江市安海镇、惠安县崇武镇
山东省	东营市广饶县大王镇、泰安市岱岳区大汶口镇、平度市蓼兰镇
广东省	东莞市石龙镇、鹤山市共和镇
广西壮族自治区	兴安县溶江镇
山西省	阳泉市郊区荫营镇
吉林省	吉林市龙潭区乌拉街满族镇、长春市榆树市五棵树镇
黑龙江省	哈尔滨市双城市（现为双城区）周家镇
江西省	修水县渣津镇
河南省	郑州市二七区马寨镇
湖北省	大冶市陈贵镇、武汉市黄陂区滠口镇
湖南省	醴陵市蒲口镇、浏阳市大瑶镇
内蒙古自治区	呼和浩特市和林格尔县城关镇

根据网上查询资料，有关星火小城镇示范镇建设只此一期。

七、土地增减挂钩试点小城镇实践

2005年，为贯彻落实党的十六届五中全会精神，按照加快社会主义新农村建设、稳步推进我国城镇化发展战略的总体要求，引导小城镇健康发展，国家发展改革委和原国土资源部决定在全国发展改革试点小城镇开展城镇建设用地增加与农村建设用地减少相挂钩试点工作，国家发展改革委发出《关于在全国部分发展改革试点小城镇开展规范城镇建设用地增加与农村建设用地减少相挂钩试点工作的通知》，启动了全国土地增减挂钩试点小城镇评选计划。2005年首批入选116个镇，2008年第二批160个镇，第三批根据各地实际情况，经研究，决定将天津市东丽区等64个市（区）和北京市昌平区南口镇等366个镇列为第三批全国土地增减挂钩试点城镇。三批共计各地642个小城镇被列为土地增减挂钩的试点镇。① 具体情况见表 2.6：

表 2.6　发展改革土地增减挂钩试点小城镇各地分布情况

地区	小城镇名单
北京市（21）	第一批：昌平区北七家镇、大兴区西红门镇、昌平区小汤山镇、怀柔区北房镇、顺义区后沙峪镇 第二批：大兴区采育镇、通州区宋庄镇、丰台区王佐镇、平谷区马坊镇、大兴区魏善庄镇、丰台区长辛店镇 第三批：昌平区南口镇、房山区长沟镇、房山区琉璃河镇、大兴区庞各庄镇、延庆县（现为延庆区）康庄镇、顺义区李遂镇、平谷区金海湖镇、密云县（现为密云区）穆家峪镇、门头沟区斋堂镇、怀柔区桥梓镇
天津市（14）	第一批：大港区（现为滨海新区）中塘镇、西青区张家窝镇 第二批：东丽区华明镇（现为街道）、津南区小站镇、津南区葛沽镇、西青区中北镇、北辰区双街镇、武清区大良镇 第三批：静海县（现为静海区）大邱庄镇、北辰区小淀镇、西青区大寺镇、滨海新区茶淀镇（现为街道）、津南区八里台镇、蓟县（现为蓟州区）渔阳镇
上海市（12）	第二批：崇明县（现为崇明区）陈家镇、奉贤区青村镇、嘉定区安亭镇、南汇区六灶镇（现为浦东新区）、青浦区金泽镇、金山区廊下镇、松江区小昆山镇 第三批：浦东新区川沙新镇、金山区枫泾镇、青浦区练塘镇、闵行区浦江镇、宝山区罗店镇
重庆市（20）	第一批：大足县（现为大足区）龙水镇、九龙坡区西彭镇 第二批：酉阳县龙潭镇、城口县葛城镇（现为街道）、巴南区花溪镇（现为街道）、潼南县（现为潼南区）古溪镇 第三批：九龙坡区白市驿镇、沙坪坝区青木关镇、黔江区濯水镇、铜梁县（现为铜梁区）安居镇、垫江县澄溪镇、丰都县三元镇、大渡口区跳磴镇、南川区水江镇、合川区三汇镇、大足区邮亭镇、巫溪县上磺镇、永川区何埂镇、江津区白沙镇、北碚区静观镇

---

① 参见国家发展改革委办公厅、国土资源部办公厅发布的《关于在全国部分发展改革试点小城镇开展规范城镇建设用地增加与农村建设用地减少相挂钩试点工作的通知》（发改办规划〔2006〕60 号）。

续表

地区	小城镇名单
河北省（29）	第一批：高碑店市白沟镇、雄县昝岗镇、清河县王官庄镇、沧县旧州镇、玉田县鸦鸿桥镇 第二批：平泉县（现为平泉市）杨树岭镇、承德县高寺台镇、鹿泉市（现为鹿泉区）宜安镇、宣化县（现为宣化区）沙岭子镇、崇礼县（现为崇礼区）西湾子镇、涿州市松林店镇 第三批：晋州市晋州镇、深泽县铁杆镇、唐山市丰润区沙流河镇、唐山市丰南区小集镇、迁西县洒河桥镇、昌黎县荒佃庄镇、青龙县马圈子镇、永清县韩村镇、香河县安平镇、定州市李亲顾镇、涞水县石亭镇、徐水县（现为徐水区）安肃镇、平乡县河古庙镇、涉县井店镇、磁县观台镇、泊头市交河镇、蔚县蔚州镇、衡水市桃城区赵家圈镇
山西省（14）	第一批：平遥县古陶镇、宁武县凤凰镇、洪洞县大槐树镇、潞城市（现为潞城区）店上镇 第二批：泽州县下村镇、太原市晋源区姚村镇、永济市卿头镇 第三批：太原市尖草坪区阳曲镇、五台县台怀镇、灵丘县武灵镇、繁峙县砂河镇、平遥县洪善镇、沁县定昌镇、平定县娘子关镇
内蒙古自治区（12）	第一批：达尔罕茂明安联合旗百灵庙镇、宁城县热水镇、鄂伦春自治旗大杨树镇 第二批：呼和浩特市土左旗察素齐镇、凉城县麦胡图镇、包头市九原区哈业胡同镇 第三批：呼和浩特市新城区保合少镇、包头市石拐区五当召镇、达拉特旗树林召镇、准格尔旗薛家湾镇、扎兰屯市成吉思汗镇、乌拉特前旗乌拉山镇
辽宁省（33）	第一批：辽中县（现为辽中区）茨榆坨镇、海城市南台镇、灯塔县（现为灯塔市）佟二堡、北宁市（现为北镇市）沟帮子镇、普兰店市（现为普兰店区）皮口镇（大连市）、金州区三十里堡镇（大连市） 第二批：沈阳市东陵区李相镇、桓仁县华来镇、昌图县八面城镇、凌海市娘娘宫镇、盖州市双合镇、大洼县（现为大洼区）田家镇、阜新县福兴地镇、凤城市白旗镇、辽阳市弓长岭区汤河镇、辽中县（现为辽中区）于家房镇、朝阳市喀左县公营子镇、瓦房店市老虎屯镇（大连市）、庄河市青堆子镇（大连市）、瓦房店市复州城镇（大连市） 第三批：新民市张家屯镇、辽阳县兴隆镇、抚顺县石文镇、黑山县八道壕镇、凤城市通远堡镇、葫芦岛市南票区高桥镇、海城市腾鳌镇、阜新市细河区四合镇、盖州市九寨镇、开原市八宝镇、盘山县高升镇、大洼县（现为大洼区）东风镇、彰武县彰武镇

55

续表

地区	小城镇名单
吉林省（27）	第一批：榆树市五棵树镇、九台市卡伦镇（现为九台区长伦湖街道）、梅河口市山城镇、珲春市英安镇、抚松县松江河镇、辉南县辉南镇、大安市安广镇、安图县二道白河镇 第二批：长春市二道区英俊镇、磐石市明城镇、长春市绿园区西新镇、安图县松江镇、辽源市龙山区寿山镇 第三批：长春市绿园区合心镇、长春市双阳区奢岭镇、德惠市米沙子镇、农安县合隆镇、四平市辽河垦区管理局孤家子镇、双辽市双山镇、长白县长白镇、靖宇县靖宇镇、通榆县兴隆山镇、图们市石岘镇、汪清县汪清镇、敦化市大石头镇、辉南县金川镇、通化县快大茂镇
黑龙江省（30）	第一批：哈尔滨市呼兰区康金镇、牡丹江市阳明区桦林镇 第二批：哈尔滨市南岗区王岗镇、尚志市亚布力镇、萝北县肇兴镇、宾县宾西镇、巴彦县兴隆镇、哈尔滨市道外区团结镇、宁安市石岩镇、哈尔滨市道里区新发镇、农垦总局红兴隆分局饶河农场、兰西县榆林镇 第三批：哈尔滨市道里区新农镇、哈尔滨市道里区太平镇、哈尔滨市香坊区成高子镇、五常市牛家满族镇、抚远县（现为抚远市）抓吉镇、同江市同江镇、密山市知一镇、虎林市虎头镇、林口县莲花镇、肇东市五站镇、望奎县望奎镇、海伦市海北镇、龙江县龙兴镇、富裕县富路镇、塔河县塔河镇、逊克县奇克镇、林甸县四季青镇、黑龙江农垦总局五大连池农场
江苏省（32）	第一批：常州市武进区横山桥镇、邳州市官湖镇、通州市（现为通州区）二甲镇、兴化市戴南镇、东海县白塔埠镇 第二批：常熟市海虞镇、吴江市（现为吴江区）七都镇、无锡市锡山区东港镇、江阴市周庄镇、句容市宝华镇、宝应县夏集镇、如东县栟茶镇、泰兴市黄桥镇、建湖县蒋营镇、赣榆县（现为赣榆区）海头镇 第三批：南京市江宁区江宁街道、南京市六合区金牛湖街道、吴江市（现为吴江区）汾湖镇、张家港市凤凰镇、无锡市锡山区鸿山街道、无锡市惠山区阳山镇、常州市武进区嘉泽镇、常州市武进区前黄镇、溧阳市天目湖镇、丹阳市皇塘镇、姜堰市（现为姜堰区）姜堰镇、大丰市（现为大丰区）西团镇、阜宁县阜城镇、赣榆县（现为赣榆区）柘汪镇、徐州市铜山区利国镇、扬州市广陵区杭集镇、江都市（现为江都区）邵伯镇

续表

地区	小城镇名单
浙江省（41）	第一批：富阳市（现为富阳区）新登镇、建德市乾潭镇、苍南县龙港镇（现为龙港市）、安吉县孝丰镇、海宁市周王庙镇、平阳县鳌江镇、温岭市大溪镇、舟山市定海区白泉镇、余姚市泗门镇（宁波市）、慈溪市周巷镇（宁波市）、奉化市（现为奉化区）溪口镇 第二批：诸暨市店口镇、桐乡市洲泉镇、桐庐县横村镇、玉环县（现为玉环市）楚门镇、临安市（现为临安区）太湖源镇、绍兴县（现为绍兴市）杨汛桥镇、绍兴县（现为绍兴市）平水镇、义乌市佛堂镇、临海市杜桥镇、湖州市吴兴区织里镇、舟山市普陀区六横镇、鄞州区姜山镇（宁波市）、象山县石浦镇（宁波市）、宁海县西店镇（宁波市） 第三批：杭州市萧山区瓜沥镇、桐庐县分水镇、嘉兴市秀洲区王江泾镇、嘉善县姚庄镇、海盐县武原街道、瑞安市塘下镇、乐清市柳市镇、德清县新市镇、绍兴市钱清镇（现为绍兴市钱清街道）、东阳市横店镇、义乌市苏溪镇、温岭市泽国镇、永嘉县桥头镇、长兴县泗安镇、缙云县壶镇镇、青田县温溪镇
安徽省（34）	第一批：六安市叶集发展改革试验区、肥东县撮镇镇、黟县宏村镇、淮南市毛集发展改革试验区 第二批：黄山市黄山区耿城镇、天长市秦栏镇、芜湖县陶辛镇、长丰县岗集镇、萧县杨楼镇、宣城市宣州区水阳镇、肥西县三河镇、歙县深渡镇、宿松县复兴镇、颍上县迪沟镇、黟县西递镇 第三批：合肥市蜀山区井岗镇、肥东县长临河镇、潜山县（现为潜山市）黄铺镇、宿松县汇口镇、桐城市范岗镇、枞阳县老洲镇、怀远县龙亢镇、东至县大渡口镇、定远县炉桥镇、舒城县杭埠镇、寿县炎刘镇、霍邱县姚李镇、含山县清溪镇、绩溪县临溪镇、淮南市潘集区平圩镇、砀山县李庄镇、濉溪县临溪镇、阜阳市颍州区程集镇、黄山市徽州区呈坎镇
福建省（15）	第一批：福鼎市秦屿镇（现更名为太姥山镇）、尤溪县梅仙镇、厦门市同安区汀溪镇 第二批：石狮市鸿山镇、长汀县河田镇、永春县蓬壶镇、建瓯市东游镇 第三批：闽侯县青口镇、尤溪县城关镇、莆田市荔城区黄石镇、福安市赛岐镇、安溪县龙门镇、龙海市角美镇、建阳市（现为建阳区）水吉镇、永定县（现为永定区）高陂镇
江西省（19）	第一批：进贤县李渡镇、新余市渝水区罗坊镇 第二批：九江市庐山区（现为濂溪区）海会镇、浮梁县洪源镇、南康市（现为南康区）唐江镇 第三批：南昌市青山湖区罗家镇、南昌县向塘镇、分宜县双林镇、乐安县鳌溪镇、赣县储潭镇、赣县（现为赣县区）五云镇、瑞昌市码头镇、彭泽县马当镇、浮梁县湘湖镇、上栗县上栗镇、宜春市袁州区慈化镇、吉安市青原区富滩镇、莲花县路口镇、广丰县（现为广丰区）洋口镇

57

续表

地区	小城镇名单
山东省（34）	第一批：荣成市石岛镇、垦利县（现为垦利区）胜坨镇、栖霞市桃村镇、宁阳县葛石镇、淄博市周村区王村镇、胶州市李哥庄镇 第二批：东营市河口区孤岛镇、莱阳市姜疃镇、菏泽市牡丹区马岭岗镇、禹城市房寺镇、高密市夏庄镇、蓬莱市大辛店镇、临邑县德平镇、济宁市任城区南张镇、临沂市兰山区义堂镇、平度市同和镇 第三批：济南市历城区柳埠镇、桓台县马桥镇、枣庄市山亭区桑村镇、枣庄市薛城区陶庄镇、利津县陈庄镇、烟台市福山区门楼镇、东营市河口区新户镇、蓬莱市（现为蓬莱区）北沟镇、陵县边临镇、武城县鲁权屯镇、泰安市岱岳区满庄镇、文登市（现为文登区）界石镇、荣成市成山镇、日照市东港区涛雒镇、莒县城阳街道、郯城县李庄镇、冠县柳林镇、郓城县随官屯镇
河南省（21）	第一批：巩义市竹林镇、新郑市薛店镇、辉县市孟庄镇、固始县史河湾发展改革试验区、商水县谭庄镇、长垣县（现为长垣市）魏庄镇、鹿邑县玄武镇 第三批：永城市芒山镇、民权县北关镇、柘城县胡襄镇、巩义市回郭镇、滑县留固镇、鹤壁市鹤山区鹤壁集镇、浚县王庄镇、社旗县赊店镇、嵩县田湖镇、安阳县铜冶镇、项城市高寺镇、长垣县（现为长垣市）恼里镇、新乡县七里营镇、长葛市后河镇
湖北省（26）	第一批：大冶市陈贵镇、松滋市涴水镇、黄陂区滠口镇、应城市长江埠镇、罗田县三里畈镇 第二批：襄樊市（现为襄阳市）樊城区太平店镇、鄂州市鄂城区汀祖镇、宜昌市夷陵区龙泉镇、天门市岳口镇、咸宁市咸安区双溪桥镇、随州市曾都区厉山镇 第三批：武汉市蔡甸区奓山街道、潜江市熊口镇、仙桃市彭场镇、沙洋县后港镇、神农架林区松柏镇、巴东县野三关镇、竹山县宝丰镇、谷城县石花镇、嘉鱼县潘家湾镇、宜都市枝城镇、黄梅县小池镇、荆州市荆州区纪南镇、天门市皂市镇、大冶市保安镇、随县唐县镇
湖南省（21）	第一批：临湘市羊楼司镇、冷水江市禾青镇、浏阳市大瑶镇、双峰县三塘铺镇 第三批：宁乡县（现为宁乡市）花明楼镇、株洲市芦淞区白关镇、株洲市天元区三门镇、湘潭县石潭镇、衡南县云集镇、衡东县新塘镇、衡阳县金兰镇、嘉禾县龙潭镇、宜章县白石渡镇、沅陵县官庄镇、平江县长寿镇、隆回县桃洪镇、汉寿县西湖镇、慈利县零阳镇（现为街道）、祁阳县（现为祁阳市）黎家坪镇、辰溪县火马冲镇、涟源市白马镇

续表

地区	小城镇名单
广东省（28）	第一批：中山市小榄镇、佛山市顺德区北滘镇、阳西县沙扒镇、佛山市南海区里水镇、江门市新会区司前镇 第二批：广州市番禺区大岗镇、中山市三乡镇、海丰县梅陇镇、博罗县龙溪镇（现为街道）、中山市古镇镇 第三批：广州市番禺区东涌镇、广州市花都区狮岭镇、汕头市澄海区东里镇、韶关市浈江区新韶镇、韶关市曲江区大塘镇、佛山市禅城区南庄镇、佛山市南海区西樵镇、佛山市南海区大沥镇、连平县忠信镇、紫金县紫城镇、博罗县园洲镇、惠州市惠城区河南岸街道、惠州市惠城区马安镇、中山市三角镇、中山市阜沙镇、中山市南头镇、恩平市恩城街道、云安县（现为云安市）六都镇
广西壮族自治区（17）	第一批：荔浦县（现为荔浦市）荔城镇、东兴市江平镇 第二批：博白县龙潭镇、北海市铁山港区南康镇、凭祥市夏石镇、百色县（现为百色市）百育镇、全州县绍水镇 第三批：南宁市兴宁区三塘镇、浦北县寨圩镇、苍梧县石桥镇、田阳县头塘镇、防城港市港口区企沙镇、贵港市覃塘区覃塘镇、河池市金城江区河池镇、合浦县白沙镇、柳州市柳北区沙塘镇、兴安县兴安镇
海南省（6）	第二批：三亚市天涯镇、万宁市兴隆农场、文昌市龙楼镇 第三批：澄迈县永发镇、儋州市白马井镇、东方市八所镇
四川省（20）	第一批：江油市武都镇、犍为县玉津镇、会理县（现为会理市）城关镇、富顺县富世镇（现为街道） 第二批：成都市龙泉驿区西河镇、都江堰市蒲阳镇、双流县（现为双流区）正兴镇、罗江县（现为罗江区）万安镇、江油市青莲镇、彭山县（现为彭山区）青龙镇、射洪县柳树镇 第三批：成都市新都区木兰镇、新津县花源镇、仁寿县汪洋镇、仁寿县兴盛镇、自贡市贡井区成佳镇、梓潼县许州镇、威远县连界镇、宜宾县（现为叙州区）观音镇、大竹县庙坝镇
贵州省（13）	第一批：仁怀市茅台镇、盘县（现为盘州市）红果镇 第三批：贵阳市花溪区青岩镇、开阳县双流镇、清镇市卫城镇、水城县滥坝镇（现为街道）、务川县涪水镇、平坝县（现为平坝区）夏云镇、毕节市海子镇、金沙县沙土镇、德江县青龙镇（现为街道）、贞丰县珉谷镇（现为街道）、龙里县龙山镇
云南省（20）	第一批：玉溪市红塔区北城镇、个旧市大屯镇（现为街道）、腾冲县（现为腾冲市）固东镇、永德县永康镇、玉龙县黄山镇 第二批：姚安县光禄镇、曲靖市麒麟区越州镇、江川县（现为江川区）江城镇、瑞丽市弄岛镇 第三批：昆明市东川区铜都镇（现为街道）、陆良县三岔河镇、香格里拉县（现为香格里拉市）建塘镇、玉溪市红塔区研和街道、蒙自市文澜镇（现为街道）、水富县（现为水富市）向家坝镇、墨江县联珠镇、耿马县孟定镇、景洪市嘎洒镇（现为街道）、泸水县（现为泸水市）六库镇、永胜县程海镇

续表

地区	小城镇名单
西藏自治区（1）	第一批：乃东县（现为乃东区）昌珠镇
陕西省（23）	第一批：临潼区新丰街道办事处、岐山县蔡家坡镇、华阴市华西镇、延川县永坪镇、长安区郭杜镇（现为街道） 第二批：户县（现为鄠邑区）草堂镇、南郑县（现为南郑区）大河坎镇、西安市灞桥区新筑镇、武功县武功镇 第三批：西安市灞桥区狄寨街道、安康市汉滨区恒口镇、华县柳枝镇、富平县庄里镇、佳县王家砭镇、神木县（现为神木市）神木镇、铜川市王益区黄堡镇、铜川市印台区陈炉镇、三原县西阳镇、扶风县法门镇、凤翔县（现为凤翔区）柳林镇、城固县崔家山镇、西乡县堰口镇、延安市宝塔区河庄坪镇
甘肃省（15）	第一批：武威市武南镇、天水市洛门镇、酒泉市西洞镇 第二批：榆中县和平镇、永昌县朱王堡镇、陇西县文峰镇、徽县江洛镇、平凉市崆峒区四十里铺镇、定西市安定区巉口镇 第三批：临洮县洮阳镇、华亭市东华镇、庆城县驿马镇、天水市麦积区中滩镇、古浪县大靖镇、玉门市花海镇
青海省（6）	第一批：平安县（现为平安区）平安镇 第三批：湟中县（现为湟中区）多巴镇、共和县恰卜恰镇、化隆县群科镇、平安县（平安区）三合镇、民和县川口镇
宁夏回族自治区（7）	第一批：石嘴山市惠农区红果子镇、灵武市磁窑堡镇（现更名为宁东镇） 第三批：银川市兴庆区掌政镇、平罗县崇岗镇、吴忠市利通区金积镇、青铜峡市陈袁滩镇、中卫市沙坡头区柔远镇
新疆维吾尔自治区（17）	第一批：昌吉市六工镇、石河子市北泉镇（新疆生产建设兵团） 第二批：博乐市小营盘镇、哈密市二堡镇、农三师四十五团博塔伊拉克镇（新疆生产建设兵团）、农六师芳草湖总场正繁户镇（新疆生产建设兵团） 第三批：疏附县托克扎克镇、焉耆县七个星镇、沙湾县（现为沙湾市）金沟河镇、托里县铁厂沟镇、温泉县哈日布呼镇、新源县那拉提镇、富蕴县可可托海镇、昌吉市大西渠镇、库车县（现为库车市）齐满镇、和田县巴格其镇、哈密布五堡镇
大连市（4）	第三批：金州区大魏家街道、长海县獐子岛镇、庄河市大郑镇、瓦房店市谢屯镇
宁波市（3）	第三批：慈溪市观海卫镇（现为街道）、鄞州区集士港镇、余姚市陆埠镇

续表

地区	小城镇名单
厦门市（2）	第三批：海沧区东孚镇（现为街道）、翔安区新圩镇
青岛市（4）	第三批：平度市南村镇、莱西市姜山镇、胶南市（现为黄岛区）王台镇、胶州市马店镇
深圳市（4）	第一批：龙岗区布吉街道办事处、宝安区龙华街道办事处 第三批：宝安区观澜街道、（深汕特别合作区）鹅埠镇
新疆生产建设兵团（2）	第三批：农二师二十九团吾瓦镇、农四师六十六团金梁镇

上述土地增减挂钩的试点目的在于盘活试点镇的土地利用，为试点镇充分利用土地进行开发建设创造了条件。

八、绿色重点小城镇试点示范的实践

2011年6月3日，为贯彻党的十七届五中全会精神，积极稳妥地推进中国特色城镇化，促进我国小城镇健康、协调、可持续发展，财政部、住房和城乡建设部决定，"十二五"期间开展绿色重点小城镇试点示范。为此，财政部、住房和城乡建设部发布《关于绿色重点小城镇试点示范的实施意见》，在全国启动了绿色重点小城镇试点示范镇的建设。《意见》指出，我国小城镇建设发展中存在着在资源能源利用粗放、基础设施和公共服务配套不完善、人居生态环境治理滞后等突出问题。开展绿色重点小城镇试点示范，有利于引导城乡建设模式转型，增强节能减排能力，缓解大城市人口压力，推进城镇化可持续发展；有利于增强小城镇居住功能和公共服务功能，提高人口和经济集聚程度，统筹城乡经济社会发展；有利于增强城乡居民消费能力，加快服务业发展，促进扩大内需，推进经济结构调整。开展绿色重点小城镇试点示范要坚持以下基本原则：一是中央政策引导，试点示范带动。通过中央支持试点示范、完善评价体系、明确建设要求等，带动和引导绿色小城镇建设，克服大拆大建和贪大求洋等不良倾向。二是地方责任主体，统筹规划推进。地方政府承担小城镇建设发展的主要责任，抓好绿色重点小城镇试点示范组织实施，确保政策效果；地方政府要按照中央政策导向要求，认真修编辖区内重点镇规划，并完善配套管理机构和政策措施，予以稳步推进发展。三是加强绿色建设，夯实发展基础。推动小城镇发展，要做好完善基础设施、培育发展经济、健全公共服务体系、保障农民权益等各项工作。开展绿色重点小城镇试点示范，从加强城镇薄弱环节入手，为更好地推进其他各项工作奠定基础。四是注重机制探索，积累工作经验。推进小城镇建设发展涉及面广、工作难度大，要通过开展试点工作，检验政策效果，解决实际问题，完善制度办法，为进一步推进小城镇建设发展积累经验。一是财政支持政策，在绿色重点小城镇试点示范的支持政策方面，中央财政利用现有的资金渠道支持试点示范镇建设发展，在符合相关管理办法规定的前提下，城镇污水管网建设、建筑节能、可再生能源建筑应用、商贸流通服务业发展等专项资金向绿色重点小城镇倾斜，支持绿色重点小城镇开展相关工作，完成相应建设任务。地方财政也要切实加大投入，与中央财政资金形成合力，更好地支持绿色重点小城镇的建设发展。二是在城乡建设政策方面，住房和城乡建设部将试点示范镇纳入项目带动规划一体化实施试点，加强保障性住房和农村危房改造的支持力度。地方各级住房和城乡建设部门要整合现有各类支持小城镇建设的项目和资金，向试点示范镇倾斜。2011年将率先在部分积极性高、工作基础好的省份选择少量试点示范镇，并在试点过程中不断完善有关政策，待取得经验后，逐步扩大政策实施范围。①

此项工作，按照绿色低碳重点小城镇建设评价指标要求，经实地考评与认真研究，于2011年9月26日，财政部、住房和城乡建设部、国家发展改革委确定公布了第一批试点示范绿色低碳重点小城镇名单。具体情况见表2.7：

表2.7　第一批试点示范绿色低碳重点小城镇名单

地区	绿色低碳重点小城镇
北京市密云县（现为密云区）	古北口镇
天津市静海县（现为静海区）	大邱庄镇
江苏省苏州市常熟市	海虞镇
安徽省合肥市肥西县	三河镇
福建省厦门市集美区	灌口镇
广东省佛山市南海区	西樵镇
重庆市巴南区	木洞镇

---

① 参见财政部、住房和城乡建设部《关于绿色重点小城镇试点示范的实施意见》（财建〔2011〕341号）。

按照政策要求，上述试点示范绿色低碳重点小城镇要通过编制和组织实施《推广应用可再生能源和新能源专项实施方案》《建筑节能及发展绿色建筑专项实施方案》《城镇污水管网建设专项实施方案》《环境污染防治专项实施方案》《商贸流通服务业发展实施方案》，以达到预期的绿色发展目标。

九、小城镇宜居小区示范实践

2015年2月13日，针对我国小城镇住宅建设普遍存在的简单照搬城市小区模式、建排排房、缺乏与自然山水的融合、缺乏宜居性等问题，住房和城乡建设部启动了小城镇宜居小区示范的评选，组织专家对各地上报的小城镇小区项目进行了审查遴选并实地考察，发布《住房和城乡建设部关于公布第一批小城镇宜居小区示范名单的通知》，决定将江苏省苏州市吴中区甪直镇龙潭苑、龙潭嘉苑等8个小区列入第一批小城镇宜居小区示范名单。要求各地要以小城镇宜居小区示范评选活动为契机，进一步抓好小城镇住宅规划、设计工作，切实提高建设水平，促进小城镇健康发展。① 其具体评选情况如下：

表2.8 第一批小城镇宜居小区示范名单

序号	小城镇宜居小区名称	小城镇宜居小区特点
1	江苏省苏州市吴中区甪直镇龙潭苑、龙潭嘉苑	优点：小区与城镇功能融合较好，融入并保护环境；布局灵活，空间错落有致，景观布局优美；小区结构清晰，交通组织合理；建筑具有苏式园林建筑风格，体现地域风貌，户型合理 缺点：配套设施有待完善
2	江苏省昆山市陆家镇蒋巷南苑小区	优点：小区与城镇功能融合较好，传承地方历史文脉；小区布局完善，结构清晰，交通组织合理，配套设施完善，广场尺度适宜；户型合理，太阳能使用率高；采用社区与物业双管理模式有效提高了社区的物业服务质量，邻里活动丰富 缺点：住宅建筑密度偏高
3	湖北省十堰市丹江口市均县镇玄月小区	优点：小区与镇区整体风格协调，尊重山水格局，展示古均州风情；空间布局合理，市政设施齐全；建筑最高为四层，户型设计符合居住需求，街坊生活融洽 缺点：绿化有待完善

---

① 参见《住房和城乡建设部关于公布第一批小城镇宜居小区示范名单的通知》（建村〔2015〕29号）。

续表

序号	小城镇宜居小区名称	小城镇宜居小区特点
4	湖南省郴州市桂东县清泉镇下丹小区	优点：小区是镇区的主要组成部分，与镇区功能融合，整体与周边山水协调，街坊式布局合理；建筑具有畲族特色，户型节约，可利用空间多 缺点：物业服务有待加强
5	湖南省郴州市汝城县热水镇汤河老街小区	优点：汤河老街是镇区的主要组成部分，与镇区功能融合互补，小区居民的生产生活主要围绕"热水"旅游主题；小区的服务设施与镇区的设施完全融为一体，不可分割。街坊布局合理，空间变化丰富，配套设施齐全；建筑风格具有地域特色，房屋层数不高，建筑密度和容积率适中，大部分底层为商铺，上层为住宅，符合旅游小镇的需求。小区居民安居乐业，街道清洁，环境卫生好，居民卫生意识较强 缺点：排水设施标准不高，有待改善
6	四川省德阳市孝泉镇德孝苑小区	优点：小区与镇区功能有机协调，建筑风貌与周边环境协调；紧凑的街坊式布局尺度宜人，小区环境干净整洁，公共服务完备；小区尺度适宜，底商模式，为3-4层，一梯两户，户型多样且面积适中 缺点：公共文化休闲设施有待完善
7	贵州省安顺市黄果树风景名胜区黄果树镇半边街小区	优点：小区与镇区有机融合，小区空间布局合理，依山就势；建筑风貌传承了当地的历史文脉，体现屯堡的建筑风格，建筑细部运用了当地的石板瓦、坡屋顶等元素，户型设计符合当地居住需求，采用当地材料 缺点：设施有待完善，绿化有待加强
8	云南省普洱市镇沅县恩乐镇哀牢小镇	优点：整体布局依山傍水，与自然环境融合较好；空间形态开敞，尺度宜人，配套设施基本完善；建筑具有地方特色，住宅大部分合理舒适，物业服务到位 缺点：户型有暗房间

十、美丽特色小（城）镇建设实践

2016年10月8日，国家发展改革委发布《关于加快美丽特色小（城）镇建设的指导意见》。该意见指出，特色小（城）镇包括特色小镇、小城镇两种形态。特色小镇主要指聚焦特色产业和新兴产业，集聚发展要素，不同于行政建制镇和产业园区的创新创业平台。特色小城镇是指以传统行政区划为单元，特色产业鲜明、具有一定人口和经济规模的建制镇。特色小镇和小城镇相得益彰、互为支撑。发展美丽特色小（城）镇是推进供给侧结构性改革的重要平台，是深入推进新型城镇化的重要抓手，有利于推动经济转型升级和发展动能转换，有利于促进大中小城市和小城镇协调发展，有利于充分发挥城镇化对新农村建设的辐射带动作用。为深入贯彻落实习近平总书记、李克强总理等党中央、国务院领导同志关于特色小镇、小城镇建设的重要批示指示精神，就加快美丽特色小（城）镇建设提出意见。

在总体要求上，全面贯彻党的十八大和十八届三中、四中、五中全会精神，深入学习贯彻习近平总书记系列重要讲话精神，牢固树立和贯彻落实创新、协调、绿色、开放、共享的发展理念，按照党中央、国务院的部署，深入推进供给侧结构性改革，以人为本、因地制宜、突出特色、创新机制，夯实城镇产业基础，完善城镇服务功能，优化城镇生态环境，提升城镇发展品质，建设美丽特色新型小（城）镇，有机对接美丽乡村建设，促进城乡发展一体化。

其一，坚持创新探索。创新美丽特色小（城）镇的思路、方法、机制，着力培育供给侧小镇经济，防止"新瓶装旧酒""穿新鞋走老路"，努力走出一条特色鲜明、产城融合、惠及群众的新型小城镇之路。

其二，坚持因地制宜。从各地实际出发，遵循客观规律，挖掘特色优势，体现区域差异性，提倡形态多样性，彰显小（城）镇独特魅力，防止照搬照抄、"东施效颦"、一哄而上。

其三，坚持产业建镇。根据区域要素禀赋和比较优势，挖掘本地最有基础、最具潜力、最能成长的特色产业，做精做强主导特色产业，打造具有持续竞争力和可持续发展特征的独特产业生态，防止千镇一面。

其四，坚持以人为本。围绕人的城镇化，统筹生产、生活、生态空间布局，完善城镇功能，补齐城镇基础设施、公共服务、生态环境短板，打造宜居宜业环境，提高人民群众获得感和幸福感，防止形象工程。

其五，坚持市场主导。按照政府引导、企业主体、市场化运作的要求，创新建设模式、管理方式和服务手段，提高多元化主体共同推动美丽特色小（城）镇发展的积极性。发挥好政府制定规划政策、提供公共服务等作用，防止大包大揽。

在分类施策，探索城镇发展新路径上，要总结推广浙江等地特色小镇发展模式，立足产业"特而强"、功能"聚而合"、形态"小而美"、机制"新而活"，将创新性供给与个性化需求有效对接，打造创新创业发展平台和新型城镇化有效载体。按照控制数量、提高质量，节约用地、体现特色的要求，推动小（城）镇发展与疏解大城市中心城区功能相结合、与特色产业发展相结合、与服务"三农"相结合。大城市周边的重点镇，要加强与城市发展的统筹规划与功能配套，逐步发展成为卫星城。具有特色资源、区位优势的小城镇，要通过规划引导、市场运作，培育成为休闲旅游、商贸物流、智能制造、科技教育、民俗文化传承的专业特色镇。远离中心城市的小城镇，要完善基础设施和公共服务，发展成为服务农村、带动周边的综合性小城镇。统筹地域、功能、特色三大重点，以镇区常住人口 5 万以上的特大镇、镇区常住人口 3 万以上的专业特色镇为重点，兼顾多类型多形态的特色小镇，因地制宜建设美丽特色小（城）镇。

在突出特色，打造产业发展新平台方面，产业是小城镇发展的生命力，特色是产业发展的竞争力。要立足资源禀赋、区位环境、历史文化、产业集聚等特色，加快发展特色优势主导产业，延伸产业链、提升价值链，促进产业跨界融合发展，在差异定位和领域细分中构建小镇大产业，扩大就业，集聚人口，实现特色产业立镇、强镇、富镇。有条件的小城镇特别是中心城市和都市圈周边的小城镇，要积极吸引高端要素集聚，发展先进制造业和现代服务业。鼓励外出农民工回乡创业定居。强化校企合作、产研融合、产教融合，积极依托职业院校、成人教育学院、继续教育学院等院校建设就业技能培训基地，培育特色产业发展所需各类人才。

在创业创新，培育经济发展新动能方面，创新是小城镇持续健康发展的根本动力。要发挥小城镇创业创新成本低、进入门槛低、各项束缚少、生态环境好的优势，打造大众创业、万众创新的有效平台和载体。鼓励特色小（城）镇发展面向大众、服务小微企业的低成本、便利化、开放式服务平台，构建富有活力的创业创新生态圈，集聚创业者、风投资本、孵化器等高端要素，促进产业链、创新链、人才链的耦合；依托互联网拓宽市场资源、社会需求与创业创新对接通道，推进专业空间、网络平台和企业内部众创，推动新技术、新产业、新业态蓬勃发展。营造吸引各类人才、激发企业家活力的创新环境，为初创期、中小微企业和创业者提供便利、完善的"双创"服务；鼓励企业家构筑创新平台、集聚创新资源；深化投资便利化、商事仲裁、负面清单管理等改革创新，打造有利于创新创业的营商环境，推动形成一批集聚高端要素、新兴产业和现代服务业特色鲜明、富有活力和竞争力的新型小城镇。

在完善功能，强化基础设施新支撑方面，便捷完善的基础设施是小城镇集聚产业的基础条件。要按照适度超前、综合配套、集约利用的原则，加强小城镇道路、供水、供电、通信、污水垃圾处理、物流等基础设施建设。建设高速通畅、质优价廉、服务便捷的宽带网络基础设施和服务设施，以人为本推动信息惠民，加强小城镇信息基础设施建设，加速光纤入户进程，建设智慧小镇。加强步行和自行车等慢行交通设施建设，做好慢行交通系统与公共交通系统的衔接。强化城镇与交通干线、交通枢纽城市的连接，提高公路技术等级和通行能力，改善交通条件，提升服务水平。推进大城市市域（郊）铁路发展，形成多层次轨道交通骨干网络，高效衔接大中小城市和小城镇，促进互联互通。鼓励综合开发，形成集交通、商业、休闲等为一体的开放式小城镇功能区。推进公共停车场建设。鼓励建设开放式住宅小区，提升微循环能力。鼓励有条件的小城镇开发利用地下空间，提高土地利用效率。

在提升质量，增加公共服务新供给方面，完善的公共服务特别是较高质量的教育医疗资源供给是增强小城镇人口集聚能力的重要因素。要推动公共服务从按行政等级配置向按常住人口规模配置转变，根据城镇常住人口增长趋势和空间分布，统筹布局建设学校、医疗卫生机构、文化体育场所等公共服务设施，大力提高教育卫生等公共服务的质量和水平，使群众在特色小（城）镇能够享受更有质量的教育、医疗等公共服务。要聚焦居民日常需求，提升社区服务功能，加快构建便捷"生活圈"、完善"服务圈"和繁荣"商业圈"。镇区人口10万以上的特大镇要按同等城市标准配置教育和医疗资源，其他城镇要不断缩小与城市基本公共服务差距。实施医疗卫生服务能力提升计划，参照县级医院水平提高硬件设施和诊疗水平，鼓励在有条件的小城镇布局三级医院。大力提高教育质量，加快推进义务教育学校标准化建设，推动市县知名中小学和城镇中小学联合办学，扩大优质教育资源覆盖面。

在绿色引领，建设美丽宜居新城镇方面，优美宜居的生态环境是人民群众对城镇生活的新期待。要牢固树立"绿水青山就是金山银山"的发展理念，保护城镇特色景观资源，加强环境综合整治，构建生态网络。深入开展大气污染、水污染、土壤污染防治行动，溯源倒逼、系统治理，带动城镇生态环境质量全面改善。有机协调城镇内外绿地、河湖、林地、耕地，推动生态保护与旅游发展互促共融、新型城镇化与旅游业有机结合，打造宜居宜业宜游的优美环境。鼓励有条件的小城镇按照不低于AAA级景区的标准规划建设特色旅游景区，将美丽资源转化为"美丽经济"。加强历史文化名城名镇名村、历史文化街区、民族风情小镇等的保护，保护独特风貌，挖掘文化内涵，彰显乡愁特色，建设有历史记忆、文化脉络、地域风貌、民族特点的美丽小（城）镇。

在主体多元，打造共建共享新模式方面，创新社会治理模式是建设美丽特色小（城）镇的重要内容。要统筹政府、社会、市民三大主体积极性，推动政府、社会、市民同心同向行动。充分发挥社会力量作用，最大限度激发市场主体活力和企业家创造力，鼓励企业、其他社会组织和市民积极参与城镇投资、建设、运营和管理，成为美丽特色小（城）镇建设的主力军。积极调动市民参与美丽特色小（城）镇建设热情，促进其致富增收，让发展成果惠及广大群众。

逐步形成多方主体参与、良性互动的现代城镇治理模式。政府主要负责提供美丽特色小（城）镇制度供给、设施配套、要素保障、生态环境保护、安全生产监管等管理和服务，营造更加公平、开放的市场环境，深化"放管服"改革，简化审批环节，减少行政干预。

在城乡联动，拓展要素配置新通道方面，美丽特色小（城）镇是辐射带动新农村的重要载体。要统筹规划城乡基础设施网络，健全农村基础设施投入长效机制，促进水电路气信等基础设施城乡联网、生态环保设施城乡统一布局建设。推进城乡配电网建设改造，加快农村宽带网络和快递网络建设，以美丽特色小（城）镇为节点，推进农村电商发展和"快递下乡"。推动城镇公共服务向农村延伸，逐步实现城乡基本公共服务制度并轨、标准统一。搭建农村一二三产业融合发展服务平台，推进农业与旅游、教育、文化、健康养老等产业深度融合，大力发展农业新型业态。依托优势资源，积极探索承接产业转移新模式，引导城镇资金、信息、人才、管理等要素向农村流动，推动城乡产业链双向延伸对接。促进城乡劳动力、土地、资本和创新要素高效配置。

在创新机制，激发城镇发展新活力方面，释放美丽特色小（城）镇的内生动力关键要靠体制机制创新。要全面放开小城镇落户限制，全面落实居住证制度，不断拓展公共服务范围。积极盘活存量土地，建立低效用地再开发激励机制。建立健全进城落户农民农村土地承包权、宅基地使用权、集体收益分配权自愿有偿流转和退出机制。创新特色小（城）镇建设投融资机制，大力推进政府和社会资本合作，鼓励利用财政资金撬动社会资金，共同发起设立美丽特色小（城）镇建设基金。研究设立国家新型城镇化建设基金，倾斜支持美丽特色小（城）镇开发建设。鼓励开发银行、农业发展银行、农业银行和其他金融机构加大金融支持力度。鼓励有条件的小城镇通过发行债券等多种方式拓宽融资渠道。按照"小政府、大服务"模式，推行大部门制，降低行政成本，提高行政效率。深入推进强镇扩权，赋予镇区人口 10 万以上的特大镇县级管理职能和权限，强化事权、财权、人事权和用地指标等保障。推动具备条件的特大镇有序设市。①

同年 12 月 12 日，国家发展改革委、国家开发银行、中国光大银行、中国企业联合会、中国企业家协会、中国城镇化促进会发布《关于实施"千企千镇工程"推进美丽特色小（城）镇建设的通知》。通知提出，"千企千镇工程"是

---

① 参见国家发展改革委《关于加快美丽特色小（城）镇建设的指导意见》（发改规划〔2016〕2125 号）。

指根据"政府引导、企业主体、市场化运作"的新型小（城）镇创建模式，搭建小（城）镇与企业主体有效对接平台，引导社会资本参与美丽特色小（城）镇建设，促进镇企融合发展、共同成长。在完善支持政策方面，"千企千镇工程"的典型地区和企业，可优先享受有关部门关于特色小（城）镇建设的各项支持政策，优先纳入有关部门开展的新型城镇化领域试点示范。国家开发银行、中国光大银行将通过多元化金融产品及模式对典型地区和企业给予融资支持，鼓励引导其他金融机构积极参与。政府有关部门和行业协会等社会组织将加强服务和指导，帮助解决"千企千镇工程"实施中的重点难点问题。[①]

十一、特色小镇培育的实践

2016年7月1日，住房和城乡建设部、国家发展和改革委员会、财政部联合发布《关于开展特色小镇培育工作的通知》（以下简称《通知》）。该《通知》提出，为贯彻党中央、国务院关于推进特色小镇、小城镇建设的精神，落实《国民经济和社会发展第十三个五年规划纲要》关于加快发展特色镇的要求，原住房和城乡建设部、国家发展改革委、财政部（以下简称三部委）决定在全国范围开展特色小镇培育工作。[②] 该评选工作，经过各地申请和评审先后公布两批入选名单：

表2.9　特色小镇入选名单（2016—2017）

地区	入选特色小镇
北京市（7）	第一批：房山区长沟镇、昌平区小汤山镇、密云区古北口镇 第二批：怀柔区雁栖镇、大兴区魏善庄镇、顺义区龙湾屯镇、延庆区康庄镇
天津市（5）	第一批：武清区崔黄口镇、滨海新区中塘镇 第二批：津南区葛沽镇、蓟州区下营镇、武清区大王古庄镇

---

① 参见国家发展改革委、国家开发银行、中国光大银行、中国企业联合会、中国企业家协会、中国城镇化促进会《关于实施"千企千镇工程"推进美丽特色小（城）镇建设的通知》（发改规划〔2016〕2604号）。

② 参见住房和城乡建设部、国家发展和改革委员会、财政部《关于开展特色小镇培育工作的通知》（建村〔2016〕147号）。

续表

地区	入选特色小镇
河北省（12）	第一批：秦皇岛市卢龙县石门镇、邢台市隆尧县莲子镇、保定市高阳县庞口镇、衡水市武强县周窝镇 第二批：衡水市枣强县大营镇、石家庄市鹿泉区铜冶镇、保定市曲阳县羊平镇、邢台市柏乡县龙华镇、承德市宽城满族自治县化皮溜子镇、邢台市清河县王官庄镇、邯郸市肥乡区天台山镇、保定市徐水区大王店镇
山西省（12）	第一批：晋城市阳城县润城镇、晋中市昔阳县大寨镇、吕梁市汾阳市杏花村镇 第二批：运城市稷山县翟店镇、晋中市灵石县静升镇、晋城市高平市神农镇、晋城市泽州县巴公镇、朔州市怀仁县（现为怀仁市）金沙滩镇、朔州市右玉县右卫镇、吕梁市汾阳市贾家庄镇、临汾市曲沃县曲村镇、吕梁市离石区信义镇
内蒙古自治区（12）	第一批：赤峰市宁城县八里罕镇、通辽市科尔沁左翼中旗舍伯吐镇、呼伦贝尔市额尔古纳市莫尔道嘎镇 第二批：赤峰市敖汉旗下洼镇、鄂尔多斯市东胜区罕台镇、乌兰察布市凉城县岱海镇、鄂尔多斯市鄂托克前旗城川镇、兴安盟阿尔山市白狼镇、呼伦贝尔市扎兰屯市柴河镇、乌兰察布市察哈尔右翼后旗土牧尔台镇、通辽市开鲁县东风镇、赤峰市林西县新城子镇
辽宁省（13）	第一批：大连市瓦房店市谢屯镇、丹东市东港市孤山镇、辽阳市弓长岭区汤河镇、盘锦市大洼区赵圈河镇 第二批：沈阳市法库县十间房镇、营口市鲅鱼圈区熊岳镇、阜新市阜新蒙古族自治县十家子镇、辽阳市灯塔市佟二堡镇、锦州市北镇市沟帮子镇、大连市庄河市王家镇、盘锦市盘山县胡家镇、本溪市桓仁满族自治县二棚甸子镇、鞍山市海城市西柳镇
吉林省（9）	第一批：辽源市东辽县辽河源镇、通化市辉南县金川镇、延边朝鲜族自治州龙井市东盛涌镇 第二批：延边州安图县二道白河镇、长春市绿园区合心镇、白山市抚松县松江河镇、四平市铁东区叶赫满族镇、吉林市龙潭区乌拉街满族镇、通化市集安市清河镇
黑龙江省（11）	第一批：齐齐哈尔市甘南县兴十四镇、牡丹江市宁安市渤海镇、大兴安岭地区漠河县（现为漠河市）北极镇 第二批：绥芬河市阜宁镇、黑河市五大连池市五大连池镇、牡丹江市穆棱市下城子镇、佳木斯市汤原县香兰镇、哈尔滨市尚志市一面坡镇、鹤岗市萝北县名山镇、大庆市肇源县新站镇、黑河市北安区（现为北安市）赵光镇

续表

地区	入选特色小镇
上海市（9）	第一批：金山区枫泾镇、松江区车墩镇、青浦区朱家角镇 第二批：浦东新区新场镇、闵行区吴泾镇、崇明区东平镇、嘉定区安亭镇、宝山区罗泾镇、奉贤区庄行镇
江苏省（22）	第一批：南京市高淳区桠溪镇（现为街道）、无锡市宜兴市丁蜀镇、徐州市邳州市碾庄镇、苏州市吴中区甪直镇、苏州市吴江区震泽镇、盐城市东台市安丰镇、泰州市姜堰区溱潼镇 第二批：无锡市江阴市新桥镇、徐州市邳州市铁富镇、扬州市广陵区（现为生态科技新城）杭集镇、苏州市昆山市陆家镇、镇江市扬中市新坝镇、盐城市盐都区大纵湖镇、苏州市常熟市海虞镇、无锡市惠山区阳山镇、南通市如东县栟茶镇、泰州市兴化市戴南镇、泰州市泰兴市黄桥镇（黄桥开发区）、常州市新北区孟河镇、南通市如皋市搬经镇、无锡市锡山区东港镇、苏州市吴江区七都镇
浙江省（23）	第一批：杭州市桐庐县分水镇、温州市乐清市柳市镇、嘉兴市桐乡市濮院镇、湖州市德清县莫干山镇、绍兴市诸暨市大唐镇（现为街道）、金华市东阳市横店镇、丽水市莲都区大港头镇、丽水市龙泉市上垟镇 第二批：嘉兴市嘉善县西塘镇、宁波市江北区慈城镇、湖州市安吉县孝丰镇、绍兴市越城区东浦镇、宁波市宁海县西店镇、宁波市余姚市梁弄镇、金华市义乌市佛堂镇、衢州市衢江区莲花镇、杭州市桐庐县富春江镇、嘉兴市秀洲区王店镇、金华市浦江县郑宅镇、杭州市建德市寿昌镇、台州市仙居县白塔镇、衢州市江山市廿八都镇、台州市三门县健跳镇
安徽省（15）	第一批：铜陵市郊区大通镇、安庆市岳西县温泉镇、黄山市黟县宏村镇、六安市裕安区独山镇、宣城市旌德县白地镇 第二批：六安市金安区毛坦厂镇、芜湖市繁昌县（现为繁昌区）孙村镇、合肥市肥西县三河镇、马鞍山市当涂县黄池镇、安庆市怀宁县石牌镇、滁州市来安县汊河镇、铜陵市义安区钟鸣镇、阜阳市界首市光武镇、宣城市宁国市港口镇、黄山市休宁县齐云山镇
福建省（14）	第一批：福州市永泰县嵩口镇、厦门市同安区汀溪镇、泉州市安溪县湖头镇、南平市邵武市和平镇、龙岩市上杭县古田镇 第二批：泉州市石狮市蚶江镇、福州市福清市龙田镇、泉州市晋江市金井镇、莆田市涵江区三江口镇、龙岩市永定区湖坑镇、宁德市福鼎市点头镇、漳州市南靖县书洋镇、南平市武夷山市五夫镇、宁德市福安市穆阳镇
江西省（12）	第一批：南昌市进贤县文港镇、鹰潭市龙虎山风景名胜区上清镇、宜春市明月山温泉风景名胜区温汤镇、上饶市婺源县江湾镇 第二批：赣州市全南县南迳镇、吉安市吉安县永和镇、抚州市广昌县驿前镇、景德镇市浮梁县瑶里镇、赣州市宁都县小布镇、九江市庐山市海会镇、南昌市湾里区太平镇、宜春市樟树市阁山镇

71

续表

地区	入选特色小镇
山东省（22）	第一批：青岛市胶州市李哥庄镇、淄博市淄川区昆仑镇、烟台市蓬莱市（现为蓬莱区）刘家沟镇、潍坊市寿光市羊口镇、泰安市新泰市西张庄镇、威海经济技术开发区崮山镇、临沂市费县探沂镇 第二批：聊城市东阿县陈集镇、滨州市博兴县吕艺镇、菏泽市郓城县张营镇、烟台市招远市玲珑镇、济宁市曲阜市尼山镇、泰安市岱岳区满庄镇、济南市商河县玉皇庙镇、青岛市平度市南村镇、德州市庆云县尚堂镇、淄博市桓台县起凤镇、日照市岚山区巨峰镇、威海市荣成市虎山镇、莱芜市莱城区（现为济南市莱芜区）雪野镇、临沂市蒙阴县岱崮镇、枣庄市滕州市西岗镇
河南省（15）	第一批：焦作市温县赵堡镇、许昌市禹州市神垕镇、南阳市西峡县太平镇、驻马店市确山县竹沟镇 第二批：汝州市蟒川镇、南阳市镇平县石佛寺镇、洛阳市孟津县（现为孟津区）朝阳镇、濮阳市华龙区岳村镇、周口市商水县邓城镇、巩义市竹林镇、长垣县（现为长垣市）恼里镇、安阳市林州市石板岩镇、永城市芒山镇、三门峡市灵宝市函谷关镇、邓州市穰东镇
湖北省（16）	第一批：宜昌市夷陵区龙泉镇、襄阳市枣阳市吴店镇、荆门市东宝区漳河镇、黄冈市红安县七里坪镇、随州市随县长岗镇 第二批：荆州市松滋市涴水镇、宜昌市兴山县昭君镇、潜江市熊口镇、仙桃市彭场镇、襄阳市老河口市仙人渡镇、十堰市竹溪县汇湾镇、咸宁市嘉鱼县官桥镇、神农架林区红坪镇、武汉市蔡甸区玉贤镇、天门市岳口镇、恩施州利川市谋道镇
湖南省（16）	第一批：长沙市浏阳市大瑶镇、邵阳市邵东县（现为邵东市）廉桥镇、郴州市汝城县热水镇、娄底市双峰县荷叶镇、湘西土家族苗族自治州花垣县边城镇 第二批：常德市临澧县新安镇、邵阳市邵阳县下花桥镇、娄底市冷水江市禾青镇、长沙市望城区乔口镇、湘西土家族苗族自治州龙山县里耶镇、永州市宁远县湾井镇、株洲市攸县皇图岭镇、湘潭市湘潭县花石镇、岳阳市华容县东山镇、长沙市宁乡县（现为宁乡市）灰汤镇、衡阳市珠晖区茶山坳镇
广东省（20）	第一批：佛山市顺德区北滘镇、江门市开平市赤坎镇、肇庆市高要区回龙镇、梅州市梅县区雁洋镇、河源市江东新区古竹镇、中山市古镇镇 第二批：佛山市南海区西樵镇、广州市番禺区沙湾镇（现为沙湾街道）、佛山市顺德区乐从镇、珠海市斗门区斗门镇、江门市蓬江区棠下镇、梅州市丰顺县留隍镇、揭阳市揭东区埔田镇、中山市大涌镇、茂名市电白区沙琅镇、汕头市潮阳区海门镇、湛江市廉江市安铺镇、肇庆市鼎湖区凤凰镇、潮州市湘桥区意溪镇、清远市英德市连江口镇

续表

地区	入选特色小镇
广西壮族自治区（14）	第一批：柳州市鹿寨县中渡镇、桂林市恭城瑶族自治县莲花镇、北海市铁山港区南康镇、贺州市八步区贺街镇 第二批：河池市宜州市（现为宜州区）刘三姐镇、贵港市港南区桥圩镇、贵港市桂平市木乐镇、南宁市横县（现为横州市）校椅镇、北海市银海区侨港镇、桂林市兴安县溶江镇、崇左市江州区新和镇、贺州市昭平县黄姚镇、梧州市苍梧县六堡镇、钦州市灵山县陆屋镇
海南省（7）	第一批：海口市云龙镇、琼海市潭门镇 第二批：澄迈县福山镇、琼海市博鳌镇、海口市石山镇、琼海市中原镇、文昌市会文镇
重庆市（13）	第一批：万州区武陵镇、涪陵区蔺市镇、黔江区濯水镇、潼南区双江镇 第二批：铜梁区安居镇、江津区白沙镇、合川区涞滩镇、南川区大观镇、长寿区长寿湖镇、永川区朱沱镇、垫江县高安镇、酉阳土家族苗族自治县龙潭镇、大足区龙水镇
四川省（20）	第一批：成都市郫县（现为郫都区）德源镇、成都市大邑县安仁镇、攀枝花市盐边县红格镇、泸州市纳溪区大渡口镇、南充市西充县多扶镇、宜宾市翠屏区李庄镇、达州市宣汉县南坝镇 第二批：成都市郫都区三道堰镇、自贡市自流井区仲权镇、广元市昭化区昭化镇、成都市龙泉驿区洛带镇、眉山市洪雅县柳江镇、甘孜藏族自治州稻城县香格里拉镇、绵阳市江油市青莲镇、雅安市雨城区多营镇、阿坝藏族羌族自治州汶川县水磨镇、遂宁市安居区拦江镇、德阳市罗江区金山镇、资阳市安岳县龙台镇、巴中市平昌县驷马镇
贵州省（15）	第一批：贵阳市花溪区青岩镇、六盘水市六枝特区郎岱镇、遵义市仁怀市茅台镇、安顺市西秀区旧州镇、黔东南州雷山县西江镇 第二批：黔西南布依族苗族自治州贞丰县者相镇、黔东南州黎平县肇兴镇、贵安新区高峰镇、六盘水市水城县（现为水域区）玉舍镇、安顺市镇宁布依族苗族自治县黄果树镇、铜仁市万山区万山镇、贵阳市开阳县龙岗镇、遵义市播州区鸭溪镇、遵义市湄潭县永兴镇、黔南布依族苗族自治州瓮安县猴场镇
云南省（13）	第一批：红河哈尼族彝族自治州建水县西庄镇、大理白族自治州大理市喜洲镇、德宏傣族景颇族自治州瑞丽市畹町镇 第二批：楚雄州姚安县光禄镇、大理白族自治州剑川县沙溪镇、玉溪市新平彝（族）傣族自治县戛洒镇、西双版纳傣族自治州勐腊县勐仑镇、保山市隆阳区潞江镇、临沧市双江拉祜族佤族布朗族傣族自治县勐库镇、昭通市彝良县小草坝镇、保山市腾冲市和顺镇、昆明市嵩明县杨林镇、普洱市孟连傣族拉祜族佤族自治县勐马镇

73

续表

地区	入选特色小镇
西藏自治区（7）	第一批：拉萨市尼木县吞巴乡、山南市扎囊县桑耶镇 第二批：阿里地区普兰县巴嘎乡、昌都市芒康县曲孜卡乡、日喀则市吉隆县吉隆镇、拉萨市当雄县羊八井镇、山南市贡嘎县杰德秀镇
陕西省（14）	第一批：西安市蓝田县汤峪镇、铜川市耀州区照金镇、宝鸡市眉县汤峪镇、汉中市宁强县青木川镇、咸阳市杨陵区五泉镇 第二批：汉中市勉县武侯镇、安康市平利县长安镇、商洛市山阳县漫川关镇、咸阳市长武县亭口镇、宝鸡市扶风县法门镇、宝鸡市凤翔区柳林镇、商洛市镇安县云盖寺镇、延安市黄陵县店头镇、延安市延川县文安驿镇
甘肃省（8）	第一批：兰州市榆中县青城镇、武威市凉州区清源镇、临夏回族自治州和政县松鸣镇 第二批：庆阳市华池县南梁镇、天水市麦积区甘泉镇、兰州市永登县苦水镇、嘉峪关市峪泉镇、定西市陇西县首阳镇
青海省（6）	第一批：海东市化隆回族自治县群科镇、海西蒙古族藏族自治州乌兰县茶卡镇 第二批：海西蒙古族藏族自治州德令哈市柯鲁柯镇、海南藏族自治州共和县龙羊峡镇、西宁市湟源县日月藏族乡、海东市民和回族土族自治县官亭镇
宁夏回族自治区（7）	第一批：银川市西夏区镇北堡镇、固原市泾源县泾河源镇 第二批：银川市兴庆区掌政镇、银川市永宁县闽宁镇、吴忠市利通区金银滩镇、石嘴山市惠农区红果子镇、吴忠市同心县韦州镇
新疆维吾尔自治区（10）	第一批：喀什地区巴楚县色力布亚镇、塔城地区沙湾县（现为沙湾市）乌兰乌苏镇、阿勒泰地区富蕴县可可托海镇 第二批：克拉玛依市乌尔禾区乌尔禾镇、吐鲁番市高昌区亚尔镇、伊犁哈萨克自治州新源县那拉提镇、博尔塔拉蒙古自治州精河县托里镇、巴音郭楞蒙古自治州焉耆回族自治县七个星镇、昌吉州吉木萨尔县北庭镇、阿克苏地区沙雅县古勒巴格镇
新疆生产建设兵团（4）	第一批：第八师石河子市北泉镇 第二批：阿拉尔市沙河镇、图木舒克市草湖镇、铁门关市博古其镇

上述两批特色小镇全部为建制镇，共计403个，占2017年全国建制镇的21116个的2%。之后，按照政策文件要求，全部改称为"特色小城镇"。

十二、其他国家级特色小镇的培育实践

截至目前，除上述小城镇建设外，其他国家级特色小镇的建设情况如下：

（一）运动休闲特色小镇建设的实践

2017年5月9日，体育总局办公厅发布《关于推动运动休闲特色小镇建设工作的通知》。该通知提出，运动休闲特色小镇是在全面建成小康社会进程中，助力新型城镇化和健康中国建设，促进脱贫攻坚工作，以运动休闲为主题打造的具有独特体育文化内涵、良好体育产业基础，运动休闲、文化、健康、旅游、养老、教育培训等多种功能于一体的空间区域、全民健身发展平台和体育产业基地。为贯彻党中央和国务院关于推进特色小镇建设、加大脱贫攻坚工作力度的精神，充分发挥体育在脱贫攻坚工作中的潜在优势作用，更好地为基层经济社会事业、全民健身与健康事业、体育产业发展服务，引导推动运动休闲特色小镇实现可持续发展，体育总局决定组织开展运动休闲特色小镇建设、促进脱贫攻坚工作。其主要任务是：到2020年，在全国扶持建设一批体育特征鲜明、文化气息浓厚、产业集聚融合、生态环境良好、惠及人民健康的运动休闲特色小镇；带动小镇所在区域体育、健康及相关产业发展，打造各具特色的运动休闲产业集聚区，形成与当地经济社会相适应、良性互动的运动休闲产业和全民健身发展格局；推动中西部贫困落后地区在整体上提升公共体育服务供给和经济社会发展水平，增加就业岗位和居民收入，推进脱贫攻坚工作。运动休闲特色小镇要形成以下特色：

一为特色鲜明的运动休闲业态。聚焦运动休闲、体育健康等主题，形成体育竞赛表演、体育健身休闲、体育场馆服务、体育培训与教育、体育传媒与信息服务、体育用品制造等产业形态。

二为深厚浓郁的体育文化氛围。具备成熟的体育赛事组织运营经验，经常开展具有特色的品牌全民健身赛事和活动，以独具特色的运动项目文化或民族民间民俗传统体育文化为引领，形成运动休闲特色名片。

三为与旅游等相关产业融合发展。实现体育旅游、体育传媒、体育会展、体育广告、体育影视等相关业态共享发展，运动休闲与旅游、文化、养老、教育、健康、农业、林业、水利、通用航空、交通运输等业态融合发展，打造旅游目的地。

四为脱贫成效明显。通过当地体育特色产业的发展吸纳就业，创造增收门路，促进当地特色农产品销售，在体育脱贫攻坚中树立示范。

五为禀赋资源的合理有效利用。自然资源丰富的小镇依托自然地理优势发展冰雪、山地户外、水上、汽车摩托车、航空等运动项目；民族文化资源丰富的小镇依托人文资源发展民族民俗体育文化。大城市周边重点镇加强与城市发展的统筹规划与体育健身功能配套；远离中心城市的小镇完善基础设施和公共体育服务，服务农村。①

此项工作，经过各地申报和评审，体育总局办公厅于2017年8月9日发布《关于公布第一批运动休闲特色小镇试点项目名单的通知》。共评选出首批96个运动休闲特色小镇。② 其具体名单如表2.10所示：

表2.10 第一批运动休闲特色小镇试点项目名单

省（区、市）及入选数	小镇名称
1. 北京（6）	延庆区旧县镇运动休闲特色小镇、门头沟区王平镇运动休闲特色小镇、海淀区苏家坨镇运动休闲特色小镇、门头沟区清水镇运动休闲特色小镇、顺义区张镇运动休闲特色小镇、房山区张坊镇生态运动休闲特色小镇
2. 天津（1）	蓟州区下营镇运动休闲特色小镇
3. 河北（6）	廊坊市安次区北田曼城国际小镇、张家口市蔚县运动休闲特色小镇、张家口市阳原县井儿沟运动休闲特色小镇、承德市宽城满族自治县都山运动休闲特色小镇、承德市丰宁满族自治县运动休闲特色小镇、保定市高碑店市中新健康城·京南体育小镇
4. 山西（3）	运城市芮城县陌南圣天湖运动休闲特色小镇、大同市南郊区御河运动休闲特色小镇、晋中市榆社县云竹镇运动休闲特色小镇
5. 内蒙古自治区（2）	赤峰市宁城县黑里河水上运动休闲特色小镇、呼和浩特市新城区保合少镇水磨运动休闲小镇
6. 辽宁（3）	营口市鲅鱼圈区红旗镇何家沟体育运动特色小镇、丹东市凤城市大梨树定向运动特色体育小镇、大连市瓦房店市将军石运动休闲特色小镇
7. 吉林（2）	延边州安图县明月镇九龙社区运动休闲特色小镇、梅河口市进化镇中医药健康旅游特色小镇

---

① 参见体育总局办公厅《关于推动运动休闲特色小镇建设工作的通知》（体群字〔2017〕73号）。
② 参见体育总局办公厅《关于公布第一批运动休闲特色小镇试点项目名单的通知》（体群字〔2017〕149号）。

续表

省（区、市）及入选数	小镇名称
8. 黑龙江（1）	齐齐哈尔市碾子山区运动休闲特色小镇
9. 上海（4）	崇明区陈家镇体育旅游特色小镇、奉贤区海湾镇运动休闲特色小镇、青浦区金泽帆船运动休闲特色小镇、崇明区绿华镇国际马拉松特色小镇
10. 江苏（4）	扬州市仪征市枣林湾运动休闲特色小镇、徐州市贾汪区大泉街道体育健康小镇、苏州市太仓市天镜湖电竞小镇、南通市通州区开沙岛旅游度假区运动休闲特色小镇
11. 浙江（3）	衢州市柯城区森林运动小镇、杭州市淳安县石林港湾运动小镇、金华市经开区苏孟乡汽车运动休闲特色小镇
12. 安徽（3）	六安市金安区悠然南山运动休闲特色小镇、池州市青阳县九华山运动休闲特色小镇、六安市金寨县天堂寨大象传统运动养生小镇
13. 福建（3）	泉州市安溪县龙门镇运动休闲特色小镇、南平市建瓯市小松镇运动休闲特色小镇、漳州市长泰县林墩乐动谷体育特色小镇
14. 江西（3）	上饶市婺源县珍珠山乡运动休闲特色小镇、九江市庐山西海射击温泉康养运动休闲小镇、赣州市大余县丫山运动休闲特色小镇
15. 山东（5）	临沂市费县许家崖航空运动小镇、烟台市龙口市南山运动休闲小镇、潍坊市安丘市国际运动小镇、日照奥林匹克水上运动小镇、青岛市即墨市（现为即墨区）温泉田横运动休闲特色小镇
16. 河南（3）	信阳市鸡公山管理区户外运动休闲小镇、郑州市新郑龙西体育小镇、驻马店市确山县老乐山北泉运动休闲特色小镇
17. 湖北（6）	荆门市漳河新区爱飞客航空运动特色小镇、宜昌市兴山县高岚户外运动休闲特色小镇、孝感市孝昌县小悟乡运动休闲特色小镇、孝感市大悟县新城镇运动休闲特色小镇、荆州市松滋市洈水运动休闲小镇、荆门市京山县（现为京山市）网球特色小镇
18. 湖南（5）	益阳市东部新区鱼形湖体育小镇、长沙市望城区千龙湖国际休闲体育小镇、长沙市浏阳市沙市镇湖湘第一休闲体育小镇、常德市安乡县体育运动休闲特色小镇、郴州市北湖区小埠运动休闲特色小镇

续表

省（区、市）及入选数	小镇名称
19. 广东（5）	汕尾市陆河县新田镇联安村运动休闲特色小镇、佛山市高明区东洲鹿鸣体育特色小镇、湛江市坡头区南三镇运动休闲特色小镇、梅州市五华县横陂镇运动休闲特色小镇、中山市国际棒球小镇
20. 广西壮族自治区（4）	河池市南丹县歌娅思谷运动休闲特色小镇、防城港市防城区"皇帝岭-欢乐海"滨海体育小镇、南宁市马山县古零镇攀岩特色体育小镇、北海市银海区海上新丝路体育小镇
21. 海南（2）	海口市观澜湖体育健康特色小镇、三亚市潜水及水上运动特色小镇
22. 重庆（4）	彭水苗族土家族自治县-万足水上运动休闲特色小镇、渝北区际华园体育温泉小镇、南川区太平场镇运动休闲特色小镇、万盛经开区凉风"梦乡村"关坝垂钓运动休闲特色小镇
23. 四川（4）	达州市渠县龙潭镇（现已撤销，改为临巴镇）賨人谷运动休闲特色小镇、广元市朝天区曾家镇运动休闲特色小镇、德阳市罗江区白马关运动休闲特色小镇、内江市市中区永安镇尚腾新村运动休闲特色小镇
24. 贵州（2）	遵义市正安县中观镇户外体育运动休闲特色小镇、黔西南州贞丰县三岔河运动休闲特色小镇
25. 云南（4）	迪庆州香格里拉市建塘体育休闲小镇、红河州弥勒市可邑运动休闲特色小镇、曲靖市马龙县旧县高原运动休闲特色小镇、昆明市安宁市温泉国际网球小镇
26. 西藏自治区（1）	林芝市巴宜区鲁朗运动休闲特色小镇
27. 陕西（3）	宝鸡市金台区运动休闲特色小镇、商洛市柞水县营盘运动休闲特色小镇、渭南市大荔县沙苑运动休闲特色小镇
28. 甘肃（1）	兰州市皋兰县什川镇运动休闲特色小镇
29. 青海（1）	海南藏族自治州共和县龙羊峡运动休闲特色小镇
30. 宁夏回族自治区（1）	银川市西夏区苏峪口滑雪场小镇
31. 新疆维吾尔自治区（1）	乌鲁木齐市乌鲁木齐县水西沟镇体育运动休闲小镇

名单公布后，2018年11月12日，国家体育总局办公厅发布《关于推进运

动休闲特色小镇健康发展的通知》(以下简称《通知》)。该《通知》称,一年来,试点项目的创建工作取得了一定进展和成效。但调研发现,部分试点项目仍然存在政策落实不到位、工作机制不完善、工作进度不理想、主导产业特色不突出、功能定位不明确、产业规划不清晰及难落地等问题。为进一步推进运动休闲特色小镇健康、规范、高质量发展,国家体育总局办公厅提出了一些完善措施性意见。各地体育主管部门要以"科学规划、突出特色、丰富内容"为导向,每季度对试点项目的规划建设工作进行实地督导调研,及时发现问题,协调推进解决。体育总局将按照《通知》要求,持续开展评估督导和优胜劣汰。对于存在问题的小镇,明确整改项目名单,限期整改,不具备条件的将取消试点资格。[①]

2019年3月1日,国家体育总局办公厅关于印发《运动休闲特色小镇试点项目建设工作指南》的通知,以便指导运动休闲特色小镇的建设。指南强调,在遵守刚性约束方面,一要严守"四条底线"[②]。切实贯彻落实《国家发展改革委、国土资源部、环境保护部、住房和城乡建设部关于规范推进特色小镇和特色小城镇建设的若干意见》《国家发展改革委办公厅关于建立特色小镇和特色小城镇高质量发展机制的通知》《体育总局办公厅关于推进运动休闲特色小镇健康发展的通知》,采取有效工作措施,严防政府债务风险、严控房地产化倾向、严格节约集约用地、严守生态保护红线。二要避免"五种类型"。正确理解运动休闲特色小镇的概念内涵,打造体育产业发展平台和人民群众健身休闲有效载体,不能盲目把体育场馆、体育基地、旅游景区、美丽乡村以及行政建制镇戴上运动休闲特色小镇"帽子"。在坚持合理布局方面,一是注重"三边一线"。运动休闲特色小镇的选址应以临近城镇周边、景区周边、高铁站周边以及交通轴沿线为宜,相对独立于城市和乡镇建成区的中心,便于满足家庭出行健身、休闲以及自驾游的需求。二是构建"两区格局"。根据《国家发展改革委、国土资源部、环境保护部、住房和城乡建设部关于规范推进特色小镇和特色小城镇建设的若干意见》,运动休闲特色小镇试点项目可规划核心区,范围约3~4平方公里,最好集中连片,集中提供运动休闲产品和服务、体育文化展示;核心区周边可规划拓展区,可集中连片,作为户外运动及体育与相关产业融合发展的空间。另外,还提出了培育产业核心方面的要求,以便保障运动休闲特色小镇试

---

① 参见体育总局办公厅关于推进运动休闲特色小镇健康发展的通知(体经字〔2018〕655号)。
② "四条底线"指法律底线、纪律底线、政策底线、道德底线。该"四条底线"是习近平总书记对"两学一做"作出的重要指示,即要"把做人做事的底线划出来"。

点项目的规范实施。①

（二）森林小镇建设的实践

2017年7月4日，原国家林业局办公室发布《关于开展森林特色小镇建设试点工作的通知》。该通知提出，为贯彻落实中发〔2015〕6号文件精神，深入推进国有林场和国有林区改革及林业供给侧结构性改革，推动林业发展模式由利用森林获取经济利益为主向保护森林提供生态服务为主转变，提高森林观光游览、休闲度假、运动养生等生态产品供给能力和服务水平，不断满足人民群众日益迫切的生态福祉需求，大力提升林业在国民经济发展中的战略地位，我局决定在国有林场和国有林区开展森林特色小镇建设试点工作，为全面推进森林特色小镇建设探索路子、总结经验。

在建设目的上，森林特色小镇是指在森林资源丰富、生态环境良好的国有林场和国有林区林业局的场部、局址、工区等适宜地点，重点利用老旧场址工区、场房民居，通过科学规划设计、合理布局，建设接待设施齐全、基础设施完备、服务功能完善，以提供森林观光游览、休闲度假、运动养生等生态产品与生态服务为主要特色的，融合产业、文化、旅游、社区功能的创新发展平台。开展森林特色小镇建设，有利于提高国有林场和国有林区吸引和配置林业特色产业要素的能力，推动资源整合、产业融合，促进产业集聚、创新和转型升级；有利于深化国有林场和国有林区改革，助推林场林区转型发展，改善国有林场和国有林区生产生活条件、增加职工收入，增强发展后劲；有利于促进林业供给侧结构性改革，提高生态产品和服务供给能力和质量，不断满足广大人民群众日益增长的生态福祉需求；有利于保护生态和改善民生，促进国有林场和国有林区经济发展、林农增收，助推脱贫攻坚，着力践行习近平总书记提出的"绿水青山就是金山银山"等新发展理念。

在试点原则方面，一是坚持生态导向、保护优先。要以保护好当地森林资源、原生生态环境和原生生态景观为森林特色小镇建设的立足点和出发点，在确保森林资源总量增加、森林质量提高、生态功能增强的前提下，采用环境友好型、资源节约型等建设模式和方式，实现生态环境、生态文化、森林景观和服务设施有机融合，充分发挥森林生态多种功能，为社会提供更多的生态产品和更优良的生态服务。二是坚持科学规划、有序发展。要与国有林场和国有林区发展规划、森林经营方案相结合，坚持规划先行，科学设计，立足实际，深

---

① 参见国家体育总局办公厅关于印发《运动休闲特色小镇试点项目建设工作指南》的通知（体经字〔2019〕104号）。

入挖掘特色，找准发展方向。要严格按照当地生态环境的承载量，科学规划，经过严格的科学评估论证，按照程序批准后严格执行。三是坚持试点先行、稳步推进。要优先选择发展基础好、政府支持力度大、建设积极性高的国有林场和国有林区林业局作为建设试点。在及时总结试点成功经验和模式的基础上，逐步示范推广、稳步推进。四是坚持政府引导、林场主导、多元化运作。各级林业主管部门要积极协调有关部门在基础设施建设、项目立项和资金投入、易地搬迁、土地使用审批以及投融资政策等方面予以倾斜，不断优化政策和投融资环境，大力支持小镇建设；国有林场和国有林区林业局是森林特色小镇建设的主体，要创造条件，推进小镇与企业、金融机构有效对接，促进场镇企融合发展、共同成长。

在试点内容方面，一是范围和规模。在全国国有林场和国有林区林业局范围内选择30个左右的林场林区作为首批国家建设试点。二是建设方式。在稳定和充分保障国有林场和国有林区森林资源权益的基础上，可采取使用权与经营权分离的方式，盘活经营权。可采取自建、合资合作和PPP合作建设等模式推进小镇建设，实现场镇企有效对接、互利共赢、融合发展。小镇建设要坚持改造利用、提档升级为主，原则上不搞新建，确需新建的要从严控制、严格把关。重点通过对国有林场和国有林区林业局的老旧场（局）址工区、场房住房等的改造，将其建设成地方特色鲜明，又与原生态景观风貌紧密融合的特色民居、森林小屋等接待设施。要注重与生态扶贫、林场棚户区改造、移民搬迁和场部搬迁重建，以及森林公园、湿地公园等工程项目建设相结合，相互促进，融合发展。

在建设条件方面，一是具有一定规模。一般应选择在森林分布集中，森林覆盖率一般应在60%以上，森林景观优美、周边生态环境良好，具备较好文化底蕴、无重大污染源，规模较大的国有林场或国有林区林业局建设。二是建设积极性高。国有林场和国有林区林业局建设积极性较高，当地政府重视森林特色小镇建设工作，在小镇项目建设投入、招商引资、土地优惠以及基础设施建设等方面政策扶持力度大。三是主导产业定位准确。主要依托森林资源和生态优势，重点发展森林观光游览、休闲度假、运动养生，以及森林食品、森林药材等林产品培育、采集和初加工的绿色产业。四是基础设施较完备。国有林场和国有林区林业局水电路讯等基础设施较完善，建设地点原则上要选择在距机场或高铁站50~100公里范围内。

在建设主要内容方面，一是改善接待条件。通过对国有林场和国有林区林业局老旧场（局）址工区、场房民居等的改造，建设成地方特色鲜明，又与小镇森林特色生态景观风貌紧密融合的特色民居、森林小屋等,努力提升食宿接待能力和服务水平。二是完善基础设施。建设水、电、路、通信、生态环境监测等基础设施和森林步道等相应的观光游览、休闲养生服务设施,为开展游憩、度假、疗养、保健、养老等休闲养生服务提供保障,不断提升小镇公共服务能力、水平和质量。三是培育产业新业态。充分发掘利用当地的自然景观、森林环境、休闲养生等资源,积极引入森林康养、休闲养生产业发展先进理念和模式,大力探索培育发展森林观光游览、休闲养生新业态,拓展国有林场和国有林区发展空间,促进生态经济对小镇经济的提质升级,提升小镇独特竞争力。①

此项工作的后续,虽有报道称共评选了50个森林特色小镇,但未见有国家级森林公园名单的公布,但对于省级森林小镇的建设有重要的参考价值。值得强调的是,森林小镇通常位于相关县域,因此,森林小镇的开发和建设,对于促进森林小镇所在县域经济和社会的发展具有重要的积极作用。

(三) 历史文化名镇的评选

为更好地保护、集成和发扬我国优秀建筑历史文化遗产,弘扬民族传统和地方特色,建设部决定,在全国范围内分期分批地评选命名"全国历史文化名镇"和"全国历史文化名村"。2002年9月28日,原建设部发布《关于全国历史文化名镇(名村)申报评选工作的通知》。该通知提出,"凡建筑遗产、文物古迹和传统文化比较集中,能较完整地反映某一历史时期的传统风貌和地方特色、民族风情,具有较高的历史、文化、艺术和科学价值,辖区内存有清朝末年以前建造或在中国革命历史中有重大影响的成片历史传统建筑群,总建筑面积在5000平方米以上(镇)或2500平方米以上(村)的镇(村),均可参加全国历史文化名镇(名村)的申报评定。"②经过各地申报和严格评审,原建设部和国家文物局先后于2003年10月8日、2005年9月16日、2007年5月31日、2008年10月14日、2010年7月22日、2014年2月19日、2019年1月21日,分七批次公布了中国历史文化名镇名单。具体情况详见表2.11:

---

① 参见原国家林业局办公室《关于开展森林特色小镇建设试点工作的通知》(办场字〔2017〕110号)。

② 参见原建设部《关于全国历史文化名镇(名村)申报评选工作的通知》(2002.09.28)。

表 2.11 国家级历史文化名镇名单

所属地区及数量	名镇入围名单
山西省（15）	第一批：灵石县静升镇 第二批：临县碛口镇 第三批：襄汾县汾城镇、平定县娘子关镇 第四批：泽州县大阳镇 第五批：天镇县新平堡镇、阳城县润城镇 第六批：泽州县周村镇 第七批：长治市上党区荫城镇、阳城县横河镇、泽州县高都镇、寿阳县宗艾镇、曲沃县曲村镇、翼城县西阎镇、汾阳市杏花村镇
江苏省（31）	第一批：昆山市周庄镇、吴江市（现为吴江区）同里镇、苏州市吴中区甪直镇 第二批：苏州市吴中区木渎镇、太仓市沙溪镇、姜堰市（现为泰州市姜堰区）溱潼镇、泰兴市黄桥镇 第三批：高淳县（现为高淳区）淳溪镇、昆山市千灯镇、东台市安丰镇 第四批：昆山市锦溪镇、江都市（现为扬州市江都区）邵伯镇、海门市余东镇、常熟市沙家浜镇 第五批：苏州市吴中区东山镇、无锡市锡山区荡口镇、兴化市沙沟镇、江阴市长泾镇、张家港市凤凰镇 第六批：苏州市吴江区黎里镇、苏州市吴江区震泽镇、东台市富安镇、扬州市江都区大桥镇、常州市新北区孟河镇、宜兴市周铁镇、如东县栟茶镇、常熟市古里镇 第七批：苏州市吴中区光福镇、昆山市巴城镇、高邮市界首镇、高邮市临泽镇
浙江省（27）	第一批：嘉善县西塘镇、桐乡市乌镇 第二批：湖州市南浔区南浔镇、绍兴县安昌镇（现为绍兴市安昌街道）、宁波市江北区慈城镇、象山县石浦镇（现为街道） 第三批：绍兴市越城区东浦镇、宁海县前童镇、义乌市佛堂镇、江山市廿八都镇 第四批：仙居县皤滩镇、永嘉县岩头镇、富阳市（现为富阳区）龙门镇、德清县新市镇 第五批：景宁畲族自治县鹤溪镇（现为街道）、海宁市盐官镇 第六批：嵊州市崇仁镇、永康市芝英镇、松阳县西屏镇（现为街道）、岱山县东沙镇 第七批：慈溪市观海卫镇（鸣鹤）、平阳县顺溪镇、湖州市南浔区双林镇、湖州市南浔区菱湖镇、诸暨市枫桥镇、临海市桃渚镇、龙泉市住龙镇

83

续表

所属地区及数量	名镇入围名单
福建省（19）	第一批：上杭县古田镇 第二批：邵武市和平镇 第四批：永泰县嵩口镇 第五批：宁德市蕉城区霍童镇、平和县九峰镇、武夷山市五夫镇、顺昌县元坑镇 第六批：永定县（现为永定区）湖坑镇、武平县中山镇、安溪县湖头镇、古田县杉洋镇、屏南县双溪镇、宁化县石壁镇 第七批：永安市贡川镇、晋江市安海镇、永春县岵山镇、南靖县梅林镇、宁德市蕉城区洋中镇、宁德市蕉城区三都镇
重庆市（23）	第一批：合川县（现为合川区）涞滩镇、石柱县西沱镇、潼南县（现为潼南区）双江镇 第二批：渝北区龙兴镇、江津市（现为江津区）中山镇、西阳县土家族苗族自治县龙潭镇 第三批：北碚区金刀峡镇、江津市（现为江津区）塘河镇、綦江县（现为綦江区）东溪镇 第四批：九龙坡区走马镇、巴南区丰盛镇、铜梁县（现为铜梁区）安居镇、永川区松溉镇 第五批：荣昌县（现为荣昌区）路孔镇、江津区白沙镇、巫溪县宁厂镇 第六批：开州区温泉镇、黔江区濯水镇 第七批：万州区罗田镇、涪陵区青羊镇、江津区吴滩镇、江津区石蟆镇、西阳土家族苗族自治县龚滩镇
河北省（8）	第二批：蔚县暖泉镇 第三批：永年县（现为永年区）广府镇 第四批：邯郸市峰峰矿区大社镇、井陉县天长镇 第五批：涉县固新镇、武安市冶陶镇 第六批：武安市伯延镇、蔚县代王城镇
辽宁省（4）	第二批：新宾满族自治县永陵镇 第四批：海城市牛庄镇 第六批：东港市孤山镇、绥中县前所镇
上海市（11）	第二批：金山区枫泾镇 第三批：青浦区朱家角镇 第四批：南汇区（现已撤销，并入浦东新区）新场镇、嘉定区嘉定镇（现为嘉定镇街道） 第五批：嘉定区南翔镇、浦东新区高桥镇、青浦区练塘镇、金山区张堰镇 第六批：青浦区金泽镇、浦东新区川沙新镇 第七批：宝山区罗店镇

续表

所属地区及数量	名镇入围名单
河南省（10）	第二批：禹州市神垕镇、淅川县荆紫关镇 第三批：社旗县赊店镇 第四批：开封县（现为开封市）朱仙镇、郑州市惠济区古荥镇、确山县竹沟镇 第五批：郏县冢头镇 第六批：遂平县嵖岈山镇、滑县道口镇、光山县白雀园镇
江西省（13）	第二批：浮梁县瑶里镇 第三批：鹰潭市龙虎山风景区上清镇 第四批：横峰县葛源镇 第五批：吉安市青原区富田镇 第六批：萍乡市安源区安源镇、铅山县河口镇、广昌县驿前镇、金溪县浒湾镇、吉安县永和镇、铅山县石塘镇 第七批：修水县山口镇、贵溪市塘湾镇、樟树市临江镇
湖北省（13）	第二批：监利县（现为监利市，下同）周老嘴镇、红安县七里坪镇 第三批：洪湖市瞿家湾镇、监利县程集镇、郧西县上津镇 第四批：咸宁市汀泗桥镇、阳新县龙港镇、宜都市枝城镇 第五批：潜江市熊口镇 第六批：钟祥市石牌镇、随县安居镇、麻城市歧亭镇 第七批：当阳市淯溪镇
湖南省（10）	第二批：龙山县里耶镇 第四批：望城县（现为望城区）靖港镇、永顺县芙蓉镇 第五批：绥宁县寨市镇、泸溪县浦市镇 第六批：洞口县高沙镇、花垣县边城镇 第七批：浏阳市文家市镇、临湘市聂市镇、东安县芦洪市镇
广东省（15）	第二批：广州市番禺区沙湾镇、吴川市吴阳镇 第三批：开平市赤坎镇、珠海市唐家湾镇、陆丰市碣石镇 第四批：东莞市石龙镇、惠州市惠阳区秋长镇、普宁市洪阳镇 第五批：中山市黄圃镇、大埔县百侯镇 第六批：珠海市斗门区斗门镇、佛山市南海区西樵镇、梅县（现为梅县区）松口镇、大埔县茶阳镇、大埔县三河镇
广西壮族自治区（9）	第二批：灵川县大圩镇 第三批：昭平县黄姚镇、阳朔县兴坪镇 第六批：兴安县界首镇、恭城瑶族自治县恭城镇、贺州市八步区贺街镇、鹿寨县中渡镇 第七批：阳朔县福利镇、防城港市防城区那良镇

续表

所属地区及数量	名镇入围名单
四川省（31）	第二批：邛崃市平乐镇、大邑县安仁镇、阆中市老观镇、宜宾市翠屏区李庄镇 第三批：双流县（现为双流区）黄龙溪镇、自贡市沿滩区仙市镇、合江县尧坝镇、古蔺县太平镇 第四批：巴中市巴州区恩阳镇（现为巴中市恩阳区登科街道）、成都市龙泉驿区洛带镇、大邑县新场镇、广元市元坝区（现为昭化区）昭化镇、合江县福宝镇、资中县罗泉镇 第五批：屏山县龙华镇、富顺县赵化镇、犍为县清溪镇 第六批：自贡市贡井区艾叶镇、自贡市大安区牛佛镇、平昌县白衣镇、古蔺县二郎镇、金堂县五凤镇、宜宾县（现为叙州区）横江镇、四川省隆昌县（现为隆昌市）云顶镇 第七批：崇州市元通镇、自贡市大安区三多寨镇、三台县郪江镇、洪雅县柳江镇、达州市达川区石桥镇、雅安市雨城区上里镇、通江县毛浴镇
贵州省（8）	第二批：贵阳市花溪区青岩镇、习水县土城镇 第三批：黄平县旧州镇、雷山县西江镇 第四批：安顺市西秀区旧州镇、平坝县（现为平坝区）天龙镇 第六批：赤水市大同镇、松桃苗族自治县寨英镇
云南省（11）	第二批：禄丰县（现为禄丰市）黑井镇 第三批：剑川县沙溪镇、腾冲县（现为腾冲市）和顺镇 第四批：孟连县娜允镇 第五批：宾川县州城镇、洱源县凤羽镇、蒙自县新安所镇（现为蒙自市新安所街道） 第七批：通海县河西镇、凤庆县鲁史镇、姚安县光禄镇、文山市平坝镇
甘肃省（8）	第二批：宕昌县哈达铺镇 第三批：榆中县青城镇、永登县连城镇、古浪县大靖镇 第四批：秦安县陇城镇、临潭县新城镇 第五批：榆中县金崖镇 第七批：永登县红城镇
新疆维吾尔自治区（3）	第二批：鄯善县鲁克沁镇 第三批：霍城县惠远镇 第六批：富蕴县可可托海镇
黑龙江省（2）	第三批：海林市横道河子镇 第四批：黑河市爱辉镇

续表

所属地区及数量	名镇入围名单
安徽省（11）	第三批：肥西县三河镇、六安市金安区毛坦厂镇 第四批：歙县许村镇、休宁县万安镇、宣城市宣州区水东镇 第六批：泾县桃花潭镇、黄山市徽州区西溪南镇、铜陵市郊区大通镇 第七批：六安市裕安区苏埠镇、东至县东流镇、青阳县陵阳镇
海南省（4）	第三批：三亚市崖城镇（现为崖州区） 第四批：儋州市中和镇、文昌市铺前镇、定安县定城镇
西藏自治区（5）	第三批：乃东县（现为乃东区）昌珠镇 第四批：日喀则市萨迦镇 第七批：定结县陈塘镇、贡嘎县杰德秀镇、札达县托林镇
北京市（1）	第四批：密云县（现为密云区）古北口镇
天津市（1）	第四批：西青区杨柳青镇
内蒙古自治区（5）	第四批：喀喇沁旗王爷府镇、多伦县多伦淖尔镇 第六批：丰镇市隆盛庄镇、库伦旗库伦镇 第七批：牙克石市博克图镇
吉林省（2）	第四批：四平市铁东区叶赫满族镇、吉林市龙潭区乌拉街满族镇
山东省（4）	第四批：桓台县新城镇 第六批：微山县南阳镇 第七批：淄博市周村区王村镇、泰安市岱岳区大汶口镇
陕西省（7）	第四批：铜川市印台区陈炉镇 第五批：宁强县青木川镇、柞水县凤凰镇 第六批：神木县（现为神木市）高家堡镇、旬阳县（现为旬阳市）蜀河镇、石泉县熨斗镇、 澄城县尧头镇
青海省（1）	第六批：循化撒拉族自治县街子镇

表2.11显示，经过七次评选，全国共有312个镇被评选为"国家级历史文化名镇"，分布在全国30个省、自治区、直辖市。江苏、四川、浙江、重庆、福建、山西、广东位居前列。与此同时，需要注意的是，被命名为国家级文化名村的地方，为这些文化名村利用文化资源特色发展小镇创造了条件。典型的

如山西省虽然仅有 15 个镇被命名为文化名镇，但文化名村的数量高达 96 个①，位居全国第一。全国各省、自治区、直辖市名镇、名村的分布情况，详见表 2.12 所示：

表 2.12　全国历史文化名镇名村地区分布情况　　（单位：个）

地区	第一次镇/村	第二次镇/村	第三次镇/村	第四次镇/村	第五次镇/村	第六次镇/村	第七次镇/村	合计镇/村	名镇名村合计
北京市	0/1	0/1	0/1	1/0	0/1	0/1		1/5	6
上海市		1/0	1/0	2/0	4/0	2/2	1/0	11/2	13
天津市				1/0	0/1			1/1	2

---

① 山西省历史文化名村名单：第一批（1）临县碛口镇西湾村；第二批（3）阳城县北留镇皇城村、介休市龙凤镇张壁村、沁水县土沃乡西文兴村；第三批（4）平遥县岳壁乡梁村、高平市原村乡良户村、阳城县北留镇郭峪村、阳泉市郊区义井镇小河村；第四批（5）汾西县僧念镇师家沟村、临县碛口镇李家山村、灵石县夏门镇夏门村、沁水县嘉峰镇窦庄村、阳城县润城镇上庄村；第五批（10）太原市晋源区晋源镇店头村、阳泉市义井镇大阳泉村、泽州县北义城镇西黄石村、高平市河西镇苏庄村、沁水县郑村镇湘峪村、宁武县涔山乡王化沟村、太谷县（现为太谷区）北洸镇北洸村、灵石县两渡镇冷泉村、万荣县高村乡阎景村、新绛县泽掌镇光村；第六批（9）襄汾县新城镇丁村、沁水县嘉峰镇郭壁村、高平市马村镇大周村、泽州县晋庙铺镇拦车村、泽州县南村镇冶底村、平顺县阳高乡奥治村、祁县贾令镇谷恋村、高平市寺庄镇伯方村、阳城县润城镇屯城村；第七批（64）大同市新荣区堡子湾乡得胜堡村、天镇县马家皂乡安家皂村、阳泉市郊区荫营镇辛庄村、平定县冠山镇宋家庄村、平定县张庄镇桃叶坡村、平定县东回镇瓦岭村、平定县娘子关镇上董寨村、平定县娘子关镇下董寨村、平定县巨城镇南庄村、平定县巨城镇上盘石村、平定县石门口乡乱流村、盂县孙家庄镇乌玉村、盂县梁家寨乡大宋村、长治市上党区荫城镇琚寨村、平顺县石城镇东庄村、平顺县石城镇岳家寨村、平顺县虹梯关乡虹霓村、黎城县停河铺乡霞庄村、沁源县王和镇古寨村、高平市河西镇牛村、阳城县凤城镇南安阳村、阳城县北留镇尧沟村、阳城县润城镇上伏村、阳城县固隆乡府底村、阳城县固隆乡泽城村、阳城县固隆乡固隆村、泽州县大东沟镇东沟村、泽州县大东沟镇贾泉村、泽州县周村镇石淙头村、泽州县晋庙铺镇天井关村、泽州县巴公镇渠头村、泽州县山河镇洞八岭村、泽州县李寨乡陟椒村、泽州县南岭乡段河村、陵川县西河底镇积善村、沁水县中村镇上阁村、沁水县嘉峰镇尉迟村、沁水县嘉峰镇武安村、沁水县嘉峰镇嘉峰村、山阴县张家庄乡旧广武村、晋中市榆次区东赵乡后沟村、太谷县范村镇上安村、平遥县段村镇段村、介休市洪山镇洪山村、介休市龙凤镇南庄村、介休市绵山镇大靳村、灵石县南关镇董家岭村、寿阳县宗艾镇下洲村、寿阳县西洛镇南东村、寿阳县西洛镇南河村、寿阳县平舒乡龙门河村、稷山县西社镇马跑泉村、翼城县隆化镇史伯村、翼城县西阎镇曹公村、翼城县西阎镇古桃园村、霍州市退沙街道许村、吕梁市离石区枣林乡彩家庄村、交口县双池镇西庄村、临县三交镇孙家沟村、临县安业乡前青塘村、柳林县三交镇三交村、柳林县陈家湾乡高家垣村、柳林县王家沟乡南洼村、交城县夏家营镇段村。

续表

地区	第一次镇/村	第二次镇/村	第三次镇/村	第四次镇/村	第五次镇/村	第六次镇/村	第七次镇/村	合计镇/村	名镇名村合计
重庆市	3/0	3/0	3/0	4/0	3/0	2/1	5/0	23/1	24
黑龙江			1/0	1/0				2/0	2
吉林				2/0		0/1		2/1	3
辽宁		1/0		1/0		2/0	0/1	4/1	5
河北		1/1	1/3	2/2	2/1	2/5	0/20	8/32	40
山东		0/1	0/1	1/1	0/1	1/1	2/6	4/11	15
江苏	3/0	4/0	3/2	4/0	5/1	8/7	4/2	31/12	43
浙江	2/2	4/0	4/2	4/1	2/9	4/14	7/16	27/44	71
福建	1/1	1/2	0/3	1/3	4/7	6/13	6/28	19/57	76
广东	0/2	2/3	3/3	3/3	2/4	5/7	0/3	15/25	40
海南			1/0	3/0	0/3			4/3	7
山西	1/1	1/3	2/4	1/5	2/10	1/9	7/64	15/96	111
河南		2/1	1/0	3/1	1/0	3/0	0/7	10/9	19
湖北		2/1	3/1	3/1	1/2	3/2	1/8	13/15	28
湖南	0/1	1/0	0/3	2/0	2/4	2/7	3/10	10/25	35
安徽	0/2	0/2	2/3	3/13	0/2	3/7	3/5	11/34	45
江西	0/1	1/2	1/3	1/6	1/5	6/6	3/14	13/37	50
陕西	0/1	0/1		1/0	2/1	4/1		7/4	11
内蒙古自治区		0/1	0/1	2/0		2/0	1/0	5/2	7
宁夏回族自治区				0/1				0/1	1
甘肃		1/0	3/0	2/0	1/0	0/2	1/3	8/5	13
新疆维吾尔自治区		1/1	1/0	0/1	0/2	1/0		3/4	7
四川		4/2	4/0	6/1	3/1	7/2	7/0	31/6	37
云南		1/1	2/1	1/2	3/1	0/4	4/2	11/11	22
贵州		2/1	2/2	2/2	0/4	2/4	0/1	8/16	24
广西壮族自治区		1/0	2/2	0/1	0/1	4/5	2/20	9/29	38

续表

地区	第一次镇/村	第二次镇/村	第三次镇/村	第四次镇/村	第五次镇/村	第六次镇/村	第七次镇/村	合计镇/村	名镇名村合计
青海			0/1		0/1	1/3		1/5	6
西藏自治区		1/0	1/0			0/3	3/1	5/4	9
合计								312/498	810

表 2.12 显示，全国共有文化名村 498 个，其分布情况：四个直辖市共有 9 个村，其中 5 个在北京；东北地区仅有 2 个村入选；东部地区除上海外，共有 184 个村入选，其中，最多的是福建省（57），其次是浙江（44）、河北（32）、广东（25）、江苏（12）、山东（11）、海南（3）；中部地区六省共有 216 个村入选，数量最多，其中，仅山西省就有 96 个村入选；西部地区除重庆市外，共有 87 个村入选，其中最多的广西壮族自治区（29），其次是贵州（16）、云南（11）。

若将 810 个名镇名村一块分析，四个直辖市共有 45 个名镇名村，其中，最多的是重庆市（24），其次是上海市（13）；东北地区共有 10 个名镇名村；东部地区除上海外，共有 292 个名镇名村，其中，最多的是福建（76），其次是浙江（71）、江苏（43）、河北（40）、广东（40）、山东（15）；中部地区共有 288 个名镇名村，其中，最多的是山西省（111），其次是江西（50）、湖南（35）、安徽（45）、湖北（28）、河南（19）；西部地区除重庆市外，共有 175 个名镇名村，其中，最多的是广西壮族自治区（38），其次是四川（37）、贵州（24）、云南（22）、甘肃（13）、陕西（11）等。

上述名镇名村的命名和发展，对于促进县域经济发展和特色小镇的建设，具有重要的意义。

（四）全国特色景观旅游名镇（村）的评选

2009 年 1 月 4 日，住房和城乡建设部、原国家旅游局发布《关于开展全国特色景观旅游名镇（村）示范工作的通知》（以下简称《通知》）。该《通知》提出，"为贯彻党的十七届三中全会关于推进农村改革发展决定的精神，积极发展旅游村镇，保护和利用村镇特色景观资源，推进新农村建设，住房和城乡建设部、国家旅游局决定开展全国特色景观旅游名镇（村）示范工作"。各地根据当地村镇特色景观和旅游发展的实际情况，坚持因地制宜、择优申报、重在引导、稳步推进的原则，优先组织景观特色明显、旅游资源丰富并已形成一定旅游规模、人居环境较好的建制镇、集镇、村庄参加申报。有关具体条件，请参照《全国特色景观旅游名镇（村）示范导则》。① 2010 年 3 月 10 日，公布第一批名单，2011 年 7 月 15 日，公布第二批名单。2015 年 7 月 13 日，公布第三批名单。具体情况如下表所示：

表 2.13　全国特色景观旅游名镇（村）名单

地区及数量	全国特色景观旅游名镇（村）
北京市（15）	第一批：门头沟区斋堂镇、延庆县（现为延庆区）八达岭镇、大兴区庞各庄镇、怀柔区雁栖镇、昌平区兴寿镇木厂村 第二批：房山区十渡镇、怀柔区渤海镇、海淀区苏家坨镇、平谷区金海湖镇 第三批：门头沟区潭柘寺镇、房山区韩村河镇、昌平区南口镇、怀柔区九渡河镇、密云县（现为密云区）古北口镇、延庆县（延庆区）千家店镇
天津市（13）	第一批：西青区杨柳青镇、蓟县（现为蓟州区）渔阳镇 第三批：津南区小站镇、宁河县（现为宁河区）七里海镇、蓟县（现为蓟州区）官庄镇、下营镇、西青区辛口镇水高庄村、精武镇小南河村、北辰区双街镇沙庄村、静海县（现为静海区）双塘镇西双塘村、蓟县（现为蓟州区）下营镇常州村、下营镇郭家沟村、穿芳峪镇毛家峪村
河北省（20）	第一批：平山县西柏坡镇、清苑县（现为清苑区）冉庄镇、怀安县左卫镇、迁安市大崔庄镇白羊峪村 第二批：邢台县浆水镇前南峪村、迁安市大五里乡山叶口村、蔚县暖泉镇、邯郸市峰峰矿区和村镇、抚宁县（现为抚宁区）石门寨镇蟠桃峪村 第三批：唐山市滦县（现为滦州市，下同）滦州镇、唐山市滦县响嘡镇（现为街道）、唐山市滦县王店子镇、张家口市张北县张北镇、廊坊市霸州市胜芳镇、衡水市武强县周窝镇、唐山市滦县滦州镇滦州古城（现为街道）、秦皇岛市昌黎县十里铺乡西山场村、邢台市邢台县路罗镇英谈村、邢台市内丘县南赛乡神头村、保定市易县西陵镇凤凰台村
山西省（15）	第一批：灵石县静升镇、五台县台怀镇、永济市蒲州镇、介休市龙凤镇张壁村、祁县东观镇乔家堡村、阳城县北留镇皇城村 第二批：汾阳市杏花村镇、天镇县新平堡镇、运城市盐湖区解州镇、万荣县荣河镇、阳城县北留镇、平顺县东寺头乡神龙湾村、平定县娘子关镇、沁水县土沃乡西文兴村 第三批：忻州市原平市崞阳镇

---

① 参见住房和城乡建设部、原国家旅游局《关于开展全国特色景观旅游名镇（村）示范工作的通知》（建村〔2009〕3 号）。

91

续表

地区及数量	全国特色景观旅游名镇（村）
内蒙古自治区（37）	第一批：多伦县多伦淖尔镇、巴林左旗林东镇、克什克腾旗同兴镇、伊金霍洛旗伊金霍洛镇 第二批：赤峰市巴林右旗索博日嘎镇 第三批：呼和浩特市清水河县城关镇、赤峰市喀喇沁旗美林镇、赤峰市喀喇沁旗王爷府镇、赤峰市宁城县黑里河镇、通辽市科尔沁左翼中旗花吐古拉镇、通辽市科尔沁左翼后旗阿古拉镇、通辽市库伦旗库伦镇、鄂尔多斯市准格尔旗龙口镇、鄂尔多斯市准格尔旗布尔陶亥苏木、鄂尔多斯市鄂托克前旗上海庙镇、鄂尔多斯市鄂托克前旗城川镇、鄂尔多斯市鄂托克旗乌兰镇、鄂尔多斯市乌审旗无定河镇、呼伦贝尔市阿荣旗那吉镇、呼伦贝尔市陈巴尔虎旗巴彦库仁镇、呼伦贝尔市扎兰屯市成吉思汗镇、呼伦贝尔市扎兰屯市柴河镇、呼伦贝尔市额尔古纳市莫尔道嘎镇、呼伦贝尔市额尔古纳市黑山头镇、呼伦贝尔市额尔古纳市蒙兀室韦苏木、呼伦贝尔市额尔古纳市恩和俄罗斯族民族乡、呼伦贝尔市额尔古纳市奇乾乡、呼伦贝尔市根河市敖鲁古雅鄂温克族乡、乌兰察布市察哈尔右翼中旗科布尔镇、乌兰察布市四子王旗乌兰花镇、阿拉善盟阿拉善右旗巴丹吉林镇、阿拉善盟额济纳旗达来呼布镇、赤峰市松山区城子乡瓦房村、赤峰市敖汉旗四道湾子镇白斯朗营子村、鄂尔多斯市准格尔旗纳日松镇松树塌村、鄂尔多斯市准格尔旗十二连城乡兴胜店村、呼伦贝尔市阿荣旗新发朝鲜民族乡东光村
辽宁省（11）	第一批：大洼县（现为大洼区）王家镇 第三批：大连市长海县广鹿乡、大连市普兰店市（现为普兰店区）安波镇（现为街道）、鞍山市海城市牛庄镇、丹东市宽甸满族自治县青山沟镇、丹东市东港市孤山镇、盘锦市大洼县（现为大洼区）赵圈河镇、本溪市本溪满族自治县东营坊乡东营坊村、丹东市凤城市凤山街道大梨树村、盘锦市大洼县西安镇上口子村、葫芦岛市建昌县石佛乡灰窑子村
吉林省（20）	第一批：珲春市敬信镇、集安市太王镇、敦化市雁鸣湖镇、长白山二道白河镇、桦甸市红石砬子镇 第二批：通榆县向海蒙古族乡、桦甸市夹皮沟镇、长春市莲花山生态旅游度假区四家乡、辉南县金川镇 第三批：长春市南关区玉潭镇、长春市双阳区山河镇（现为街道）、长春市九台市（现为九台区）土们岭镇、吉林市龙潭区乌拉街满族镇、四平市伊通满族自治县伊通镇、通化市辉南县庆阳镇、白山市浑江区三道沟镇、延边朝鲜族自治州图们市月晴镇、白山市长白朝鲜族自治县十四道沟镇望天鹅新村、白山市长白朝鲜族自治县马鹿沟镇果园村、延边朝鲜族自治州安图县万宝镇红旗村

续表

地区及数量	全国特色景观旅游名镇（村）
黑龙江省（17）	第一批：漠河县（现为漠河市）北极乡北极村 第二批：亚布力国家森林公园滑雪旅游名镇、五大连池市五大连池镇、海林市横道河镇、嘉荫县朝阳镇、同江市街津口赫哲民族乡、抚远县（现为抚远市）乌苏镇、黑河市瑷珲区瑷珲镇、虎林市虎头镇、齐齐哈尔市梅里斯达斡尔族区 第三批：哈尔滨市尚志市帽儿山镇、鹤岗市萝北县名山镇、牡丹江市东宁县（现为东宁市）三岔口镇、道河镇、绥化市绥棱县四海店镇、齐齐哈尔市梅里斯达斡尔族区雅尔塞镇哈拉新村、齐齐哈尔市甘南县兴十四镇兴十四村
上海市（6）	第一批：青浦区朱家角镇、崇明县（现为崇明区）竖新镇前卫村 第三批：嘉定区南翔镇、金山区廊下镇中华村、金山区山阳镇金山嘴渔村、崇明县（崇明区）陈家镇瀛东村
江苏省（30）	第一批：昆山市周庄镇、吴江市（现为吴江区）同里镇、江阴市徐霞客镇、常熟市沙家浜镇、宜兴市湖㳇镇、苏州市吴中区木渎镇、姜堰市（现为姜堰区）溱潼镇、常熟市支塘镇蒋巷村、苏州市吴中区越溪街道旺山村 第二批：苏州市吴中区东山镇三山村、溧阳市天目湖镇、苏州市吴中区甪直镇、昆山市锦溪镇、昆山市千灯镇、泰兴市黄桥镇、东海县温泉镇、新沂市窑湾镇、宜兴市西渚镇、海门市常乐镇、江阴市华士镇华西村 第三批：南京市六合区竹镇镇、无锡市惠山区阳山镇、苏州市吴江区震泽镇、苏州市常熟市梅李镇、苏州市太仓市沙溪镇、淮安市淮阴区码头镇、南京市高淳区桠溪镇蓝溪村、苏州市常熟市碧溪街道李袁村、南通市通州区五接镇开沙村、镇江市句容市天王镇戴庄村
浙江省（24）	第一批：奉化市（现为奉化区）溪口镇、湖州市南浔区南浔镇、温岭市石塘镇、舟山市普陀区桃花镇、庆元县举水乡月山村、兰溪市诸葛镇诸葛村 第三批：宁波市鄞州区龙观乡、宁波市象山县石浦镇、嘉兴市嘉善县西塘镇、湖州市德清县新市镇、绍兴市新昌县镜岭镇、绍兴市诸暨市山下湖镇、衢州市江山市廿八都镇、台州市仙居县白塔镇、宁波市镇海区澥浦镇十七房村、宁波市余姚市大岚镇柿林村、温州市永嘉县岩头镇苍坡村、温州市永嘉县岩坦镇屿北村、嘉兴市秀洲区王店镇建林村、湖州市南浔区和孚镇荻港村、绍兴市诸暨市东白湖镇斯宅村、金华市磐安县盘峰乡榉溪村、衢州市柯城区七里乡大头村、台州市天台县街头镇后岸村

93

续表

地区及数量	全国特色景观旅游名镇（村）
安徽省（23）	第一批：黟县西递镇、黟县宏村镇、肥西县三河镇、绩溪县瀛洲乡龙川村 第二批：宣城市宣城区（现为宣州区）水东镇 第三批：马鞍山市当涂县太白镇、安庆市枞阳县浮山镇、安庆市潜山县（现为潜山市，下同）天柱山镇、安庆市宿松县趾凤乡、黄山市歙县雄村乡、阜阳市颍上县八里河镇、六安市金寨县天堂寨镇、宣城市泾县桃花潭镇、合肥市巢湖市黄麓镇洪疃村、淮北市烈山区烈山镇榴园村、安庆市潜山县官庄镇官庄村、黄山市黄山区甘棠镇庄里村、黄山市黟县宏村镇卢村、滁州市凤阳县小溪河镇小岗村、宿州市萧县白土镇费村、池州市贵池区梅村镇霄坑村、宣城市绩溪县上庄镇上庄村、宣城市宁国市云梯畲族乡千秋畲族村
福建省（16）	第一批：莆田市湄洲镇、永定县（现为永定区）湖坑镇 第二批：华安县仙都镇、长泰县马洋溪生态旅游区山重村、上杭县古田镇、连城县宣和乡培田村、漳平市赤水镇香寮村 第三批：福州市永泰县嵩口镇、泉州市惠安县崇武镇、龙岩市上杭县才溪镇、宁德市福安市晓阳镇、宁德市福鼎市崳山镇、福州市长乐市（现为长乐区）航城街道琴江满族村、三明市尤溪县洋中镇桂峰村、泉州市晋江市金井镇围头村、龙岩市武平县城厢镇云礤村
江西省（16）	第一批：婺源县江湾镇、浮梁县瑶里镇、横峰县葛源镇、铜鼓县大椴镇、高安市新街镇贾家村、吉水县金滩镇燕坊村 第二批：吉安市青原区文陂乡渼陂村、九江市庐山区（现为濂溪区）海会镇 第三批：南昌市湾里区太平镇、宜春市靖安县宝峰镇、赣州市南康区坪市乡谭邦村、赣州市赣县湖江镇夏浒村、赣州市赣县白鹭乡白鹭村、赣州市宁都县田埠乡东龙村、赣州市石城县琴江镇大畲村、上饶市婺源县江湾镇篁岭村
山东省（27）	第一批：滕州市滨湖镇、长岛县南长山镇、阳谷县阿城镇闫庄村 第二批：临朐县冶源镇、滕州市柴胡店镇、安丘市石埠子镇、泗水县泗水镇、文登市（现为文登区）界石镇、莒县浮来山镇、沂南县铜井镇、荣成市西霞口村、淄博市淄川区太河镇、昌乐县鄌郚镇 第三批：济南市历城区柳埠镇、枣庄市山亭区店子镇、枣庄市山亭区北庄镇、潍坊市青州市庙子镇、潍坊市安丘市辉渠镇、济宁市微山县南阳镇、济宁市邹城市峄山镇、泰安市岱岳区满庄镇、泰安市东平县银山镇、威海市乳山市海阳所镇、日照市五莲县松柏镇、临沂市沂水县院东头镇、菏泽市单县浮岗镇、烟台市栖霞市桃村镇国路夼村

续表

地区及数量	全国特色景观旅游名镇（村）
河南省（28）	第一批：禹州市神垕镇、镇平县石佛寺镇、西峡县丹水镇、淅川县荆紫关镇、郏县广阔天地乡、嵩县车村镇 第二批：栾川县三川镇、遂平县嵖岈山镇、济源市坡头镇、西峡县双龙镇、栾川县栾川乡、社旗县赊店镇 第三批：郑州市登封县告成镇、洛阳市栾川县石庙镇、洛阳市汝阳县付店镇、平顶山市郏县姚庄回族乡、平顶山市舞钢市尹集镇、安阳市林州市石板岩镇、焦作市修武县岸上乡、南阳市南召县乔瑞镇、南阳市方城县二郎庙乡、信阳市新县田铺乡、济源市五龙口镇、驻马店市驿城区蚁蜂镇、洛阳市栾川县石庙镇杨树坪村、洛阳市栾川县栾川乡养子沟村、信阳市平桥区五里店街道郝堂村、信阳市罗山县涩港镇灵山村
湖北省（21）	第一批：神农架林区木鱼镇、宜昌市夷陵区三斗坪镇 第二批：咸宁市咸安区桂花镇刘家桥村、武汉市黄陂区木兰镇双泉村、应城市汤池镇、洪湖市瞿家湾镇 第三批：宜昌市五峰土家族自治县长乐坪镇、鄂州市梁子湖区梁子镇、荆门市钟祥市客店镇、孝感市大悟县宣化店镇、黄冈市罗田区九资河镇、咸宁市赤壁市赤壁镇、随州市随县长岗镇、神农架林区大九湖镇、宜昌市兴山县水月寺镇高岚村、孝感市安陆市王义贞镇钱冲村、荆州市荆州区川店镇张新场村、咸宁市嘉鱼县官桥镇官桥村、随州市曾都区三里岗镇吉祥寺村、恩施土家族苗族自治州建始县花坪镇小西湖村
湖南省（19）	第一批：龙山县里耶镇、韶山市韶山乡韶山村、永兴县高亭乡板梁村 第二批：平江县加义镇、望城县（现为望城区）丁字镇彩陶源村、双峰县荷叶镇 第三批：长沙市望城区铜官镇、长沙市宁乡县（现为宁乡区）花明楼镇、长沙市浏阳市大围山镇、湘潭市湘乡市壶天镇、邵阳市城步苗族自治县南山镇、郴州市汝城县热水镇、郴州市资兴市黄草镇、长沙市望城区白箬铺镇光明村、长沙市长沙县白沙镇双冲村、邵阳市邵东县堡面前乡大羊村、岳阳市岳阳县张谷英镇张谷英村、常德市石门县罗坪乡长梯隘村、益阳市安化县江南镇高城村

95

续表

地区及数量	全国特色景观旅游名镇（村）
广东省（25）	第一批：惠东县巽寮镇、珠海市金湾区平沙镇、中山市三乡镇、东莞市虎门镇 第二批：东莞市茶山镇南社村、湛江市霞山区爱国街道特呈岛村、饶平县新丰镇、恩平市圣堂镇歇马村、清新县（现为清新区）太和镇、始兴县沈所镇 第三批：广州市增城区派潭镇、汕头市潮阳区海门镇、佛山市南海区西樵镇、梅州市大埔县百侯镇、梅州市丰顺县八乡山镇、东莞市清溪镇、广州市番禺区石楼镇大岭村、珠海市香洲区万山镇万山村、佛山市南海区西樵镇上金瓯松塘村、江门市新会区会城镇新会陈皮村（茶坑村）、江门市开平市塘口镇自力村、惠州市博罗县龙华镇旭日村、河源市和平县林寨镇林寨古村（兴井村）、清远市连南瑶族自治县三排镇南岗古排、云浮市郁南县连滩镇兰寨村
广西壮族自治区（11）	第一批：昭平县黄姚古镇、兴安县兴安镇、龙胜各族自治县和平乡龙脊村 第二批：阳朔县兴坪镇、三江侗族自治县镇林溪乡程阳八寨、恭城瑶族自治县莲花镇红岩村、鹿寨县中渡镇、藤县象棋镇道家村 第三批：河池市宜州市（现为宜州区）刘三姐乡、崇左市大新县硕龙镇、柳州市融水苗族自治县香粉乡雨卜村、桂林市兴安县华江瑶族乡高寨村、桂林市灌阳县新圩乡小龙村、桂林市恭城瑶族自治县平安乡社山村、梧州市岑溪市南渡镇吉太社区三江口自然村、防城港市港口区企沙镇簕山村、百色市乐业县同乐镇火卖村、来宾市武宣县东乡镇下莲塘村、来宾市金秀瑶族自治县长垌乡古占民俗旅游村
海南省（7）	第一批：万宁市兴隆华侨农场、五指山市水满乡 第三批：琼海市中原镇、琼海市博鳌镇、琼海市潭门镇、保亭黎族苗族自治县三道镇什进村、琼中黎族苗族自治县红毛镇什寒村
重庆市（23）	第一批：北碚区静观镇、荣昌县（现为荣昌区）路孔镇、奉节县兴隆镇 第二批：大足县（现为大足区）宝顶镇、永川区茶山竹海镇茶竹村、奉节县白帝镇、忠县石宝镇、江津区四面山镇洪洞村、涪陵区蔺市镇 第三批：万州区甘宁镇、涪陵区武陵山乡、九龙坡区白市驿镇、綦江区黑山镇、巴南区东温泉镇、长寿区长寿湖镇、武隆县（现为武隆区）仙女山镇、万州区太安镇凤凰村、綦江区永新镇石坪村、渝北区统景镇印盒村、巫溪县文峰镇红池村、彭水苗族土家族自治县绍庆街道阿依河村

续表

地区及数量	全国特色景观旅游名镇（村）
四川省（20）	第一批：合江县福宝镇、雅安市雨城区上里镇、成都市龙泉驿区山泉镇、仪陇县马鞍镇 第二批：合江县尧坝镇、双流县（现为双流区）黄龙溪镇、阿坝州汶川县水磨镇、罗江县（现为罗江区）白马关镇、阆中市天宫院村、洪雅县柳江古镇、自贡市沿滩区仙市镇 第三批：泸州市纳溪区天仙镇、泸州市古蔺县太平镇、德阳市绵竹市九龙镇、广元市剑阁县剑门关镇、内江市隆昌县（现为隆昌市）云顶镇、南充市西充县青龙乡、乐山市沐川县沐溪镇三溪村、眉山市丹棱县顺龙乡幸福村、阿坝藏族羌族自治州小金县沃日乡官寨村
贵州省（20）	第一批：余庆县大乌江镇、松桃县寨英古镇 第三批：贵阳市花溪区青岩镇、六盘水市盘县（现为盘州市）城关镇、安顺市西秀区旧州镇、安顺市平坝县（现为平坝区）天龙镇、毕节市大方县普底彝族苗族白族乡、毕节市威宁彝族回族苗族自治县板底乡、黔西南布依族苗族自治州普安县龙吟镇、黔东南苗族侗族自治州黄平县旧州镇、六盘水市盘县（现为盘州市）石桥镇妥乐村、四格彝族乡坡上村、毕节市威宁彝族回族苗族自治县石门乡石门坎村、铜仁市碧江区漾头镇九龙村、铜仁市江口县太平镇云舍村、铜仁市松桃苗族自治县乌罗镇桃花源村、黔东南苗族侗族自治州从江县丙妹镇岜沙村、黔南布依族苗族自治州三都水族自治县三合镇姑鲁村、黔南布依族苗族自治州三都水族自治县都江镇怎雷村、黔南布依族苗族自治州三都水族自治县九阡镇水各村
云南省（21）	第一批：建水县临安镇、大理市喜洲镇、丽江市古城区束河古镇、昆明官渡区官渡古镇、景洪市勐龙镇曼景法村、丘北县双龙营镇普者黑村 第二批：腾冲县（现为腾冲市）和顺镇、宁蒗县永宁乡落水村、建水县西庄镇团山村、盐津县豆沙镇、景洪市勐罕镇、石林县长湖镇 第三批：丽江市玉龙纳西族自治县石鼓镇、普洱市镇沅彝族哈尼族拉祜族自治县九甲镇、楚雄彝族自治州大姚县石羊镇、红河哈尼族彝族自治州红河县迤萨镇、普洱市宁洱哈尼族彝族自治县同心镇那柯里村、临沧市沧源佤族自治县勐角傣族彝族拉祜族乡翁丁村、文山壮族苗族自治州广南县坝美镇者歪村委会坝美村小组、大理白族自治州宾川县平川镇朱苦拉村、大理白族自治州鹤庆县草海镇新华村
陕西省（10）	第一批：蓝田县汤峪镇、宁强县青木川镇、礼泉县烟霞镇袁家村 第二批：铜川市耀州区照金镇 第三批：咸阳市永寿县永平镇、咸阳市彬州市太峪镇、咸阳市武功县武功镇、榆林市绥德县名州镇、安康市岚皋县花里镇、安康市旬阳县蜀河镇

续表

地区及数量	全国特色景观旅游名镇（村）
甘肃省（11）	第一批：榆中县青城镇 第二批：敦煌市阳关镇 第三批：兰州市皋兰县什川镇、武威市天祝藏族自治县天堂镇、平凉市崆峒区崆峒镇、平凉市华亭市西华镇、平凉市庄浪县韩店镇、酒泉市肃州区果园乡、酒泉市瓜州县锁阳城镇、酒泉市敦煌市月牙泉镇、平凉市灵台县独店镇张鳌坡村
青海省（10）	第一批：海晏县西海镇 第三批：西宁市大通回族土族自治县桥头镇、海东市互助土族自治县加定镇、海北藏族自治州祁连县八宝镇、海南藏族自治州贵德县河阴镇、西宁市湟源县东峡乡下脖项村、海东市循化撒拉族自治县街子镇三兰巴海村、黄南藏族自治州尖扎县坎布拉镇直岗拉卡村、果洛藏族自治州班玛县灯塔乡班前村、玉树藏族自治州称多县拉布乡拉司通村
新疆维吾尔自治区（11）	第一批：吉木萨县北庭镇、和静县巴音布鲁克镇、新源县那拉提镇 第二批：博湖县乌兰再格森乡、尉犁县兴平乡达西村、察布查尔县孙扎齐牛录村、霍城县惠远镇、奇台县半截沟镇 第三批：昌吉州木垒县西吉尔镇、阿勒泰地区布尔津县冲乎尔镇、阿勒泰地区布尔津县禾木哈纳斯蒙古民族乡禾木村
新疆生产建设兵团（9）	第一批：农二师乌鲁克镇、农七师共青城镇 第二批：新疆兵团农十师185团克孜勒乌英克镇 第三批：第五师84团托里镇、第八师石河子市150团西古城镇、第十师北屯市187团丰庆镇、第十二师西山农场烽火台小镇、第六师五家渠市103团蔡家湖镇、第十三师黄田农场庙尔沟镇
西藏自治区（1）	第三批：拉萨市尼木县吞巴乡吞达村
宁夏回族自治区（11）	第三批：银川市兴庆区掌政镇、银川市西夏区镇北堡镇、吴忠市青铜峡市青铜峡镇、吴忠市青铜峡市峡口镇、固原市泾源县泾河源镇、固原市泾源县六盘山镇、中卫市沙坡头区迎水桥镇、吴忠市利通区东塔寺乡穆民新村、固原市隆德县城关镇杨店村、中卫市沙坡头区迎水桥镇北长滩村、中卫市沙坡头区香山乡南长滩村

上述548个镇、乡、村被命名为"全国特色景观旅游名镇（村）"，为促进县域内旅游业发展提供了基础，相关镇、乡及村，可以以各自的旅游特色为基础，发展特色小镇。

十三、特点与问题总结

综合以上分析，国家在促进小城镇发展治理路径上体现出以下几个特点及问题：

（一）阶段性特征

本著作认为，从阶段划分来看，国家对于县域内小城镇建设的支持，基本上可以划分为两个阶段：一是从改革开放到20世纪初，在这一阶段，围绕农村乡镇企业的发展，从1994年启动全国小城镇建设试点到小城镇建设示范镇的确立，其基本的政策法治治理，就是要通过支持大约不到3%的小城镇，带动全国其他小城镇的发展；二是自党的十七大以来，围绕科学发展观以及全面建设小康社会目标，通过启动绿色低碳及美丽小镇建设以及特色小镇的建设，推动小镇的健康和可持续发展。

（二）动态管理特征

上述由国务院有关部门启动的小城镇建设命名活动，其基本的治理模式是由国务院有关部委发出通知，各地方积极组织申报，经过专家按照事先制定的标准评审确定，随后予以支持并进行动态管理。因此，国家启动各类小城镇建设命名活动并非强制，而是由各地自愿组织申报，反映了我国经济法上的促进机理和机制。而地方组织申报的积极性在于一旦小城镇获得有关命名，其将会得到国家在项目和资金等政策上的大力支持，进而有利于这些小城镇的发展。同时，也会带动本地对于这些小城镇发展的支持。因为获得国家小城镇建设试点或示范镇的命名后，通常也会被命名为当地省级、市级试点或示范镇的荣誉，并获得省级、市级的支持，具有明显的激励作用。而动态管理的好处在于通过后期的检查发现问题，及时整改，以便淘汰丧失条件的镇。然而，一些小城镇的命名，基于体制机制的变化，存在明显的"虎头蛇尾"的问题。公开信息显示，一些小城镇的评选只有开头就没有了下文，典型的如涉及"星火计划"执行的"科技镇"，评选了一批就没有了下文。而当前比较火热的特色城镇和特色小镇的评选，由于定义模糊出现了不规范现象，在评选两批后，戛然而止。尤其是对于不属于建制镇的特色小镇如何建设，是否有必要评选？值得考量。

（三）政策引导特征

除综合建设外，国务院有关部门按照中央文件的精神，针对特定目的提供政策支持。其中包括为了促进城镇化建设，农村人口向城市的转移。2000年以后针对小城镇户籍改革出台政策支持农村人口就近转移为小城镇居民。该项政策至今已由试点成为普遍的政策。此外，还涉及金融支持和土地政策放宽实施土地增减挂钩政策等。尤其是根据科学发展观要求，2011年以来推行绿色小城镇、绿色低碳小镇、美丽特色小镇、宜居小区示范等建设，极大地推动了小城镇健康和可持续发展。还有，特色小城镇和特色小镇的建设，与国家推行创新驱动战略有关。这是因为，以产业发展为核心的特色小城镇和特色小镇的建设，实际上就是把特色小镇作为一个创新、创业的平台予以建设，以吸引更多的单位和人才立足于小城镇或小镇发展经济。国家组织的各类评选活动，实际上是一个"钓鱼工程"。其目的是通过调动地方的积极性，促进当地县域经济和小城镇的发展。至于评选上以后如何建设，关键还要看地方自身的努力，而历史文化名镇名村以及特色景观旅游名镇名村的评选，则为以文化资源和旅游资源为依托的小镇发展奠定基础。然而，政策的指引仅仅是一个方向，各地响应如何，要看其所具备的自然禀赋条件和经济社会条件如何，这也关系到政府对公共设施投入力度的加大，随之公共责任也加大。总体来看，东部地区的积极性较高，尤其是浙江、江苏、广东三省比较突出。因而，其在国家政策指引下，县域之下小城镇的发展比较好，是其经济发展在全国领先的重要原因之一。而中部和西部地区则较弱。比较特别的是，由于东北地区原有的自然、经济和社会基础，东北地区的县域小城镇发展较好。然而，东北地区却是改革开放以来人口流失最严重的地区。这就存在一个警示性问题，即小城镇或小镇建起来后，必须有固定人口和流动人口的保障，否则会出现"空城"现象，进而导致资源的浪费。总之，全国发展不平衡是县域经济及其小城镇发展的一个重要特点。

此外，有关小城镇的标准一直处于变动当中。并且，国家对东部地区、中部地区和西部地区的要求也不一样。国家对全国重点镇的确定条件与特色城镇及小城镇重叠，出现政策叠加现象，进而导致建制镇与非建制镇重叠问题，形成了镇的概念的混乱，也影响了县域城镇的健康发展。

第三章 地方小城镇建设的政策法治实践

有关资料显示，在中央加强县域小城镇建设的同时，从20世纪90年代起，县域小城镇所在地的省、市也积极地开展了各地的小城镇建设活动。归纳起来，主要体现在以下五个方面。

一、积极组织参加国家级各类城镇建设的推荐活动

如上所述，为了促进小城镇的发展，国家有关部门先后组织过全国小城镇建设试点镇、重点示范镇、小城镇建设示范镇、星火小城镇建设示范镇、土地增减挂钩试点小镇、试点示范绿色重点小镇、小城镇宜居小区示范、美丽特色小（城）镇、特色小镇、运动休闲特色小镇、森林小镇、历史文化名镇名村、特色景观旅游名镇名村等评选活动。为此，各省各市积极组织本地符合条件或标准的小城镇予以申报，使本地获得审批的小城镇纳入了国家政策支持的范畴，推动了本地城镇的发展。典型的有2016年12月12日，上海市发展和改革委员会、上海市规划和国土资源管理局发布《关于开展上海市特色小（城）镇培育与2017年申报工作的通知》（以下简称《通知》），该《通知》为贯彻党中央、国务院关于推进特色小镇、小城镇建设的精神，落实上海市委、市政府关于"协同推进新型城镇化和新农村建设，加快推动本市城乡发展一体化"的总体部署，按照住房和城乡建设部、国家发展改革委、财政部发布《关于开展特色小镇培育工作的通知》和国家发展改革委《关于加快美丽特色小（城）镇建设的指导意见》的要求，就开展上海市特色小（城）镇培育进行了工作安排。在培育条件方面，根据国家发展改革委《关于加快美丽特色小（城）镇建设的指导意见》，特色小（城）镇包括特色小镇、小城镇两种形态。特色小镇主要指聚焦特色产业和新兴产业，集聚发展要素，不同于行政建制镇和产业园区的创新创业平台。特色小城镇是指以传统行政区划为单元，特色产业鲜明、具有一定人口和经济规模的建制镇。按照国家要求，结合上海实际，特色小（城）镇申报和培育以建制镇为单位，鼓励引导在镇域内相对集中地区发展打造特色产业、特色文化和特色环境。在推进机制方面，市、区、镇三级形成合力，共同做好

本市特色小（城）镇建设培育工作。市发展改革委、市规划国土资源局、市住房城乡建管委、市财政局、市农委、市经济信息化委等部门建立市级特色小（城）镇工作小组，负责组织开展本市特色小（城）镇培育工作，明确培育要求，进行指导检查，确定市级特色小镇名单，做好国家级特色小镇的申报推荐工作。①

二、积极开展旨在促进本地小城镇发展的综合试点工作

山东省政府确定 1995 至 2000 年在全省重点抓好 5 个小城镇建设试点县和 100 个新型小城镇建设试点镇。对试点县内的建制镇和 100 个试点镇的建设，统称小城镇建设"百新工程"。该工程的建设目标：一是"百新工程"所属的建制镇，其驻地人口规模达 2 万人以上；城镇化水平达 60% 以上。二是财政收入、乡镇企业利税总额在 1994 年的基础上翻一番；农民人均纯收入达 3500 元以上。三是新建房屋综合开发率达 80% 以上，新建住宅楼房率达 80% 以上。工程质量合格率达 100%，优良品率达 30% 以上。人均居住面积 15~18 平方米。四是要兴办工业、商业小区，有吸引乡镇企业和个体工商户到小城镇集中建设、连片开发的具体政策。五是镇驻地街道硬化率达 100%；路灯和供排水设施完备；积极推广能源新技术，有条件的要集中供暖、供热、供气；建有 35 千伏及以上的变电站，电力设施满足生产、生活需要；镇域电话普及率达 7 部/百人以上。六是建有自来水厂，生活用水符合国家规定饮用水标准。七是科技、教育、体育、卫生、文化、娱乐等公用设施齐全，符合国家和省有关要求。八是公共绿地占建筑用地的比例不低于 5%，镇驻地设有水冲公厕。九是根据当地实际，建有适应经济发展需要的不同类型的市场和商业街（区）。② 2012 年启动"百镇建设示范行动"。"十二五"期间，全省 100 个示范镇地区生产总值年均增长 20% 以上，地方财政收入年均增长 25% 以上，农民人均纯收入年均增长 20% 以上；到 2015 年新增建成区 150 平方公里以上，新增镇区人口 150 万人以上，基本实现充分就业，打造县域经济社会发展次中心，培育出一批布局合理、经济发达、设施完善、环境优美、特色鲜明、进入全国先进行列的小城镇。通过发挥示范镇的引领示范作用，带动全省小城镇承载能力明显提升、经济实力明显增强、人口规

---

① 参见上海市发展和改革委员会、上海市规划和国土资源管理局《关于开展上海市特色小（城）镇培育与 2017 年申报工作的通知》（沪发改地区〔2016〕20 号）。
② 参见山东省人民政府印发省建委《关于实施小城镇建设百新工程方案的通知》（鲁政发〔1995〕78 号）。

模明显扩大、城镇面貌明显改善。①

1996年，经北京市政府、建设部批复，北京市确定了小汤山、长沟、杨镇、旧县、峪口、杨宋、太师屯、榆垡、斋堂、康庄10个小城镇作为本市试点，其中小汤山、长沟、杨镇、旧县、榆垡5个小城镇同时为全国试点。为使试点工作健康有序地进行，根据国务院六部委发布《关于加强小城镇建设的若干意见》和建设部《小城镇建设试点工作意见（试行）》精神，按照国务院批复的《北京城市总体规划》的要求，制定《北京市小城镇建设试点工作意见》。其试点目标是，试点镇要认真贯彻建设部《小城镇建设试点工作意见》提出的"统一规划、合理布局、因地制宜、各具特色、保护耕地、优化环境、综合开发、配套建设"方针，按照城市化、现代化、社会化的方向进行规划建设。同时要认真落实《北京城市总体规划》关于"建制镇的建设要节约用地，紧凑发展，在发展经济的同时，完善城镇功能，安排好住宅和文化、教育、卫生等各项生活服务设施的建设"的要求。试点镇的规划建设不仅要有合理的功能布局，还要坚持较高水平的环境质量目标，高标准进行绿化美化和治理乡镇企业的"三废"污染，创造优于市区和县城生态的生产、生活环境。试点镇的人口规模要达到1万-5万人。试点镇要搞好市政基础设施建设，要打破社区行政界线，形成较强的吸引二、三产业和非农人口的能力。②

江苏省是我国小城镇建设工作做得较好的省份，其早在1998年就开始在本省开展小城镇建设的试点工作。明确小城镇综合改革是在人口密集的小城镇进行的全面、综合、配套的改革，是农村改革的一个重要组成部分。试点的任务是在小城镇建立一种政府精干高效、企业制度规范、市场竞争有序、城镇规划科学、保障机制完善、城乡一体化的符合社会主义市场经济要求、适应农村经济发展特点的新体制，促进试点镇经济不断上新台阶，带动整个地区经济、社会、生态的协调、快速发展。加快农村经济发展。增加农民收入，尽快实现小康目标，是判断小城镇综合改革试点是否成功的标准。③ 2000年，江苏省政府

---

① 参见《山东省人民政府关于开展"百镇建设示范行动"加快推进小城镇建设和发展的意见》（鲁政发〔2012〕22号）。
② 参见北京市人民政府农林办公室、北京市体改委、首都规划委员会办公室、首都绿化委员会办公室、北京市计划委员会、北京市城乡建设委员会、北京市公安局、北京市财政局、北京市规划局、北京市税务局、北京市房屋土地管理局、北京市供电局、北京市郊区电信局、北京市公路局关于印发《北京市小城镇建设试点工作意见》的通知（京政农〔1995〕180号，京财预〔1996〕169号）。
③ 参见江苏省农村改革试点领导小组办公室《关于小城镇综合改革试点的意见》（1998年6月5日）。

又提出，为加快小城镇建设，要坚持突出重点，进一步着力抓好县（市）城区和 222 个重点中心镇的建设和发展。省政府确定的重点中心镇，是省的重点，也是市、县的重点。各地、各有关部门要密切配合，集中力量支持重点中心镇的发展，使之在规划、建设、管理等方面先行一步，从而对周边乡镇发挥较强的带动作用。① 在小城镇建设中，开展省级新型示范小城镇的命名活动。江苏省出台了《江苏省新型小城镇建设指标与考核标准》，依此标准，江苏各地市亦通过开展积极创建市级新型小城镇评选活动，推动当地经济和社会的发展。典型的如常州市、南通市人民政府于 2003 年 1 月，分别命名了其第六批新型小城镇名单。② 镇江市人民政府于 2009 年命名丹徒区高桥镇为镇江市新型示范小城镇。③ 2009 年，开展"园林小城镇"评选活动，命名昆山市淀山湖镇、苏州工业园区唯亭镇、太仓市沙溪镇、常熟市梅李镇、江阴市新桥镇 5 个镇为"江苏省园林小城镇"。④ 2010 年，又命名了苏州工业园区娄葑镇、吴中区木渎镇、常州市新北区薛家镇、常州市武进区洛阳镇、武进区遥观镇、兴化市戴南镇、兴化市张郭镇、宜兴市官林镇、东海县温泉镇、宝应县曹甸镇 10 个镇为"江苏省园林小城镇"。⑤

2000 年，中共河北省委、河北省人民政府发布《关于 2000 至 2002 年城市与小城镇建设的指导意见》（以下简称《通知》）。该《意见》中小城镇建设的基本思路是，在加快发展小城镇经济的前提下，按照"统一规划、合理布局、因地制宜、各具特色、保护耕地、优化环境、综合开发、配套建设"的要求，加大小城镇规划、建设、管理和政策扶持力度，在搞好县域规划的基础上，重点发展县政府驻地城镇，合理发展一批经济实力较强、基础条件较好、人口在 2 万人以上的中心镇，切实为进镇农民提供良好的工作、生活环境。其工作目标如下：

---

① 参见《江苏省政府关于推进小城镇建设加快城镇化进程的意见》（苏政发〔2000〕36 号）。
② 参见《常州市人民政府关于命名常州市第六批新型小城镇的通知》（常政发〔2003〕21 号）《南通市政府关于命名南通市第六批新型示范小城镇的通知》（通政发〔2003〕105 号）。
③ 参见《镇江市人民政府关于命名丹徒区高桥镇为镇江市新型示范小城镇的通知》（镇政发〔2009〕4 号）。
④ 参见《江苏省建设厅关于命名昆山市淀山湖镇等五个镇为江苏省园林小城镇的通知》（苏建村〔2009〕26 号）。
⑤ 参见《江苏省住房和城乡建设厅关于命名苏州工业园区娄葑镇等 10 个镇为江苏省园林小城镇的通知》（苏建村〔2010〕36 号）。

一是按照现代化、社会化、城镇化要求，2000年完成重点县（市）域城镇体系规划，2002年全部完成县（市）域城镇体系规划，小城镇规划争取在2000年全部完成。

二是2000年，县城镇自来水普及率达到90%以上，2002年达到94.18%；2000年人均拥有道路面积达到18.18平方米，2002年达到18.45平方米；2000年，人均住宅使用面积达到15平方米，2002年达到16.2平方米；2000年，绿化覆盖率达到12%，人均公共绿地达到6.5平方米，2002年分别达到13.8%和7平方米。2000年全省县城镇以外的小城镇自来水普及率达到85%以上，道路铺装率达到40%，人均住宅使用面积达到17.2平方米，2002年分别达到94%、60%和18平方米。2000年城镇污水集中处理率达到5%，垃圾处理率达到15%，集中供热覆盖率达到10%，绿化覆盖率达到12%，2002年分别达到15%、25%、20%和15%。2000年县城镇有污染工业企业达标排放污染物，烟气黑度达标率达到95%以上。

三是2000年，逐步提高电话、有线电视普及率，建立镇办中小学、卫生院、浴室、科技活动室（可与文化中心、成人教育中心等合并建设）等。2002年完善上述公益设施，提高服务水平，因地制宜地建设敬老院、多功能文化娱乐活动中心、幼儿园和托儿所、与镇区人口规模相适应的影剧院。

四是小城镇的综合管理水平有较大提高，管理体制完善，试点镇和重点镇的综合改革取得突破性进展。

五是2002年，全省县（市）、独立工矿区全部建成消防站，并按国家规定全部完成公共消火栓建设任务。国内生产总值达到5亿元的镇建立消防站，按国家规定安装公共消火栓。①

2000年，吉林省出台政策，提出全省重点培育发展50个省"十强镇"、50个省改革与发展试点镇作为"十强镇"的预备镇；力争在2010年形成100个左右的经济强镇，以此带动全省小城镇改革与发展，各市、州根据自己的情况抓一批改革与发展试点镇。到2005年，全省小城镇基本建立符合社会主义市场经济要求的体制框架，其中"十强镇"应形成较强的经济带动功能、商品集散功能、信息收集传播功能和人口吸纳功能。一是建立精干高效的政府管理体制；二是建立现代企业制度和适应市场竞争的企业经营机制；三是建立竞争有序、公平运作的市场规范；四是建立事权与财权相结合，职能健全的财政体制；五

---

① 参见中共河北省委、河北省人民政府《关于2000至2002年城市与小城镇建设的指导意见》（冀字〔2000〕26号）。

是基本建立社会保障机制。全省 70% 的小城镇的城镇人口要达到 2 万人以上。其中"十强镇"的城镇人口要达到 3 万~5 万人。2005 年全省小城镇要有 60% 以上的农村劳动力从事二、三产业，小城镇工业化、城市化水平要明显提高。①

2001 年，湖北省拟用 5 年时间，通过地方政府和各有关部门的政策支持和协调指导，在小城镇率先建立适应城乡经济发展的市场经济体制，并在政府职能的转变、城乡的规划布局和基础设施建设、小城镇的经济和社会发展等方面有明显进步。财政收入、农民收入有明显增加，精神文明建设有明显进步。其综合改革的内容涉及八个方面：一是进一步完善镇政府的经济和社会管理职能。二是推进小城镇户籍管理制度改革。三是建立规范的小城镇建设用地制度。四是建立小城镇一级财政制度。五是深化乡镇企业改革，建立现代企业制度。六是建立小城镇社会化投融资体系。七是建立小城镇社会保障制度。八是推进小城镇的民主法制建设和精神文明建设。②

2005 年，结合山西省"十一五"规划的制定和实施，山西省专门出台了《山西省人民政府关于加快全省小城镇建设的意见》，提出突出重点，实施小城镇建设 1323 工程。要围绕推进全省城镇化一个目标，抓住"大运""太晋"和"青银高速路山西段"三条城镇带，突出抓好重点小城镇和历史文化名镇（名村）两个重点，省市县三级人民政府从三个层次，大力加强小城镇建设工作。要采取措施，扶持有条件的小城镇优先发展。省人民政府在"十一五"期间，将从有条件的县城和建制镇中，择优选择 100 个重点小城镇，作为重点扶持的对象，并在这 100 个重点小城镇中开展"创建城镇化示范镇"的活动。要用好各级政府扶持小城镇发展的优惠政策和安排的小城镇建设专项资金，扶持重点小城镇优先发展。在小城镇建设资金使用上，采取"以奖代补"的办法，引入竞争机制和激励机制，扶持重点小城镇优先发展。③ 随后，于 2006 年 4 月 10 日，公布了"十一五"期间全省重点小城镇名单。要求各市人民政府要把小城镇建设列入重要议事日程，切实加强领导，制定有效的政策措施，每年从本市城市维护建设税中安排不少于 5% 的资金，用于支持市域范围内重点小城镇建设和维护。省直各有关部门要各司其职，通力合作，把 100 个重点镇作为各自工作的重点，从中选择各部门、各行业的试点项目或示范基地，扶持其优先发展。

---

① 参见吉林省人民政府批转省体改委《关于进一步推进小城镇改革与发展意见》的通知（吉政发〔2000〕7 号）。
② 参见《湖北省人民政府办公厅转发省体改办等部门关于开展第二轮小城镇综合改革试点工作意见的通知》（鄂政办发〔2001〕137 号）。
③ 参见《山西省人民政府关于加快全省小城镇建设的意见》（晋政发〔2005〕21 号）。

省小城镇建设领导组办公室要加强对 100 个重点镇的考核，对经考核确定的小城镇建设先进镇，采取"以奖代补"的方法，安排小城镇建设补助资金，引进竞争和激励机制，促进全省小城镇健康、协调、快速发展。[①]

为加快自治区小城镇建设步伐，新疆维吾尔自治区建设厅于 2000 年确定了 20 个乡镇为自治区重点示范小城镇，后增加为 25 个。在各级党委、政府及建设主管部门的领导和大力支持下，经过努力，自治区重点示范镇规划建设管理工作取得了明显成绩，镇容镇貌发生了显著变化，为全区小城镇建设起到了良好的示范作用。[②] 该区还开展"天山杯"小城镇竞赛活动，通过奖励先进集体和个人促进自治区小城镇的建设。

2009 年，上海市人民政府提出，通过 5 年左右或者更长时间的努力，把本市第二批全国发展改革试点镇（崇明区陈家镇、金山区廊下镇、奉贤区青村镇、松江区小昆山镇、嘉定区安亭镇、青浦区金泽镇、浦东新区六灶镇），以及宝山区罗店镇、闵行区浦江镇和浦东新区川沙新镇等试点镇，建设成为与现代化国际大都市要求相适应，具有较强产业承载能力、人居环境优良、资源节约、功能完善、社会和谐、各具特色的郊区示范城镇。[③]

2010 年 2 月，福建省人民政府启动了小城镇综合改革试点，根据经济社会基础良好、区位优势明显、交通设施便利、人口聚集度高、资源环境承载力强等标准和要求，确定了上杭县古田镇等 21 个试点小城镇。明确其功能定位，合理确定功能区，规范开发秩序，完善开发政策，实行公共服务均等化，有效落实主体功能区规划布局，促进区域经济协调发展的有效途径。通过试点探索，力争在 3~5 年内，布局合理、特色明显、生态优美的小城镇发展格局和配套保障政策基本形成。农村人口稳步有序地向镇区集中；基础设施和公共服务设施更加完善，并向相邻地带的农村延伸；各具特色的产业基础初步建立，市场发育比较健全；小城镇居民基本享有与城市居民均等化的公共服务和社会保障；有利于发挥小城镇特色优势的体制机制基本建立；生态环境优美，辐射带动能力较强的宜居城市综合体基本建成。[④]

---

① 参见山西省人民政府办公厅《关于公布"十一五"期间全省重点小城镇名单的通知》（晋政办发〔2006〕16 号）。

② 参见《新疆维吾尔自治区建设厅办公室关于调整公布自治区重点示范小城镇调整名单的通知》（新建村〔2006〕2 号）。

③ 参见《上海市人民政府印发关于本市开展小城镇发展改革试点政策意见的通知》（沪府发〔2009〕41 号）。

④ 参见《福建省人民政府关于开展小城镇综合改革建设试点的实施意见》（闽政〔2010〕4 号）。

2010年，青岛市依托20个左右的重点中心镇，以5年为周期，分期分批组织小城镇发展改革试点工作。2010年至2014年，依托首批培育的10个重点中心镇，进行第一批全市发展改革试点。到2020年，力争使重点中心镇驻地人口达到5万人以上，部分镇达到10万人以上，发展成为产业发达、功能完善、特色鲜明、具有较强辐射带动能力的中小城市，成为连接城市、辐射农村的重要公共服务平台和新的区域经济增长极。①

2012年9月，贵州省委、省政府发布《关于加快推进小城镇建设的意见》，要求把小城镇培育成为县域经济发展的新载体，重点扶持100个示范小城镇，以点带面加快推进全省小城镇建设。到2015年，建成100个交通枢纽型、旅游景观型、绿色产业型、工矿园区型、商贸集散型、移民安置型等各具特色的示范小城镇。通过示范小城镇的带动作用，到2017年，每个县（市、区、特区）建成3~5个特色小城镇，全省新增小城镇人口120万人左右，带动全省城镇化水平提升3个百分点左右。30个省级示范小城镇到2017年率先实现小康目标。②在此基础上，贵州省人民政府办公厅发布《关于印发贵州省100个示范小城镇建设2013年工作方案的通知》，提出"8个1"工程建设要求，即建设或完善1个路网、建设或完善1个标准卫生院、建设或完善1个社区服务中心、建设或完善1个农贸市场、建设或完善1个市民广场或公园、启动1个污水处理设施或垃圾处理实施项目、建设或完善1个敬老院、建设1项城镇保障性安居工程。如果属于省级示范小城镇，还要加上建设或完善1个体育场、建设或完善1个产业园区、建设或完善1个有机农产品生产基地。③2016年8月，为抢抓国家批复贵州省设立贵州山地特色新型城镇化示范区的重大机遇，贯彻落实《住房和城乡建设部 国家发展改革委 财政部关于开展特色小镇培育工作的通知》和《关于打造贵州省特色小城镇升级版的实施意见》精神，贵州省决定在全省开展以县为单位整县推进小城镇建设发展试点工作。经申报、遴选、审议等程序，并经省人民政府同意，确定贵阳市的开阳县、修文县，遵义市的播州区、仁怀市、湄潭县，六盘水市的六枝特区、盘县（现盘州市），安顺市的西秀区、平坝区，毕节市的七星关区、金沙县，铜仁市的玉屏县、石阡县，黔东南州的凯里市、台江县，黔南州的贵定县、龙里县、福泉市，黔西南州的安龙县、兴仁县

---

① 参见《青岛市发改委关于开展第一批全市小城镇发展改革试点工作的通知》（青发改综改〔2010〕298号）。
② 参见贵州省委、省政府《关于加快推进小城镇建设的意见》（黔党发〔2012〕25号）。
③ 参见贵州省人民政府办公厅《关于印发贵州省100个示范小城镇建设2013年工作方案的通知》（黔府办发〔2013〕10号）。

(现为兴仁市），共20个县（市、区）为全省第一批整县推进小城镇建设发展试点县。①

2014年，四川省泸州市人民政府发布《关于加快推进小城镇建设的实施意见》。主要建设目标：一是形成完整的现代城镇体系。按照"一主四副多点"城镇空间布局，加快完善四级规划体系。规划提升市区一级中心城市核心地位；同时培育4个县城为二级中心城市；积极发展22个三级重点镇；逐步推进92个四级一般乡镇。到2016年，每个区县建成2至3个特色小城镇，全市城市规划控制区外新增小城镇人口10万人左右，新增小城镇面积10平方公里以上。二是小城镇自我发展能力明显增强。到2016年，全市各类小城镇自我发展能力显著提高，成为我市推进城镇化，转变经济增长方式的重要载体。22个重点镇基本形成产镇一体发展格局，特色产业具备一定规模，经济实力明显增强，地区生产总值、地方公共财政收入较2012年翻一番。到2016年底，有10个重点镇建成区面积达到2平方公里以上，常住人口达到2万人以上。三是小城镇综合承载能力明显提升。到2016年，全市各级各类小城镇功能进一步完善，生态环境、生活环境明显改善。到2016年底，国家级重点镇、省级试点示范镇、市级试点示范镇率先达到"十个一"基本要求，即每个镇区有：一套完善的规划体系（产业发展规划、土地利用规划、总体规划、控制性规划），一个贯通的镇区路网，一套完善的教育卫生系统，一个休闲健身广场或生态公园，一个功能完善的村镇服务中心，一个标准化农贸市场和商贸中心，一个多功能综合文化站或文体中心，一套标准化供水系统，一套标准化污水、垃圾收集处理系统，一套完善的小城镇管理制度。其他小城镇根据实际情况开展"十个一"工程建设，确保在推进新型城镇化建设、统筹城乡全面发展方面走在全省前列。②

2015年，四川省德阳市提出，力争通过3~5年的努力，到2018年底，率先将13个省级"百镇建设行动"试点镇建设成为基础设施和公共服务配套设施完善、城镇风貌特色鲜明、产业支撑有力、人居环境优良、城镇管理体系健全的工业型、商贸型、旅游型小城镇，达到"五有"标准（即有科学完善的规划体系、有适合自身发展的特色产业、有小城镇风貌特色、有完善的城镇配套设施、有完善的城镇管理体系）；到2020年底，力争使双东镇、孝德镇、土门镇、高坪镇、鳌华镇、马井镇、白马关镇、新盛镇、兴隆镇、黄鹿镇、广福镇、龙台

---

① 参见《贵州省人民政府办公厅关于公布全省第一批整县推进小城镇建设发展试点县名单的通知》（黔府办函〔2016〕180号）。
② 参见泸州市人民政府《关于加快推进小城镇建设的实施意见》（泸市府发〔2014〕18号）。

镇 12 个区域重点镇达到以上要求和"五有"标准。[①]

三、绿色小镇的创建

2007年，浙江省嘉兴市开展"绿色小城镇"和"绿化示范村"创建活动。其中，"绿色小城镇"的创建标准为：一是镇区绿化工作全面展开，全镇森林覆盖率达到16%以上，建成区绿化覆盖率达到35%以上，绿地率达到30%以上，人均公共绿地面积8平方米以上。二是镇区道路绿化率在90%以上；主干道绿地率达到25%以上，次干道绿地率达到15%以上，园林景观路绿地率达到30%以上。三是居民庭院普遍绿化质量好，整洁卫生。新建居住小区绿化面积应占总用地面积的30%以上；改造的居住小区绿化面积占总用地面积的25%以上。四是镇区各单位普遍重视绿化、美化工作，单位庭院绿化覆盖率达到30%以上。五是镇区公园绿地及广场建设突出植物景观，布局合理，建成一个不小于2公顷的公园或专类公园，绿地面积占总面积的70%以上。六是积极开展全民义务植树活动，植树成活率和保存率均在85%以上，尽责率在90%以上。[②] 与此同时，江苏各地有条件的地区，均开展了"绿色小城镇"的创建活动。

湘西土家族苗族自治州人民政府则在"十一五"期间，全州重点建设100个小城镇，配套建设城区道路、客运站、停车场、供水、排水、防洪、垃圾处理、工业废水治理、绿化造林和供电网络、广播电视有线网络、程控通信宽带网络等基础设施，以及寄宿制学校、卫生院、敬老院、文化站等公益事业设施。通过5年的努力，全州城镇基础设施和公益事业设施基本配套，城镇功能得以完善，环境质量得以提高，城镇面貌发生明显变化。城镇化率由2005年的28.5%提高到2010年的40%。[③]

2012年，黑龙江省启动了小城镇"规划、硬化、净化"三化工程。主要目标是，以"特色、整洁、文明"为目标，按照"优美环境、优良秩序、优质服务"的要求，深入开展"三优"文明城镇创建活动，切实搞好小城镇总体规划、滨水规划和专项规划，加强小城镇环境卫生建设，集中人力、物力和财力，开展小城镇硬化、净化专项行动，组织打好小城镇环境综合整治攻坚战，改变小

---

① 参见《德阳市人民政府办公室关于印发促进特色小城镇建设改革工作方案的通知》（2015年9月29日）。
② 参见《嘉兴市人民政府办公室关于开展市区"绿色小城镇"和"绿化示范村"创建活动的通知》（2007年4月5日）。
③ 参见《湘西土家族苗族自治州人民政府关于开展小城镇建设竞赛活动的通知》（州政发〔2007〕9号）。

城镇"脏、乱、差"面貌。到"十二五"期末，形成一批具有地域特点、规划科学、特色突出、道路平整、环境整洁、绿化达标、生态环保、适宜创业、和谐安逸的现代化小城镇。自2012年起到"十二五"期末，共启动实施二批试点镇建设。第一批自2012年启动至2013年结束，14个旅游名镇和部分"百镇"必须实现"三化"（即规划、硬化、净化）；第二批自2014年至2015年所有"百镇"必须实现"三化"。[1] 与此同时，根据财政部、住建部《关于绿色重点小城镇试点示范的实施意见》和《绿色低碳重点小城镇建设评价指标（试行）》的有关要求，结合黑龙江省小城镇建设实际，制定了《黑龙江省绿色低碳重点小城镇试点示范评价指标》，开展"黑龙江省绿色低碳重点小城镇试点示范"工作。[2]

2012年，加快促进城镇"节能、节水、节地、节材和环保"，保护村镇自然环境、田园景观、传统文化、民族特色、特色产业资源，促进城乡统筹协调发展，推进绿色城镇化的重要举措。经贵州省人民政府同意，并通过审查认定，决定命名仁怀市茅台镇、西秀区旧州镇、大方县六龙镇、印江县木黄镇、兴仁县雨樟镇、黎平县肇兴乡六个镇（乡）为贵州省绿色小城镇（第一批）。[3]

2014年5月，根据《住房和城乡建设部关于2014年建设宜居小镇、宜居村庄示范工作的通知》和《住房和城乡建设部关于开展小城镇宜居小区示范工作的通知》，结合河南省村镇建设实际，河南省启动小城镇宜居小区示范工作。各地住房和城乡建设主管部门要在2013年开展宜居小镇、宜居村庄建设试点的基础上，继续开展不同层次的宜居小镇、宜居村庄示范工作。每个省辖市各选取3个、每个省直管县（市）各选取1个基本具备示范条件的镇（乡）和行政村或规模较大的自然村作为宜居小镇、宜居村庄示范候选。[4] 同样，河北省也开展了类似的工作。[5]

2020年7月9日，为贯彻实施浙江省地方标准《小城镇环境和风貌管理规

---

[1] 参见黑龙江省住房和城乡建设厅关于印发《黑龙江省小城镇"规划、硬化、净化"工程推进方案》的通知（黑建村〔2012〕4号）。
[2] 参见《黑龙江省住房和城乡建设厅关于申报2012年度黑龙江省绿色低碳重点小城镇的通知》（黑建村〔2012〕86号）。
[3] 参见《贵州省住房和城乡建设厅关于命名贵州省绿色小城镇（第一批）的通知》（黔建节能通〔2012〕596号）。
[4] 参见《河南省住房和城乡建设厅关于开展2014年宜居小镇宜居村庄和小城镇宜居小区示范工作的通知》（豫建村镇〔2014〕10号）。
[5] 参见《河北省住房和城乡建设厅关于开展宜居小镇、宜居村庄及小城镇宜居小区示范工作的通知》（冀建村〔2014〕10号）。

范》，加强风貌管控，突出城镇特色延续和历史文化保护，建立健全长效管理机制；加强基层队伍建设和资金保障，逐步实现智慧化管理，进一步提高小城镇公共服务水平和社会治理能力。浙江省开展"擦亮小城镇"行动，持续深化小城镇环境综合整治，深入开展"回头看"活动，坚决防止"脏乱差"各类现象反弹。各地要将"擦亮小城镇"行动作为推进美丽城镇建设的重要载体，建立完善"政府统一领导、部门各司其职、社会共同参与"的工作机制，加强组织领导，列入年度考核内容。①

为补齐小城镇发展短板，推动乡村振兴、城乡融合发展，根据《湖北省省人民政府办公厅关于印发湖北省"擦亮小城镇"建设美丽城镇三年行动实施方案（2020-2022年）的通知》精神，武汉市出台《擦亮"小城镇"建设美丽城镇行动实施方案》。以武汉经济技术开发区（汉南区）、蔡甸区、江夏区、东西湖区、黄陂区、新洲区的49个街道（乡镇）建成区为主要对象，各相关区按照试点先行、循序渐进、分类指导、全面提升的总体思路，实施以整治提升为主要内容的"擦亮小城镇"建设美丽城镇行动，力争全市小城镇普遍达到"街面净、线理顺、招牌靓、马路平、货入店、车停正、垃圾治、污水清、花草鲜、环境美、设施全、人文润"的要求，打造一批舒适宜居、各具特色的美丽城镇，小城镇服务和带动全市乡村振兴的能力显著增强。②

四、小城镇的整治

2016年10月27日，为认真贯彻落实《中共浙江省委办公厅、浙江省人民政府办公厅关于印发〈浙江省小城镇环境综合整治行动实施方案〉的通知》，进一步明确目标任务，经各地排查摸底并商省民政厅、省发改委，省小城镇环境综合整治行动领导小组办公室对应纳入小城镇环境综合整治行动范围的乡镇、街道以及仍具备集镇功能的原乡镇政府驻地进行了逐一核实。据统计，全省小城镇环境综合整治乡镇（部分街道）共计1191个。其中，省级中心镇180个，一般镇465个，乡（集镇）272个，独立于城区的街道123个，仍具备集镇功能的原乡镇政府驻地151个。③与此同时，开展了全省穿小城镇公路"道乱占"

---

① 参见《浙江省城乡环境整治工作领导小组美丽城镇建设办公室关于开展"擦亮小城镇"行动的通知》（2020.07.09）。
② 参见《武汉市人民政府办公厅关于印发武汉市"擦亮小城镇"建设美丽城镇行动实施方案的通知》（武政办〔2021〕6号）。
③ 参见《浙江省小城镇环境综合整治行动领导小组办公室关于公布省小城镇环境综合整治名单的通知》（浙镇治办〔2016〕6号）。

"车乱开"整治百日攻坚行动,其整治目标是,通过集中整治,全面消除穿镇公路上的乱停车、乱堆物、乱摆摊、乱开挖、乱建筑、乱竖牌、乱开车等现象,改善穿镇公路交通环境,提高穿镇公路的通行能力,实现穿镇公路的畅、安、舒、美。① 随后,组织开展为期3年的环境综合整治行动。要求各市、各县(市、区)根据《关于公布省小城镇环境综合整治对象的通知》和《浙江省小城镇环境综合整治三年行动计划》等文件,抓紧制定《小城镇环境综合整治三年行动计划》(包括规划设计引领、卫生乡镇创建、"道乱占"治理、"车乱开"治理、"线乱拉"治理、"低小散"块状行业治理六大专项行动方案),并根据各乡镇实际,科学确定列入2017年、2018年、2019年分批考核验收的乡镇(街道)名单,填报《小城镇环境综合整治分批达标实施计划表》。② 乘此机会,丽水市开展了城中村治危拆违、小城镇环境综合整治、"六边三化三美"沿线违法建筑"拔钉战"专项整治行动。总体目标是,按照"属地负责、部门联动""拆改结合、注重长效"的原则,重点突出城中村治危拆违、小城镇环境综合整治、"六边三化三美"沿线违法建筑的拆除处置工作,进一步改善提升城乡环境,全面推进"无违建"创建。通过3年努力,全市新增违法建筑做到"零增长",重点区域存量违法建筑和非法"一户多宅"得到全面依法处置,违法建筑处置制度体系、防违控违体系、规划体系和农民建房保障体系全面落实,全市创成"基本无违建市",实现省委省政府"不把脏乱差、污泥浊水、违章建筑带入全面小康"的总体要求。③

从2017年开始,重庆市以35个市级特色小(城)镇为主要对象,以城镇建成区为工作重点,深入推进以"两加强三完善"(加强规划引领、加强风貌整治,完善城镇功能、完善园林绿化、完善人居环境)为主要内容的环境综合整治。到2020年,建成一批空间美、街区美、生活美、风景美、生态美的特色小(城)镇,创建30个左右各具特色、富有活力的中国特色小镇,示范带动全市

---

① 参见《浙江省小城镇环境综合整治行动领导小组办公室、浙江省交通运输厅、浙江省公安厅关于开展全省穿小城镇公路"道乱占""车乱开"整治百日攻坚行动的通知》(浙镇治办〔2016〕30号)。
② 参见《浙江省小城镇环境综合整治行动领导小组办公室关于报送小城镇环境综合整治三年行动计划和分批达标计划的通知》(2016.11.28)。
③ 参见《丽水市人民政府办公室关于印发丽水市城中村治危拆违、小城镇环境综合整治、"六边三化三美"沿线违法建筑"拔钉战"专项整治行动方案的通知》(丽政办发〔2017〕17号)。

小（城）镇建设与发展，助推全市城乡人居环境改善。①

五、省市级特色小镇和特色城镇的创建

2015年5月，依据《西藏自治区城镇体系规划》和《西藏自治区新型城镇化规划（2014-2020年）》，按照自治区党委、政府的决策部署，积极作为、扎实工作，绵绵用力、久久为功，敢于探索、勇于实践，先行先试、不断创新，为全区小城镇建设提供可复制、可推广的经验和模式，走出一条中国特色、西藏特点的城镇化道路。结合地方发展实际，从交通沿线、江河沿线、边境沿线中，遴选出20个经济社会基础较好、特色产业优势明显的小城镇作为自治区级特色小城镇示范点（示范点和领导联系点名单见附件），利用3年时间予以重点打造，建成各具特色的小城镇，使特色小城镇示范点在推进新型城镇化建设、统筹城乡发展方面发挥引领示范作用。②

2016年7月，为深入推进新型城镇化，加快特色小城镇建设，发挥示范带动作用，经河北省政府同意，确定石家庄市井陉县天长镇、元氏县殷村镇等100个镇为全省重点培育的特色小城镇。100个特色小城镇是全省小城镇建设发展的重点，各地各部门要认真贯彻落实省委、省政府《关于加快新型城镇化与城乡统筹示范区建设的意见》和《河北省人民政府关于印发河北省新型城镇化与城乡统筹示范区建设规划（2016-2020年）的通知》精神，按照提高质量、体现特色等要求，在政策、土地及项目安排上予以支持，促进其提高建设发展的水平，到2020年，努力建设成为经济发达、环境优美、功能完善、特色鲜明的小城镇。③

2016年，湖北省出台《关于加快特色小（城）镇规划建设的指导意见》，力争通过3~5年的培育创建，在全省范围内规划建设50个产业特色鲜明、体制机制灵活、人文气息浓厚、生态环境优美、建筑风格雅致、卫生面貌整洁、多种功能叠加、示范效应明显、群众生产生活环境与健康协调发展的国家及省级

---

① 参见《重庆市人民政府办公厅关于推进特色小（城）镇环境综合整治的实施意见》（渝府办发〔2017〕43号）。
② 参见《西藏自治区人民政府办公厅关于印发西藏自治区特色小城镇示范点建设工作实施方案的通知》（藏政办发〔2015〕29号）。
③ 参见《河北省住房和城乡建设厅、河北省发展和改革委员会、河北省财政厅、河北省国土资源厅、河北省委省政府农村工作办公室、河北省民政厅、河北省科学技术厅、河北省机构编制委员会办公室关于公布全省重点培育的100个特色小城镇名单的通知》（冀建村〔2016〕18号）。

层面的特色小（城）镇。①

为贯彻落实省委、省政府关于推进特色小（城）镇建设的部署，按照《黑龙江省人民政府办公厅关于加快特色小（城）镇培育工作的指导意见》和《关于做好省级特色小（城）镇培育推荐工作的通知》要求，在各地择优推荐的基础上，黑龙江省住房和城乡建设厅、黑龙江省发展和改革委员会、黑龙江省财政厅决定将哈尔滨市香坊区向阳旅游特色镇等52个镇纳入省级特色小（城）镇培育对象。其中包括特色小镇7个（即香坊区向阳旅游特色镇、通河县富林特色小镇、五常市稻乡特色小镇、通河县乌鸦泡生态旅游特色小镇、道里区空港小镇、嘉荫恐龙小镇、亚布力滑雪旅游度假小镇）；特色小城镇30个；边境地区少数民族及特色乡4个；农垦小城镇6个（即牡丹江管理局海林农场、宝泉岭管理局共青农场、建三江管理局七星农场、九三管理局九三局直、红兴隆管理局853农场、哈尔滨管理局闫家岗农场）；森工小城镇5个（即绥棱重点国有林业局、柴河重点国有林业局、方正重点国有林业局、大海林重点国有林业局、桦南重点国有林业局）。②

2017年10月18日，吉林省吉林市出台《吉林市推进特色小（城）镇建设工作方案》，将全市45个特色小（城）镇列入发展规划，通过3~5年的培育创建，分步打造形成产业"特而强"、功能"聚而合"、形态"小而美"、机制"新而活"的特色小（城）镇，形成生产、生活、生态有机融合的重要功能平台，加快推进小康社会进程。③

2018年4月17日，根据《咸宁市推进特色小（城）镇规划建设实施方案》要求，湖北省咸宁市政府有关部门组织开展了市级特色小（城）镇创建申报、审核、评选工作。经市政府研究，确定向阳湖名人文化小镇等20个小镇为咸宁市首批特色小（城）镇创建单位。要求各县（市、区）政府要进一步提高思想认识，加大工作力度，建立联动机制，整合要素资源，出台扶持政策，安排专项资金，营造良好环境，加快推进市级特色小（城）镇创建工作；市政府有关部门要加强指导，在资金、土地、人才、技术、项目等方面给予支持，推动形成市级特色小（城）镇创建工作合力；各特色小镇要坚持改革创新，突出规划

---

① 参见《湖北省人民政府关于加快特色小（城）镇规划建设的指导意见》（鄂政发〔2016〕78号）。
② 参见《黑龙江省住房和城乡建设厅、黑龙江省发展和改革委员会、黑龙江省财政厅关于公布省级特色小（城）镇培育对象名单的通知》（黑建函〔2017〕302号）。
③ 参见《吉林市人民政府办公厅关于印发吉林市推进特色小（城）镇建设工作方案的通知》（吉市政办发〔2017〕51号）。

引领，强化产业支撑，完善基础设施和公共服务设施，积极探索小（城）镇创建模式，努力提升小（城）镇管理经营水平，为全市特色小（城）镇创建工作提供可借鉴、可推广的经验。①

2018年5月19日，贵州省贵阳市出台《贵阳市特色小镇和特色小城镇试点建设行动计划（2018-2020年）》，按照全面提升贵阳市旅游环线建设水平和发展质量的要求，采取"申报自愿、宽进严出、动态管理、验收定名"的方式，在全市遴选特色小镇建设试点（不同于行政建制镇、产业园区的创新创业平台），由市、区两级共同扶持打造。力争到2020年，建成一批各具特色、富有活力的现代制造、商贸物流、休闲旅游、传统文化、美丽宜居等特色小镇。围绕产业定位将特色小镇建设试点分为产业型、资源型、生活型小镇三种类型。其中，产业型小镇要求产业集聚区、开发区（园区）依据特色小镇建设目标提升改造项目；资源型小镇要求试点拥有独特旅游资源、浓郁风情韵味、秀丽自然风光，能够突显浓郁贵阳特色风情和人文魅力的展示平台；生活型小镇要求主导产业为现代农业、健康养老的建设试点。同时按照特色小城镇建设的相关要求，全市每年培育3个以上特色小城镇。②

2018年11月27日，河南省新乡市出台《关于加快培育市级特色小镇和特色小城镇的指导意见》。坚持从实际出发，结合本地的资源禀赋、发展水平、外部环境等进行整体谋划、科学规划，系好特色小镇和小城镇建设的第一粒扣子，形成创建一批、培育一批、谋划一批的梯次推进格局，以"两城十镇"为重点，加快推进，做出示范，形成可复制可推广的经验。力争3~5年内，全市培育创建20~30个产业特色鲜明、创新活力迸发、人文气息浓厚、生态环境优美、多种功能复合的市级特色小镇和特色小城镇，着力彰显我市产业特色和人文底蕴，引领全市创新转型发展。第一批拟创建10个市级特色小镇和特色小城镇。③

2019年1月29日，为有效提升吉林特色城镇化质量，持续深入推进示范城镇建设，大力培育特色产业小镇，着力破解城镇化发展瓶颈，吉林省人民政府出台《支持特色小镇和特色小城镇建设若干政策》，内容涉及扩大示范城镇管理权限、实施优惠的土地政策、鼓励农民进城、支持产业发展、加强基础设施建

---

① 参见《咸宁市人民政府办公室关于公布咸宁市首批特色小（城）镇创建名单的通知》（咸政办函〔2018〕32号）。
② 参见《贵阳人民政府办公厅关于印发贵阳市特色小镇和特色小城镇试点建设行动计划（2018-2020年）的通知》（筑府办函〔2018〕77号）。
③ 参见新乡市人民政府《关于加快培育市级特色小镇和特色小城镇的指导意见》（新政发〔2018〕10号）。

设、加强财税扶持、鼓励改革创新七个方面,共计40条。①

2019年6月19日,根据《青海省人民政府办公厅关于印发全省特色小镇和特色小城镇创建工作实施意见的通知》要求,为有序推进青海省特色小(城)镇创建工作,加快形成特色鲜明、宜居宜业的新型城镇化格局,通过组织申报、相关部门及专家评审、现场踏勘、实地调研和综合评选,经青海省政府同意,确定了青海省第一批省级特色小(城)镇创建名单为:一是同仁·唐卡艺术小镇;二是平安驿特色小镇;三是龙羊峡休闲小镇;四是玉树嘉那嘛呢风情小镇;五是坎布拉运动休闲特色小镇;六是高原钢城小镇。并对其实施年度评估及动态管理。②

2019年10月8日,贵州省出台《关于加快推动特色小镇和小城镇高质量发展的实施意见》。推动100个示范小城镇在改革创新、产业发展、综合整治、镇村联动等方面提档升级,在优化机构设置、简政放权、加快农民市民化进程等方面改革取得显著成效。探索示范小城镇"三变"改革,推动小城镇资源变资产、资金变股金、镇民变股东,激发小城镇发展活力。在示范小城镇开展以环境卫生、城镇秩序、乡容镇貌为重点的"百镇试点"工作。与此同时,培育创建100个省级特色小镇和特色小城镇。强调特色小镇是在几平方公里土地上集聚特色产业、生产生活生态空间相融合、不同于行政建制镇和产业园区的创新创业平台。特色小城镇是拥有几十平方公里以上土地和一定人口经济规模、特色产业鲜明的行政建制镇。各地可结合产业布局,循序渐进培育一批"市郊镇""市中镇""园中镇""镇中镇"等不同类型、具有特色产业的特色小镇,也可依托小城镇良好的交通区位和独特的自然资源、人文资源、特色风物,创建一批休闲旅游、商贸物流、健康养生等特色小城镇。要处理好尽力而为和量力而行的关系,把"小而精、小而美、小而富、小而特、小而专"作为工作原则和发展定位,避免过度追求数量目标和投资规模,严控房地产倾向,严防政府债务风险。2019年底,启动一批省级特色小镇和特色小城镇培育创建。加快推动全省1000多个小城镇高质量发展。推动20个极贫乡镇规划建设与脱贫攻坚产业发展、项目建设、民生保障相结合,加快极贫乡镇脱贫攻坚步伐。③

---

① 参见《吉林省人民政府关于印发支持特色小镇和特色小城镇建设若干政策的通知》(吉政发〔2019〕5号)。
② 参见《青海省人民政府办公厅关于公布第一批省级特色小(城)镇创建名单的通知》(青政办〔2019〕72号)。
③ 参见《贵州省人民政府办公厅关于加快推动特色小镇和小城镇高质量发展的实施意见》(黔府办发〔2019〕20号)。

综上所述，在积极组织申报国家级城镇建设项目的同时，各地均根据本地的实际情况，对照国家项目，积极地启动了本地的县域城镇建设，成为当地改革发展的一项重要工作，改革的内涵十分丰富。总体的发展方向，一是为提升小镇高质量发展，越来越重视环境保护及宜居城镇的建设；二是立足于产业优势与产业发展的开拓建设城镇，注重使县域城镇建设尽可能地纳入大中城市圈范围内发展，能够吸引人才与劳动力安稳地落脚于城镇，预防"空城"现象的出现，使县域城镇发展具有可持续性。

第四章 县域政策法律调整梳理与分析

在我国，有关县域的法律调整相对稳定。早在1954年宪法就规定，"省、自治区分为自治州、县、自治县、市"。① 1975年宪法规定，"地区、市、县的人民代表大会每届任期三年。"② "文革"期间虽然以革命委员会的形式替代各地组织，但县的建制仍然保留着。1978年宪法恢复了1954年规定，即"省、自治区分为自治州、县、自治县、市"。③ 现行宪法为1982年宪法，最新的修正时间是2018年。该法规定，"省、自治区分为自治州、县、自治县、市"。④ 由此说明，新中国成立以来，我国县的建制一直稳定地存在。其有国家宪法的基本保障。

一、党内政策和法规的调整

改革开放以来，针对县域经济和社会发展，中共中央颁发了一些党内政策和法规。1994年，中共中央组织部制定了《关于严格控制县级领导班子职数的通知》。1996年，中共中央办公厅、国务院办公厅发布《县级以下党政领导干部任期经济责任审计暂行规定》。2010年，中共中央纪律检查委员会、中共中央组织部发布《省、自治区、直辖市党委对县（市、区、旗）巡视工作实施办法》。2014年，中共中央组织部、国务院扶贫办印发《关于改进贫困县党政领导班子和领导干部经济社会发展实绩考核工作的意见》的通知。2015年，中共中央转发《中共全国人大常委会党组关于加强县乡人大工作和建设的若干意见》的通知。2015年，中央政法委关于转发《中国法学会关于加强市县法学会工作的指导意见》的通知。2021年，中央依法治国办发布《市县法治政府建设示范指标体系》（2021年版）。尤其是，2015年、2021年中共中央组织部先后两次作出《关于表彰全国优秀县委书记的决定》。这些规定，主要是从干部管理角度

---

① 参见1954年宪法第五十三条。
② 参见1975年宪法第二十一条。
③ 参见1978年宪法第三十三条。
④ 参见1982年宪法第三十条。

规范县域干部的行为，以弘扬先进，规范其廉洁自律。但也有对县域法治建设的要求。2021年中央依法治国办坚持以习近平新时代中国特色社会主义思想为指导，深入贯彻习近平法治思想和习近平总书记"七一"重要讲话精神，全面贯彻党的十九大和十九届二中、三中、四中、五中全会精神，根据《法治政府建设实施纲要（2021-2025年）》以及中共中央、国务院关于法治政府建设的一系列重大决策部署，深入总结第一批全国法治政府建设示范创建活动的成功经验，坚持问题导向、目标导向，突出针对性、引领性、可操作性，对《市县法治政府建设示范指标体系》（2019年版）的部分指标作了修改、调整和优化，修订形成《市县法治政府建设示范指标体系》（2021年版），作为开展示范创建活动的评估标准，作为建设法治政府的具体指引，使法治政府建设更加可量化、可证明、可比较并与时俱进。中央依法治国办出台的《市县法治政府建设示范指标体系》（2021年版），为加强县域法治政府的建设提供了依据。其具体指标体系见表4.1：

表4.1 市县法治政府建设示范指标体系（2021）[1]

一级指标	二级指标		三级指标
一、政府职能依法全面履行	1. 加大简政放权力度	（1）	全面普及行政审批服务"马上办、网上办、就近办、一次办、自助办"，行政审批事项在法定期限内完成并不断压缩办理时限
		（2）	依法实施行政许可，非行政许可审批事项全部取消，不存在以备案、登记、行政确认、征求意见等任何方式设置的变相许可事项
		（3）	全面清理行政审批中介服务，无法定依据的行政审批中介服务项目以及收费一律取消。对保留的行政审批中介服务事项实行清单管理，明确办理时限、工作流程、申报条件、收费标准并向社会公开。行政审批中介服务机构的人、财、物与政府脱钩
		（4）	对各类证明事项，凡没有法律法规或者国务院决定依据的一律取消。对保留的证明事项实行清单管理，做到清单之外，政府部门、公用企事业单位和服务机构不得索要证明。积极推行证明事项和涉企经营许可事项告知承诺制
		（5）	全面推行"证照分离""多证合一"，将更多涉企经营许可事项纳入改革。进一步压缩企业开办时间，实际办理时限不超过5个工作日，市场监管、税务、社保等流程逐步实现"一窗受理，并行办理"

[1] 参见中央依法治国办《市县法治政府建设示范指标体系》（2021年版）。

续表

一级指标	二级指标	三级指标	
一、政府职能依法全面履行	2. 全面落实权责清单、负面清单制度	(6)	编制并对外公布本级政府工作部门的权责清单，逐一明确法律依据、实施主体、责任方式等，实现同一事项的规范统一，并根据法律法规的变化实行动态调整
		(7)	全面落实并严格执行全国统一的负面清单制度。清单之外的行业、领域和业务等，各类市场主体皆可依法平等进入。本级政府及部门没有另行制定带有市场准入性质的负面清单
		(8)	全面实施行政事业性收费和政府性基金清单制度，清单之外的一律取消。全面清理整顿部门下属事业单位、行业协会商会收费，乱收费举报投诉查处机制建立健全
	3. 加强事中事后监管	(9)	全面推行"双随机、一公开"监管工作，大力推进跨部门联合监管，探索推进"互联网+监管"，逐步实现职能部门综合监管、"智慧监管"
		(10)	全面梳理现有涉企现场检查事项，通过取消、整合、转为非现场检查等方式，压减重复或不必要检查事项，涉企现场检查事项多、频次高、随意检查等问题明显减少
		(11)	加强信用监管，推进涉企信息归集共享，严格依法科学界定守信和失信行为，建立健全信用修复、异议处理等机制
	4. 优化法治化营商环境	(12)	认真开展公平竞争审查。全面清理废除地方保护、指定交易、市场壁垒等妨碍统一市场公平竞争的各种规定和做法，特别是对非公有制经济各种形式的不合理规定
		(13)	对涉嫌违法的企业和人员、财产，依法审慎决定是否采取相关行政强制措施。确需采取查封、扣押、冻结等措施的，严格按照法定程序进行
		(14)	全面推进政务诚信建设，严格兑现向行政相对人依法作出的政策承诺。认真履行在招商引资、政府与社会资本合作等活动中与投资主体签订的各类合同，不存在以政府换届、领导人员更替、行政区划调整、机构职能调整等理由违约毁约的情形
		(15)	对因本级政府规划调整、政策变化造成企业合法权益受损的，依法依规进行补偿。对因国家利益、公共利益或者其他法定事由需要改变政府承诺和合同约定的，严格依照法定权限和程序进行，并对企业和投资人因此而受到的财产损失依法予以补偿
		(16)	全面清理涉企收费、摊派事项和各类评比达标活动。依法保障企业自主加入和退出行业协会商会的权利。不存在干预企业依法自主经营活动的行为

续表

一级指标	二级指标		三级指标
一、政府职能依法全面履行	5. 优化公共服务	（17）	政务服务重点领域和高频事项基本实现"一网、一门、一次"。市县级政务服务事项网上可办率不低于90%；除对场地有特殊要求的事项外，政务服务事项进驻政务服务机构基本实现"应进必进"，且80%以上实现"一窗"分类受理
		（18）	全面提升政务服务水平，制定并落实政务服务标准和规范，完善首问负责、一次告知、自助办理等制度。大力推进政务服务跨省通办，深化"全程网办"、拓展"异地代收代办"、优化"多地联办"，县级以上政务服务大厅设置"跨省通办"窗口
		（19）	全面开展政务服务"好差评"，公开政务服务评价信息，强化服务差评整改，实名差评回访整改率达到100%
		（20）	市级政府建立便捷高效、规范统一的12345政务服务便民热线，除110、119、120、122等紧急热线外，按上级政府部署将其他非紧急类政务热线整合，实现政务咨询投诉举报等统一受理、按责转办、限时督办、办结反馈。县级政府对涉及本级政府及部门的政务咨询投诉举报及时处置、限时办结
二、依法行政制度体系完善	1. 健全地方政府制度建设机制	（21）	坚持党对地方政府规章或者行政规范性文件制定工作的领导，制定、修改过程中遇有重大问题及时向本级党委请示报告
		（22）	制度建设紧密结合地方发展需要和实际，突出地方特色，突出针对性、适用性、可操作性，推进"小快灵""小切口"制度建设的探索实践，不断提高地方制度建设的质量和效率
		（23）	加大重要制度建设事项的协调决策力度，对部门争议较大的地方政府规章或者行政规范性文件，引入第三方评估
	2. 提高公众参与度	（24）	除依法需要保密的外，地方政府规章草案一律向社会公开征求意见，期限一般不少于30日。对公民、法人和其他组织权利义务有重大影响、涉及人民群众切身利益的行政规范性文件，在向社会公开征求意见时，期限一般不少于7个工作日（与市场主体生产经营活动密切相关的行政规范性文件，期限一般不少于30日）。涉及企业和特定群体、行业利益的，充分听取企业、人民团体、行业协会商会的意见

续表

一级指标	二级指标		三级指标
二、依法行政制度体系完善	3. 加强行政规范性文件监督管理	(25)	本级人大代表、政协委员关于地方政府规章或者行政规范性文件的建议、提案，按时回复率达到100%
		(26)	重要的行政规范性文件依法依规执行评估论证、公开征求意见、合法性审核、集体审议决定、向社会公开发布等程序。专业性、技术性较强的行政规范性文件，组织相关领域专家进行评估论证。评估论证结论在文件起草说明中写明，作为制发文件的重要依据
		(27)	行政规范性文件没有增加法律、法规规定之外的行政权力事项或者减少法定职责；没有设定行政许可、行政处罚、行政强制等事项，增加办理行政许可事项的条件，规定出具循环证明、重复证明、无谓证明的内容；没有违法减损公民、法人和其他组织的合法权益或者增加其义务，侵犯公民各项基本权利；没有超越职权规定应由市场调节、企业和社会自律、公民自我管理的事项；没有违法制定含有排除或者限制公平竞争内容的措施，违法干预或者影响市场主体正常生产经营活动，违法设置市场准入和退出条件等
		(28)	行政规范性文件的合法性审核率达100%。制定机关负责合法性审核的部门对文件的制定主体、程序和有关内容等是否符合法律法规章和国家政策的规定，及时进行合法性审核。合法性审核时间一般不少于5个工作日，最长不超过15个工作日。未经合法性审核或者经审核不合法的，不提交集体审议
		(29)	没有发生因行政规范性文件内容违法或者超越法定职权，被本级人大常委会或者上级行政机关责令改正或者撤销的情况，被行政复议机关、人民法院认定为不合法的情况
	4. 及时开展备案审查和清理工作	(30)	建立、实施地方政府规章、行政规范性文件后评估制度，每年至少对1件现行有效的地方政府规章或者行政规范性文件开展后评估
		(31)	地方政府规章、行政规范性文件按照规定的程序和时限报送备案，且报备率、报备及时率、规范率均达100%。公民、法人和其他组织对行政规范性文件的建议审查制度健全
		(32)	根据上位法的动态变化或者上级政府要求，及时对不适应全面深化改革和经济社会发展要求的地方政府规章或者行政规范性文件进行清理，清理结果向社会公布
		(33)	实现本地区地方政府规章、行政规范性文件在政府门户网站统一公开、发布，实现现行有效的地方政府规章、行政规范性文件统一平台查询

续表

一级指标	二级指标		三级指标
三、重大行政决策科学民主合法	1. 依法决策机制健全	(34)	规范重大行政决策流程，明确重大行政决策的决策主体、事项范围、程序要求。制定年度重大行政决策事项目录，向社会公开，并根据实际情况调整
		(35)	重大行政决策情况依法自觉接受本级人大及其常委会的监督，根据法律法规规定属于本级人大及其常委会讨论决定的重大事项范围或者应当在出台前向本级人大及其常委会报告的，严格按照有关规定办理
	2. 公众参与	(36)	实行重大行政决策公开制度，除依法应当保密的外，决策事项、依据和结果全部公开，并为公众查阅提供服务。对社会关注度高的决策事项，认真进行解释说明
		(37)	除依法不予公开的外，重大行政决策事项充分听取社会公众意见。如向社会公开征求意见的，征求意见期限一般不少于30日；因情况紧急等原因需要缩短期限的，公开征求意见时应当予以说明
		(38)	重大行政决策事项涉及企业和特定群体、行业利益的，充分听取企业、行业协会商会、人民团体、社会组织、群众代表等的意见
	3. 专家论证、风险评估	(39)	专家参与论证重大行政决策的程序规则明确。专业性、技术性较强的决策事项，组织专家、专业机构论证其必要性、可行性、科学性等
		(40)	对涉及经济社会发展和人民群众切身利益的重大政策、重大项目等决策事项，进行社会稳定、公共安全等方面的风险评估，形成相关风险评估报告
	4. 合法性审查	(41)	重大行政决策全部经合法性审查，没有未经合法性审查或者经合法性审查不合法仍提交决策机关讨论的情形；没有以征求意见等方式代替合法性审查的情形。重大行政决策合法性审查的时间不少于7个工作日
		(42)	全面推行法律顾问、公职律师制度。市县党政机关已经配备具有法律职业资格或者律师资格且专门从事法律事务工作人员的，应当在2021年年底前全部设立公职律师。行政机关主要负责人作出重大决策前，听取合法性审查机构的意见，注重听取法律顾问、公职律师或者有关专家的意见，不存在法律顾问"聘而不用"的情形，公职律师的作用得到有效发挥
	5. 集体讨论决定	(43)	重大行政决策经政府常务会议或者全体会议讨论，集体讨论率达到100%。集体讨论决定情况全部如实记录，不同意见如实载明
		(44)	行政机关主要负责人在重大行政决策集体讨论会议上最后发言，并在集体讨论基础上作出决定，拟作出的决定与会议组成人员多数人的意见不一致的，在会上说明理由

续表

一级指标	二级指标		三级指标
三、重大行政决策科学民主合法	6. 强化决策规范化建设	（45）	建立重大行政决策全过程记录、材料归档和档案管理制度，实现重大行政决策年度目录事项全部立卷归档
		（46）	建立决策机关跟踪重大行政决策执行情况和实施效果制度，对重大行政决策实施后明显未达到预期效果，公民、法人或者其他组织提出较多意见的重大行政决策进行决策后评估
四、行政执法严格规范公正文明	1. 行政执法权责统一、权威高效	（47）	严格贯彻落实《行政处罚法》。根据本级政府事权和职能，深入推进综合行政执法体制改革。业务主管部门与综合行政执法部门、乡镇（街道）与县（市、区）级相关部门行政执法协调协同机制健全。行政执法权限协调机制完善，跨领域跨部门联合执法、协作执法组织有力、运转顺畅
		（48）	食品药品、公共卫生、自然资源、生态环境、安全生产、劳动保障、城市管理、交通运输、金融服务、教育培训等关系群众切身利益的重点领域执法有力，违法行为得到及时查处，无逾期未查未决案件，人民群众具有较高满意度
		（49）	除有法定依据外，创建周期内没有采取要求特定区域或者行业、领域的市场主体普遍停产、停业的措施
		（50）	创新行政执法方式，广泛运用说服教育、劝导示范、警示告诫、指导约谈等非强制性执法手段。采用非强制性手段可以达到行政管理目的的，不实施行政强制
		（51）	行政执法和刑事司法衔接机制建立健全，行政执法机关、检察机关、审判机关信息共享、案情通报、案件移送制度建立并全面执行，不存在有案不移、有案难移、以罚代刑现象
	2. 全面推行行政执法公示制度	（52）	行政执法主体、权限、依据、程序、救济渠道和随机抽查事项清单等信息全面准确及时主动公开；公开信息简明扼要、通俗易懂，并进行动态调整。全面落实行政裁量权基准制度，对外公布本地区各行政执法行为的裁量范围、种类、幅度等基准并切实遵循
		（53）	除法律另有规定外，行政执法人员严格执行2人以上执法规定。严格执行"亮证执法"制度，主动出示执法证件。出具执法文书，应当主动告知当事人执法事由、执法依据、权利义务、救济渠道等
		（54）	行政执法机关在执法决定作出之日起20个工作日内向社会公布执法机关、执法对象、执法类别、执法结论等信息，接受社会监督，行政许可、行政处罚的执法决定信息在执法决定作出之日起7个工作日内公开，但法律、行政法规另有规定的除外

续表

一级指标	二级指标		三级指标
四、行政执法严格规范公正文明	3. 全面推行执法全过程记录制度	(55)	行政执法机关通过文字、音像等记录形式，对行政执法启动、调查取证、审核决定、送达执行等实现全过程记录，并实现全面系统归档保存，做到执法全过程留痕和可回溯管理
		(56)	根据行政执法文书格式文本，结合本地实际完善有关文书格式，做到行政执法活动文字记录合法规范、客观全面、及时准确，执法案卷和执法文书要素齐备、填写规范、归档完整
		(57)	对查封扣押财产、强制拆除等直接涉及人身自由、生命健康、重大财产权益的现场执法活动和执法办案场所，实行全程音像记录。执法音像记录管理制度已经建立并严格执行
		(58)	对于执法全过程记录资料严格依法依规归档保存，对同一执法对象的文字、音像记录进行集中储存，推行"一户式"集中储存；行政执法全过程数据化记录工作机制和数字化归档管理制度已经建立并完善
	4. 全面推行重大执法决定法制审核制度	(59)	行政执法机关作出重大执法决定前均严格进行法制审核，重大执法决定法制审核制度执行率达100%
		(60)	行政执法机关均明确具体负责本单位重大执法决定法制审核的工作机构，原则上负责法制审核的人员不少于本单位执法人员总数的5%
		(61)	行政执法机关根据国家规定和上级机关的统一要求，结合本机关行政执法情况制定重大执法决定法制审核目录清单，清单内容包括但不限于涉及重大公共利益、可能造成重大社会影响或者引发社会风险、直接关系行政相对人或者第三人重大权益、经过听证程序作出行政执法决定以及案件情况疑难复杂涉及多个法律关系的行政执法活动

续表

一级指标	二级指标	三级指标	
四、行政执法严格规范公正文明	5. 全面落实行政执法责任	（62）	严格按照权责事项清单分解执法职权、确定执法责任。建立行政执法日常检查监督机制，每年至少组织1次行政执法案卷评查、抽查或者其他形式的检查工作
		（63）	全面、严格落实告知制度，依法保障行政相对人陈述、申辩、提出听证申请等权利。行政执法投诉举报、情况通报等制度已经建立，群众举报的违法行为得到及时查处。创建周期内没有发生因违法执法或者执法不当造成恶劣社会影响的情形
		（64）	全面实行行政执法机关内部人员干预、插手案件办理的记录、通报和责任追究制度；健全执法过错纠正和责任追究程序，实行错案责任倒查问责制
	6. 健全行政执法人员管理制度	（65）	全面实行行政执法人员持证上岗和资格管理制度。每年开展行政执法人员公共法律知识、专门法律知识、新法律法规等专题培训不少于40学时。行政执法着装管理规范
		（66）	执法辅助人员管理得到规范，执法辅助人员适用岗位、身份性质、职责权限、权利义务、聘用条件和程序均已明确
		（67）	本地区党政机关和领导干部支持行政执法机关依法公正行使职权，未出现下达或者变相下达与法律规定冲突的任务指标或者完成时限等情形
		（68）	行政执法经费统一纳入财政预算予以保障，罚缴分离和收支两条线管理制度得到有效贯彻。罚没收入同做出行政处罚的行政执法机关的经费完全脱钩，同做出行政处罚的行政执法人员的考核、考评完全脱钩

续表

一级指标	二级指标		三级指标
五、行政权力制约监督科学有效	1. 自觉接受各类监督	(69)	坚持将行政权力制约和监督体系纳入党和国家监督体系全局统筹规划，突出党内监督主导地位。自觉接受、配合监察机关开展的监督工作
		(70)	认真研究办理人大及其常委会组成人员对政府工作提出的有关审议意见、人大代表和政协委员提出的意见和建议，办理后满意度达95%以上
		(71)	支持人民法院依法受理和审理行政案件，行政机关负责人按规定出庭应诉；对于涉及重大公共利益的案件、社会高度关注的案件、可能引发群体性事件的案件、检察机关提起的行政公益诉讼案件等，被诉行政机关负责人出庭率达100%。行政诉讼败诉率不高于上一年度全国行政诉讼败诉率平均值
		(72)	尊重并执行人民法院生效裁判，不存在未履行法院生效裁判的情况。支持配合检察院开展行政诉讼监督、行政公益诉讼，积极主动履行职责或纠正违法行为。及时落实、反馈司法建议、检察建议，按期办复率达100%
		(73)	对新闻媒体曝光的违法行政问题及时进行调查核实，解释说明，依法作出处理并进行反馈
		(74)	坚持严管和厚爱结合、激励和约束并重，做到依规依纪依法严肃问责、规范问责、精准问责、慎重问责，既避免问责不力，也避免问责泛化、简单化
	2. 加强行政监督	(75)	政府内部权力制约体系形成，审计监督、统计监督、财会监督、执法监督、行政复议等监督机制作用得到积极且有效发挥。对财政资金分配使用、国有资产监管、政府投资、政府采购、公共资源转让、公共工程建设等权力集中的部门和岗位实行分事行权、分岗设权、分级授权，定期轮岗
	3. 全面推进政务公开	(76)	实行政务公开清单管理制度，并动态更新。对符合法定条件要求的依申请公开政府信息的答复率达100%
		(77)	创建周期内，没有因不履行或者不正确履行政府信息公开法定职责，在行政复议或者行政诉讼中被撤销、确认违法或者责令履行等的情形

续表

一级指标	二级指标		三级指标
六、社会矛盾纠纷依法有效化解	1. 健全依法化解纠纷机制	(78)	信访、调解、仲裁、行政裁决、行政复议、诉讼等矛盾纠纷多元预防调处化解综合机制有效运行，绝大多数矛盾纠纷能够通过法定渠道得到解决。人民群众对化解社会矛盾纠纷工作的满意度达到85%以上
		(79)	实现乡镇（街道）、村（居）委会人民调解委员会全覆盖。乡镇（街道）人民调解委员会有2名以上专职人民调解员，有条件的村（居）人民调解委员会有1名以上专职人民调解员。人民调解工作经费财政保障落实到位
		(80)	严格落实"谁执法谁普法"普法责任制，普遍实施以案释法制度，在执法实践中深入开展以案释法和警示教育
	2. 加强行政复议工作	(81)	行政复议个案监督纠错力度较强，通过制发意见书、约谈、通报等方式增强办案效果，从源头上预防和减少行政争议，行政复议主渠道作用凸显。行政复议决定履行率达100%
		(82)	全面深化行政复议体制改革，积极推进行政复议职责有效整合。行政复议机构设置、人员配备与工作任务相适应，行政复议案件办理符合法定程序和时限，审查行政复议案件由2名以上行政复议人员参加
		(83)	行政复议机关设立行政复议委员会，积极通过调解实现行政争议实质性化解，通过听证、专家咨询等形式公开公正办案。全面运用全国行政复议行政应诉工作平台办理行政复议案件
		(84)	行政复议登记受理以及办案场所、工作经费、办案设备等保障到位。在政府网站和行政复议接待场所公开受理复议案件的范围、条件、程序等事项，提供行政复议申请书格式样本。全面落实行政复议决定书网上公开制度

续表

一级指标	二级指标		三级指标
七、重大突发事件依法预防处置	1. 完善突发事件应对机制制度	(85)	坚持运用法治思维和法治方式应对突发事件，严格依法实施应对举措。各项突发事件应急处置措施规范适度，符合有关法律规定和比例原则。在收集、使用个人信息时采取必要措施，切实保护公民隐私和个人信息安全
		(86)	各类突发事件应急预案健全，依法分级分类施策，并根据实际需要和情势变化适时修订。突发事件监测预警、信息报告、应急响应、调查评估等机制健全完善
		(87)	在突发事件处置中需要采取必要智能化管理和服务措施的，在应急预案中应考虑不同人群特别是老年人的需要，提供线上线下相结合的应急救援和保障服务
	2. 提高突发事件依法处置能力	(88)	对本地区容易引发自然灾害、事故灾害和公共卫生事件的危险源、危险区域进行调查、登记、风险评估，定期进行检查、监控，并按照国家规定向社会公布
		(89)	增强风险防范意识，定期开展应急演练，注重提升依法预防突发事件、先期处置和快速反应能力
		(90)	突发事件应对培训制度健全完善，对本级政府及其部门负有处置突发事件职责的工作人员定期进行培训
		(91)	加强突发事件信息公开和危机沟通。对涉及特别重大、重大突发事件的政务舆情，最迟在事件发生后5小时内发布权威信息，在24小时内举行新闻发布会，并根据工作进展情况，持续发布权威信息

续表

一级指标	二级指标	三级指标	
八、政府工作人员法治思维和依法行政能力全面提高	1. 树立重视法治素养和法治能力用人导向	（92）	把能不能有效运用法治思维和法治方式深化改革、推动发展、化解矛盾、维护稳定、应对风险作为考察识别干部的重要条件，在相同条件下优先提拔使用法治素养好、依法履职能力强的干部
		（93）	对特权思想严重、法治观念淡薄的干部，及时发现并进行批评教育、督促整改，对问题严重或者违法违纪的干部，依法依纪严肃处理。创建周期内，政府领导班子成员没有因严重违法犯罪受到追究
	2. 强化对政府工作人员的法治教育培训和考查	（94）	深入学习贯彻习近平法治思想，把习近平法治思想、宪法法律列入政府常务会议学习内容，列入本级党校（行政学院）必修课。政府领导班子每年应当举办2期以上法治专题讲座，至少组织开展1次政府及其部门领导班子成员旁听人民法院庭审活动
		（95）	在政府工作人员中普遍开展宪法法律教育，严格落实国家工作人员宪法宣誓制度。将法律知识培训作为公务员初任培训、任职培训的重要内容，将宪法以及与工作密切相关的法律法规纳入培训考试考核内容，将通过法律知识考试作为通过初任培训、任职培训的标准之一。市县政府承担行政执法职能的部门负责人任期内至少接受一次法治专题脱产培训
九、法治政府建设组织领导落实到位	1. 加强党对法治政府建设的领导	（96）	将法治政府建设纳入地区发展总体规划和年度工作计划，党委主要负责人每年召开部署安排法治政府建设年度重点工作的专题会议不少于1次
		（97）	每年3月1日前，市县政府向同级党委、人大常委会和上一级政府工作报告上一年度法治政府建设情况，市县政府部门向本级党委和政府、上一级政府有关部门报告上一年度法治政府建设情况，并在4月1日前通过报刊、政府门户网站等向社会公开
		（98）	党委法治建设议事协调机构的办事机构认真履行推进法治政府建设职责，确保专门工作力量、确保高效规范运转、确保发挥职能作用
	2. 强化考核评价和督促落实	（99）	党政主要负责人切实履行推进法治建设第一责任人职责，按照有关规定将履行推进法治建设第一责任人职责情况列入年终述职内容。上级党委和政府每年对下级党政主要负责人履行推进法治建设第一责任人职责情况有检查、有督促
		（100）	法治建设成效作为衡量各级领导班子和领导干部实绩的重要内容，纳入政绩考核等指标体系。每年对法治政府建设情况开展督察考评，对工作不力、问题较多的单位开展约谈整改

续表

一级指标	二级指标		三级指标
十、附加项	1. 加分项	（1）	2019年以来法治政府建设有关工作获得的省部级以上的表彰奖励。（须附党中央、国务院、中央国家机关有关部门以及省级党委政府的正式文件证明）
		（2）	在法治政府建设上积极创新、深化改革，有关做法经验在全国范围内推广的。（须附党中央、国务院、中央国家机关有关部门的正式文件证明）
	2. 否决项	（1）	发生严重违法行政行为，或者因行政不作为、乱作为造成恶劣社会影响的
		（2）	在示范创建活动的申报材料中，故意编造、虚构有关数据、资料、文件等，或者隐瞒事实真相的

表4.1表明，国家对县级政府法治建设实施指标化管理。其中，一级正式指标9项，附加指标1项；二级正式指标32项，附加指标2项；三级正式指标100项，附加指标4项。这些指标是评价县域法治状况的基本依据，且还会继续完善。

值得强调的是，到2022年，关于县域发展及其法治，党中央的政策有了新的进展。

2022年5月，中共中央办公厅、国务院办公厅印发《关于推进以县城为重要载体的城镇化建设的意见》（以下简称《意见》）。该《意见》结合新形势提出工作要求，即顺应县城人口流动变化趋势，立足资源环境承载能力、区位条件、产业基础、功能定位，选择一批条件好的县城作为示范地区重点发展，防止人口流失县城盲目建设。充分发挥市场在资源配置中的决定性作用，引导支持各类市场主体参与县城建设；更好发挥政府作用，切实履行制定规划政策、提供公共服务、营造制度环境等方面职责。以县域为基本单元推进城乡融合发展，发挥县城连接城市、服务乡村作用，增强对乡村的辐射带动能力，促进县城基础设施和公共服务向乡村延伸覆盖，强化县城与邻近城市发展的衔接配合。统筹发展和安全，严格落实耕地和永久基本农田、生态保护红线、城镇开发边界，守住历史文化根脉，防止大拆大建、贪大求洋，严格控制撤县建市设区，防控灾害事故风险，防范地方政府债务风险。

在发展目标方面，到2025年，以县城为重要载体的城镇化建设取得重要进展，县城短板弱项进一步补齐补强，一批具有良好区位优势和产业基础、资源环境承载能力较强、集聚人口经济条件较好的县城建设取得明显成效，公共资源配置与常住人口规模基本匹配,特色优势产业发展壮大,市政设施基本完备,公共服务全面提升,人居环境有效改善,综合承载能力明显增强,农民到县城就业安家规模不断扩大,县城居民生活品质明显改善。再经过一个时期的努力,在全国范围内基本建成各具特色、富有活力、宜居宜业的现代化县城,与邻近大中城市的发展差距显著缩小,促进城镇体系完善、支撑城乡融合发展作用进一步彰显。

为实现上述目标,《意见》提出如下具体措施:

在科学把握功能定位,分类引导县城发展方向方面:一是加快发展大城市周边县城;二是积极培育专业功能县城;三是合理发展农产品主产区县城;四是有序发展重点生态功能区县城;五是引导人口流失县城转型发展。

在培育发展特色优势产业,稳定扩大县城就业岗位方面:一是增强县城产业支撑能力;二是提升产业平台功能,支持符合条件的县城建设产业转型升级示范园区;三是健全商贸流通网络;四是完善消费基础设施;五是强化职业技能培训。

在完善市政设施体系,夯实县城运行基础支撑方面:一是完善市政交通设施;二是畅通对外连接通道;三是健全防洪排涝设施;四是增强防灾减灾能力;五是加强老化管网改造;六是推动老旧小区改造;七是推进数字化改造。

在强化公共服务供给,增进县城民生福祉方面:一是完善医疗卫生体系;二是扩大教育资源供给;三是发展养老托育服务;四是优化文化体育设施;五是完善社会福利设施。

在加强历史文化和生态保护,提升县城人居环境质量方面:一是加强历史文化保护传承;二是打造蓝绿生态空间;三是推进生产生活低碳化;四是完善垃圾收集处理体系;五是增强污水收集处理能力。

在提高县城辐射带动乡村能力,促进县乡村功能衔接互补方面:一是推进县城基础设施向乡村延伸;二是推进县城公共服务向乡村覆盖;三是推进巩固拓展脱贫攻坚成果同乡村振兴有效衔接。

在深化体制机制创新,为县城建设提供政策保障方面:一是健全农业转移人口市民化机制;二是建立多元可持续的投融资机制;三是建立集约高效的建设用地利用机制。

在组织实施方面:一是加强组织领导,坚持和加强党的全面领导,发挥各级党组织作用,建立中央指导、省负总责、市县抓落实的工作机制,为推进以县城为重要载体的城镇化建设提供根本保证,发挥城镇化工作暨城乡融合发展工作部际联席会议制度作用;二是强化规划引领,坚持"一县一策";三是推动试点先行。①

上述《意见》表明，中央为下一步县域如何发展指明了方向。

与此同时，2022年，中央全面依法治国委员会印发《关于进一步加强市县法治建设的意见》（以下简称《意见》）。《意见》要求，以解决当前市县法治建设存在的突出问题为重点，健全完善党领导市县法治建设体制机制，提升市县法治工作能力和保障水平，增强人民群众在法治领域的获得感、幸福感、安全感，为2035年法治国家、法治政府、法治社会基本建成奠定坚实基础。力争通过5年时间的努力，党领导市县法治建设的制度和工作机制更加完善，市级立法质量明显提高，市县政府行为全面纳入法治轨道，执法、司法公信力进一步提升，领导干部运用法治思维和法治方式深化改革、推动发展、化解矛盾、维护稳定、应对风险的意识和能力明显增强，市县法治工作队伍思想政治素质、业务工作能力和职业道德水准明显提高，群众法治素养和基层社会治理法治化水平显著提升，全社会尊法学法守法用法的浓厚氛围进一步形成。为此，《意见》提出以下措施。

在完善党领导市县法治建设制度和工作机制方面：一是牢牢把握市县法治建设的正确方向，确保党中央关于全面依法治国的决策部署落实到"最后一公里"；二是进一步发挥依法治市、县委员会作用；三是规范依法治市、县委员会协调小组运行；四是加强依法治市、县委员会办公室建设；五是建立乡镇（街道）法治建设领导体制和工作机制。

在全面深化市县法治建设工作方面：一是着力服务市县经济高质量发展；二是着力维护基层安全稳定；三是着力服务保障和改善民生；四是提升地方立法和规范性文件制定科学化水平。坚决杜绝乱发文、发"奇葩文件"；五是提高市县政府依法决策、依法行政水平。市县政府要根据《法治政府建设实施纲要（2021—2025年）》及省（区、市）实施方案，对照市县法治政府建设示范指标体系，制定细化法治政府建设目标任务、步骤安排和具体举措；六是深化执法体制机制改革，持续推进综合行政执法体制改革，推进县（市、区、旗）"局队合一"体制改革，乡镇（街道）逐步实现"一支队伍管执法"；七是深入推进公正司法；八是深化普法和依法治理。

在加强组织保障方面：一是加强市县法治建设组织领导；二是强化市县法治建设力量保障；三是加大信息技术在市县法治建设中的应用；四是强化法治

---

① 参见中共中央办公厅、国务院办公厅《关于推进以县城为重要载体的城镇化建设的意见》（2022年8月12日）。

工作统筹联动。①

综合以上的归纳总结，党中央对于县域政权组织的运行，有着基本的规定与政策指引。尤其是，党的十八大以来，在"中央统筹、省负总责、市县落实"和"党政同责"的管理体制下，县域的发展依据主要是落实中央、省级出台的政策法规以及政策指导。在市管县体制下，由于县级没有立法权，市级立法也是县域发展的依据。扩权强县改革中，相当的省级、市级管理权限被下放于县一级，有些则直接授权于县域内的镇一级政权，极大地促进了县域经济的发展。中央对于县域内的教育、医疗健康、体育以及城乡规划等事业发展提出了若干标准。对照这些标准，全国约有30%的县被命名为各类先进县，在县域经济和社会发展中走在了前头。但是，由于东部、西部、中部及东北区域各县的情况不尽相同，存在发展不平衡问题。

从经济法治的实际运行情况看，有关县域经济的发展，主要依据的还是各县自己的实际情况，依法出台的《国民经济和社会发展规划》及其年度计划的组织和实施。因此，只要县域积极落实中央、省、市的政策法律，并持续有效地执行规划和计划，不因县级领导人的更换而随意变更规划与计划，始终以当地人民利益为出发点，不搞"形象工程"，县域经济和社会发展就能保持良好的发展态势。在此方面，山西的"右玉精神"② 就是不管形势如何变化，连续十二届县委、县政府均排除干扰，持续性地植树造林，才改变了右玉县恶劣的自然环境，一举成为全国绿化先进单位，并带动了当地的发展，受到了习近平总书记和党中央的表彰。与此同时，党中央先后于2015年、2021年两次表彰右玉县委书记为全国优秀县委书记，一方面，说明党中央对于县级干部的重视；另一方面，对于广大的县级干部也形成了一种激励机制。

---

① 参见中央全面依法治国委员会《关于进一步加强市县法治建设的意见》（2022.08.12）。
② 右玉县地处晋蒙交界，是山西的北大门。全县总面积为1969平方公里，下辖1个省级生态文化旅游示范区，4镇6乡1个风景名胜区，172个行政村，总人口11.6万。中华人民共和国成立初期，全县仅有残次林8000亩，林木绿化率不足0.3%，年均气温只有3.6℃，降水量不到400毫米，无霜期不到100天，生态环境十分脆弱。中华人民共和国成立以来，经过右玉人民70多年坚持不懈地造林治沙，久久为功改善生态，如今全县有林面积达169万亩，林木绿化率达到56%，变成了闻名全国的塞上绿洲，先后荣获国家级生态示范县、国家可持续发展实验区、全县域国家AAAA级旅游景区、国家生态文明建设示范县、"绿水青山就是金山银山"实践创新基地等荣誉称号，同时孕育形成了宝贵的"右玉精神"。2011年3月以来，习近平总书记先后六次对"右玉精神"作出重要批示和指示，指出："'右玉精神'体现的是全心全意为人民服务，是迎难而上、艰苦奋斗、是久久为功、利在长远。""右玉精神是宝贵财富，一定要大力学习和弘扬"。

二、宪法及地方组织法规定

在县的政权建设方面，现行宪法规定：县级政权属于地方国家机关。县级设立人民代表大会和人民政府，每届任期5年。县人民代表大会在本行政区划内，保证宪法、法律、行政法规的遵守和执行；依照法律规定的权限，通过和发布决议，审查和决定地方的经济建设、文化建设和公共事业建设的计划。县级人民代表大会依法选举产生县政府、县监察委、县法院、县检察院及其县长、县监察委主任、县法院院长、县检察院检察长和主要公职人员。其中，县级政府实行县长负责制。县级政府依照法律规定的权限，管理本行政区域内的经济、教育、科学、文化、卫生、体育事业、城乡建设事业和财政、民政、公安、民族事务、司法行政、计划生育等行政工作，发布决定和命令，任免、培训、考核和奖励行政工作人员。①

根据2022年新修正的《中华人民共和国地方各级人民代表大会和地方各级人民政府组织法》规定，县级人民代表大会及其常委会、县级人民政府坚持中国共产党的领导，坚持以马克思列宁主义、毛泽东思想、邓小平理论、"三个代表"重要思想、科学发展观、习近平新时代中国特色社会主义思想为指导，依照宪法和法律规定行使职权。坚持以人民为中心，坚持和发展全过程人民民主，始终同人民保持密切联系，倾听人民的意见和建议，为人民服务，对人民负责，受人民监督。遵循在中央的统一领导下、充分发挥地方的主动性积极性的原则，保证宪法、法律和行政法规在本行政区域的实施。县级人民代表大会及其常委会和人民政府实行民主集中制原则。县级人民代表大会及其常委会应当充分发扬民主，集体行使职权。县级人民政府实行首长负责制。政府工作中的重大事项应当经集体讨论决定。②

县级人民代表大会行使以下职权：

一是在本行政区域内，保证宪法、法律、行政法规和上级人民代表大会及其常务委员会决议的遵守和执行，保证国家计划和国家预算的执行；二是审查和批准本行政区域内的国民经济和社会发展规划纲要、计划和预算及其执行情况的报告，审查监督政府债务，监督本级人民政府对国有资产的管理；三是讨

---

① 参见1982年宪法（2018年修正）第九十九条、第一百零五条、一百零六条、一百零七条等。
② 参见《中华人民共和国地方各级人民代表大会和地方各级人民政府组织法》（2022修正）第三条至第六条。

论、决定本行政区域内的政治、经济、教育、科学、文化、卫生、生态环境保护、自然资源、城乡建设、民政、社会保障、民族等工作的重大事项和项目；四是选举本级人民代表大会常务委员会的组成人员；五是选举县长、副县长；六是选举本级监察委员会主任、人民法院院长和人民检察院检察长；选出的人民检察院检察长，须报经上一级人民检察院检察长提请该级人民代表大会常务委员会批准；七是选举上一级人民代表大会代表；八是听取和审议本级人民代表大会常务委员会的工作报告；九是听取和审议本级人民政府和人民法院、人民检察院的工作报告；十是改变或者撤销本级人民代表大会常务委员会的不适当的决议；十一是撤销本级人民政府的不适当的决定和命令；十二是保护社会主义的全民所有的财产和劳动群众集体所有的财产，保护公民私人所有的合法财产，维护社会秩序，保障公民的人身权利、民主权利和其他权利；十三是保护各种经济组织的合法权益；十四是铸牢中华民族共同体意识，促进各民族广泛交往交流交融，保障少数民族的合法权利和利益；十五是保障宪法和法律赋予妇女的男女平等、同工同酬和婚姻自由等各项权利。[①]

县级人民代表大会常务委员会行使以下职权：

一是在本行政区域内，保证宪法、法律、行政法规和上级人民代表大会及其常务委员会决议的遵守和执行；二是领导或者主持本级人民代表大会代表的选举；三是召集本级人民代表大会会议；四是讨论、决定本行政区域内的政治、经济、教育、科学、文化、卫生、生态环境保护、自然资源、城乡建设、民政、社会保障、民族等工作的重大事项和项目；五是根据本级人民政府的建议，审查和批准本行政区域内的国民经济和社会发展规划纲要、计划和本级预算的调整方案；六是监督本行政区域内的国民经济和社会发展规划纲要、计划和预算的执行，审查和批准本级决算，监督审计查出问题整改情况，审查监督政府债务；七是监督本级人民政府、监察委员会、人民法院和人民检察院的工作，听取和审议有关专项工作报告，组织执法检查，开展专题询问等；联系本级人民代表大会代表，受理人民群众对上述机关和国家工作人员的申诉和意见；八是监督本级人民政府对国有资产的管理，听取和审议本级人民政府关于国有资产管理情况的报告；九是听取和审议本级人民政府关于年度环境状况和环境保护目标完成情况的报告；十是听取和审议备案审查工作情况报告；十一是撤销下一级人民代表大会不适当的决议；十二是撤销本级人民政府的不适当的决定和

[①] 参见《中华人民共和国地方各级人民代表大会和地方各级人民政府组织法》（2022修正）第十一条。

命令；十三是在本级人民代表大会闭会期间，决定副县长的个别任免；在县长和监察委员会主任、人民法院院长、人民检察院检察长因故不能担任职务的时候，根据主任会议的提名，从本级人民政府、监察委员会、人民法院、人民检察院副职领导人员中决定代理的人选；决定代理检察长，须报上一级人民检察院和人民代表大会常务委员会备案；十四根据县长的提名，决定本级人民政府秘书长、局长、委员会主任、科长的任免，报上一级人民政府备案；十五是根据监察委员会主任的提名，任免监察委员会副主任、委员；十六是按照人民法院组织法和人民检察院组织法的规定，任免人民法院副院长、庭长、副庭长、审判委员会委员、审判员，任免人民检察院副检察长、检察委员会委员、检察员；十七是在本级人民代表大会闭会期间，决定撤销个别副县长的职务；决定撤销由它任命的本级人民政府其他组成人员和监察委员会副主任、委员，人民法院副院长、庭长、副庭长、审判委员会委员、审判员，人民检察院副检察长、检察委员会委员、检察员的职务；十八是在本级人民代表大会闭会期间，补选上一级人民代表大会出缺的代表和罢免个别代表。

常务委员会讨论前款第四项规定的本行政区域内的重大事项和项目，可以作出决定或者决议，也可以将有关意见、建议送有关地方国家机关或者单位研究办理。有关办理情况应当及时向常务委员会报告。①

县级人民政府行使以下职权：

一是执行本级人民代表大会及其常务委员会的决议，以及上级国家行政机关的决定和命令，规定行政措施，发布决定和命令；二是领导所属各工作部门和下级人民政府的工作；三是改变或者撤销所属各工作部门的不适当的命令、指示和下级人民政府的不适当的决定、命令；四是依照法律的规定任免、培训、考核和奖惩国家行政机关工作人员；五是编制和执行国民经济和社会发展规划纲要、计划和预算，管理本行政区域内的经济、教育、科学、文化、卫生、体育、城乡建设等事业和生态环境保护、自然资源、财政、民政、社会保障、公安、民族事务、司法行政、人口与计划生育等行政工作；六是保护社会主义的全民所有的财产和劳动群众集体所有的财产，保护公民私人所有的合法财产，维护社会秩序，保障公民的人身权利、民主权利和其他权利；七是履行国有资产管理职责；八是保护各种经济组织的合法权益；九是铸牢中华民族共同体意识，促进各民族广泛交往交流交融，保障少数民族的合法权利和利益，保障少

---

① 参见《中华人民共和国地方各级人民代表大会和地方各级人民政府组织法》（2022修正）第五十条。

数民族保持或者改革自己的风俗习惯的自由,帮助本行政区域内的民族自治地方依照宪法和法律实行区域自治,帮助各少数民族发展政治、经济和文化的建设事业;十是保障宪法和法律赋予妇女的男女平等、同工同酬和婚姻自由等各项权利;十一是办理上级国家行政机关交办的其他事项。[①]

通过上述归纳总结,我国县一级政权运行有着完整的法律依据。总体的制度设计为人民代表大会领导下的"一府一委两院"制度。

三、县域发展专门的法律调整

经过检索发现,除宪法、地方组织法中涉及对县域的法律调整外,全国人大及其常委会尚无出台有关县域发展的专门法律。但就围绕县域改革,做出过决定:

1980年2月12日,第五届全国人民代表大会常务委员会第十三次会议通过《全国人民代表大会常务委员会关于县级直接选举工作问题的决定》。

2015年2月27日,第十二届全国人民代表大会常务委员会第十三次会议通过《全国人民代表大会常务委员会关于授权国务院在北京市大兴区等33个试点县(市、区)行政区域暂时调整实施有关法律规定的决定》(以下简称《决定》)。该《决定》提出,通过改革完善农村土地制度,为推进中国特色农业现代化和新型城镇化提供实践经验。第十二届全国人民代表大会常务委员会第十三次会议决定:授权国务院在北京市大兴区等33个试点县(市、区)行政区域,暂时调整实施《中华人民共和国土地管理法》《中华人民共和国城市房地产管理法》关于农村土地征收、集体经营性建设用地入市、宅基地管理制度的有关规定。

2015年12月27日,第十二届全国人民代表大会常务委员会第十八次会议通过《全国人民代表大会常务委员会关于授权国务院在北京市大兴区等232个试点县(市、区)、天津市蓟县(现为蓟州区)等59个试点县(市、区)行政区域分别暂时调整实施有关法律规定的决定》(以下简称《决定》)。该《决定》提出,通过落实农村土地的用益物权,赋予农民更多财产权利,深化农村金融改革创新,有效盘活农村资源、资金、资产,为稳步推进农村土地制度改革提供经验和模式。第十二届全国人民代表大会常务委员会第十八次会议决定:授权国务院在北京市大兴区等232个试点县(市、区)行政区域,暂时调整实

[①] 参见《中华人民共和国地方各级人民代表大会和地方各级人民政府组织法》(2022修正)第七十三条。

施《中华人民共和国物权法》《中华人民共和国担保法》关于集体所有的耕地使用权不得抵押的规定;在天津市蓟县(现为蓟州区)等59个试点县(市、区)行政区域暂时调整实施《中华人民共和国物权法》《中华人民共和国担保法》关于集体所有的宅基地使用权不得抵押的规定。

2017年11月4日,第十二届全国人民代表大会常务委员会第三十次会议通过《全国人民代表大会常务委员会关于延长授权国务院在北京市大兴区等33个试点县(市、区)行政区域暂时调整实施有关法律规定期限的决定》(以下简称《决定》),该《决定》把试点期限延长一年至2018年12月31日。延长期满,国务院应当就暂时调整实施有关法律规定的情况向全国人民代表大会常务委员会作出报告。对于实践证明可行的,国务院应当提出修改相关法律的意见;对于实践证明不宜调整的,恢复施行有关法律规定。

2017年12月27日,第十二届全国人民代表大会常务委员会第三十一次会议通过《全国人民代表大会常务委员会关于延长授权国务院在北京市大兴区等232个试点县(市、区)、天津市蓟州区等59个试点县(市、区)行政区域分别暂时调整实施有关法律规定期限的决定》,其内容同上。

以上改革成果,体现于2021年1月1日新实施的《民法典》第三百四十二条规定,即"通过招标、拍卖、公开协商等方式承包农村土地,经依法登记取得权属证书的,可以依法采取出租、入股、抵押或者其他方式流转土地经营权"。进而,确认了农村土地承包权的所有权、使用权和经营权的"三权"分置制度。为在新形势下盘活农村土地承包权,增加农民财产性收益奠定了法律基础。

四、行政法规及规范性文件的调整

经过网上检索,国务院有关县域发展的专门行政法规不多,主要体现于以下的文件指引。

1996年11月25日,国务院办公厅转发原国家体委《关于深化改革加快发展县级体育事业的意见》(以下简称《意见》)。该《意见》提出,县级体育工作的基本任务:一是贯彻执行《体育法》和国家、地方人民政府及其主管部门对体育工作的有关法规制度和方针政策,统筹规划本地区体育事业,主管当地体育工作。组织实施全民健身计划和奥运争光计划;二是农村体育是县级体育工作的重点。要把发展农村体育放在突出的位置。积极开展多种形式的农村体育活动,提高农民身体素质,为发展农村经济服务,为促进农村精神文明建设服务;三是抓好学校体育工作,保障青少年和儿童健康成长。大力开展形式多样的业余训练,为社会培养体育骨干,为国家培养和输送体育后备人才;四是保障群众参加体育锻炼的合法权益,依法监督、建设和保护体育场地设施;五是发展体育产业,管理体育市场,特别对以健身、竞技等体育活动为内容的经营活动,要按国家及地方有关规定加强管理。①

2008年5月12日,国务院颁发《关于加强市县政府依法行政的决定》(以下简称《决定》)。该《决定》指出,一些行政机关及其工作人员依法行政的意识有待增强,依法办事的能力和水平有待提高;一些地方有法不依、执法不严、违法不究的状况亟须改变。依法行政重点在基层,难点在基层。各地区、各部门要切实增强责任感和紧迫感,采取有效措施加快推进市县政府依法行政的进程。一要充分认识加强市县政府依法行政的重要性和紧迫性;二要大力提高市县行政机关工作人员依法行政的意识和能力;三要完善市县政府行政决策机制;四要建立健全规范性文件监督管理制度;五要严格行政执法;六要强化对行政行为的监督;七要增强社会自治功能;八要加强领导,明确责任,扎扎实实地推进市县政府依法行政。②

2013年12月30日,国务院办公厅转发《财政部关于调整和完善县级基本财力保障机制意见的通知》(以下简称《通知》)。该《通知》的总体要求:全面贯彻落实党的十八大和十八届二中、三中全会精神,以邓小平理论、"三个代表"重要思想、科学发展观为指导,以县乡政府实现"保工资、保运转、保民生"为目标,逐步提高县级基本财力保障水平,实现县级政府财力与保障责任相匹配;进一步改善县级财力均衡度,促进基本公共服务均等化;切实加强县级财政管理,在控制财政供养人员规模、提高财政收入质量、优化财政支出结构等方面取得明显成效,改善人民生活水平,促进经济持续健康发展、社会和谐稳定。

《通知》提出的主要原则。一是明确责任主体。按照财政分级管理的原则,中央和地方实行分税制财政体制,省以下财政体制主要由省级政府确定,实施县级基本财力保障机制的责任主体为省级政府。二是动态调整保障水平。实施县级基本财力保障机制,既要确保县乡政府履行职责的基本财力需求,又要充分考虑当前经济社会发展水平和财政承受能力,并随着经济社会发展和基本公共服务均等化的推进,动态调整保障范围和标准,逐步提高困难地区县级财力

---

① 参见国务院办公厅转发原国家体委《关于深化改革加快发展县级体育事业的意见》(国办发〔1996〕50号)。

② 参见国务院《关于加强市县政府依法行政的决定》(国发〔2008〕17号)。

保障水平。三是激励与约束相结合。健全激励约束机制，对工作开展较好的地区予以表彰和奖励，对工作滞后的地区予以批评和处罚。

《通知》提出的基本思路。财政部统一制定县级基本财力保障机制的国家保障范围和标准，要逐步加大奖补资金支持力度，健全激励约束机制，引导和督促地方政府切实加强县级基本财力保障工作。省级政府要逐步完善省以下财政体制，加大财力调节力度，推进省直接管理县财政改革，建立长效保障机制，强化县级财政预算监督和支出绩效评价，确保县级基本财力保障资金稳定增长。县级政府要加强县域经济发展，提高自我保障能力，强化预算管理，按照财政部、省级政府规定范围和标准落实保障责任，切实履行基层政府职能。

《通知》提出的保障范围和标准。财政部根据经济社会发展水平和国家相关政策执行情况，制定县级基本财力保障机制的国家保障范围和标准，并根据相关政策和因素变化情况，建立动态调整机制，适时予以调整。省级财政部门可以在国家保障范围和标准的基础上，结合地方实际，适当扩大保障范围和提高保障标准。

县级基本财力的国家保障范围主要包括人员经费、公用经费、民生支出以及其他必要支出等。其中，人员经费包括国家统一出台的基本工资、奖金和津贴补贴，离退休人员离退休费，工资性附加支出，地方津补贴等项目；公用经费包括办公费等商品和服务支出，办公设备购置等其他资本性支出等；民生支出主要包括中央统一制定政策，涉及农业、教育、文化、社会保障、医疗卫生、科学技术、计划生育、环境保护、保障性住房和村级组织运转经费等项目的支出；其他必要支出包括必要的基本建设支出以及其他社会事业发展支出。

国家保障标准由财政部根据国家保障范围内各项目的支出标准和筹资责任，综合考虑各地区支出成本差异和财力状况后分地区测定。

在建立县级基本财力保障资金稳定增长机制方面，省级政府要结合本地区实际情况，对纳入保障范围的事项，分清省、市、县三级政府的责任。要按照"过程可控、结果可查"的原则，及时、足额落实保障资金，建立县级基本财力保障资金稳定增长机制，不断提高县级财力水平和均衡度。对新出台的增支政策，要依据省以下支出责任划分和县级财力水平，足额安排省级政府应当承担的转移支付资金。从2014年起，对县级财力水平、县级财力占全省财力比重、县级财力均衡度低于规定标准的地区，中央财政相应扣减对所在省的均衡性转移支付或税收返还，直接分配下达给县，并由财政部报请国务院予以勒令整改或通报批评。县级政府要强化科学发展观念，依法实施收入征管，清理各类自行制定的财税优惠政策，纠正越权减免税和随意批准缓税、欠税、包税以及征收"过头税"等违规行为。要合理增加财政收入规模,提高财政收入质量,提高税收收入占比,增强自我保障能力。①

2015年4月23日,为了推动县级公立医院的综合改革,国务院办公厅颁发《关于全面推开县级公立医院综合改革的实施意见》(以下简称《意见》)。该《意见》提出以下政策指引。

总体要求。深入贯彻落实党的十八大和十八届二中、三中、四中全会精神,按照党中央、国务院决策部署,把深化公立医院改革作为保障和改善民生的重要举措,全面推开县级公立医院综合改革。将公平可及、群众受益作为改革出发点和立足点,坚持保基本、强基层、建机制,更加注重改革的系统性、整体性和协同性,统筹推进医疗、医保、医药改革,着力解决群众看病就医问题。国家和省级相关部门加强分类指导,下放相关权限,给予政策支持。鼓励地方因地制宜,探索创新,力争尽快取得实质性突破。

主要目标。坚持公立医院公益性的基本定位,落实政府的领导责任、保障责任、管理责任、监督责任,充分发挥市场机制作用,建立维护公益性、调动积极性、保障可持续的运行新机制。2015年,在全国所有县(市)的县级公立医院破除以药补医,以管理体制、运行机制、服务价格调整、人事薪酬、医保支付等为重点,全面推开县级公立医院综合改革。2017年,现代医院管理制度基本建立,县域医疗卫生服务体系进一步完善,县级公立医院看大病、解难症水平明显提升,基本实现大病不出县,努力让群众就地就医。②

2016年4月12日国务院办公厅发布《关于支持贫困县开展统筹整合使用财政涉农资金试点的意见》(以下简称《意见》)。《意见》提出,通过试点,形成"多个渠道引水、一个龙头放水"的扶贫投入新格局,激发贫困县内生动力,支持贫困县围绕突出问题,以摘帽销号为目标,以脱贫成效为导向,以扶贫规划为引领,以重点扶贫项目为平台,统筹整合使用财政涉农资金,撬动金融资本和社会帮扶资金投入扶贫开发,提高资金使用精准度和效益,确保如期完成脱贫攻坚任务。

关于试点范围。2016年,各省(区、市)在连片特困地区县和国家扶贫开发工作重点县范围内,优先选择领导班子强、工作基础好、脱贫攻坚任务重的贫困县开展试点,试点贫困县数量不少于贫困县总数的三分之一,具备条件的

---

① 参见国务院办公厅转发财政部《关于调整和完善县级基本财力保障机制意见的通知》(国办发〔2013〕112号)。
② 参见国务院办公厅《关于全面推开县级公立医院综合改革的实施意见》(国办发〔2015〕33号)。

可扩大试点范围。2017年，推广到全部贫困县。

关于资金范围。统筹整合使用的资金范围是各级财政安排用于农业生产发展和农村基础设施建设等方面资金。中央层面主要有：财政专项扶贫资金、农田水利设施建设和水土保持补助资金、现代农业生产发展资金、农业技术推广与服务补助资金、林业补助资金、农业综合开发补助资金、农村综合改革转移支付、新增建设用地土地有偿使用费安排的高标准基本农田建设补助资金、农村环境连片整治示范资金、车辆购置税收入补助地方用于一般公路建设项目资金（支持农村公路部分）、农村危房改造补助资金、中央专项彩票公益金支持扶贫资金、产粮大县奖励资金、生猪（牛羊）调出大县奖励资金（省级统筹部分）、农业资源及生态保护补助资金（对农民的直接补贴除外）、服务业发展专项资金（支持新农村现代流通服务网络工程部分）、江河湖库水系综合整治资金、全国山洪灾害防治经费、旅游发展基金，以及中央预算内投资用于"三农"建设部分（不包括重大引调水工程、重点水源工程、江河湖泊治理骨干重大工程、跨界河流开发治理工程、新建大型灌区、大中型灌区续建配套和节水改造、大中型病险水库水闸除险加固、生态建设方面的支出）。教育、医疗、卫生等社会事业方面的资金，也要结合脱贫攻坚任务和贫困人口变化情况，完善资金安排使用机制，精准有效使用资金。各省（区、市）、市（地）要结合本地实际，明确本级财政安排的涉农资金中贫困县可统筹整合使用的资金范围，进一步加大统筹整合力度。该《意见》的实施，有力地推动了贫困县脱贫攻坚战的完成。[1]

2016年7月2日，国务院颁发《关于统筹推进县域内城乡义务教育一体化改革发展的若干意见》（以下简称《意见》）。该《意见》提出的指导思想是，全面贯彻党的十八大和十八届三中、四中、五中全会精神，深入贯彻习近平总书记系列重要讲话精神，按照"四个全面"战略布局和党中央、国务院决策部署，切实加强党对教育工作的领导，坚持以新发展理念为引领，落实立德树人根本任务，加强学校党的建设，深化综合改革，推进依法治教，提高教育质量，统筹推进县域内城乡义务教育一体化改革发展。适应全面建成小康社会需要，合理规划城乡义务教育学校布局建设，完善城乡义务教育经费保障机制，统筹城乡教育资源配置，向乡村和城乡接合部倾斜，大力提高乡村教育质量，适度稳定乡村生源，增加城镇义务教育学位和乡镇学校寄宿床位，推进城镇义务教

---

[1] 参见国务院办公厅《关于支持贫困县开展统筹整合使用财政涉农资金试点的意见》（国办发〔2016〕22号）。

育公共服务常住人口全覆盖，着力解决"乡村弱"和"城镇挤"问题，巩固和均衡发展九年义务教育，加快缩小县域内城乡教育差距，为到2020年教育现代化取得重要进展和全面建成小康社会奠定坚实基础。为此，提出以下政策指导意见：

关于基本原则：

优先发展，统筹规划。在推进新型城镇化进程中坚持优先发展义务教育，做到公共资源配置上对义务教育统筹规划、优先发展和重点保障。坚持城乡并重和软硬件并重，科学推进城乡义务教育公办学校标准化建设。

深化改革，创新机制。深化义务教育治理结构、教师管理和保障机制改革，构建与常住人口增长趋势和空间布局相适应的城乡义务教育学校布局建设机制，完善义务教育治理体系，提升义务教育治理能力现代化水平。

提高质量，公平共享。把立德树人作为根本任务，把均衡发展和品质提升作为重要抓手，积极培育和践行社会主义核心价值观，促进教育公平，使城乡学生共享有质量的教育。

分类指导，有序推进。针对东中西部、城镇类型、城镇化水平和乡村实际情况，因地制宜选择发展路径，科学规划城乡义务教育规模，保障教师按需配置，引导学生合理流动。

关于工作目标：

加快推进县域内城乡义务教育学校建设标准统一、教师编制标准统一、生均公用经费基准定额统一、基本装备配置标准统一和"两免一补"政策城乡全覆盖。到2020年，城乡二元结构壁垒基本消除，义务教育与城镇化发展基本协调；城乡学校布局更加合理，大班额基本消除，乡村完全小学、初中或九年一贯制学校、寄宿制学校标准化建设取得显著进展，乡村小规模学校（含教学点）达到相应要求；城乡师资配置基本均衡，乡村教师待遇稳步提高、岗位吸引力大幅增强，乡村教育质量明显提升，教育脱贫任务全面完成。义务教育普及水平进一步巩固提高，九年义务教育巩固率达到95%。县域义务教育均衡发展和城乡基本公共教育服务均等化基本实现。

关于工作措施：

一是同步建设城镇学校；二是努力办好乡村教育；三是科学推进学校标准化建设；四是实施消除大班额计划。到2018年基本消除66人以上超大班额，到2020年基本消除56人以上大额班；五是统筹城乡师资配置；六是改革乡村教师待遇保障机制；七是改革教育治理体系。在实行"以县为主"管理体制基础上，进一步加强省级政府统筹，完善乡村小规模学校办学机制和管理办法，将村小学和教学点纳入对乡村中心学校考核,加强乡村中心学校对村小学、教学点的指导和管理;八是改革控辍保学机制;九是改革随迁子女就学机制;十是加强留守儿童关爱保护。①

2017年5月11日,国务院办公厅颁发《关于县域创新驱动发展的若干意见》(以下简称《意见》)。该《意见》指出,实施创新驱动发展战略,基础在县域,活力在县域,难点也在县域。新形势下,支持县域开展以科技创新为核心的全面创新,推动大众创业、万众创新,加快实现创新驱动发展,是打造发展新引擎、培育发展新动能的重要举措,对于推动县域经济社会协调发展、确保如期实现全面建成小康社会奋斗目标具有重要意义。

关于县域创新驱动发展的基本原则:

创新驱动。坚持创新是引领发展的第一动力,加强创新资源共享,完善创业培育服务,激发全社会创新创业活力,推动大众创业、万众创新向更大范围、更高层次、更深程度发展,加快形成具有县域特色的创新驱动发展路径。

人才为先。坚持把人才作为支撑县域创新发展的第一资源,实施更加积极的创新创业激励和人才吸引政策,优化县域人才环境,加快培育集聚创新创业人才队伍。

需求导向。紧扣县域经济社会发展内在需求,提高科技创新供给质量和效率,集聚各类创新资源,促进产学研用结合,加快先进适用科技成果向县域转移转化,做大做强县域特色产业。

差异发展。坚持分类指导、精准施策,结合县域经济社会发展水平和定位,因地制宜确定县域创新驱动发展的目标和任务,加快经济发展方式转变和社会转型,推动实现县域差异化和可持续发展。

关于县域创新驱动发展的主要目标:

到2020年,县域创新驱动发展环境显著改善,创新驱动发展能力明显增强,全社会科技投入进一步提高,公民科学素质整体提升,大众创业、万众创新的氛围更加浓厚,形成经济社会协调发展的新格局,为我国建成创新型国家奠定基础。

到2030年,县域创新驱动发展环境进一步优化,创新驱动发展能力大幅提升,创新创业活力有效释放,产业竞争力明显增强,城乡居民收入显著提高,生态环境更加友好,为跻身创新型国家前列提供有力支撑。

---

① 参见国务院《关于统筹推进县域内城乡义务教育一体化改革发展的若干意见》(国发〔2016〕40号)。

关于县域创新驱动发展的重点任务：

一是加快产业转型升级。促进县域特色主导产业绿色化、品牌化、高端化、集群化发展。

二是培育壮大创新型企业。在有条件的县（市）培育一批具有较强自主创新能力和国际竞争力的高新技术企业。

三是集聚创新创业人才。深入推行科技特派员制度，支持科技领军人才、高技能人才、专业技术人才等到县域开展创业服务，引导高校毕业生到县域就业创业，推进农村大众创业、万众创新。推广"科技镇长团""博士服务团"等模式，发挥乡土人才等农村实用人才作用，提升县域人才集聚和创新管理服务能力。

四是加强创新创业载体建设。科学编制县城总体规划，支持有条件的县（市）高起点规划、高标准建设高新技术产业开发区、农业科技园区、火炬特色产业基地等创新创业平台，并将相关园区纳入县城总体规划统一管理，引领县域创新驱动发展。推动符合条件的科技园区升级为国家高新技术产业开发区，建设若干国家农业高新技术产业开发区。

五是促进县域社会事业发展。结合地方特色产业基础和发展潜力，加大对经济发达镇、特色小镇、专业小镇、技术创新专业镇等的支持力度，建设美丽乡村。

六是创新驱动精准扶贫精准脱贫。

七是加大科学普及力度。

八是抓好科技创新政策落地。[1]

上述《意见》的颁发与落实，对于指导经济新常态下县域创新驱动发展具有重大的指导意义。

以上国务院的各项指导意见，涉及县域国民经济和社会发展的主要领域，是指导县域发展的重要的政策法治依据。然而，按照《立法法》，这些《意见》并不是严格意义上的行政法规，其属于政策性文件，因而，在执行上有着较大的灵活性。这是由于县一级政权组织的基本运行已经有宪法和地方组织法保障。但涉及县一级的经济和社会发展问题，有许多属于改革试验或阶段性问题，以政策性文件指引，更有利于各县域根据中央文件的精神，并结合本地实际情况予以落实。而且，在落实中，可以根据发现的问题，向中央反映，使得政策得以完善。

---

[1] 参见国务院办公厅《关于县域创新驱动发展的若干意见》（国办发〔2017〕43号）。

五、国务院部委规章及规范性文件的调整

国务院各部委是主管全国经济和社会发展的机关。为此，从各部委职权角度，除大量的批复以外，针对县域发展颁发相应的部委规章及规范性文件，以便指导和规范县域发展。经过网上检索，现行有效的国务院部委规章数量较多，对于县域国民经济和社会发展有着具体的指导和规范作用。本著作选取2000年以来，为深化改革开放，大力发展社会主义市场经济的相关规章及规范性文件予以说明分析：

表4.2　有关县域发展的全国性部委规章及规范性文件

序号	制定	文件名称	生效	备注
一、城镇建设				
1	原国务院扶贫办	《关于完善县级脱贫攻坚项目库建设的指导意见》	2018年3月8日	全面贯彻党的十九大精神，以习近平新时代中国特色社会主义思想为指导，认真落实党中央、国务院关于脱贫攻坚决策部署，按照中央统筹、省负总责、市县抓落实的工作机制，坚持精准扶贫精准脱贫基本方略，建立完善与贫困县涉农资金统筹整合使用和资金项目审批权限下放相适应的项目管理制度，贫困县普遍编制和建立脱贫攻坚项目库，保证资金使用精准安全高效，实现贫困人口稳定脱贫
2	住房和城乡建设部等部门（建标〔2018〕114号）	《住房和城乡建设部、工业和信息化部、民政部、中国残疾人联合会、全国老龄工作委员会关于开展无障碍环境市县村镇创建工作的通知》	2018年11月5日	各省级主管部门要按照创建工作标准要求，积极组织本地区各市、县、镇（乡）、村参加创建工作，并于2018年12月31日前将"十三五"时期创建工作开展好的市县村镇名单［市、县总数为5~10个，镇（乡）或村不超过1个］报住房和城乡建设部标准定额司和中国残联维权部。住房和城乡建设部、工业和信息化部、民政部、中国残联、全国老龄办将按照相关规定和创建工作标准，于2020年对各地创建工作情况进行检查验收，并对创建工作成绩突出的市、县、镇（乡）、村予以表彰，具体事项另行通知

续表

序号	制定	文件名称	生效	备注
3	原国务院扶贫办	《国务院扶贫办关于进一步落实贫困县约束机制的通知》	2019年7月14日	脱贫攻坚战以来，贫困县围绕脱贫攻坚目标任务，强化责任落实、政策落实、工作落实，脱贫攻坚工作取得重大决定性成就。但少数贫困县在落实约束机制方面还存在标准不高、落实不力、执行不严的突出问题，有的贫困县甚至耗费大量财政资金、盲目举债搞"面子工程""形象工程"和"政绩工程"，严重损害了贫困群众利益，败坏了脱贫攻坚形象，必须坚决防止，坚决纠正
4	国家发展改革委（发改规划〔2020〕831号）	《国家发展改革委关于加快开展县城城镇化补短板强弱项工作的通知》	2020年5月29日	以发展基础扎实、财政实力较强、政府债务率较低为基本要求，在湖北、长江三角洲区域、粤港澳大湾区和其他东中部都市圈地区，兼顾西部和东北地区，选择120个县及县级市开展县城新型城镇化建设示范工作。切实加大中央财政性资金等政策支持力度，支持其围绕县城城镇化补短板强弱项项目范畴，启动建设示范性项目（缺什么补什么），创新资金投入方式与运营模式。总结提炼典型经验，以现场会、典型案例推介等方式加以推广。县城城镇化补短板强弱项项目范畴：1. 健全医疗卫生设施；2. 完善教育设施；3. 改善养老托育设施；4. 发展文旅体育设施；5. 完善社会福利设施；6. 建设社区综合服务设施；7. 完善垃圾无害化资源化处理设施；8. 健全污水集中处理设施；9. 改善县城公共厕所；10. 优化市政交通设施；11. 完善市政管网设施；12. 发展配送投递设施；13. 推进县城智慧化改造；14. 更新改造老旧小区；15. 完善产业平台配套设施；16. 健全冷链物流设施；17. 提升农贸市场水平

续表

序号	制定	文件名称	生效	备注
5	国家发展改革委办公厅（发改办高技〔2020〕530号）	《国家发展改革委办公厅关于加快落实新型城镇化建设补短板强弱项工作有序推进县城智慧化改造的通知》	2020年7月9日	以抗击疫情为契机，针对县城基础设施、公共服务、社会治理、产业发展、数字生态等方面存在短板和薄弱环节，利用大数据、人工智能、5G等数字技术，在具备一定基础的地区推进县城智慧化改造建设，着力补短板、强弱项、重实效。发挥项目的引领示范作用，提升县城数字化、网络化、智能化基础设施水平，有效提高政府公共服务水平、社会治理效能，不断增强人民群众获得感、幸福感、安全感，持续优化产业发展环境，有力支撑新型城镇化建设和县域经济社会高质量发展
6	住房和城乡建设部办公厅（建办村函〔2020〕314号）	《住房和城乡建设部办公厅关于组织推荐农村生活垃圾分类和资源化利用示范县的通知》	2020年6月16日	推荐条件： （一）非正规垃圾堆放点整治方面。现存所有非正规垃圾堆放点全部完成整治，农村生活垃圾收运处置体系之外不存在非正规垃圾堆放点。 （二）村庄保洁和生活垃圾分类方面。村村都有日常保洁，保洁员队伍稳定，保洁作业规范；村内街巷及路边、河边、田边、坑塘沟渠等区域保持干净整洁；实施了符合当地实际的农村生活垃圾分类制度，垃圾分类覆盖半数以上自然村组。 （三）农村生活垃圾资源化利用方面。各类垃圾均得到妥善处置或资源化利用。可腐烂垃圾就地就近堆肥处理，灰渣土、碎砖旧瓦等惰性垃圾就地利用或就近掩埋，可卖垃圾纳入本地回收利用体系，有毒有害垃圾单独收集贮存或运至有资质的处理单位进行无害化处置，其他垃圾纳入农村生活垃圾收运处置体系。 （四）农村生活垃圾收运处置体系方面。农村生活垃圾收集、转运和处置体系覆盖所有自然村组；除单独处置和资源化利用部分外，其他农村生活垃圾基本实现无害化处理。 （五）运行维护长效机制方面。实施了县镇村联动组织推进和监督检查机制，问题通报和限期整改等制度日常化；建立了稳定的资金投入机制；建立了共建共治共享机制，基层党组织动员有力，村民普遍参与且满意度高

续表

序号	制定	文件名称	生效	备注
7	国家发展改革委办公厅（发改办规划〔2020〕564号）	《国家发展改革委办公厅关于推进县城产业平台公共配套设施补短板强弱项的通知》	2020年7月26日	明确县城产业平台范畴。各地区要以区位布局合理、要素集聚度高、产业特色鲜明为基本门槛，科学界定支持发展的县城产业平台范畴。明确产业平台区位，主要发展县城及县级市城区内的产业平台，兼顾镇区常住人口10万以上的非县级政府驻地特大镇、2015年以来"县改区""市改区"形成的地级及以上城市市辖区。明确产业平台类型，主要发展中国开发区审核公告目录内的产业园区、各省级特色小镇创建名单内的特色小镇。省级发展改革委在指导120个县城新型城镇化建设示范地区制定示范方案时，要将县城产业平台公共配套设施建设作为重要内容，明确具体建设项目和要素保障方式，并尽快开工建设。国家发展改革委加大中央财政性资金和县城新型城镇化建设专项企业债券等政策支持力度，支持示范性项目建设，支持产业转型升级示范区重点园区和县城产业转型升级示范园区项目建设，并以现场会等方式推广好经验好做法
8	住房和城乡建设部等15部门（建村〔2021〕45号）	《住房和城乡建设部等15部门关于加强县城绿色低碳建设的意见》	2021年5月25日	严守县城建设安全底线。控制县城建设密度和强度。县城建设应疏密有度、错落有致、合理布局，既要防止盲目进行高密度高强度开发，又要防止摊大饼式无序蔓延。县城建成区人口密度应控制在每平方公里0.6万至1万人，县城建成区的建筑总面积与建设用地面积的比值应控制在0.6至0.8。

续表

序号	制定	文件名称	生效	备注
				限制县城民用建筑高度。县城民用建筑高度要与消防救援能力相匹配。县城新建住宅以6层为主,6层及以下住宅建筑面积占比应不低于70%。鼓励新建多层住宅安装电梯。县城新建住宅最高不超过18层。确需建设18层以上居住建筑的,应严格充分论证,并确保消防、应急、市政配套设施等建设到位。加强50米以上公共建筑消防安全管理。建筑物的耐火等级、防火间距、平面设计等要符合消防技术标准强制性要求。县城建设要与自然环境相协调。大力发展绿色建筑和建筑节能。建设绿色节约型基础设施。加强县城历史文化保护传承。建设绿色低碳交通系统。营造人性化公共环境。严格控制县城广场规模,县城广场的集中硬地面积不应超过2公顷。鼓励在行政中心、商业区、文化设施、居住区等建设便于居民就近使用的公共空间。推行"窄马路、密路网、小街区",打造县城宜人的空间尺度。控制县城道路宽度,县城内部道路红线宽度应不超过40米。合理确定建筑物与交通干线的防噪声距离,因地制宜采取防噪声措施。推行以街区为单元的统筹建设方式
9	人力资源社会保障部、国家乡村振兴局(人社部发〔2021〕94号)	《人力资源社会保障部、国家乡村振兴局关于加强国家乡村振兴重点帮扶县人力资源社会保障帮扶工作的意见》	2021年11月26日	"十四五"时期,保持重点帮扶脱贫县脱贫人口每年就业规模总体稳定,帮助有就业意愿的农村劳动力实现就业持续增收;强化提升技工教育和职业培训供给能力,实现脱贫家庭和防止返贫监测对象家庭有培训需求的劳动力都有机会参加职业培训、有就读技工院校意愿的"两后生"都有机会接受技工教育;全面落实城乡居民基本养老保险保费代缴政策,巩固基本养老保险应保尽保成果;实现乡村人才规模不断壮大、素质稳步提升、结构持续优化,初步满足实施乡村振兴战略基本需要

续表

序号	制定	文件名称	生效	备注
二、农业、林业管理					
10	原农业部办公厅（农办经〔2012〕17号）	《农业部办公厅关于开展全国农村集体"三资"管理示范县创建工作的通知》	2012年6月12日	在农村集体"三资"管理示范县创建工作中，要把创建工作与民主管理民主监督结合起来，积极引入农民群众评议的考核机制，全面推行"四议两公开"等工作法，规范农村基层干部履职行为，保障集体经济组织成员对农村集体"三资"经营管理的知情权、决策权、管理权、监督权；要把创建工作与农民群众受益结合起来，从有利于农民增收、集体发展的实际出发，提高经营管理水平，确保资金、资产、资源的安全和保值增值；要把创建工作与提升管理工作水平结合起来，加强县、乡两级农村集体"三资"管理队伍建设，积极总结集体"三资"管理的新举措、新经验、新典型，不断探索创新农村集体"三资"管理方式
11	原农业部（农质发〔2013〕2号）	《农业部关于开展创建国家农产品质量安全监管示范县试点工作的意见》	2013年1月23日	按照先行试点、再全面铺开的方式，力争用5年的时间，结合原农业部优势农产品区域布局规划、新一轮"菜篮子"工程规划和特色农产品区域布局规划，围绕监管体系建设、投入品监管、标准化生产、检验监测、质量安全执法、长效机制建设，创建一批国家农产品质量安全监管示范县，实现基层监管能力提升、标准化生产能力提升和生产者素质能力提升，使示范县成为农产品质量安全依法监管的样板区、体现监管成效的展示区、探索监管手段的先行区和各地学习交流的培训基地，示范带动各地依法履行农产品质量安全监管职责，引领推动各地探索农产品质量安全新型监管模式，全面提升我国农产品质量安全监管能力和水平

153

续表

序号	制定	文件名称	生效	备注
12	原农业部办公厅（农办经〔2013〕15号）	《农业部办公厅关于开展一事一议规范管理县创建活动的通知》	2013年6月27日	一事一议筹资筹劳是农村税费改革后为解决村级公益事业建设投入问题做出的制度安排，是村民参与民主管理和民主决策的重要形式，也是当前农民负担监管的重要内容。规范村民一事一议筹资筹劳组织实施，对维护农民合法权益、推进村级公益事业建设、防止农民负担反弹具有重要意义。2010年原农业部办公厅下发了《关于开展一事一议筹资筹劳典型示范的通知》（农办经〔2010〕8号），2012年国务院农村综合改革工作小组、财政部、原农业部联合下发了《关于开展村级公益事业建设一事一议财政奖补工作"规范管理年"活动的通知》（国农改〔2012〕9号），对一事一议规范管理做出了部署，各地探索总结出了很多好经验好做法。开展一事一议规范管理县创建活动，是在开展典型示范和"规范管理年"的基础上，确定一批管理规范的示范县（市），总结一批操作规范的典型案例。通过典型示范，形成规范的以一事一议筹资筹劳为基础、财政奖补为引导、社会捐助为补充的村级公益事业建设投入新机制，推动一事一议健康有序开展
13	原农业部办公厅（农办经〔2014〕15号）	《农业部办公厅一事一议规范管理县认定管理暂行办法》	2014年9月15日	一事一议规范管理县的认定范围为全国开展村级公益事业一事一议筹资筹劳的县（市、区）。一事一议规范管理县的认定坚持公开、公平、公正的原则，实行动态管理，建立有进有出的监管机制

续表

序号	制定	文件名称	生效	备注
14	原农业部（农质发〔2014〕15号）	《农业部关于印发〈国家农产品质量安全县创建活动方案〉和〈国家农产品质量安全县考核办法〉的通知》	2014年11月25日	主要目标 ——农产品质量安全水平明显提高。生产经营者自律意识全面加强，农产品生产企业和农民专业合作经济组织全面实行标准化生产，农业投入品安全使用，绿色生产技术有效推广，禁用农兽药使用和非法添加等违法违规行为全面杜绝，"菜篮子"产品抽检合格率达到较高水平，确保不发生重大农产品质量安全事件。 ——农产品质量安全制度机制健全完善。投入品监管、产地准出、市场准入、检验监测、质量追溯、预警应急、社会监督等农产品质量安全监管制度健全，生产记录管理、绿色防控等食用农产品全程监管机制完善。 ——农产品质量安全监管能力显著加强。农产品质量安全行政监管、综合执法、检验检测体系完善，乡镇监管机构和村级监管员队伍健全，农业投入品和农产品质量安全监管有力、执法到位、服务有效。 ——农产品质量安全群众满意度不断提升。农产品质量安全公共服务水平显著增强，公众参与和社会共治水平不断提升，农产品质量安全问题投诉数量明显下降。 根据《国家农产品质量安全县创建活动方案》制定，由工作考核、质量安全水平和群众满意度三部分组成，其中工作考核占60%，质量安全水平占20%，群众满意度占20%
15	原农业部（农质发〔2015〕8号）	《农业部关于印发〈国家农产品质量安全县管理办法（暂行）〉的通知》	2015年7月31日	质量安全县创建，重点突出责任落实、全程监管、能力提升、社会共治，探索建立行之有效的农产品质量安全监管模式，引导和带动地方全面提升农产品质量安全监管能力和水平。质量安全县创建活动采取县创建、省考评、部公布征询意见并命名的方式进行。活动初期，设置两年试点期，并认定国家农产品质量安全县创建试点单位

续表

序号	制定	文件名称	生效	备注
16	原农业部办公厅（农办机〔2016〕22号）	《农业部办公厅关于印发主要农作物生产全程机械化示范县评价指标体系（试行）和评价办法（试行）的通知》	2016年10月18日	本指标体系和评价办法旨在为科学评价县域主要农作物生产全程机械化水平提供参考依据，通过以评促建，带动提高全国主要农作物生产全程机械化水平，力争到2020年建设500个左右基本实现全程机械化的示范县
17	原国家认监委（国认注〔2017〕23号）	《国家认监委关于开展国家良好农业规范认证示范区（县）创建活动的通知》	2017年3月7日	2005年，原国家认监委和国家标准委制定、发布了《良好农业规范认证实施规则》和《良好农业规范》系列国家标准，标志着我国良好农业规范（GAP）认证制度正式建立。良好农业规范认证是一项国际通行的，以解决农业生产阶段基本食品安全同时兼顾环境保护、动物福利、员工健康为目标的认证制度。我国良好农业规范认证制度已取得"全球良好农业规范"（GLOBAL G.A.P）的等效性认可。通过实施良好农业规范，可规范农产品生产管理，提升农产品品质，降低农产品生产、管理成本，缩短与国际市场标准的差距，提高出口竞争力。实施良好农业规范，是加强源头管理、建立严密食品监管网络的有效途径，是实现"从田间到餐桌"全过程食品农产品质量安全保障的重要环节，是实现农业标准化、规范化管理的有效手段。开展"国家良好农业规范认证示范区（县）"创建活动，是加快提升良好农业规范认证权威性和影响力，加大良好农业规范认证推行力度，推动地方政府、生产企业运用认证工具优化农产品供给结构的有效举措

续表

序号	制定	文件名称	生效	备注
18	农业农村部、财政部（农财发〔2018〕18号）	《农业农村部、财政部关于深入推进农村一二三产业融合发展开展产业兴村强县示范行动的通知》	2018年6月12日	建设任务：2018年启动支持建设一批乡土经济活跃、乡村产业特色明显的农业产业强镇，树立一批可复制、可借鉴的农村产业融合示范样板，让农业产业强镇成为资源要素的聚集区、县域经济的增长极、城乡融合的连接器、宜业宜居的幸福地、乡村振兴的样板田，推动一批农业大县向农业强县迈进，促进乡村全面振兴
19	农业农村部办公厅（农办经〔2018〕11号）	《农业农村部办公厅关于组织申报农民专业合作社质量提升整县推进试点有关事项的通知》	2018年8月2日	主要目标：试点县（市、区）农民合作社规模和农户覆盖面明显扩大，示范社建设深入实施。合作社运行管理制度健全，组织机构运转有效，民主管理水平不断提高，财务社务管理公开透明，经济实力、发展活力和带动能力明显增强，成员权益得到切实保障。力争试点县（市、区）农民专业合作社年报公示率达80%以上，80%以上的合作社建立完备的成员账户、实行社务公开、依法进行盈余分配
20	农业农村部办公厅（农办市〔2021〕1号）	农业农村部办公厅《关于印发〈全国分县农业农村经济基础资料统计调查制度〉的通知》	2021年1月25日	《全国分县农业农村经济基础资料统计调查制度》是我部依照《中华人民共和国统计法》制定的，并报经国家统计局备案的一项部门统计调查制度。分县数据是农业农村领域重要的基础数据，也是各级农业农村部门制定行业发展规划、推进乡村全面振兴的重要基础支撑。各地农业农村部门要高度重视，进一步履职尽责，认真组织县级农业农村部门严格按照统计调查制度开展统计工作，保障与统计工作任务相适应的经费和人员力量，全面做好分县农业农村经济基础资料统计工作

续表

序号	制定	文件名称	生效	备注
21	农业农村部（农产发〔2021〕1号）	《农业农村部关于开展全国休闲农业重点县建设的通知》	2021年3月30日	紧紧围绕发挥乡村多种功能，丰富乡村产业业态、拓展农民就业空间、增加农民致富渠道，以农耕文化为魂、以田园风光为韵、以村落民宅为形、以绿色农业为基、以创新创意为径，彰显"土气"、回味"老气"、焕发"生气"、融入"朝气"。到2025年建设300个在区域、全国乃至世界有知名度、有影响力的全国休闲农业重点县，形成一批体制机制创新、政策集成创设、资源要素激活、联农带农紧密的休闲农业创业福地、产业高地、生态绿地、休闲旅游打卡地
22	农业农村部办公厅（农办科〔2021〕10号）	《农业农村部办公厅关于开展全国农业科技现代化先行县共建工作的通知》	2021年5月25日	到"十四五"末期，共建60个左右的全国农业科技现代化先行县。共建先行县农业主导产业特色鲜明，产业链现代化水平高。县域主要农作物优良品种覆盖率达到98%以上、耕种收综合机械化率高于所在省份平均水平，畜禽水产养殖机械化水平达到50%以上，农业废弃物资源化利用率达到90%以上，农业生产"三品一标"水平明显提升，农产品加工产值与农业总产值比高于所在省份平均水平，农业工程和装备水平明显提高。围绕乡村环境治理和构建农业农村绿色生产生活方式的技术需求，农村生物质能源开发利用、畜禽粪污资源化利用率、秸秆综合利用率和农膜回收率明显提高。当地农民接受高素质培训和中高等学历教育规模明显扩大，农村科技人才比例明显提高

续表

序号	制定	文件名称	生效	备注
23	农业农村部（办公厅农办产〔2021〕8号）	《农业农村部办公厅关于开展全国农业全产业链重点链和典型县建设工作的通知》	2021年7月28日	全国农业全产业链典型县条件： 1. 主导产业地位突出。农业全产业链主导产业优势明显、特色鲜明，产业规模较大。主导产业在县域"十四五"规划中有明确要求，全产业链产值占县域内农业总产值比例超过50%，已初步形成标准化原料基地、集约化加工链条、网络化服务体系、品牌化营销渠道于一体发展格局。 2. 联结机制健全。县级党委、政府积极主动谋划农业全产业链建设，制定区域内农业全产业链建设相关规划，且思路清晰、目标明确、措施可行、并配有相关扶持政策。配有全产业链"链长"，明确"链主"，构建了农业产业化联合体。 3. 融合层次较深。县域内主导产业已初步形成农村一二三产业融合发展的格局，主体多元、业态多样、类型丰富、增收显著。主导产业加工业产值与一产产值比高于所在省（自治区、直辖市）平均水平。 4. 基础设施完善。主导产业发展与当地基础设施、资源禀赋、生态环境、经济区位等相匹配，发展功能定位准确，县域公共基础设施完备，服务设施配套，产业发展与乡镇村庄建设、生态宜居同步推进。 5. 参与主体多元。推动企业、农村集体经济组织、农民合作社、家庭农（牧）场、社会化服务组织、小农户以及科研院所、高等院校、行业协会等多元主体积极参与全产业链建设，形成相互协同、共同发展的格局，通过产业链打造为农（牧）民增加更多就业机会，让农（牧）民更多分享产业链增值收益。原则上"链主"企业为1家省级以上农业产业化龙头企业

续表

序号	制定	文件名称	生效	备注
24	农业农村部办公厅（农办种〔2021〕5号）	《农业农村部办公厅关于认定制种大县和区域性良种繁育基地的通知》	2021年10月9日	认定范围： （一）制种大县 包括杂交水稻、常规水稻、玉米、小麦、大豆、油菜、棉花等作物种子生产基地，以及南繁冬繁夏繁等育制种基地。2013年我部认定的国家级杂交水稻和杂交玉米种子生产基地，此次须重新申请认定。 （二）区域性良种繁育基地 包括杂粮杂豆、花生、向日葵、胡麻、甘蔗、蔬菜、柑橘、苹果、西甜瓜、猕猴桃、食用菌、中药材、热带作物等。2017年、2019年我部认定的区域性良种繁育基地，此次无须重新申请认定
25	原国家林业局（林造发〔2013〕27号）	《国家林业局关于印发〈国家珍贵树种培育示范县管理办法（试行）〉的通知》	2013年2月25日	本办法适用于国家珍贵树种培育示范县申报、建设和管理工作。国家珍贵树种培育示范市（地级市、地区、自治州、盟）申报、建设和管理工作参照执行。本办法所指的县为按行政区划确定的县（旗）、县级市，直辖市、计划单列市及地级市所辖区，重点国有林区林业局以及县处级国有林场。本办法所指的珍贵树种是《中国主要栽培珍贵树种参考名录》（办造字〔2008〕30号）中的树种
26	原国家林业局办公室（办场字〔2017〕73号）	《国家林业局办公室关于印发〈全国森林旅游示范市县申报命名管理办法〉的通知》	2017年6月1日	本办法所称"全国森林旅游示范市县"，是指具备良好的森林风景资源，在森林旅游发展中取得了显著成绩，对各地森林旅游发展具有重要示范意义的地市级行政区、县区级行政区（含森工林业局）

续表

序号	制定	文件名称	生效	备注
三、商业管理				
27	中华全国供销合作总社（供销合字〔2009〕45号）	《关于进一步加快县级供销合作社改革发展的意见》	2009年7月27日	认真贯彻党的十七大和十七届三中全会精神，深入落实科学发展观，立足城乡统筹发展，紧紧围绕新型农业社会化服务体系建设，推进"新网工程"，强化县级供销合作社职能，加快基层社发展，深化县社企业改革，着力构建以县级配送中心、农产品加工和流通企业为龙头，以农村合作经济组织联合会、行业协会为服务平台，以基层社、乡镇中心超市为骨干，以村级综合服务社、便民店、专业合作社为终端，经营性服务与公益性服务相结合、专项服务和综合服务相协调，上下一体、双向流通的县域经营服务网络，努力成为县域流通的主导力量、农民经济合作的带动力量、新型农业社会化服务的骨干力量。力争用3~5年时间，全系统县域经营服务网络乡镇覆盖率达到80%，村级覆盖率达到60%；县级配送中心或具有配送功能的中心超市发展到2000家，农资连锁配送率达到70%，日用消费品连锁配送率达到40%；专业合作社发展到4万家，农村综合服务社（中心）发展到25万家；70%的县依托县联社成立农村合作经济组织联合会；基本实现经营服务网络薄弱与空白县的振兴发展

续表

序号	制定	文件名称	生效	备注
28	原国家食品药品监督管理总局办公室、商务部办公厅（食药监办食〔2011〕177号）	《国家餐饮服务食品安全示范县遴选暂行办法》	2011年12月7日	国家餐饮安全示范县应当符合国食药监食〔2010〕235号文件中有关餐饮服务食品安全示范县的条件和以下要求：（一）已被评定为省级餐饮服务食品安全示范县。（二）已配备与监管任务相适应的监督执法队伍和执法装备。（三）在餐饮服务食品安全监管制度机制、方式方法等方面有所创新，工作成效显著。（四）设立餐饮服务食品安全投诉举报网络，及时有效处理群众投诉举报。地方政府设有投诉举报专项经费。（五）连续两年以上未发生Ⅲ级以上餐饮服务食品安全事故
29	工业和信息化部办公厅（工信厅信函〔2013〕701号）	《工业和信息化部办公厅关于征选信息消费试点市(县、区)的通知》	2013年10月9日	全国范围内遴选50个市（县、区）开展为期两年的首批信息消费试点。2014年1月开始，截至2015年12月结束。试点结束时，择优评选"全国信息消费示范市（县、区）"，进行示范经验推广
30	商务部等17部门（商流通发〔2021〕99号）	《商务部等17部门关于加强县域商业体系建设促进农村消费的意见》	2021年6月11日	"十四五"时期，实施"县域商业建设行动"，建立完善县域统筹、以县城为中心、乡镇为重点、村为基础的农村商业体系。到2025年，在具备条件的地区，基本实现县县有连锁商超和物流配送中心、乡镇有商贸中心、村村通快递，年均新增农村网商（店）100万家，培育30个国家级农产品产地专业市场，经营农产品的公益性市场地市级覆盖率从40%提高到60%
31	商务部等15部门办公厅（室）（商办流通函〔2021〕322号）	《商务部等15部门办公厅(室)关于印发〈县域商业建设指南〉的通知》（简称《指南》）	2021年12月2日	《指南》规定了"十四五"时期县域商业体系建设的基本框架、功能要求、实施路径和重点工作。《指南》非强制性标准，各地可结合实际，进一步细化完善

续表

序号	制定	文件名称	生效	备注
32	商务部等9部门办公厅	《商务部等9部门办公厅（室）关于印发〈县域商业三年行动计划（2023—2025年）〉的通知》	2023年7月27日	建立县域统筹，以县城为中心、乡镇为重点、村为基础的农村商业体系。到2025年，在全国打造500个左右的县域商业"领跑县"，建设改造一批县级物流配送中心、乡镇商贸中心（大中型超市、集贸市场）和农村新型便民商店。90%的县达到"基本型"及以上商业功能，具备条件的地区基本实现村村通快递。工业品下乡、农产品进城双向流通渠道进一步畅通，农民增收和消费提质实现良性循环，更好满足乡村产业振兴和农村居民生产生活需求
四、水利、交通管理					
33	水利部（水规计〔2001〕548号）	《水电农村电气化县建设管理办法》	2001年12月30日	本办法所称中央水利基本建设资金是指纳入国家基本建设投资计划，用于水电农村电气化县建设项目的中央财政预算内（或专项）资金。本办法适用于各省（自治区、直辖市）、地（市、州）及县（市、区、旗）水电农村电气化县建设管理
34	原交通部（交公路发〔2003〕206号）	《交通部关于印发县际及农村公路改造工程实施意见的通知》	2003年5月28日	从2003年到2005年，用3年时间，国家集中支持东部地区乡到村、中部地区县到乡、西部地区县际公路改造为等级沥青（水泥）公路，带动各地县际及农村公路加快发展，鼓励有条件的地区自筹资金率先实现县际、乡乡、村村通达等级沥青（水泥）公路，提高公路通达深度、通行能力及公路网基础水平，为2010年所有具备通车条件的乡镇和行政村通公路，县到乡公路基本达到高级、次高级路面标准，乡到行政村公路消灭无路面状况，实现交通新的跨越式发展打好坚实基础
35	水利部（水资源〔2017〕184号）	《水利部关于开展县域节水型社会达标建设工作的通知》	2017年	总体目标：到2020年，北方各省（自治区、直辖市）40%以上县（区）级行政区、南方各省（自治区、直辖市，西藏除外）20%以上县（区）级行政区应达到《节水型社会评价标准（试行）》要求

续表

序号	制定	文件名称	生效	备注
36	国家发展和改革委办公厅（发改办基础〔2020〕522号）	《国家发展改革委办公厅关于做好县城城镇化公共停车场和公路客运站补短板强弱项工作的通知》	2020年7月7日	科学设置发展目标。立足县域经济社会发展和交通运输需要，根据县域总体规划和综合交通运输体系规划等，统筹考虑县城自然区位条件、对外经济联系、产业布局、人员往来、资源流通、公共交通发展等情况，合理设置阶段性发展目标。推进项目建设精准化和精细化，加强省域统筹，细化编制县城公共停车场配建标准，落实交通运输、住房和城乡建设等主管部门出台的公路客运站及乡镇运输服务站设计运行标准
五、自然资源与环境保护					
37	原国土资源部（国土资发〔2002〕189号）	《国土资源部关于开展县级土地利用总体规划修编试点工作的通知》	2002年6月17日	开展规划修编试点的目的，是探索新形势下规划编制的思路和要求，在工作组织、规划方法和制度创新等方面作出积极有益的尝试，提高规划编制水平，为部署下一轮全国规划修编工作和制定有关规章、规程积累实践经验
38	原农业部（农科教发〔2004〕5号）	《农业部关于开展"十省百县"外来入侵生物灭毒除害行动的通知》	2004年4月13日	10个省（市）包括北京、辽宁、江苏、安徽、江西、山东、湖北、重庆、四川、云南，100个县（市、区）名单详见附件。2004年灭除的外来入侵生物包括紫茎泽兰、豚草、水花生和少花蒺藜草。各县要按照突出重点、整体推进的原则，建立5000亩的核心区，集中开展灭毒除害，并注重及时探索和总结外来入侵生物综合防治的经验和模式。在此基础上，选准切入点，以点带面，有重点、分步骤地扩大外来入侵生物的灭毒除害规模和范围，力争使村边、路旁和耕地等重点区域外来入侵生物的铲除率达到60%以上

续表

序号	制定	文件名称	生效	备注
39	原国家环境保护总局办公厅（环办〔2004〕109号）	《国家环境保护总局办公厅关于印发〈生态县、生态市建设规划编制大纲（试行）〉及实施意见的通知》	2004年12月24日	对生态县、生态市的建设规划编制提出指导意见
40	住房和城乡建设部（建村〔2008〕141号）	《住房和城乡建设部关于推进县域村庄整治联系点工作的指导意见》	2008年8月15日	深入贯彻落实中共中央关于社会主义新农村建设的部署和要求，2006年我部确定了46个县域村庄整治联系点，要求联系点各县结合当地实际，积极探索推进村庄整治的有效途径，切实搞好村庄规划建设管理，逐步改善农村人居生态环境。两年来，各地以配建基础设施和公共服务设施，改造危旧的农村住房，整治公共环境，治理垃圾、污水等为重点，开展了各具特色的村庄整治工作，村庄面貌发生了可喜变化。为进一步推进县域村庄整治联系点工作，增强示范带动能力，及时总结推广好的经验和做法，现提出指导意见
41	原国土资源部办公厅（国土资厅发〔2009〕51号）	《国土资源办公厅关于印发〈市县乡级土地利用总体规划编制指导意见〉的通知》（后简称《指导意见》）	2009年5月25日	《指导意见》分为四部分：一是土地规划分类与基数转换，明确了土地规划分类与基数转换的原则、方法、要求以及二次调查数据应用处理等；二是各类用地空间布局，明确了各类用地规划布局的次序和原则；三是基本农田调整和布局，明确了基本农田调整的原则、要求和基本农田保护区的划定要求；四是建设用地布局与管制，明确了建设用地布局原则、空间管制要素及其划定要求、成果检验和管制规则等
42	原国家海洋局（国海发〔2002〕12号）	《国家海洋局关于县际间海域勘界工作的指导意见》	2002年4月28日	县际海域勘界工作，在全国海域勘界工作部际联席会议和原国家海洋局的统一指导下，由沿海省、自治区、直辖市人民政府负责组织领导，海洋行政主管部门负责具体实施

续表

序号	制定	文件名称	生效	备注
43	中国地震局（中震防发〔2010〕96号）	《中国地震局关于加强市县防震减灾工作的指导意见》	2010年12月9日	对市县加强防震减灾提出指导意见
44	中国地震局（中震防发〔2012〕73号）	《中国地震局关于印发〈市县防震减灾工作年度考核办法〉的通知》	2012年12月24日	考核内容包括防震减灾法制工作、地震监测预报工作、地震灾害预防工作、地震应急救援工作、防震减灾工作保障和其他相关工作六个方面
45	中国气象局（气发〔2013〕54号）	《中国气象局关于县级综合气象业务改革发展的意见》	2013年6月14日	总体思路和目标要求：推进县级综合气象业务改革发展，要坚持公共气象发展方向，围绕服务经济社会发展和保障人民安全福祉等中心任务，坚持适应需求、集约高效、科技支撑、因地制宜的原则，坚持先进、综合、稳定、实用、便捷、开放的技术路线，以提升基础业务能力为目标，以优化业务布局、调整业务分工、完善业务流程为主线，以发展综合气象业务、建设综合气象业务平台、改革气象业务体制、强化科技支撑和人才保障为重点，避免低水平重复建设和重复劳动，形成业务一体化、功能集约化、岗位多责化的县级综合气象业务，全面推进基层气象业务现代化，不断增强县级气象机构综合实力、气象创新活力和气象工作影响力。 与县级气象机构综合改革同步，江苏、上海、北京、广东四省（市）气象局及重庆市、浙江省杭州和宁波市气象局现代化试点单位，各省（区、市）县级气象机构综合改革试点单位以及有条件的地区要在2013年年底前基本完成县级综合气象业务改革发展任务，其他地区要在2015年年底前完成县级综合气象业务改革发展任务

续表

序号	制定	文件名称	生效	备注
46	住房和城乡建设部（建村〔2014〕6号）	《住房和城乡建设部关于印发〈县（市）域城乡污水统筹治理导则（试行）〉的通知》	2014年1月9日	县（市）人民政府是组织实施县（市）域城乡污水统筹治理的主体，应制定城乡污水统筹治理规划，统筹县（市）域污水管网和污水处理设施建设
47	住房和城乡建设部（建科〔2014〕138号）	《住房和城乡建设部关于印发〈可再生能源建筑应用示范市县验收评估办法〉的通知》	2014年9月16日	本办法适用于财政部、住房和城乡建设部批准的可再生能源建筑应用城市示范及农村地区县级示范的验收评估
48	原环境保护部公告（〔2017〕84号）	《关于发布县域生物多样性调查与评估技术规定的公告》	2017年12月28日	为指导和规范生物多样性调查工作，我部以《全国生物物种资源调查技术规定（试行）》（2010年第27号公告）为基础，制定了县域生物多样性调查与评估技术规定，包括《县域陆生高等植物多样性调查与评估技术规定》《县域植被多样性调查与评估技术规定》《县域陆生哺乳动物多样性调查与评估技术规定》《县域鸟类多样性调查与评估技术规定》《县域两栖类和爬行类多样性调查与评估技术规定》《县域昆虫多样性调查与评估技术规定》《县域大型真菌多样性调查与评估技术规定》《县域生物多样性相关传统知识调查与评估技术规定》《内陆鱼类多样性调查与评估技术规定》《内陆浮游生物多样性调查与评估技术规定》《内陆大型底栖无脊椎动物多样性调查与评估技术规定》《内陆周丛藻类多样性调查与评估技术规定》

续表

序号	制定	文件名称	生效	备注
49	自然资源部公告（〔2019〕7号）	《自然资源部关于发布〈第三次全国国土调查技术规程〉〈县级国土调查生产成本定额〉2项行业标准的公告》	2019年2月1日	对第三次全国国土调查县级国土调查生产成本定额标准进行规范
50	国务院第三次全国国土调查领导小组办公室（国土调查办发〔2019〕10号）	《国务院第三次国土调查领导小组办公室关于发布〈第三次全国国土调查县级数据库建设技术规范（修订稿）〉及县级数据库质量检查软件的通知》	2019年4月27日	按照《国务院第三次全国国土调查领导小组办公室关于调整第三次全国国土调查有关内容与要求的补充通知》（国土调查办发〔2019〕7号）要求，结合工作实际，对《第三次全国国土调查县级数据库建设技术规范（征求意见稿）》，以及第三次全国国土调查县级数据库质量检查软件的相关内容和要求进行了调整和完善。形成了《第三次全国国土调查县级数据库建设技术规范（修订稿）》和第三次全国国土调查县级数据库质量检查软件V1.0版
51	生态环境部（环生态〔2019〕76号）	《生态环境部关于印发〈国家生态文明建设示范市县建设指标〉〈国家生态文明建设示范市县管理规程〉和〈"绿水青山就是金山银山"实践创新基地建设管理规程（试行）〉的通知》	2019年9月11日	为深入践行习近平生态文明思想，贯彻落实中共中央、国务院关于加快推进生态文明建设有关决策部署和全国生态环境保护大会有关要求，充分发挥生态文明建设示范市县和"绿水青山就是金山银山"实践创新基地的平台载体和典型引领作用，我部修订了《国家生态文明建设示范市县建设指标》《国家生态文明建设示范市县管理规程》，制定了《"绿水青山就是金山银山"实践创新基地建设管理规程（试行）》

续表

序号	制定	文件名称	生效	备注
52	自然资源部办公厅（自然资办发〔2020〕19号）	《自然资源部办公厅关于印发〈省级矿产资源总体规划编制技术规程〉和〈市县级矿产资源总体规划编制要点〉的通知》	2020年4月14日	对县级矿产资源总体规划编制要点提出要求
53	住房和城乡建设部办公厅（建办村函〔2020〕392号）	《住房和城乡建设部办公厅关于组织推荐全国农村生活污水治理示范县（市、区）的通知》	2020年7月27日	推荐条件： （一）生活污水统筹治理方面。县域生活污水得到统筹治理，县城、乡镇、村庄生活污水处理设施布局合理、衔接有序，城镇污水管网向周边村庄合理延伸覆盖。农村生活污水治理与水环境治理、生态环境改善等有效衔接。 （二）生活污水收集方面。县域农村生活污水得到有效收集，不存在污水横流现象。生活污水收集管网日常管护到位。 （三）生活污水处理方面。因地制宜采用集中与分散相结合的污水处理模式，生活污水处理设施基本实现了全覆盖。生活污水处理设施运行稳定，收集的生活污水得到有效处理。 （四）尾水排放与利用方面。严格执行相关农村生活污水处理排放标准，尾水基本实现了达标排放。有条件地区尾水实现了合理有效的资源化利用。 （五）运行管护方面。农村生活污水处理设施运行费用纳入了财政预算，建立合理有效的费用分担机制。实施了县镇村联动组织推进和监督检查机制，建立了政府、社会、村民三方共建共治共享机制

续表

序号	制定	文件名称	生效	备注
六、食品安全监管				
54	原国家食品药品监督管理总局（国食药监协〔2007〕291号）	《国家食品药品监督管理局关于开展创建食品安全示范县活动的通知》	2007年5月22日	对创建食品安全示范县活动提出要求
55	原国家食品药品监管总局（食药监法〔2016〕124号）	《国家食品药品监管总局关于加强县级食品药品监督管理部门及其派出机构食品安全执法规范化的指导意见》	2016年9月30日	认真落实《国务院关于地方改革完善食品药品监督管理体制的指导意见》（国发〔2013〕18号）以及《中华人民共和国食品安全法》有关要求，县级人民政府食品药品监督管理部门要加强基层食品药品监管，可以在乡镇或者特定区域设立派出机构，也可以由县级食品药品监管部门向乡镇或在特定区域派驻检查人员。实行综合执法的地方，要突出食品安全监管力量的配备。检查人员必须在职在编，经过统一培训、考试合格并且取得行政执法证件。县级食品药品监管部门每年年底前向上一级食品药品监管部门上报派出机构、人员以及监管工作情况
七、财政、金融管理				
56	财政部（财预〔2000〕134号）	《财政部关于下发〈改革和完善农村税费改革试点县、乡财政管理体制的指导性意见〉的通知》	2000年8月17日	明确划分县、乡政府的财政支出责任，合理调整支出范围。各地要根据农村税费改革后的新情况，按照有利于提高效率和便于管理的原则，明确划分县、乡政府的支出责任。原由乡镇统筹资金安排的乡村两级九年制义务教育、计划生育、优抚、民兵训练、乡级道路建设、农村卫生医疗事业补助等支出，应相应纳入政府预算支出范围，由各级政府统筹安排

续表

序号	制定	文件名称	生效	备注
57	原中国银监会（银监发〔2005〕59号）	《中国银行业监督管理委员会关于印发〈县（市）农村信用合作联社监管工作意见〉的通知》	2005年8月25日	监管目标：银行业监管机构要根据当地统一法人社的实际情况，督促统一法人社制定资本充足率和贷款拨备覆盖率持续提高、不良贷款率持续下降的规划。到2007年底，统一法人社按照《农村合作金融机构风险评价和预警指标体系（试行）》评级应不低于B级；资本充足率应不低于8%；不良贷款比例按四级分类计算不高于15%；贷款拨备覆盖率多数应达到要求；法人治理架构健全，治理机制稳定有效运行；建立了制度完善、管理有效的内部控制和风险管理制度
58	财政部（财预〔2006〕402号）	《财政部关于进一步推进乡财县管工作的通知》	2006年7月28日	实行乡财县管，乡镇政府管理财政的法律主体地位不变，财政资金的所有权和使用权不变，乡镇政府享有的债权和承担的债务不变。属于乡镇事权范围内的支出，仍由乡镇按规定程序审批。县级财政部门在预算编制、账户设置、集中收付、政府采购和票据管理等方面，对乡镇财政进行管理和监督。乡镇政府在县级财政部门的指导下，编制本级预算、决算草案和本级预算的调整方案，组织本级预算的执行
59	财政部（财预〔2009〕78号）	《财政部关于推进省直接管理县财政改革的意见》	2009年6月22日	改革的总体目标是2012年底前，力争全国除民族自治地区外全面推进省直接管理县财政改革，近期首先将粮食、油料、棉花、生猪生产大县全部纳入改革范围。民族自治地区按照有关法律法规，加强对基层财政的扶持和指导，促进经济社会发展

续表

序号	制定	文件名称	生效	备注
60	中国人民银行办公厅（银办发〔2011〕133号）	《中国人民银行办公厅关于加强县支行建设项目管理的指导意见》	2011年5月31日	为进一步规范县支行发行库及营业办公用房建设项目（以下简称建设项目）管理，切实加强各分行、营业管理部、省会（首府）城市中心支行、副省级城市中心支行（以下简称管辖行）和地市中心支行对县支行建设项目的指导、监督和管理，依据国家和总行基本建设管理的有关规定，结合县支行实际情况，制定指导意见
61	财政部（财发〔2011〕22号）	《财政部关于印发〈农业综合开发财政资金县级报账实施办法〉的通知》	2011年7月1日	实行县级报账的资金为各级财政用于经国家农业综合开发办公室批准或备案的农业综合开发项目资金
62	国家税务总局（税总发〔2014〕109号）	《国家税务总局关于印发〈全国县级税务机关纳税服务规范（1.0版）〉相关表证单书的通知》	2014年9月18日	本次修订的表证单书共涉及发票管理、纳税申报、减免税备案等27张表。考虑到房产税、城镇土地使用税、车船税纳税申报表附表填报工作量大，部分条件有限的地区最迟于2014年12月31日前启用，其他表证单书与《全国县级税务机关纳税服务规范（1.0版）》同步启用

续表

序号	制定	文件名称	生效	备注
63	财政部（财建〔2015〕778号）	《财政部关于印发〈生猪（牛羊）调出大县奖励资金管理办法〉的通知》	2015年8月28日	本办法所称生猪（牛羊）调出大县奖励资金（以下简称奖励资金），是指中央财政安排对各省（区、市）和生猪（牛羊）调出大县给予奖励的财政转移支付资金。奖励资金管理坚持"引导生产、多调多奖、责权对等、注重绩效"的原则。奖励资金包括生猪调出大县奖励资金、牛羊调出大县奖励资金和省级统筹奖励资金。财政部每年根据生猪和牛羊市场形势和产业发展需求，统筹确定分块资金额度。生猪调出大县奖励资金按因素法分配到县。分配因素包括过去三年年均生猪调出量、出栏量和存栏量，因素权重分别为50%、25%、25%。奖励资金对生猪调出大县前500名给予支持。牛羊调出大县奖励资金按因素法分配到县。分配因素包括过去三年年均牛羊调出量、出栏量和存栏量，因素权重分别为50%、25%、25%。奖励资金对牛羊调出大县前100名给予支持
64	原中国银监会办公厅（银监办发〔2016〕163号）	《中国银监会办公厅关于进一步提升大型银行县域金融服务能力的通知》	2016年11月24日	合理赋予县支行信贷业务审批权限。大型银行应完善信贷业务授权机制，在有效防控风险的前提下赋予县支行合理的信贷业务权限。一是合理确定县支行信贷业务授权品种及额度，因地制宜、综合考虑县域客户融资需求、县支行信贷管理能力、当地信用环境等因素，差别化授权，避免"一刀切"。二是结合自身实际，将一定额度的低信用风险信贷业务审批权逐步下沉至县支行，使其决策更加贴近县域市场和客户。三是完善授权后评价机制，加强对授权效果的监测、评估，实施授权的动态调整。对超出风险容忍度的县支行要及时上收相应的业务审批权限，对管理不善、出现风险的县支行要审慎授权，对信贷业务管理好的县支行可进一步扩大授权

续表

序号	制定	文件名称	生效	备注
65	财政部（财发〔2017〕3号）	《财政部关于印发〈国家农业综合开发县管理办法〉的通知》	2017年6月1日	本办法所称开发县是指农牧业资源丰富，耕地（草场）达到一定规模以上，为加强其农业基础设施和生态建设，提高农业综合生产能力，促进农业结构调整和产业发展，经认定纳入国家农业综合开发扶持范围的县。开发县管理实行总量控制、分级管理、定期评估、适时退出、违规处罚的方式
66	财政部（财预〔2019〕144号）	《财政部关于印发〈中央财政县级基本财力保障机制奖补资金管理办法〉的通知》	2019年8月16日	根据党中央、国务院关于"完善县级基本财力保障机制"的要求，我部修订了《中央财政县级基本财力保障机制奖补资金管理办法》。经国务院批准，现予印发，请认真贯彻执行。本办法所称县级基本财力保障机制奖补资金，是指中央财政设立，主要用于支持县级政府保障"三保"支出需求，奖励地方改善财力均衡度、加强财政管理、提高管理绩效的一般性转移支付资金
67	国家发展改革委办公厅（发改办财金规〔2020〕613号）	《国家发展改革委办公厅关于印发县城新型城镇化建设专项企业债券发行指引的通知》	2020年8月11日	县城新型城镇化建设专项企业债券由市场化运营的公司法人主体发行，募集资金用于符合《国家发展改革委关于加快开展县城城镇化补短板强弱项工作的通知》（发改规划〔2020〕831号）市场化自主经营、具有稳定持续经营性现金流的单体项目或综合性项目。适用范围为县城及县级市城区内的，兼顾镇区常住人口10万以上的非县级政府驻地特大镇、2015年以来"县改区""市改区"形成的地级及以上城市市辖区的项目

续表

序号	制定	文件名称	生效	备注
68	国家发展改革委、国家开发银行、中国农业发展银行、中国工商银行、中国农业银行、中国建设银行、中国光大银行（发改规划〔2020〕1278号）	《国家发展改革委、国家开发银行等关于信贷支持县城城镇化补短板强弱项的通知》	2020年8月14日	聚焦县城及县级市城区，特别是120个县城新型城镇化建设示范地区，兼顾镇区常住人口10万以上的非县级政府驻地特大镇、2015年以来"县改区""市改区"形成的地级及以上城市市辖区，重点对以下领域建设项目提供信贷支持
69	中国银保监会办公厅（银保监办发〔2021〕97号）	《中国银保监会办公厅支持国家乡村振兴重点帮扶县工作方案》	2021年9月7日	工作方案：大力支持巩固拓展脱贫攻坚成果同乡村振兴有效衔接；优先设立银行保险机构；进一步加大信贷支持力度；努力降低融资成本；深入推进农业保险；充分发挥保险保障作用；不断提升金融服务质效；着力完善风险分担和补偿机制；精准实施差异化监管措施；大力支持巩固拓展脱贫攻坚成果同乡村振兴有效衔接；优先设立银行保险机构；进一步加大信贷支持力度；努力降低融资成本；深入推进农业保险；充分发挥保险保障作用；不断提升金融服务质效；着力完善风险分担和补偿机制；精准实施差异化监管措施

续表

序号	制定	文件名称	生效	备注
八、科技、知识产权管理					
70	科学技术部、财政部（国科发计字〔2005〕264号）	《科学技术部、财政部关于印发〈科技富民强县专项行动计划实施方案（试行）〉的通知》	2005年7月4日	专项行动的总体目标是把"科教兴国"战略切实落实到基层，依靠科技进步，培育、壮大一批具有较强区域带动性的特色支柱产业，有效带动农民致富和财政增收，促进建立富民强县的长效机制，实现民"富"、县"强"；加快县（市）科技进步，强化县（市）科技公共服务能力，为县域经济社会的全面、协调、可持续发展提供有力的科技支撑。 国家重点在中西部地区和东部欠发达地区，每年启动一批试点县（市），实施一批重点科技项目，集成推广500项左右的先进适用技术。通过3~5年的努力，支持300个左右国家级试点县（市）实施专项行动，以项目为载体，发挥示范引导作用，从整体上带动1000个左右县（市）依靠科技富民强县。 通过实施专项行动，试点县（市）应实现以下目标： （一）提高县（市）转化推广科技成果能力，为县域经济的快速发展提供先进适用的技术成果。 （二）建立健全科技服务体系，提高科技公共服务能力，为基层提供有效的科技服务。 （三）提高农民依靠科技增收致富的能力，提高专项行动重点科技项目辐射区农民人均纯收入的水平。 （四）培育科技型的特色支柱产业，增强龙头企业科技实力和带动农民增收致富能力，壮大县域经济

续表

序号	制定	文件名称	生效	备注
71	科学技术部（国科发农学〔2007〕73号）	《科学技术部关于印发〈科技兴县（市）专项工作十一五规划〉的通知》	2007年2月14日	"十一五"期间，按照《国家"十一五"科学技术发展规划》要求，通过推进全国科技兴县（市）工作，使县（市）科技环境有明显改善，县（市）科技管理能力有显著提高，县（市）科技投入明显增加，县（市）科技服务体系和科技平台建设有重要进展，县（市）科技进步的水平和科技创新的能力有大幅度提升，县（市）科技工作在县（市）经济社会发展和国家科技工作中的显示度不断加强，科技进步对县（市）经济社会发展的引领支撑作用稳步提升；示范市（县、区）的特色日趋鲜明，整体素质和示范带动作用明显提高；培养一批党政和科技管理人才队伍，为推进科技兴县（市）工作和县（市）科技进步奠定坚实的基础。通过五年的努力，通过全国科技进步考核的市、县、区比例明显提高。按照国家东、中、西部发展的实际要求，"十一五"末，东部地区在现有的基础上，通过全国科技进步考核的市、县、区比例要增加20%以上，中、西部地区要增加15%和10%以上；通过动态管理，"十一五"末，全国科技进步示范县（市）数量达到200个左右；全国县（市）本级财政科技投入占本级财政支出的比例要提高0.2~0.5个百分点；全国85%以上的县（市）科技管理机构健全并正常运行，98%以上的全国科技进步示范市（县、区）能够发挥示范和引领作用，并辐射和带动其他县（市）
72	科学技术部办公厅（国科发农字〔2007〕476号）	《科学技术部办公厅关于印发〈科技兴县（市）专项工作管理办法〉的通知》	2007年8月6日	专项工作的主要内容是开展全国县（市）科技进步考核（以下简称科技进步考核）、国家科技进步示范县（市）建设以及其他相关工作

续表

序号	制定	文件名称	生效	备注
73	原农业部等（农科教发〔2011〕5号）	《农业部、国家能源局、财政部关于印发〈绿色能源示范县建设技术管理暂行办法〉的通知》	2011年7月6日	本办法适用于示范县内中央财政支持的沼气集中供气工程、生物质气化工程、生物质成型燃料工程、其他可再生能源开发利用工程和农村能源服务体系等项目建设
74	国家知识产权局（国知发管字〔2012〕133号）	《国家知识产权局关于印发〈国家知识产权强县工程试点、示范县（区）评定管理办法〉的通知》	2012年12月26日	强县工程试点、示范县（区）评定管理工作按照"自愿申报、择优推荐、集中评定、跟踪管理"的原则开展
75	国家知识产权局办公室（国知办发管字〔2013〕11号）	《国家知识产权局办公室关于开展国家知识产权强县工程试点、示范县（区）评定工作的通知》	2013年2月17日	申报范围：未实施过国家知识产权强县工程且符合《办法》第五条规定的申报条件的县（区）；或国家知识产权强县工程试点期满且通过考核验收，成绩在70分以上的，且符合《办法》第五条规定的申报条件的县（区），均具备申报资格
76	国务院安全生产委员会（安委〔2019〕3号）	《国务院安全生产委员会关于危险化学品重点县聘任化工专家工作的指导意见》	2019年4月5日	专家聘任工作在各省级安委会的领导下，由省级应急管理部门会同有关部门组织实施。要从各地区实际出发，以需求为导向，动员辖区内符合条件化工企业、单位积极参与，充分挖掘专家资源，认真做好需求和专家资源的对接、平衡，积极稳妥地做好有关工作。专家应具备下列基本条件：认真学习贯彻习近平新时代中国特色社会主义思想，坚决拥护和贯彻执行党的基本路线、方针、政策，具有强烈的事业心和责任感，思想作风端正，身体健康；具有中级及以上专业技术职称，工作业绩突出，在主要化工装置工作3年以上，安全生产实践经验丰富。近期退休人员担任专家的，应是近3年内退休的专业技术人员

续表

序号	制定	文件名称	生效	备注
77	生态环境部、科学技术部（环科财〔2021〕55号）	《生态环境部、科技部关于印发〈百城千县万名专家生态环境科技帮扶行动计划〉的通知》	2021年6月29日	工作目标：到2025年，建立生态环境科技帮扶长效工作机制，形成新时期服务型生态环境科技创新体系。生态环境科学研究与实际需求深度融合，科技成果转化效率得到较大提升，基层生态环境科技创新能力得到明显增强、环境治理体系与能力得到提升，科技支撑深入打好污染防治攻坚战成效显著。具体目标：向100个左右城市派驻专家团队开展跟踪研究，为地方政府提供100份以上综合解决方案；深入全国1000个左右区县，为地方和企业提供1000次以上技术服务；调动全国10000名以上专家参与生态环境科技帮扶行动；举办200场以上技术培训与成果推介活动，推广500项以上先进适用技术；启动一批科研项目，研发突破一批关键技术
九、教育、文化管理					
78	教育部（教师〔2002〕3号）	《教育部关于加强县级教师培训机构建设的指导意见》	2002年3月1日	县级教师培训机构是由县级人民政府领导、县级教育行政部门主管，以实施本地区中小学教师继续教育工作为主要任务，并具有与教师教育相关的管理、研究、服务和教育信息资源开发与利用等职能，具有独立法人资格的办学实体。要按照小实体、多功能、大服务的原则加强县级教师培训机构建设。积极促进县级教师进修学校与县级电教、教研、教科研等相关部门的资源整合与合作，优化资源配置，形成合力，努力构建新型的现代教师培训机构

续表

序号	制定	文件名称	生效	备注
79	教育部、国家广播电影电视总局（教社政〔2002〕13号）	《教育部、国家广播电影电视总局关于印发〈关于推进市（地）、县（市）教育电视播出机构职能转变工作的意见〉的通知》	2002年12月24日	市（地）、县（市）教育电视播出机构职能转变的主要内容是，把工作任务转到转播中国教育卫星宽带传输平台和中国教育电视台以及本省教育电视台的节目上来，把工作重心转移到建立和完善远程教育网络，扩大远程教育规模，提高远程教育服务水平上来
80	教育部（教督〔2012〕3号）	《教育部关于印发〈县域义务教育均衡发展督导评估暂行办法〉的通知》	2012年1月20日	义务教育发展基本均衡县的评估认定，应在其义务教育学校达到本省（区、市）义务教育学校办学基本标准后进行；主要包括对县域内义务教育校际均衡状况评估和对县级人民政府推进义务教育均衡发展工作评估两个方面；公众对本县义务教育均衡发展的满意度作为评估认定的重要参考。义务教育发展基本均衡县的评估认定，按照省级评估、国家认定的原则进行。国家教育督导团对省级评估工作进行指导和监督
81	教育部（教督〔2017〕6号）	《教育部关于印发〈县域义务教育优质均衡发展督导评估办法〉的通知》	2017年4月19日	县域义务教育优质均衡发展督导评估认定的对象是县（含不设区的市、市辖区和国家划定的其他县级行政区划单位，以下统称县）。对义务教育优质均衡发展县的督导评估认定，坚持"依法实施、保障公平、注重质量、社会认可"的原则。义务教育优质均衡发展县应具备以下基本条件：通过国家义务教育基本均衡发展认定三年以上；基本均衡发展认定后年度监测持续保持较高水平
82	教育部（教督〔2020〕1号）	《教育部关于印发〈县域学前教育普及普惠督导评估办法〉的通知》	2020年2月18日	督导评估的对象为县级人民政府（含不设区的市、市辖区和功能区等国家划定的其他县级行政区划单位人民政府）。督导评估工作由国务院教育督导委员会统筹领导、审核认定，省级教育督导机构为主组织实施

续表

序号	制定	文件名称	生效	备注
83	教育部办公厅（教基厅函〔2021〕43号）	《教育部办公厅关于开展县域义务教育优质均衡创建工作的通知》	2021年11月25日	工作目标。经过3~5年的努力，在各省（区、市）创建一批率先实现义务教育优质均衡发展的县（市、区），探索义务教育优质均衡发展的实现路径和有效举措，形成一批可复制、可推广的典型经验。充分发挥创建示范引领作用，带动各地加快推进县域义务教育优质均衡发展，为到2035年全面实现义务教育优质均衡发展奠定坚实基础
84	教育部等九部门（教基〔2021〕8号）	《教育部等九部门关于印发〈"十四五"学前教育发展提升行动计划〉和〈"十四五"县域普通高中发展提升行动计划〉的通知》	2021年12月9日	到2025年，县中整体办学水平显著提升，市域内县中和城区普通高中协调发展机制基本健全，统筹普通高中教育和中等职业教育发展，推动全国高中阶段教育毛入学率达到92%以上。公民办普通高中招生全面规范，县中生源流失现象得到根本扭转；教师补充激励机制基本健全，县中校长和教师队伍建设明显加强；教育经费投入机制基本健全，县中办学经费得到切实保障；薄弱县中办学条件基本改善，学校建设基本实现标准化；教育教学改革进一步深化，县中教育质量显著提高
十、卫生健康管理				
85	原卫生部、国家中医药管理局、国家发展和改革委员会、财政部（卫规财发〔2006〕340号）	《中央预算内专项资金（国债）项目县中医医院建设指导意见》	2006年8月29日	建设总体目标是通过加大投入力度和深化改革，改变项目单位业务用房不足、房屋破旧和基本医疗设备短缺的现状，使其就医环境和医疗设备条件与基本功能和承担任务相适应，为基层中医医院继承发展中医、民族医提供必要的条件，基本满足人民群众对中医药基本医疗服务的需求。指导意见所称建设项目，是指经项目省（自治区、直辖市）发改委、卫生厅局、中医（药）管理局论证确定，纳入国家中央预算内专项资金（国债）县中医医院建设计划的项目

续表

序号	制定	文件名称	生效	备注
86	原卫生部、国家中医药管理局、国家发展和改革委员会、财政部（卫规财发〔2006〕340号）	《中央预算内专项资金（国债）项目县妇幼保健机构建设指导意见》	2006年8月29日	县妇幼保健机构建设的总体目标是通过加大投入和深化改革，改变县妇幼保健机构房屋短缺、破旧，基本医疗设备缺乏的现状，使其达到妇女儿童预防保健基本服务的条件，完善妇幼保健机构的公共卫生服务功能。指导意见所称建设项目，是指经项目省（自治区、直辖市）发改委、卫生厅局论证确定，列入中央预算内专项资金（国债）县妇幼保健机构建设计划的项目
87	原卫生部、国家中医药管理局、国家发展和改革委员会、财政部（卫规财发〔2006〕340号）	《中央预算内专项资金（国债）项目县医院建设指导意见》	2006年8月29日	医院建设的总体目标是通过加大投入和深化改革，完善县医院公共卫生和基本医疗两大功能，提高服务能力，使其具备作为全县医疗和业务技术指导中心的条件，满足人民群众的需求。指导意见所称建设项目，是指经项目省（自治区、直辖市）发改委、卫生厅局论证确定，列入中央预算内专项资金（国债）县医院建设计划的项目
88	原卫生部（卫办医管发〔2010〕191号）	《卫生部办公厅关于印发〈市、县级医院常见肿瘤规范化诊疗指南（试行）〉的通知》	2010年11月16日	对市、县级医院常见肿瘤的诊疗提出指导意见
89	原卫生部（卫医政发〔2011〕39号）	《卫生部关于印发〈县级医院及乡镇卫生院院务公开考核标准（试行）〉的通知》	2011年5月11日	标准包括组织管理、向社会公开信息、向患者公开信息、向职工公开信息四个方面

续表

序号	制定	文件名称	生效	备注
90	原卫生部办公厅（卫办应急发〔2012〕34号）	《卫生部办公厅关于印发〈国家卫生应急综合示范县（市、区）评估管理办法（试行）〉的通知》	2012年3月8日	国家卫生应急综合示范县（市、区）是指在卫生应急体系建设和突发事件卫生应急工作中成绩突出，具有一定典型性和示范借鉴作用的县级行政区划单位。县级行政区划单位包括各行政县、县级市、市辖区和旗等，特殊行政区域参照国家有关规定执行。国家卫生应急综合示范县（市、区）评估工作周期为5年。2011年为部署建设期。2012年—2013年，每年5月底前为申报推荐期，6—10月为评估复核期，11—12月为公示命名期。2014年—2015年为巩固推广期
91	国家卫生健康委办公厅（国卫办医函〔2020〕83号）	《国家卫生健康委办公厅关于进一步加强县域新型冠状病毒感染的肺炎医疗救治工作的通知》	2020年1月28日	各地县级医院要严格落实《医疗机构传染病预检分诊管理办法》，严格实行预检分诊制度，在独立区域设置发热门诊，有明显标识，保持良好通风、落实消毒隔离措施，防止人流、物流交叉。严格执行发热病人接诊、筛查流程，认真落实病人登记报告制度，密切关注有新型冠状病毒感染的肺炎相关流行病学史、咳嗽、发热等症状的患者，一旦发现可疑病例，立即采取隔离留观措施
92	国家卫生健康委办公厅、国家医保局办公室、国家中医药局办公室（国卫办基层发〔2020〕12号）	《国家卫生健康委办公厅、国家医保局办公室、国家中医药局办公室发布关于印发〈紧密型县域医疗卫生共同体建设评判标准和监测指标体系(试行)〉的通知》	2020年8月31日	聚焦县域医共体建设重点领域和关键环节，定期监测各地县域医共体建设的进展和成效，进一步提升县域和基层医疗卫生服务能力，提高医保基金使用效率，增强人民群众就医可及性，着力构建目标明确、权责清晰、分工协作的新型县域医疗卫生服务体系。 监测对象和方式： （一）监测对象。以县域整体为单位，定期监测政策落实情况和县域医共体建设成效。 （二）监测方式。采取定性和定量相结合的方式进行。通过定性指标评价相关体制机制改革落实情况和县域医疗卫生资源整合情况，衡量县域医共体建设紧密程度；通过定量指标监测县域医共体建设实际成效

续表

序号	制定	文件名称	生效	备注
93	国家卫生健康委、国家乡村振兴局、国家中医药局、中央军委政治工作部、中央军委后勤保障部（国卫医函〔2021〕262号）	《国家卫生健康委、国家乡村振兴局、国家中医药局、中央军委政治工作部、中央军委后勤保障部关于印发〈"十四五"时期三级医院对口帮扶县级医院工作方案〉的通知》	2021年12月16日	总体目标：坚持以人民为中心的发展思想，将巩固拓展脱贫攻坚成果放在突出位置，按照实施乡村振兴战略、健康中国战略的总体要求，坚持新时期卫生与健康工作方针，5年过渡期内保持健康扶贫主要帮扶政策总体稳定，巩固和拓展健康扶贫成果。通过三级医院对口帮扶，引导优质医疗资源下沉，持续推动县级医院综合能力提升，让人民群众就近享有基本医疗卫生服务
94	全国爱卫会（全爱卫发〔2021〕6号）	《全国爱卫会关于印发〈国家卫生城镇评审管理办法〉和〈国家卫生城市和国家卫生县标准〉〈国家卫生乡镇标准〉的通知》	2022年1月1日	国家卫生城镇创建范围原则上为该地所划定的建成区。鼓励推进全域创建，促进城乡一体化发展。国家卫生城镇评审每3年为一个周期，原则上第3年第四季度集中命名。国家卫生城市和国家卫生县数据评价指标56项。国家卫生乡镇数据评价指标24项
十一、体育管理				
95	国家体育总局	《县级全民健身中心项目实施办法》（后简称《办法》）	2016年7月20日	本《办法》所称县级全民健身中心是指隶属于当地县级人民政府，由总局本级公益金支持新建的，不设固定看台、具备多种健身场地设施、专用于开展体育健身活动、提供公共体育服务、符合国家和行业有关标准的综合健身馆。县级全民健身中心项目坚持"科学规划、经济实用、服务群众、保障基本"的原则，对中西部地区和东部享受中西部政策的地区予以政策支持。每个县级全民健身中心项目预算不超过800万元（不含征地、拆迁、补偿费用），由总局本级公益金全额支持。县级全民健身中心项目的建筑面积宜为2000至4000平方米，室内健身场地面积总和不少于1500平方米。县级全民健身中心项目应至少具备大空间球类项目用房、乒乓球用房、体能训练用房和体质检测用房。在此基础上，可以根据群众实际需求选配其他健身功能用房

续表

序号	制定	文件名称	生效	备注
96	教育部办公厅（教体艺厅〔2017〕1号）	《教育部办公厅关于加强全国青少年校园足球改革试验区、试点县（区）工作的指导意见》	2017年2月9日	各改革实验区、试点县（区）充分发挥足球育人功能，把发展青少年校园足球作为落实立德树人根本任务，遵循人才培养和足球发展规律，理顺管理体制，完善激励机制，优化发展环境，大力普及足球运动。到2020年前示范带动全省（区、市）基本形成政府主导、学校主体、行业指导、社会参与的发展格局，形成教学体系规范、训练架构完整、人才渠道畅通、竞赛体系完备的成熟发展体系
97	国家体育总局（体群字〔2018〕124号）	《体育总局关于开展全民运动健身模范市和全民运动健身模范县（市、区）创建工作的通知》	2018年8月2日	创建目标：到2021年，全国范围内建成50个全民运动健身模范市，100个全民运动健身模范县（市、区）。模范市（县）要全面达到《全民健身计划（2016-2020年）》所规定的目标，力争提前达到《"健康中国2030"规划纲要》关于全民健身的主要指标
98	教育部办公厅（教体艺厅〔2018〕3号）	《教育部办公厅关于印发〈全国青少年校园足球试点县（区）基本要求（试行）〉的通知》	2018年8月14日	建立全国青少年校园足球试点县（区）所在地党委和人民政府领导、相关部门共同参与的校园足球工作领导小组，统筹推进本地区校园足球工作。全国青少年校园足球试点县（区）所在地党委和人民政府应制定完善的校园足球工作组织实施、招生、教学管理、课余训练和竞赛、运动安全防范、师资培训培养、督导检查等方面的规章制度和工作制度。区域内的全国青少年校园足球特色学校数应占本地区中小学总数的60%以上
99	国家体育总局办公厅	《体育总局办公厅关于开展首批全国县域足球典型推荐工作的通知》	2021年1月27日	工作目的：培育以县域行政区域为重点的基层足球土壤，满足人民群众对足球文化的需求，强化政府主导责任，服务基层足球发展各方主体的需求，不断扩大足球人口，营造良好的基层足球发展氛围。推荐对象为县、乡（镇）、村、社区等。原则上，每个省（区、市）推荐3个

续表

序号	制定	文件名称	生效	备注
十二、民政管理					
100	民政部（民函〔2007〕79号）	《民政部关于印发〈全国农村社区建设实验县（市、区）工作实施方案〉的通知》	2007年3月29日	在实践中探索农村社区建设工作，总结经验，明确思路，制定政策；根据各地实际，逐步完善农村社区建设的组织管理体制和运行模式，为其他县（市、区）提供经验；形成各实验县（市、区）的"农村社区建设发展规划"，为其他县（市、区）提供借鉴；为开展"全国和谐社区建设示范县（市、区）"创建活动提供样板；为编辑全国农村社区建设工作培训教材，提供范例
101	民政部（民发〔2008〕145号）	《民政部关于印发〈"全国县（市、区）社会福利中心建设计划"实施方案〉的通知》	2008年10月8日	民政部每年从部本级福利彩票公益金中安排一部分资金，加上地方的配套投入，力争用几年时间，在全国部分县、县级市、市辖区建设集养护、康复、托管于一体，以提供养老服务为重点，兼顾为孤儿、精神病人、生活无着流浪乞讨人员等特殊困难群体提供服务的综合性社会福利中心，以满足社会日益增长的福利服务需求，促进基本社会福利服务享有的均等化
102	全国双拥工作领导小组（国拥〔2010〕3号）	《全国双拥工作领导小组关于印发〈全国双拥模范城（县）考评标准（试行）〉的通知》	2010年3月1日	一级指标10项： 一、组织领导坚强有力； 二、宣传教育广泛深入； 三、拥军工作扎实有效； 四、拥政爱民成果显著； 五、政策法规落到实处； 六、双拥活动坚持经常； 七、军民共建富有成效； 八、军政军民关系融洽； 九、群众满意度测评； 十、加分项目。 二级指标68项

续表

序号	制定	文件名称	生效	备注
103	全国双拥工作领导小组（国拥〔2015〕5号）	《全国双拥工作领导小组关于印发〈双拥模范城（县）创建命名管理办法〉和〈全国双拥模范城（县）考评标准〉的通知》	2015年6月15日	双拥模范城（县）分全国和省（自治区、直辖市）两级。全国双拥模范城（县）的命名范围：省（自治区）辖市、自治州、盟（不含所辖县和市）和县级市、县（自治县）、旗（自治旗），直辖市辖区（县）。省级双拥模范城（县）的命名范围，由各省（自治区、直辖市）确定。命名双拥模范城（县）应坚持标准，保证质量，控制数量，实行动态管理。全国双拥模范城（县）数量控制在纳入考核评选城（县）总数的15%以内。各省（自治区）推荐全国双拥模范城（县），县级行政区所占比例一般不得低于推荐总数的40%。省级双拥模范城（县）的命名数量、省（自治区）辖市（自治州、盟）和县级行政区的比例，由各省（自治区、直辖市）确定。提出81项评价标准
104	国家民委	《国家民委关于印发〈全国民族团结进步示范市（地、州、盟）、县（市、区、旗）测评指标的〉通知》	2022年1月20日	针对西部地区和东中部地区提出了不同的标准
十三、档案管理				
105	国家档案局、民政部、原农业部（档发〔2010〕3号）	《国家档案局、民政部、农业部关于印发〈社会主义新农村建设档案工作示范县实施办法〉的通知》	2010年7月3日	对社会主义新农村建设档案工作示范县的档案管理提出要求

续表

序号	制定	文件名称	生效	备注
106	国家档案局办公室、民政部办公厅、原农业部办公厅（档办〔2011〕236号）	《国家档案局办公室、民政部办公厅、农业部关于印发〈社会主义新农村建设档案工作示范县预验收方案〉和〈社会主义新农村建设档案工作示范县验收方案〉的通知》	2011年12月6日	对社会主义新农村建设档案工作示范县预验收和验收提出要求
十四、法治管理					
107	全国普法办公室（普法办〔2008〕7号）	《全国普法办公室关于印发〈关于开展法治城市法治县（市、区）创建活动的意见〉的通知》	2008年4月14日	对开展法治城市法治县（市、区）创建活动提出指导意见
108	公安部（公通字〔2010〕53号）	《公安部关于县级公安机关建立完善法制员制度的意见》	2010年10月21日	1. 县级公安机关应当在执法办案任务重的执法勤务机构和派出所派驻或者配备专职法制员，其他执法勤务机构和派出所应当由教导员或副职领导兼任法制员。 2. 法制员由县级公安机关通过一定程序公开选拔。通过国家司法考试或公安机关人民警察执法资格等级考试中级以上的，优先选拔为法制员。 3. 法制员应当坚持原则、作风正派，具有3年以上执法办案经历，较高的法律知识水平和较强的语言文字表达能力。 4. 派驻的法制员不承担所在单位的办案任务，在一个执法办案单位连续派驻时间满3年的，应予轮换

续表

序号	制定	文件名称	生效	备注
109	全国普法办公室	《全国普法办公室关于深化法治城市、法治县（市、区）创建活动的意见》	2013年7月30日	法治城市、法治县（市、区）创建活动的总体要求是深入贯彻落实党的十八大和习近平总书记一系列重要讲话精神，按照全面推进依法治国的要求，在地方各级党委、政府领导下，深入开展法制宣传教育，全面推进法治城市、法治县（市、区）创建工作，努力提高社会法治化管理水平，促进科学立法、严格执法、公正司法、全民守法，为全面建成小康社会、推进法治中国建设、实现中华民族伟大复兴的中国梦营造良好法治化环境

上述 109 个文件中，涉及农业、林业的 17 件；涉及自然资源与环境保护的 17 件；涉及财政金融的 14 件；涉及卫生医疗的 10 件；涉及县域建设的 9 件；涉及科技与知识产权保护的 8 件；涉及教育文化的 7 件；涉及体育、商业和民政的 16 件；涉及水利、交通的 4 件；涉及法治的 3 件；涉及档案和食品医药监管各 2 件。从中可以看出部门规章调整县域经济和社会发展的阶段性重点方向和内容。其中，一些由有关部委发起的各类命名活动，并非强制，而是由部委提出评选标准，由各省、自治区、直辖市组织符合条件的县自愿申报，并在获得命名后，给予政策、项目和资金方面的支持，实施动态管理。这样的激励机制，调动了县域发展的积极性，促进了县域经济和社会发展，具有鲜明的中国特色。

六、地方性法规和规章的调整

从地方性法规立法情况来看，大量的立法，一是有关县级选举的规定；二是涉及民族自治县的规定，除综合性的自治条例外，涉及民族自治县的经济建设、文化建设、生态环境保护、教育、计划生育等多方面。对于县域发展的专门规定不多。典型的如《洛阳市县乡公路养护管理条例》（2002）、《宁夏回族自治区关于中部干旱带县内生态移民涉及土地有关问题的决定》（2008）、《海南省关于进一步完善省直管市县管理体制的决定》（2009）、《玉溪市新平哀牢山县级自然保护区条例》（2016）、《歙县徽州古城保护条例》（2016）、《朔州市应县佛宫寺释迦塔保护条例》（2018）、《山西省保障和促进县域医疗卫生一体化办法》（2020）、《忻州市代县历史文化名城保护条例》（2021）、《鹤壁市浚县古城保护条例》（2021）等。

就地方性规章而言，专门针对县域立法的也不多。其主要围绕着扩权强县、强镇展开。典型的如《广东省第一批扩大县级政府管理权限事项目录》（2005）、《重庆市人民政府关于进一步实施区县扩权推进城乡统筹发展的决定》（2007）、《浙江省加强县级人民政府行政管理职能若干规定》（2009）、《湖南省人民政府关于扩大县（市）部分经济社会管理权限的决定》（2010）、《广东省县镇事权改革若干规定（试行）》（2011）、《广东省第二批扩大县级政府管理权限事项目录》（2011）、《贵州省人民政府关于公布赋予行政管理体制改革试点乡镇部分县级经济社会管理权限基本目录的决定》（2014）、陕西省人民政府关于公布《赋予经济发达镇部分县级管理事项目录》的决定（2019）、《汕头市人民政府关于将一批市级权责清单事项调整由区（县）实施的决定》（2021）。其中可看出，广东省从 2005 年起就开始实施省级权力下放的措施，为县域经济的发展创造了条件。这是广东省经济在全国处于领先地位的重要原因之一，值得全国其他省份借鉴。

第五章　县域内镇的政策法律调整梳理与分析

与县的建制一样，自中华人民共和国成立以来，我国有关镇的建制一直存在。

根据1954年宪法规定，县、自治县分为乡、民族乡、镇。乡、民族乡、镇设立人民代表大会和人民委员会。乡、民族乡、镇的人民代表大会每届任期2年。地方各级人民代表大会在本行政区域内，保证法律、法令的遵守和执行，规划地方的经济建设、文化建设和公共事业，审查和批准地方的预算和决算，保护公共财产，维护公共秩序，保障公民权利，保障少数民族的平等权利。不设区的市、市辖区、乡、民族乡、镇的人民代表大会代表受选民的监督。地方各级人民代表大会代表的选举单位和选民有权依照法律规定的程序随时撤换自己选出的代表。镇人民委员会由镇长一人、副镇长各若干人和委员若干人组成。地方各级人民委员会依照法律规定的权限管理本行政区域的行政工作。地方各级人民委员会执行本级人民代表大会的决议和上级国家行政机关的决议和命令。地方各级人民委员会依照法律规定的权限发布决议和命令。① 由此说明，我国第一部宪法规定，镇的建制隶属于县，与乡的建制并列。镇设立人民代表大会和人民委员会，由选民直接选举，接受选民的监督。镇人民委员会由镇长一人、副镇长若干人及委员若干人组成，由其行使镇的管理权力。

1975年宪法规定，地方各级人民代表大会都是地方国家权力机关。省、直辖市的人民代表大会每届任期5年。地区、市、县的人民代表大会每届任期3年。农村人民公社、镇的人民代表大会每届任期2年。地方各级革命委员会是地方各级人民代表大会的常设机关，同时又是地方各级人民政府。地方各级革命委员会由主任、副主任若干人、委员若干人组成，由本级人民代表大会选举或者罢免，并报上级国家机关审查批准。地方各级革命委员会都对本级人民代表大会和上一级国家机关负责并报告工作。地方各级人民代表大会和它产生的

---

① 1954年宪法第五十三条、第五十四条、第五十七条、第六十一条、第六十三条、第六十四条。

地方各级革命委员会在本地区内，保证法律、法令的执行，领导地方的社会主义革命和社会主义建设，审查和批准地方的国民经济计划和预算、决算，维护革命秩序，保障公民权利。① 由此说明，1975年宪法在保留镇的建制的同时，推行革命委员会制。由镇的革命委员会在本地区内，保证法律、法令的执行，领导地方的社会主义革命和社会主义建设，审查和批准地方的国民经济计划和预算、决算，维护革命秩序，保障公民权利。镇长、副镇长，由革命委员会主任、副主任替代。

1978年宪法规定，县、自治县分为人民公社、镇。镇设立人民代表大会和革命委员会。镇的人民代表大会每届任期2年。镇人民代表大会会议每年至少举行一次，由本级革命委员会召集。镇人民代表大会代表的选举单位和选民，有权监督和依照法律的规定随时撤换自己选出的代表。镇人民代表大会在本行政区域内，保证宪法、法律、法令的遵守和执行，保证国家计划的执行，规划地方的经济建设、文化建议和公共事业，审查和批准地方的经济计划和预算、决算，保护公共财产，维护社会秩序，保障公民权利，保障少数民族的平等权利，促进社会主义革命和社会主义建设的发展。镇人民代表大会可以依照法律规定的权限通过和发布决议。镇人民代表大会选举并且有权罢免本级革命委员会的组成人员。镇人民代表大会代表有权向本级革命委员会、人民法院、人民检察院和革命委员会所属机关提出质询。受质询的机关必须负责答复。镇革命委员会，即镇人民政府，是镇人民代表大会的执行机关，是镇国家行政机关。镇革命委员会由主任，副主任若干人，委员若干人组成。镇革命委员会执行本级人民代表大会的决议和上级国家行政机关的决议和命令，管理本行政区域的行政工作，依照法律规定的权限发布决议和命令。县和县以上的革命委员会依照法律的规定任免国家机关工作人员。镇革命委员会对本级人民代表大会和上一级国家行政机关负责并报告工作，受国务院统一领导。② 由此说明，截至1978年宪法规定，镇的领导体制，继承了1975年宪法规定的人民代表大会和革命委员会制。

改革开放以来，国家从政策和法律层面对县域镇的发展进行了较全面的政策调整。

---

① 参见1975年宪法第二十一条至第二十三条。
② 参见1978年宪法第三十三条至第三十七条。

一、党内政策和法规的调整

经过检索，对外公开且涉及县域镇一级管理的党内主要政策法规梳理总结如表 5.1 所示：

表 5.1 有关镇的党内法规文件

序号	制定	名称	生效	备注
1	中共中央办公厅、国务院办公厅（中办发〔1986〕28号）	《中共中央办公厅、国务院办公厅关于全国区、乡、镇党政机关人员编制的有关规定》	1986年9月4日	审定区、乡、镇党政机关人员编制的标准，主要是按照省、自治区、直辖市的农村人口密度（即每平方公里的人口数）确定。具体标准如下：农村人口密度在300人以上的，编制控制在人口的1‰左右，最高不得超过1.3‰；200人以上不足300人的，编制最高不得超过1.5‰；100人以上不足200人的，编制最高不得超过1.7‰；50人以上不足100人的，编制最高不得超过2‰，不足50人的，编制最高不得超过2.5‰。各省、自治区、直辖市根据以上标准核定编制总数，应当结合地方实际情况，统筹兼顾，合理分配；对人口稀少和边远地区的区、乡、镇人员编制，可适当予以照顾
2	原中央组织部、劳动人事部（劳人干〔1987〕4号）	《中央组织部、劳动人事部关于颁发执行〈关于补充乡镇干部实行选任制和聘用制的暂行规定〉的通知》	1987年3月14日	乡镇党政机关及人民团体的领导人员，按照《中国共产党章程》《中华人民共和国地方各级人民代表大会和地方各级人民政府组织法》及有关章程规定，一律由选举产生。依法选举时，应充分发扬民主，尊重选举人的意志，严格按照程序办事。补充乡镇一般干部，在行政编制定员内，实行聘用制。受聘人员在聘用期间被选举担任乡镇领导职务的，随之改为选任

续表

序号	制定	名称	生效	备注
3	中共中央、国务院（中发〔2000〕11号）	《中共中央、国务院关于促进小城镇健康发展的若干意见》	2000年6月13日	发展小城镇要以党的十五届三中全会确定的基本方针为指导，遵循以下原则。 尊重规律，循序渐进。小城镇是经济社会发展到一定阶段的产物，必须尊重客观规律，尊重农民意愿，量力而行。要优先发展已经具有一定规模、基础条件较好的小城镇，防止不顾客观条件，一哄而起，遍地开花，搞低水平分散建设。不允许以小城镇建设为名，乱集资、乱摊派，加重农民和企业负担。 因地制宜，科学规划。我国幅员辽阔，经济发展不平衡，发展小城镇的条件也各不相同。各地要从实际出发，根据当地经济发展水平、区位特点和资源条件，搞好小城镇的规划和布局，突出重点，注重实效，防止不切实际，盲目攀比。 深化改革，创新机制。小城镇建设和管理要按照社会主义市场经济的要求，改革创新，广泛开辟投融资渠道，促进基础设施建设和公益事业发展，走出一条在政府引导下，主要通过市场机制建设小城镇的路子。要转变政府职能，从根本上降低管理成本，提高管理效率。 统筹兼顾，协调发展。发展小城镇，不能削弱农业的基础地位。要利用小城镇连接城乡的区位优势，促进农村劳动力、资金、技术等生产要素优化配置，推动一、二、三产业协调发展。要坚持物质文明和精神文明一起抓，在搞好小城镇经济建设的同时，大力推进教育、科技、文化、卫生以及环保等事业的发展，实现城乡经济社会和生态环境的可持续发展。 城镇化水平的提高是一个渐进的过程。发展小城镇既要积极，又要稳妥。力争经过10年左右的努力，将一部分基础较好的小城镇建设成为规模适度、规划科学、功能健全、环境整治、具有较强辐射能力的农村区域性经济文化中心，其中少数具备条件的小城镇要发展成为带动能力更强的小城市，使全国城镇化水平有一个明显的提高

续表

序号	制定	名称	生效	备注
4	中共中央办公厅、国务院办公厅（中办发〔2000〕25号）	《中共中央办公厅国务院办公厅关于在全国乡镇政权机关全面推行政务公开制度的通知》	2000年12月6日	推行政务公开制度的基本要求是：（1）提高工作效率，方便群众和企业、事业单位办事。（2）提高依法行政水平，严格依法管理。（3）强化对行政权力运行的监督，有效遏制消极腐败现象。（4）进一步落实民主决策、民主管理、民主监督制度。要通过扎实工作和不懈努力，使政务公开制度成为乡镇政权机关和派驻站所的一项基本工作制度
5	原民政部、中央机构编制委员会办公室、国务院经济体制改革办公室、建设部、财政部、原国土资源部、原农业部（民发〔2001〕196号）	《民政部等七部门发布关于乡镇行政区划调整工作的指导意见》	2001年7月27日	乡镇行政区划调整工作要坚持实事求是、稳妥有序的原则。乡镇行政区划调整涉及面广，政策性强，关系地方改革发展和稳定大局，有关地方政府要高度重视并从实际出发，因地制宜，分类指导。条件基本成熟并准备开展这项工作的地方，应认真借鉴其他地方的成功经验，调整撤并的标准和进度不要强求统一，防止"一刀切""一阵风"，积极、稳妥、有序地做好这项工作。全省性的乡镇调整撤并工作，一般应以县（市）为单位集中进行，有条件的地方应结合乡镇机构改革配套进行；不具备大范围调整撤并条件，只作少量调整撤并的地方，不要开展集中统一的行动，可以在正常行政区划调整中逐步进行调整撤并；条件不成熟的地方，不要勉强进行调整撤并

续表

序号	制定	名称	生效	备注
6	中共中央办公厅、国务院办公厅（中办发〔2009〕4号）	《中共中央办公厅、国务院办公厅转发〈中央机构编制委员会办公室关于深化乡镇机构改革的指导意见〉的通知》	2009年1月27日	深化乡镇机构改革要高举中国特色社会主义伟大旗帜，以邓小平理论和"三个代表"重要思想为指导，深入贯彻落实科学发展观，坚持以人为本、执政为民，按照建设社会主义新农村和构建社会主义和谐社会的要求，以转变政府职能为核心，理顺职责关系，创新体制机制，优化机构和岗位设置，严格控制人员编制，推动乡镇行政管理与基层群众自治有效衔接和良性互动，建立精干高效的乡镇行政管理体制和运行机制，建设服务型政府，巩固农村税费改革成果，减轻农民负担，促进农村经济社会又好又快发展。 坚持加强和改善党对农村工作的领导，加强基层政权建设，巩固党在农村的执政基础；坚持分类指导、因地制宜，根据当地区域特点和经济社会发展实际，确定乡镇机构设置和职能配置的重点；坚持权责一致，赋予乡镇履行职能必要的事权和财权；坚持精简统一效能和积极稳妥确保机构编制只减不增和社会稳定。 按照精简统一效能的要求，统筹乡镇党政机构设置。根据不同类型、不同规模乡镇工作实际，确定党政机构设置形式和数额，可设若干综合办公室，也可只设若干综合性岗位。 严格控制人员编制，改革后各省（自治区、直辖市）乡镇人员编制不得突破上级核定的规模。省级政府应根据当地实际，综合考虑人口、面积、经济发展水平、财力保障状况等因素，制定乡镇政政和事业编制核编标准和办法，对行政编制实行动态管理。跨层级调整行政编制的，必须近程序报批。严格规定核定领导职数，适当扩大乡镇党政领导班子成员交叉任职。 加快推行机构编制实名制管理，并向社会公开，接受群众监督。要制定相应的政策，妥善安置超编人员，尚未安置的要通过自然减员等多种渠道逐步消化。 乡镇事业站所可实行以乡镇管理为主、上级业务部门进行业务指导的管理体制；经省级人民政府批准，也可实行以上级主管部门为主或按区域设置机构的体制。 推进事业站所分类改革，区分事业站所的公益性职能和经营性活动，对公益性机构加强财政保障，经营性机构可转制为经济实体。综合设置乡镇事业站所，乡镇不再兴办自收自支的事业单位。加强农业公共服务能力建设，创新管理体制，提高人员素质，力争3年内在全国普遍健全乡镇或区域性农业技术推广、动植物疫病防控、农产品质量监管等公共服务机构。 积极探索农村公益服务的有效实现形式。鼓励发展多元化的农村社会化服务组织和农民专业合作社，扶持社会力量兴办为农服务的公益性机构和经济实体

续表

序号	制定	名称	生效	备注
7	中共中央、国务院（中发〔2014〕4号）	《中共中央、国务院关于印发〈国家新型城镇化规划(2014-2020年)〉的通知》	2014年3月12日	发展目标： 城镇化水平和质量稳步提升。城镇化健康有序发展，常住人口城镇化率达到60%左右，户籍人口城镇化率达到45%左右，户籍人口城镇化率与常住人口城镇化率差距缩小2个百分点左右，努力实现1亿左右农业转移人口和其他常住人口在城镇落户。 城镇化格局更加优化。"两横三纵"为主体的城镇化战略格局基本形成，城市群集聚经济、人口能力明显增强，东部地区城市群一体化水平和国际竞争力明显提高，中西部地区城市群成为推动区域协调发展的新的重要增长极。城市规模结构更加完善，中心城市辐射带动作用更加突出，中小城市数量增加，小城镇服务功能增强。 城市发展模式科学合理。密度较高、功能混用和公交导向的集约紧凑型开发模式成为主导，人均城市建设用地严格控制在100平方米以内，建成区人口密度逐步提高。绿色生产、绿色消费成为城市经济生活的主流，节能节水产品、再生利用产品和绿色建筑比例大幅提高。城市地下管网覆盖率明显提高。 城市生活和谐宜人。稳步推进义务教育、就业服务、基本养老、基本医疗卫生、保障性住房等城镇基本公共服务覆盖全部常住人口，基础设施和公共服务设施更加完善，消费环境更加便利，生态环境明显改善，空气质量逐步好转，饮用水安全得到保障。自然景观和文化特色得到有效保护，城市发展个性化，城市管理人性化、智能化。 城镇化体制机制不断完善。户籍管理、土地管理、社会保障、财税金融、行政管理、生态环境等制度改革取得重大进展，阻碍城镇化健康发展的体制机制障碍基本消除

续表

序号	制定	名称	生效	备注
8	中共中央办公厅、国务院办公厅	《中共中央办公厅、国务院办公厅印发〈关于深入推进经济发达镇行政管理体制改革的指导意见〉》	2016年12月	总体目标： 全面贯彻党的十八大和十八届三中、四中、五中、六中全会精神，以马克思列宁主义、毛泽东思想、邓小平理论、"三个代表"重要思想、科学发展观为指导，深入贯彻习近平总书记系列重要讲话精神和治国理政新理念新思想新战略，以加强基层政权建设、巩固党的执政基础为核心，以扩大经济社会管理权限、完善基层政府功能为重点，以探索建立简约精干的组织架构、务实高效的用编用人制度和适应经济发达镇实际的财政管理模式为保障，构建符合基层政权定位、适应城镇化发展需求的新型行政管理体制，进一步激发经济发达镇发展内生动力，充分发挥其对周边辐射带动作用，为推进基层治理体系和治理能力现代化、提高新型城镇化质量水平和加快实现城乡统筹发展提供体制机制保障。 充分考虑地区发展水平差异和主体功能区布局，合理确定经济发达镇认定标准。东部地区经济发达镇建成区常住人口一般在10万人左右，中部和东北地区一般在5万人左右，西部地区一般在3万人左右；常住人口城镇化率、公共财政收入等指标连续2年位居本省（自治区、直辖市）所辖乡镇前10%以内。对落实国家重大战略、完善区域城镇体系和促进区域协调发展具有特殊地位和作用的镇，以及历史文化名镇等特色小镇，应予重点考虑。省级党委和政府要结合实际研究制定经济发达镇的具体认定程序和标准，严格把关、规范审批
9	中共中央办公厅、国务院办公厅	《中共中央办公厅、国务院办公厅印发〈关于加强乡镇政府服务能力建设的意见〉》	2017年2月	主要目标：到2020年，乡镇政府服务能力全面提升，服务内容更加丰富，服务方式更加便捷，服务体系更加完善，基本形成职能科学、运转有序、保障有力、服务高效、人民满意的乡镇政府服务管理体制机制

以上9个党内法规和政策性文件中涉及县域城镇建设方面的规定，虽然文件数量不多，但对于改革开放以来促进县域城镇发展具有重大的指导意义。从1986年到2017年横跨31年，每一项法规文件的规定和政策指引，均成为我国城镇化建设和县域城镇发展各项立法和政策文件制定、实施的最高依据。具有阶段性成果的标志意义。其中，2000年出台的《中共中央国务院关于促进小城镇健康发展的若干意见》，以及由中共中央、国务院出台且持续20年的城镇化的专项指导意见和发展规划的制定和实施，有力地推动了我国城镇化步伐的加快，保证了到2020年按照常住人口标准我国城镇化水平达到60%。而2017年出台的《关于加强乡镇政府服务能力建设的意见》，则坚持了为人民服务的宗旨，极大地促进了乡镇政府由管理型政府向服务型政府的转变。

二、宪法及地方组织法规定

1978年，党的十一届三中全会宣布"文革"结束。为此，在国家体制上，废除革命委员会制的同时，经过改革开放的实践，宪法及地方组织法中有关镇的规定，有恢复，也有一些新的规定。

现行的1982年宪法在1988年、1993年、1999年、2004年、2018年先后经过五次修正，截至2018年修正案规定，县、自治县分为乡、民族乡、镇。镇设立人民代表大会和人民政府，每届任期5年。镇人民代表大会是地方国家权力机关。镇人民代表大会不设常务委员会。镇的人民代表大会代表由选民直接选举。镇的人民代表大会代表受选民的监督。镇人民政府是国家权力机关的执行机关，是镇级国家行政机关。镇人民政府实行镇长负责制，设立镇长和副镇长。镇的人民政府执行本级人民代表大会的决议和上级国家行政机关的决定和命令，管理本行政区域内的行政工作。省、直辖市的人民政府决定镇的建置和区域划分。[①] 该规定，与1954年宪法规定相比，一是明确镇的人民代表大会和镇人民政府每届任期，由原来的2年增加为5年，以便有利于镇的稳定发展；二是明确了镇的建制和区域划分权归属于省、直辖市的人民政府。

1979年，出台《中华人民共和国地方各级人民代表大会和地方各级人民政府组织法》（简称《地方组织法》）。该法在1982年、1986年、1995年、2004年、2015年、2022年先后经过六次修正。现行的《地方组织法》的规定，除与

---

① 参见1982年宪法（2018年修正）第三十条、第九十五条至第九十八条、第一百零一条、第一百零二条、第一百零五条、第一百零六条。

宪法规定一致外，对镇的法律调整予以了进一步的细化。

第一，明确了镇人民代表大会的职权，即镇的人民代表大会行使下列职权：一是在本行政区域内，保证宪法、法律、行政法规和上级人民代表大会及其常务委员会决议的遵守和执行；二是在职权范围内通过和发布决议；三是根据国家计划，决定本行政区域内的经济、文化事业和公共事业的建设计划和项目；四是审查和批准本行政区域内的预算和预算执行情况的报告，监督本级预算的执行，审查和批准本级预算的调整方案，审查和批准本级决算；五是决定本行政区域内的民政工作的实施计划；六是选举本级人民代表大会主席、副主席；七是选举镇长、副镇长；八是听取和审议镇的人民政府的工作报告；九是听取和审议镇的人民代表大会主席团的工作报告；十是撤销镇的人民政府的不适当的决定和命令；十一是保护社会主义的全民所有的财产和劳动群众集体所有的财产，保护公民私人所有的合法财产，维护社会秩序，保障公民的人身权利、民主权利和其他权利；十二是保护各种经济组织的合法权益；十三是铸牢中华民族共同体意识，促进各民族广泛交往交流交融，保障少数民族的合法权利和利益；十四是保障宪法和法律赋予妇女的男女平等、同工同酬和婚姻自由等各项权利。少数民族聚居的镇的人民代表大会在行使职权的时候，可以依照法律规定的权限采取适合民族特点的具体措施。①

第二，明确了在不设常委会的情况下，镇的人民代表大会设主席，并可以设副主席一人至二人。主席、副主席由本级人民代表大会从代表中选出，任期同本级人民代表大会每届任期相同。镇的人民代表大会主席、副主席不得担任国家行政机关的职务；如果担任国家行政机关的职务，必须向本级人民代表大会辞去主席、副主席的职务。镇的人民代表大会主席、副主席在本级人民代表大会闭会期间负责联系本级人民代表大会代表，根据主席团的安排组织代表开展活动，反映代表和群众对本级人民政府工作的建议、批评和意见，并负责处理主席团的日常工作。②

第三，明确了人民代表大会主席团及其职责，即镇的人民代表大会举行会议的时候，选举主席团。由主席团主持会议，并负责召集下一次的本级人民代

---

① 参见《中华人民共和国地方各级人民代表大会和地方各级人民政府组织法》（2022修正）第十二条。
② 参见《中华人民共和国地方各级人民代表大会和地方各级人民政府组织法》（2022修正）第十八条。

表大会会议。镇的人民代表大会主席、副主席为主席团的成员。主席团在本级人民代表大会闭会期间，每年选择若干关系本地区群众切身利益和社会普遍关注的问题，有计划地安排代表听取和讨论本级人民政府的专项工作报告，对法律、法规实施情况进行检查，开展视察、调研等活动；听取和反映代表和群众对本级人民政府工作的建议、批评和意见。主席团在闭会期间的工作，向本级人民代表大会报告。①

第四，明确了每届人民代表大会会议形式。明确规定，镇人民代表大会每届第一次会议，在本届人民代表大会代表选举完成后的两个月内，由镇的上次人民代表大会主席团召集。镇的人民代表大会代表五人以上联名，可以向本级人民代表大会提出属于本级人民代表大会职权范围内的议案，由主席团决定是否列入大会议程。列入会议议程的议案，在交付大会表决前，提案人要求撤回的，经主席团同意，会议对该项议案的审议即行终止。在镇人民代表大会审议议案的时候，代表可以向有关地方国家机关提出询问，由有关机关派人说明。镇人民代表大会举行会议的时候，代表十人以上联名可以书面提出对本级人民政府和它所属各工作部门的质询案。质询案必须写明质询对象、质询的问题和内容。质询案由主席团决定交由受质询机关在主席团会议、大会全体会议上口头答复，或者由受质询机关书面答复。在主席团会议上答复的，提质询案的代表有权列席会议，发表意见；主席团认为必要的时候，可以将答复质询案的情况报告印发会议。质询案以口头答复的，应当由受质询机关的负责人到会答复；质询案以书面答复的，应当由受质询机关的负责人签署，由主席团印发会议或者印发提质询案的代表。镇人民代表大会进行选举和通过决议，以全体代表的过半数通过。②

第五，明确对乡镇人大、政府负责人施行差额选举、罢免和辞职制度。镇长、副镇长由本级人民代表大会主席团或者代表依照本法规定联合提名。镇的人民代表大会代表十人以上书面联名，可以提出本级人民代表大会主席、副主席，人民政府领导人员的候选人。不同选区或者选举单位选出的代表可以酝酿、联合提出候选人。主席团提名的候选人人数，每一代表与其他代表联合提名的

---

① 参见《中华人民共和国地方各级人民代表大会和地方各级人民政府组织法》（2022 修正）第十九条。

② 参见《中华人民共和国地方各级人民代表大会和地方各级人民政府组织法》（2022 修正）第二十条，第二十二条至第二十五条。

候选人人数，均不得超过应选名额。提名人应当如实介绍所提名的候选人的情况。镇的人民代表大会主席，人民政府正职领导人员的候选人数可以多一人，进行差额选举；如果提名的候选人只有一人，也可以等额选举。镇的人民代表大会副主席，人民政府副职领导人员的候选人数应比应选人数多一人至三人，由本级人民代表大会根据应选人数在选举办法中规定具体差额数，进行差额选举。如果提名的候选人数符合选举办法规定的差额数，由主席团提交代表酝酿、讨论后，进行选举。如果提名的候选人数超过选举办法规定的差额数，由主席团提交代表酝酿、讨论后，进行预选，根据在预选中得票多少的顺序，按照选举办法规定的差额数，确定正式候选人名单，进行选举。选举方式如下：

选举采用无记名投票方式。代表对于确定的候选人，可以投赞成票，可以投反对票，可以另选其他任何代表或者选民，也可以弃权。

镇人民代表大会选举本级国家机关领导人员，获得过半数选票的候选人人数超过应选名额时，以得票多的当选。如遇票数相等不能确定当选人时，应当就票数相等的人再次投票，以得票多的当选。

获得过半数选票的当选人数少于应选名额时，不足的名额另行选举。另行选举时，可以根据在第一次投票时得票多少的顺序确定候选人，也可以依照本法规定的程序另行提名、确定候选人。经本级人民代表大会决定，不足的名额的另行选举可以在本次人民代表大会会议上进行，也可以在下一次人民代表大会会议上进行。

另行选举镇的人民代表大会副主席，人民政府副职领导人员时，依照本法第二十七条第一款的规定，确定差额数，进行差额选举。

镇人民代表大会补选镇的人民代表大会主席、副主席，镇长、副镇长时，候选人数可以多于应选人数，也可以同应选人数相等。选举办法由本级人民代表大会决定。

镇的人民代表大会举行会议的时候，主席团或者五分之一以上代表联名，可以提出对人民代表大会主席、副主席，镇长、副镇长的罢免案，由主席团提请大会审议。罢免案应当写明罢免理由。被提出罢免的人员有权在主席团会议或者大会全体会议上提出申辩意见，或者书面提出申辩意见。在主席团会议上提出的申辩意见或者书面提出的申辩意见，由主席团印发会议。

镇的人民代表大会主席、副主席，镇长、副镇长，可以向本级人民代表大会提出辞职，由大会决定是否接受辞职。①

第六，明确了镇人民政府的职责，即镇的人民政府行使下列职权：一是执行本级人民代表大会的决议和上级国家行政机关的决定和命令，发布决定和命令；二是执行本行政区域内的经济和社会发展计划、预算，管理本行政区域内的经济、教育、科学、文化、卫生、体育等事业和生态环境保护、财政、民政、社会保障、公安、司法行政、人口与计划生育等行政工作；三是保护社会主义的全民所有的财产和劳动群众集体所有的财产，保护公民私人所有的合法财产，维护社会秩序，保障公民的人身权利、民主权利和其他权利；四是保护各种经济组织的合法权益；五是铸牢中华民族共同体意识，促进各民族广泛交往交流交融，保障少数民族的合法权利和利益，保障少数民族保持或者改革自己的风俗习惯的自由；六是保障宪法和法律赋予妇女的男女平等、同工同酬和婚姻自由等各项权利；七是办理上级人民政府交办的其他事项。②

值得强调的是，上述有关宪法和《地方组织法》的规定，乡、民族乡和镇的规定具有一致性，没有将镇的规定与乡、民族乡分别规定，这是形成乡镇不分的重要原因。

以上规定表明，作为县域内的基层组织，有关镇一级的政权设置及其职责，与县级及县级以上的政权设置有所不同。尤其是对镇一级人大和政府主席、副主席、镇长、副镇长的选举采取差额制，并明确可以对其进行罢免，一定程度上，可以从制度上保证基层干部的尽职尽责。但是，在职权规定上，存在乡镇不分的情况，需要根据新的形势予以完善。

三、相关法律的调整

经过网上检索，截至目前，全国人大常委会有关镇的专门法律调整，只有一部，即1996年10月29日，由第八届全国人民代表大会常务委员会第二十二次会议通过的《中华人民共和国乡镇企业法》。该法制定的目的是扶持和引导乡镇企业持续健康发展，保护乡镇企业的合法权益，规范乡镇企业的行为，繁荣农村经济，促进社会主义现代化建设。该法施行26年来，极大地促进了乡镇企

---

① 参见《中华人民共和国地方各级人民代表大会和地方各级人民政府组织法》（2022修正）第二十六条至第三十二条。
② 参见《中华人民共和国地方各级人民代表大会和地方各级人民政府组织法》（2022修正）第七十六条。

业的发展，使其成为县域经济发展的重要基础。然而，随着社会主义市场经济的深入发展，位于乡镇区域的企业，与其他企业一样成为平等的民事主体，因而，"乡镇企业"的提法已经过时，该法存在的象征意义大于现实意义。

需要注意的是，2021年4月29日第十三届全国人民代表大会常务委员会第二十八次会议通过《中华人民共和国乡村振兴促进法》第二条明确规定："本法所称乡村，是指城市建成区以外具有自然、社会、经济特征和生产、生活、生态、文化等多重功能的地域综合体，包括乡镇和村庄等。"由此说明，在国家法律层面，仍然把乡、镇和村庄的发展视为一体。在立法路径上，鉴于县域内有关乡镇改革一直处于探索阶段，法律采取了保留的态度。法律的基本调整方式采取授权其他法律形式予以调整。

四、行政法规及规范性文件的调整

经网上检索，国务院有关镇的行政法规不多，且大部分为规范性文件。其中，各个时期的代表性文件如表5.2所示：

表5.2 有关镇的行政法规与规范性文件

序号	制定情况	法规名称	生效	备注
1	1955年6月9日国务院全体会议第十一次会议通过（〔55〕国秘习字180号）	《国务院关于设置市、镇建制的决定》	1955年6月9日	镇，是属于县、自治县领导的行政单位。县级或者县级以上地方国家机关所在地，可以设置镇的建制。不是县级或者县级以上地方国家机关所在地，必须是聚居人口在2000以上，有相当数量的工商业居民，并确有必要时方可设置镇的建制。少数民族地区如有相当数量的工商业居民，聚居人口虽不及2000，确有必要时，亦得设置镇的建制。镇以下不再设乡。工矿基地，规模较小、聚居人口不多，由县领导的，可设置镇的建制。各省、自治区、直辖市人民委员会，应当依照本决定并结合当地实际情况，对现有的市、市辖区、镇的建制进行审查，其中市辖区和镇的建制的设置和变更由省人民委员会、自治区自治机关自行决定

续表

序号	制定情况	法规名称	生效	备注
2	国务院（国发〔1984〕165号）	《国务院批转民政部关于调整建镇标准的报告的通知》	1984年11月22日	对1955年和1963年中共中央和国务院设镇的规定做如下调整：一、凡县级地方国家机关所在地，均应设置镇的建制。二、总人口在二万以下的乡，乡政府驻地非农业人口超过二千的，可以建镇；总人口在二万以上的乡，乡政府驻地非农业人口占全乡人口10%以上的，也可以建镇。三、少数民族地区、人口稀少的边远地区、山区和小型工矿区、小港口、风景旅游、边境口岸等地，非农业人口虽不足二千，如确有必要，也可设置镇的建制。四、凡具备建镇条件的乡，撤乡建镇后，实行镇管村的体制；暂时不具备设镇条件的集镇，应在乡人民政府中配备专人加以管理。各地在建镇工作中，应深入进行调查研究，结合当地的实际情况，搞好规划，合理布局，认真把这项工作做好
3	国务院（国发〔1984〕141号）	《国务院关于农民进入集镇落户问题的通知》	1984年10月13日	凡申请到集镇务工、经商、办服务业的农民和家属，在集镇有固定住所，有经营能力，或在乡镇企事业单位长期务工的，公安部门应准予落常住户口，及时办理入户手续，发给《自理口粮户口簿》，统计为非农业人口。粮食部门要做好加价粮油的供应工作，可发给《加价粮油供应证》。地方政府要为他们建房、买房、租房提供方便，建房用地，要按照国家有关规定和集镇建设规划办理。工商行政管理部门要做好工商登记、发证和管理工作。各有关部门都要给以热情支持，积极引导，加强管理，促进集镇的健康发展
4	国务院（国发〔1986〕105号）	《国务院关于乡镇煤矿实行行业管理的通知》	1986年12月12日	为了合理开发和利用国家的煤炭资源，制止争抢资源、乱采滥掘和采矿不顾后果的做法，加强对乡镇煤矿生产与安全的技术指导，改善井下工人的生产安全条件，使乡镇煤矿保持后劲，根据国家颁布的《矿产资源法》，国务院决定乡镇煤矿统一由煤炭工业部门实行行业管理

续表

序号	制定情况	法规名称	生效	备注
5	国务院（国发〔1987〕98号）	《国务院关于加强内河乡镇运输船舶安全管理的通知》	1987年11月3日	内河乡镇运输船舶的安全管理是一项社会性强、涉及面广的工作，必须在各级人民政府统一领导下，组织有关部门进行综合治理，才能扭转事故多发的被动局面。长江干线、珠江、黑龙江的安全监督管理，由原交通部设置的港航监督机构统一负责。其他内河水域的安全监督管理，由省、自治区、直辖市交通厅（局）内设置的港航监督机构负责。各省、自治区、直辖市港航监督部门的管理经费，在船舶港务费中支付；县以下水上安全管理部门的经费，按国家经委、原交通部、财政部等八个部门《关于加强乡镇运输船舶安全监督管理的通知》（〔87〕交水监字156号）的规定支付
6	国务院（国发〔1988〕11号）	《国务院关于印发在全国城镇分期分批推行住房制度改革实施方案的通知》	1988年2月25日	各省、自治区、直辖市选一两个县镇进行试点，为明后年大量县镇投入改革积累经验，探索路子。1989年，五六千个县镇，进入全面改革或在一定范围内起步的改革行列。1990年，除边远和经济落后地区少数城镇外，住房制度改革在全国城市和县镇全面铺开，而且大部分城市和县镇都要实转，做到全部公房按五项因素计租，住房基金初步建立起来，给职工买房创造有利条件，使我国住房制度开始走上新的轨道。县镇建设住房，要严格控制占用土地，提倡集资建楼房。不经批准，不准建平房
7	国务院（国发〔1991〕15号）	《国务院批转建设部等部门〈关于进一步加强村镇建设工作请示〉的通知》	1991年3月8日	村镇建设的重点要放在包括县城以下建制镇在内的集镇上，要充分调动各方面的积极性，多方开辟资金渠道，认真做好前期准备和资金筹措工作，严格按规范施工，确保工程质量。农村地区性经济组织需要的店房和服务设施，由所在建制镇和乡政府按规划要求，统一开发建设；一些公益事业可以走民办的路子；较大的基础设施，如道路、供排水、通信等，可由集体、个人多方集资兴建；有些地区可采取以工代赈的方式，组织回乡建筑队伍修建一些生产、生活急需的公用基础设施；对老区、少数民族地区和经济不发达地区，各级地方政府可视财力情况，给予适当补助

续表

序号	制定情况	法规名称	生效	备注
8	国务院办公厅（国办发〔1991〕69号）	《国务院办公厅转发水利部关于进一步做好农村人畜饮水和乡镇供水工作报告的通知》	1991年10月23日	要求到2000年年底，全国累计解决农村饮水困难人数达到需要解决数的95%以上；兴建符合标准的乡镇供水工程4500处。其中"八五"期间解决饮水困难人数要达到85%；兴建乡镇供水工程1500处。请各省（区、市）做好工作，保证这一任务的完成。 饮水、供水工程建设应本着自力更生为主，国家补助为辅，谁受益、谁负担的原则进行，多层次、多渠道筹集资金。在安排小农水补助费、地方财力、农业发展基金、不发达地区资金、扶贫资金、粮食以工代赈等多项支农资金时，应重点予以扶持。各地每年要在水利基建费中，增列专项支持。要积极争取利用外资，扩大资金投入，以加快农村饮水、乡镇供水工程建设步伐。对于农村饮水、乡镇供水工程所需要的钢材、水泥、塑料等物资，由各地区列入计划，保证供应
9	国务院（国发〔1992〕19号）	《国务院批转原农业部关于促进乡镇企业持续健康发展报告的通知》	1992年3月18日	乡镇企业的发展，应继续坚持以社会主义集体所有制为主体的多种经济成分并存的所有制结构，实行乡（含镇）办、村（含村民小组）办、联户（含农民合作）办和户（个体、私营）办乡镇企业；坚持因地制宜，分类指导；坚持计划经济与市场调节相结合，按市场需要组织生产，增加社会有效供给；坚持内涵发展与外延发展并重，经济效益、社会效益、生态效益并重；坚持国内外两个市场同时开拓，大力发展外向型经济；坚持强化管理与推动技术进步一起抓；坚持实行以按劳分配为主体，其他分配方式为补充的分配制度；坚持自力更生、艰苦奋斗、勤俭办企业的方针；坚持物质文明和精神文明一起抓

续表

序号	制定情况	法规名称	生效	备注
10	国务院令（〔1993〕116号）	《村庄和集镇规划建设管理条例》	1993年11月1日	制订和实施村庄、集镇规划，在村庄、集镇规划区内进行居民住宅、乡（镇）村企业、乡（镇）村公共设施和公益事业等的建设，必须遵守本条例。但是，国家征用集体所有的土地进行的建设除外。 在城市规划区内的村庄、集镇规划的制订和实施，依照城市规划法及其实施条例执行
11	国务院（国发〔1997〕20号）	《国务院批转公安部小城镇户籍管理制度改革试点方案和关于完善农村户籍管理制度意见的通知》	1997年6月10日	下列农村户口的人员，在小城镇已有合法稳定的非农职业或者已有稳定的生活来源，而且在有了合法固定的住所后居住已满两年的，可以办理城镇常住户口： （一）从农村到小城镇务工或者兴办第二产业、第三产业的人员； （二）小城镇的机关、团体、企业、事业单位聘用的管理人员、专业技术人员； （三）在小城镇购买了商品房或者已有合法自建房的居民。 上述人员的共同居住的直系亲属，可以随迁办理城镇常住户口。 外商、华侨和港澳同胞、台湾同胞在小城镇投资兴办实业、经批准在小城镇购买了商品房或者已有合法自建房后，如有要求，可为他们需要照顾在小城镇落户的大陆亲属办理城镇常住户口。 在小城镇范围内居住的农民，土地已被征用、需要依法安置的，可以办理城镇常住户口。 经批准在小城镇落户人员的农村承包地和自留地，由其原所在的农村经济组织或者村民委员会收回，凭收回承包地和自留地的证明，办理在小城镇落户手续

续表

序号	制定情况	法规名称	生效	备注
12	国务院	《"十五"城镇化发展重点专项规划》	2001年8月7日	完善城镇体系的基本任务是，有重点地发展小城镇，积极发展中小城市，完善区域性中心城市功能，引导城镇密集区有序发展，走多样化的城镇化道路。重点发展县城和部分基础条件好、发展潜力大的建制镇。各地区要根据本地实际，对小城镇的发展进行统筹规划。城镇密集区和中心城市周边地区的小城镇，要纳入所属区域城镇体系的总体规划，以组团式布局形态与中心城市或其他城市形成合理的功能分工，发展一批卫星城镇，形成为中心城市服务的具有特定功能的小城镇。距中心城市较远的小城镇，要强化为农业、农村和农民的服务功能，形成农产品集散中心和加工基地，农业信息、技术推广和文化教育中心，带动当地农业和农村经济发展。 政策措施：（一）改革户籍管理制度；（二）培育劳动力市场；（三）完善用地制度；（四）建立投融资新体制；（五）调整行政区划
13	1994年12月20日中华人民共和国国务院令第169号公布，根据2013年7月18日《国务院关于废止和修改部分行政法规的决定》修订	《乡镇煤矿管理条例》	2013年7月18日	本条例所称乡镇煤矿，是指在乡（镇）、村开办的集体煤矿企业、私营煤矿企业以及除国有煤矿企业和外商投资煤矿企业以外的其他煤矿企业。 煤炭资源属于国家所有。地表或者地下的煤炭资源的国家所有权，不因其所依附的土地的所有权或者使用权的不同而改变。 国家对煤炭资源的开发利用实行统一规划、合理布局的方针

续表

序号	制定情况	法规名称	生效	备注
14	国务院（国发〔2016〕8号）	《国务院关于深入推进新型城镇化建设的若干意见》	2016年2月2日	积极推进农业转移人口市民化： （一）加快落实户籍制度改革政策。 （二）全面实行居住证制度。 （三）推进城镇基本公共服务常住人口全覆盖。 （四）加快建立农业转移人口市民化激励机制。 加快培育中小城市和特色小城镇： （一）提升县城和重点镇基础设施水平。 （二）加快拓展特大镇功能。 （三）加快特色镇发展。因地制宜、突出特色、创新机制，充分发挥市场主体作用，推动小城镇发展与疏解大城市中心城区功能相结合、与特色产业发展相结合、与服务"三农"相结合。发展具有特色优势的休闲旅游、商贸物流、信息产业、先进制造、民俗文化传承、科技教育等魅力小镇，带动农业现代化和农民就近城镇化。提升边境口岸城镇功能，在人员往来、加工物流、旅游等方面实行差别化政策，提高投资贸易便利化水平和人流物流便利化程度
15	2008年4月22日中华人民共和国国务院令第524号公布，根据2017年10月7日《国务院关于修改部分行政法规的决定》修订	《历史文化名城名镇名村保护条例》	2017年10月7日	为了加强历史文化名城、名镇、名村的保护与管理，继承中华民族优秀历史文化遗产，制定本条例。 历史文化名城、名镇、名村的申报、批准、规划、保护，适用本条例。 历史文化名城、名镇、名村的保护应当遵循科学规划、严格保护的原则，保持和延续其传统格局和历史风貌，维护历史文化遗产的真实性和完整性，继承和弘扬中华民族优秀传统文化，正确处理经济社会发展和历史文化遗产保护的关系。 国家对历史文化名城、名镇、名村的保护给予必要的资金支持

续表

序号	制定情况	法规名称	生效	备注
16	国务院办公厅（国办发〔2018〕27号）	《国务院办公厅关于全面加强乡村小规模学校和乡镇寄宿制学校建设的指导意见》	2018年4月25日	到2020年，基本补齐两类学校短板，进一步振兴乡村教育，两类学校布局更加合理，办学条件达到所在省份确定的基本办学标准，经费投入与使用制度更加健全，教育教学管理制度更加完善，城乡师资配置基本均衡，满足两类学校教育教学和提高教育质量实际需要，乡村教育质量明显提升，基本实现县域内城乡义务教育一体化发展，为乡村学生提供公平而有质量的教育
17	国务院办公厅（国办发〔2020〕33号）	《国务院办公厅转发国家发展改革委关于促进特色小镇规范健康发展意见的通知》	2020年9月16日	准确理解特色小镇概念，以微型产业集聚区为空间单元进行培育发展，不得将行政建制镇和传统产业园区命名为特色小镇。准确把握特色小镇区位布局，主要在城市群、都市圈、城市周边等优势区位或其他有条件区域进行培育发展。准确把握特色小镇发展内涵，发挥要素成本低、生态环境好、体制机制活等优势，打造经济高质量发展的新平台、新型城镇化建设的新空间、城乡融合发展的新支点、传统文化传承保护的新载体

以上最早的文件为1955年依据"五四宪法"出台的《关于设置市、镇建制的决定》（以下简称《决定》），该《决定》为新中国成立之初建制镇的建设提供了具体的法律依据，此后先后于1984年和1993年进行了调整。而1997年开始启动的户籍制度改革、住房制度改革等，为县域经济及城镇发展扫清了制度障碍。进入21世纪，城镇化规划及小城镇发展政策的制定和实施，具有标志性意义。截至2020年提出特色小城镇的规范发展问题。2017年修订出台的《历史文化名城名镇名村保护条例》，为县域内名城名镇名村保护提供了法律依据。上述由国务院或国务院办公厅出台的文件数量虽然不多，但文件内容涉及广泛，为部门规章及地方性法规、规章及规范性文件的出台，提供了上位法依据。

五、国务院部委规章及规范性文件的调整

经过网上检索，截至目前，专门针对乡镇发展的有效的或具有代表意义的部门规章及规范性文件共计86件。详情见表5.3：

表5.3 有关镇的部门规章及规范性文件

序号	制定	名称	生效	备注
一、体制改革					
1	公安部	《小城镇户籍管理制度改革试点方案》	1997年5月20日	下列农村户口的人员，在小城镇已有合法稳定的非农职业或者已有稳定的生活来源，而且在有了合法固定的住所后居住已满两年的，可以办理城镇常住户口：（一）从农村到小城镇务工或者兴办第二产业、第三产业的人员；（二）小城镇的机关、团体、企业、事业单位聘用的管理人员、专业技术人员；（三）在小城镇购买了商品房或者已有合法自建房的居民。上述人员的共同居住的直系亲属，可以随迁办理城镇常住户口。外商、华侨和港澳同胞、台湾同胞在小城镇投资兴办实业、经批准在小城镇购买了商品房或者已有合法自建房后，如有要求，可为他们需要照顾在小城镇落户的大陆亲属办理城镇常住户口。在小城镇范围内居住的农民，土地已被征用、需要依法安置的，可以办理城镇常住户口。经批准在小城镇落户人员的农村承包地和自留地，由其原所在地的农村经济组织或者村民委员会收回，凭收回承包地和自留地的证明，办理在小城镇落户手续
2	水利部（水农〔2004〕223号）	《水利部关于印发〈村镇供水站定岗标准〉的通知》	2004年5月	根据国务院办公厅转发的国务院体改办关于《水利工程管理体制改革实施意见》（国办发2002〔45〕号文）和水利部《关于开展水利工程管理单位体制改革工作有关问题的通知》（水建管〔2000〕401号文）及《关于加强村镇供水工程管理的意见》（水农〔2003〕503号文）的精神，水利部农村水利司决定编制《村镇供水站定岗标准》（以下简称《标准》）。目的在于科学、规范地设置村镇供水站岗位，合理配置人力资源，提高管理效率和管理水平。本标准适用于建制镇、集镇、村庄集中供水且实际日供水量在200~50000m³的供水站的定岗定员。实际日供水量在200m³以下、50000m³以上的供水站，可根据其重要程度及特点，参照本标准执行

续表

序号	制定	名称	生效	备注
3	原农业部（农企发〔2005〕5号）	《关于进一步改革和加强乡镇企业信息统计工作的意见》	2005年5月9日	随着社会主义市场经济体制不断完善和机构改革的进一步深化，乡镇企业信息统计工作出现了机构不稳、人员不齐等问题，个别地方片面追求政绩，干扰统计数据，弄虚作假，严重影响了乡镇企业信息统计工作的及时性、准确性和完整性。为了进一步推进乡镇企业信息统计工作的改革，稳定信息统计队伍，提高统计数据质量，现提出意见
4	原农业部办公厅	《农业部办公厅关于进一步做好乡镇畜牧兽医站改革工作的通知》	2007年9月	认真贯彻新修订的《动物防疫法》和《国务院关于推进兽医管理体制改革的若干意见》精神，采取切实有力措施，深入推进乡镇畜牧兽医站改革，建立健全基层动物防疫体系，稳定基层动物防疫队伍，维护社会稳定，促进社会和谐
5	司法部（司发〔2009〕7号）	《司法部关于进一步加强乡镇司法所建设的意见》	2009年4月27日	司法所是县（市、区）司法局的派出机构，负责指导管理和组织实施本辖区的司法行政各项业务工作，主要承担九项职能：（1）指导管理人民调解工作，参与调解疑难、复杂民间纠纷；（2）承担社区矫正日常工作，组织开展对非监禁服刑人员的管理、教育和帮助；（3）指导管理基层法律服务工作；（4）协调有关部门和单位开展对刑释解教人员的安置帮教工作；（5）组织开展法制宣传教育工作；（6）组织开展基层依法治理工作，为乡镇人民政府（街道办事处）依法行政、依法管理提供法律意见和建议；（7）协助基层政府处理社会矛盾纠纷；（8）参与社会治安综合治理工作；（9）完成上级司法行政机关和乡镇人民政府（街道办事处）交办的维护社会稳定的有关工作。司法所一般按行政区划单独设置，原则上每个乡镇（街道）设置一个司法所。根据工作需要，也可在经济技术开发区、农林牧区、大型集贸市场等区域设置司法所。司法所实行县（市、区）司法局和乡镇人民政府（街道办事处）双重管理，以司法局为主的管理体制。司法所应当由三名以上人员组成，实行所长负责制

续表

序号	制定	名称	生效	备注
6	原农业部（农科教发〔2009〕7号）	《农业部关于加快推进乡镇或区域性农业技术推广机构改革与建设的意见》	2009年7月11日	总体目标：着眼于新阶段农业农村经济发展的需要，以增强为农服务能力为目标，通过一系列改革与建设措施，建立健全运行高效、服务到位、支撑有力、农民满意的乡镇或区域性农业技术推广机构，使其有完善的管理体制、有规范的运行机制、有精干的人员队伍、有稳定的经费保障、有必要的工作条件，真正发挥好在基层农业技术推广中的主导作用
7	原文化部令（〔2009〕48号）	《乡镇综合文化站管理办法》	2009年10月1日	本办法中的乡镇综合文化站，是指由县级或乡镇人民政府设立的公益性文化机构，其基本职能是社会服务、指导基层和协助管理农村文化市场
8	原国土资源部（国土资发〔2010〕24号）	《国土资源部关于加强乡（镇）国土资源所建设的指导意见》	2010年2月24日	明确指导思想，促进科学发展。各省（区、市）国土资源行政主管部门要以党的十七大和十七届三中、四中全会精神为指导，深入贯彻落实党中央、国务院关于国土资源管理工作的决策部署，以科学发展观为统领，以保障发展和保护资源为目标，以构建保障和促进科学发展新机制为主线，以推进改革创新为动力，以提高能力素质为基础，全面加强乡（镇）国土资源所建设，不断促进国土资源服务和管理水平的提升，促进经济社会全面协调可持续发展
9	原卫生部、国家发展改革委、财政部、人力资源和社会保障部、原农业部（卫农卫发〔2011〕61号）	《卫生部、国家发展改革委、财政部、人力资源和社会保障部、农业部关于印发〈乡镇卫生院管理办法（试行）〉的通知》	2011年7月7日	本办法适用于在乡镇设置、经县级人民政府卫生行政部门登记注册、依法取得《医疗机构执业许可证》的卫生院。乡镇卫生院是农村三级医疗卫生服务体系的枢纽，是公益性、综合性的基层医疗卫生机构。政府在每个乡镇办好一所卫生院

续表

序号	制定	名称	生效	备注
10	司法部（司发通〔2014〕71号）	《司法部关于进一步加强乡镇司法所建设的意见》	2014年7月18日	各级司法行政机关要认真贯彻落实党的十八大和十八届三中全会精神，认真贯彻落实习近平总书记系列重要讲话和对司法行政工作重要指示精神，从政治和全局的高度，把加强乡镇司法所建设作为科学谋划、深入推进司法行政工作改革发展的重要任务，继续采取有效措施，进一步加强乡镇司法所建设，不断夯实司法行政工作基层基础
11	原国家林业局（林站发〔2015〕146号）	《国家林业局关于进一步加强乡镇林业工作站建设的意见》	2015年11月12日	乡镇林业工作站是对林业生产经营实施组织管理的最基层机构，承担着政策宣传、资源管护、林政执法、生产组织、科技推广和社会化服务等职责，涵盖基层林业工作的全过程和各方面，对我国林业建设和经济社会发展具有重要影响。长期以来，林业站在林业改革、保护生态、服务民生中发挥了重要作用，做出了突出贡献。面对新形势新任务，林业站机构队伍不稳、基础设施落后、服务能力偏弱、职工待遇偏低等问题突出。为充分发挥林业站职能作用，提升林业基层公共管理服务能力，全面推进林业改革，现就进一步加强林业站建设提出意见
12	中国银保监会办公厅（银保监办发〔2019〕233号）	《中国银保监会办公厅关于推动村镇银行坚守定位提升服务乡村振兴战略能力的通知》	2019年12月20日	为贯彻落实党中央、国务院关于深化金融供给侧结构性改革，推动中小银行回归本源相关要求，督促村镇银行更好坚守定位，有效提升金融服务乡村振兴战略的能力，就有关事项通知

续表

序号	制定	名称	生效	备注
13	民政部、全国工商联（民发〔2020〕76号）	《民政部、全国工商联关于加强乡镇、街道商会登记管理工作的通知》	2020年6月15日	做好乡镇、街道商会登记工作。乡镇、街道商会申请成立登记应当具备《社会团体登记管理条例》规定的条件，由县级工商联作为业务主管单位，在县级民政部门申请登记。县级工商联在审查时应当征求商会所在地乡镇人民政府、街道办事处意见。商会登记按照条件成熟一个、登记一个的原则推进，不下硬指标，不搞一刀切。乡镇、街道商会名称按照"县级行政区划名称+乡镇、街道名称+商会"的方式构成；县级行政区划为市辖区的，商会名称应当与所在地市的行政区划名称连用。乡镇、街道商会住所设于所在乡镇、街道范围内
二、城镇化建设				
14	原国家建设委员会、国家农业委员会	《村镇规划原则》（后简称《原则》）	1982年1月14日	本《原则》适用于农村各级居民点（统称为村镇），即公社所在地、社辖集镇和不同规模的村庄。也可供林、牧渔场场部和分场部等所在地规划设计时参考。本《原则》适用于原有村镇的改建、扩建和选址新建。村镇规划是指导村镇建设的依据，其基本任务是：研究确定村镇的性质与发展规模，合理组织村镇各项用地，妥善安排建设项目，以便科学地、有计划地进行建设，适应农业现代化建设和广大农民生活水平不断提高的需要。村镇规划贯彻有利生产、方便生活的原则，使村镇各项建设做到合理布局，协调发展，并适当留有发展余地

续表

序号	制定	名称	生效	备注
15	原建设部、国家计委、国家体改委、国家科委、农业部、民政部（建村〔1994〕564号）	《建设部、国家计委、国家体改委、国家科委、农业部、民政部关于印发〈关于加强小城镇建设的若干意见〉的通知》	1994年9月8日	党中央、国务院对小城镇建设工作十分重视，把积极引导和加强小城镇建设作为进一步推动农村经济全面发展的一项重要工作。江泽民同志强调，"要引导乡镇企业在小城镇适当集中，使小城镇成为区域的中心"，"在稳步发展农业的同时，积极发展农村二、三产业，搞好小城镇建设"。 小城镇建设必须首先搞好规划，要按照逐步实现农村现代化的要求，规划和建设小城镇。各级人民政府要对小城镇建设工作进行认真研究，特别是各县（市）人民政府要对本地区的小城镇进行综合分析、排队，根据当地经济和社会发展的实际，确定重点发展的小城镇，做出全面的规划部署。 对于沿路、沿江河、沿海、沿边境等地理位置和交通条件较好，乡镇企业有一定基础或农村批发和专业市场初具规模的小城镇，要首先重点地抓好规划和建设。小城镇的规划设计要因地制宜，要充分利用和改造现有小城镇，不搞"花架子"，着重规划好基础设施和公共服务设计，加强环境保护，为生产生活提供必要的条件，乡镇企业要适当集中、合理布局。各项建设要量力而行，统筹兼顾，近远结合，分步实施。建制镇要根据《城市规划法》、集镇要根据《村庄和集镇规划建设管理条例》等国家有关法规进行规划、建设和管理。小城镇规划建设要合理用地、节约用地，使用土地要严格履行审批手续，绝不允许没有规划或不按规划乱占滥建、浪费土地

续表

序号	制定	名称	生效	备注
16	原建设部（建村〔2000〕36号）	《建设部关于发布〈村镇规划编制办法（试行）〉的通知》	2000年2月14日	本办法适用于村庄、集镇，县城以外的建制镇可以按照本办法执行。编制村镇规划一般分为村镇总体规划和村镇建设规划两个阶段。村镇规划由乡（镇）人民政府负责组织编制。承担编制村镇规划任务的单位，应当具有国家规定的资格。编制村镇规划应当遵循《中华人民共和国城市规划法》和《村庄和集镇规划建设管理条例》确定的规划原则，符合《村镇规划标准》等有关技术规定。村镇总体规划的期限一般为10年至20年
17	原建设部（建村〔2000〕74号）	《建设部关于印发〈县域城镇体系规划编制要点〉的通知（试行）》	2000年4月6日	县域城镇体系规划的主要任务是：落实省（市）域城镇体系规划提出的要求，指导乡镇域村镇规划的编制。县域城镇体系规划应突出三个重点： 1. 确定城乡居民点有序发展的总体格局，选定中心镇，防止一哄而起，促进小城镇健康发展； 2. 布置县域基础设施和社会服务设施，防止重复建设，促进城镇协调发展； 3. 保护基本农田和生态环境，防止污染，促进可持续发展
18	原建设部（建村〔2000〕191号）	《建设部关于贯彻〈中共中央、国务院关于促进小城镇健康发展的若干意见〉的通知》	2000年8月30日	"十五"期间，小城镇规划建设管理工作的主要任务和发展目标是：优化小城镇发展布局；加强基础设施和公共设施建设，完善小城镇功能；大力改善住区环境；把15%的建制镇建设成为规模适度、经济繁荣、布局合理、设施配套、功能健全、环境整洁、具有较强辐射能力的农村区域性经济文化中心，其中少数具备条件的小城镇发展成为带动能力更强的小城市。小城镇的自来水普及率达到90%以上，道路铺装率达到80%以上；电力、电信建设基本满足小城镇发展需要；人均公共绿地达到3.5平方米
19	原国家环境保护总局、建设部（环发〔2002〕82号）	《国家环境保护总局、建设部关于印发〈小城镇环境规划编制导则（试行）〉的通知》	2002年5月17日	对小城镇环境规划编制提出意见

续表

序号	制定	名称	生效	备注
20	水利部（水农〔2003〕503号）	《水利部关于加强村镇供水工程管理的意见》	2003年10月29日	以国家和集体投资为主新建的乡镇集中供水工程和跨村工程，由工程管理委员会负责管理。工程管理委员会由县级水行政主管部门或委托乡镇水利管理站负责组建，成员由水利部门和受益乡、村代表组成。村级代表应通过用水户大会选举产生。 以国家和集体投资为主新建的单村工程，由工程受益范围内的用水合作组织负责管理。用水合作组织在县级水行政主管部门和乡镇政府的指导下，由村民委员会或村民小组负责组建。经用水户协商同意，也可由村民委员会或村民小组行使用水合作组织的职能。 原有集中供水工程要明确权责，实行规范化管理。 由私人投资或股份制修建的集中供水工程，由业主负责管理。分散供水工程由受益户负责管理
21	原建设部（建质〔2004〕216号）	《建设部关于加强村镇建设工程质量安全管理的若干意见》	2004年12月6日	对于建制镇、集镇规划区内的所有公共建筑工程、居民自建两层（不含两层）以上，以及其他建设工程投资额在30万元以上或者建筑面积在300平方米以上的所有村镇建设工程、村庄建设规划范围内的学校、幼儿园、卫生院等公共建筑（以下称限额以上工程），应严格按照国家有关法律、法规和工程建设强制性标准实施监督管理。 建制镇、集镇规划区内所有加层的扩建工程必须委托有资质的设计单位进行设计，并由有资质的施工单位承建。 对于建制镇、集镇规划区内建设工程投资额30万元以下且建筑面积300平方米以下的市政基础设施、生产性建筑，居民自建两层（含两层）以下住宅和村庄建设规划范围内的农民自建两层（不含两层）以上住宅的建设活动（以下简称限额以下工程）由各省、自治区、直辖市结合本地区的实际，依据本意见"五"明确地对限额以下工程的指导原则制定相应的管理办法

续表

序号	制定	名称	生效	备注
22	原建设部（建质〔2005〕201号）	《建设部关于批准〈小城镇住宅建筑构造〉等三十二项国家建筑标准设计的通知》	2005年12月1日	经审查，批准由中国建筑标准设计研究院等二十九个单位编制的《小城镇住宅建筑构造》等三十二项标准设计为国家建筑标准设计，自2005年12月1日起实施。原《钢百叶窗》（J733）、《活动百叶钢窗》[CJ737（一）]、《活动百叶钢窗构配件》[CJ737（二）]、《活动百叶塑料窗》[CJ740（一）]、《活动百叶塑料窗构配件》[CJ740（二）]、《柱间支撑》（97G336）、《雨水口》（95S518-1~2）标准设计同时废止
23	原建设部、科学技术部（建科〔2006〕76号）	《建设部、科学技术部关于印发〈小城镇建设技术政策〉的通知》	2006年4月5日	为贯彻落实科学发展观，促进大中小城市与小城镇协调发展，加强对小城镇建设技术发展的指导，建设部和科技部组织编制了《小城镇建设技术政策》，为地方建设行政主管部门指导小城镇规划、建设和管理提供了政策性依据，为地方科技行政主管部门组织研究开发适用于小城镇的先进适用技术提供了应遵循的原则
24	原建设部公告（〔2007〕第553号）	《建设部关于发布国家标准〈镇规划标准〉的公告》	2007年5月1日	现批准《镇规划标准》为国家标准，编号为GB50188-2007，自2007年5月1日起实施。其中，第3.1.1、3.1.2、3.1.3、4.1.3、4.2.2、5.1.1、5.1.3、5.2.1、5.2.2、5.2.3、5.4.4、5.4.5、6.0.4、7.0.4、7.0.5、8.0.1（3）（4）、8.0.2（3）（4）、9.2.3、9.2.5（1）（2）、9.3.3、10.2.5（4）、10.3.6、10.4.6、11.2.2、11.2.6、11.3.4、11.3.6、11.3.7、11.4.4、11.4.5、11.5.4、12.4.3、13.0.1、13.0.4、13.0.5、13.0.6、13.0.7条（款）为强制性条文，必须严格执行。原《村镇规划标准》GB50188-2006同时废止

续表

序号	制定	名称	生效	备注
25	住房和城乡建设部公告（〔2008〕第48号）	《住房和城乡建设部公告第48号——关于发布行业标准〈镇（乡）村给水工程技术规程〉的公告》	2008年10月1日	对镇（乡）村给水工程技术规程实施标准化
26	住房和城乡建设部公告（〔2008〕第49号）	《住房和城乡建设部公告第49号——关于发布行业标准〈镇（乡）村建筑抗震技术规程〉的公告》	2008年10月1日	对镇（乡）村建筑抗震技术规程实施标准化
27	住房和城乡建设部公告（〔2008〕50号）	《住房和城乡建设部公告第50号——关于发布行业标准〈镇（乡）村文化中心建筑设计规范〉的公告》	2008年10月1日	对镇（乡）村文化中心建筑设计规范实施标准化
28	住房和城乡建设部公告（〔2008〕51号）	《住房和城乡建设部公告第51号——关于发布行业标准〈镇（乡）村排水工程技术规程〉的公告》	2008年10月1日	对镇（乡）村排水工程技术规程实施标准化

续表

序号	制定	名称	生效	备注
29	住房和城乡建设部、国家发展和改革委员会（建标〔2008〕142号）	《住房和城乡建设部、国家发展和改革委员会关于批准发布〈乡镇卫生院建设标准〉的通知》	2008年11月1日	对乡镇卫生院建设实施标准化
30	住房和城乡建设部标准定额司（建标标备〔2010〕23号）	《住房和城乡建设部关于同意浙江省〈村镇避灾场所建设技术规程〉等两项地方标准备案的函》	2010年2月8日	对地方标准备案的审批
31	住房和城乡建设部（建村〔2010〕184号）	《住房和城乡建设部关于印发〈镇（乡）域规划导则（试行）〉的通知》	2010年11月4日	本导则所指的镇、乡是《中华人民共和国宪法》中规定的基层行政区域。镇（乡）域规划是《中华人民共和国城乡规划法》规定的镇规划和乡规划的一种形式，其规划区范围覆盖镇（乡）行政辖区的全部。有条件的镇和乡，应依据本导则编制镇（乡）域规划。镇（乡）域规划编制应坚持全域统筹、注重发展、节约用地、因地制宜的原则，突出对镇（乡）全域发展的指导，协调农村生产、生活和生态，统筹对建设用地和非建设用地合理布局。体现地域特色、乡村特色和民族特色，尊重农村地区的多样性和差异性。节约和集约利用资源和能源，保护生态环境。镇（乡）域规划的期限一般为20年
32	住房和城乡建设部令（〔2010〕7号）	《城市、镇控制性详细规划编制审批办法》	2011年1月1日	控制性详细规划的编制和审批，适用本办法。控制性详细规划是城乡规划主管部门做出规划行政许可、实施规划管理的依据。国有土地使用权的划拨、出让应当符合控制性详细规划

续表

序号	制定	名称	生效	备注
33	1995年6月29日中华人民共和国建设部令第44号公布，1995年7月1日起施行。根据2011年1月26日中华人民共和国住房和城乡建设部令第9号《住房和城乡建设部关于废止和修改部分规章的决定》修正	《建制镇规划建设管理办法》	2011年1月26日	制订和实施建制镇规划，在建制镇规划区内进行建设和房地产、市政公用设施、镇容环境卫生等管理，必须遵守本办法。本办法所称建制镇，是指国家按行政建制设立的镇，不含县城关镇。本办法所称建制镇规划区，是指镇政府驻地的建成区和因建设及发展需要实行规划控制的区域。建制镇规划区的具体范围，在建制镇总体规划中划定。建制镇规划建设要适应农村经济和社会发展的需要，为促进乡镇企业的适当集中建设、农村富余劳动力向非农产业转移，加快农村城市化进程服务。建制镇建设应当坚持合理布局、节约用地的原则，全面规划、正确引导、依靠群众、自力更生、因地制宜、逐步建设，实现经济效益、社会效益和环境效益的统一
34	住房和城乡建设部、财政部、国家发展和改革委员会（建村〔2011〕144号）	《住房和城乡建设部、财政部、国家发展和改革委员会关于印发〈绿色低碳重点小城镇建设评价指标（试行）〉的通知》	2011年9月13日	为做好绿色低碳重点小城镇试点示范的遴选、评价和指导工作，推进绿色低碳重点小城镇试点示范的实施，住房和城乡建设部、财政部、国家发展改革委制定了《绿色低碳重点小城镇建设评价指标（试行）》
35	住房和城乡建设部、国家发展和改革委员会（建标〔2012〕44号）	《住房和城乡建设部、国家发展和改革委员会关于批准发布〈乡镇综合文化站建设标准〉的通知》	2012年5月1日	对乡镇综合文化站建设标准予以规范

续表

序号	制定	名称	生效	备注
36	住房和城乡建设部公告（〔2011〕1181号）	《住房和城乡建设部公告第1181号——关于发布行业标准〈镇（乡）村绿地分类标准〉的公告》	2012年6月1日	对镇（乡）村绿地分类标准予以规范
37	住房和城乡建设部、国家文物局（建规〔2012〕195号）	《住房和城乡建设部、国家文物局关于印发〈历史文化名城名镇名村保护规划编制要求(试行)〉的通知》	2012年11月16日	历史文化名城、历史文化街区、历史文化名镇、名村保护规划的编制工作，适用本要求。历史文化名城、名镇保护规划的规划范围与城市、镇总体规划的范围一致，历史文化名村保护规划与村庄规划的范围一致。历史文化名城、名镇保护规划应单独编制。历史文化名村的保护规划与村庄规划同时编制。凡涉及文物保护单位的，应考虑与文物保护单位保护规划相衔接。编制历史文化名城保护规划应同时包括历史文化街区保护规划
38	原环境保护部（环发〔2014〕12号）	《环境保护部关于印发〈国家生态文明建设示范村镇指标（试行）〉的通知》	2014年1月17日	为深入贯彻落实党的十八大精神，大力推进农村生态文明建设，打造国家级生态村镇的升级版，研究制定了《国家生态文明建设示范村镇指标（试行）》。请各地在继续推进国家级生态村镇建设的同时，加强协调、指导和监督，积极推进国家生态文明建设示范村镇建设
39	公安部、住房和城乡建设部、国家文物局（公消〔2014〕99号）	《公安部、住房和城乡建设部、国家文物局关于印发〈关于加强历史文化名城名镇名村及文物建筑消防安全工作的指导意见〉的通知》	2014年4月3日	为深刻吸取云南独克宗古城、贵州报京侗寨火灾事故教训，严防此类事故再次发生，现就加强历史文化名城、名镇、名村及文物建筑消防安全工作提出指导意见

续表

序号	制定	名称	生效	备注
40	住房和城乡建设部公告（〔2014〕302号）	《住房和城乡建设部公告第302号——关于发布行业标准〈镇(乡)村仓储用地规划规范〉的公告》	2014年6月1日	对镇（乡）村仓储用地规划规范标准化
41	交通运输部（交水发〔2014〕206号）	《交通运输部关于发布〈内河乡镇渡口建设有关技术标准暂行规定〉的通知》	2014年10月8日	乡镇渡口应选取年均渡运量或单日最大渡运量作为分类指标，其取值应符合下列规定： （一）一类渡口：年均渡运量在10万人次以上或单日最大渡运量在1000人次以上的乡镇渡口。 （二）二类渡口：年均渡运量在5万~10万人次或单日最大渡运量在400~1000人次的乡镇渡口。 （三）三类渡口：年均渡运量在2万~5万人次或单日最大渡运量在200~400人次的乡镇渡口。 （四）四类渡口：年均渡运量在2万人次以下或单日最大渡运量在200人次以下的乡镇渡口
42	住房和城乡建设部令（〔2014〕20号）	《历史文化名城名镇名村街区保护规划编制审批办法》	2014年12月29日	历史文化名城、名镇、名村、街区保护规划的编制和审批，适用本办法。 对历史文化名城、名镇、名村、街区实施保护管理，在历史文化名城、名镇、名村、街区保护范围内从事建设活动，改善基础设施、公共服务设施和居住环境，应当符合保护规划。 编制保护规划，应当保持和延续历史文化名城、名镇、名村、街区的传统格局和历史风貌，维护历史文化遗产的真实性和完整性，继承和弘扬中华民族优秀传统文化，正确处理经济社会发展和历史文化遗产保护的关系

续表

序号	制定	名称	生效	备注
43	全国爱卫会（全爱卫发〔2016〕5号）	《全国爱卫会关于印发〈关于开展健康城市健康村镇建设的指导意见〉的通知》	2016年7月18日	工作目标：通过建设环境宜居、社会和谐、人群健康、服务便捷、富有活力的健康城市、健康村镇，实现城乡建设与人的健康协调发展。到2017年，建立健全健康城市和健康村镇建设管理机制，形成一套科学、有效、可行的指标和评价体系，推动各省（区、市）开展建设试点，基本形成可推广的建设模式。到2020年，建成一批健康城市健康村镇建设的示范市和示范村镇，以典型示范带动全国健康城市和健康村镇建设广泛深入开展，为建设健康中国奠定坚实基础
44	住房和城乡建设部、国家发展改革委、财政部（建村〔2016〕147号）	《住房和城乡建设部、国家发展改革委、财政部关于开展特色小镇培育工作的通知》	2016年7月1日	到2020年，培育1000个左右各具特色、富有活力的休闲旅游、商贸物流、现代制造、教育科技、传统文化、美丽宜居等特色小镇，引领带动全国小城镇建设，不断提高建设水平和发展质量
45	原国家林业局办公室（办场字〔2017〕110号）	《国家林业局办公室关于开展森林特色小镇建设试点工作的通知》	2017年7月4日	森林特色小镇是指在森林资源丰富、生态环境良好的国有林场和国有林区林业局的场部、局址、工区等适宜地点，重点利用老旧场址工区、场房民居，通过科学规划设计、合理布局，建设接待设施齐全、基础设施完备、服务功能完善，以提供森林观光游览、休闲度假、运动养生等生态产品与生态服务为主要特色的，融合产业、文化、旅游、社区功能的创新发展平台

续表

序号	制定	名称	生效	备注
46	国家发展改革委办公厅（发改办规划〔2018〕1041号）	《国家发展改革委办公厅关于建立特色小镇和特色小城镇高质量发展机制的通知》	2018年8月30日	特色小镇和特色小城镇是新型城镇化与乡村振兴的重要结合点，也是促进经济高质量发展的重要平台。党中央、国务院高度重视，国家发展改革委等部门先后印发实施《关于加快美丽特色小（城）镇建设的指导意见》《关于规范推进特色小镇和特色小城镇建设的若干意见》，引导特色小镇和特色小城镇发展取得一定成效，概念不清、盲目发展及房地产化苗头得到一定纠正。为进一步对标党的十九大精神，巩固纠偏成果、有力有序有效推动高质量发展，做出通知。明确典型特色小镇条件。基本条件是：立足一定资源禀赋或产业基础，区别于行政建制镇和产业园区，利用3平方公里左右国土空间（其中建设用地1平方公里左右），在差异定位和领域细分中构建小镇大产业，集聚高端要素和特色产业，兼具特色文化、特色生态和特色建筑等鲜明魅力，打造高效创业圈、宜居生活圈、繁荣商业圈、美丽生态圈，形成产业特而强、功能聚而合、形态小而美、机制新而活的创新创业平台。明确典型特色小城镇条件。基本条件是：立足工业化城镇化发展阶段和发展潜力，打造特色鲜明的产业形态、便捷完善的设施服务、和谐宜居的美丽环境、底蕴深厚的传统文化、精简高效的体制机制，实现特色支柱产业在镇域经济中占主体地位、在国内国际市场占一定份额，拥有一批知名品牌和企业，镇区常住人口达到一定规模，带动乡村振兴能力较强，形成具有核心竞争力的行政建制镇排头兵和经济发达镇升级版
47	国家体育总局办公厅（体经字〔2018〕665号）	《体育总局办公厅关于推进运动休闲特色小镇健康发展的通知》	2018年11月12日	坚持企业主体、市场化运作和专业化运营。要以企业为特色小镇建设的主力军，引导企业有效投资，带动投资升级与消费升级。尚未确定投资主体的小镇试点项目要尽快引入优质企业，制订详细的产业规划和投资建设方案，加快特色小镇的建设工作。要坚持市场化运作，鼓励由专业团队运营和管理特色小镇，逐步建立盈利并可持续的商业模式

续表

序号	制定	名称	生效	备注
48	交通运输部办公厅（交办运〔2018〕181号）	《交通运输部办公厅关于推进乡镇运输服务站建设加快完善农村物流网络节点体系的意见》	2018年12月29日	以习近平新时代中国特色社会主义思想为指导，深入贯彻落实党的十九大精神，以改进和提升农村物流服务供给为主线，以提高农村物流服务覆盖率和服务品质为目标，坚持需求导向和问题导向，加快建设县、乡、村三级农村物流网络节点体系，培育龙头骨干物流企业、推广先进运营模式和信息技术，构建资源共享、服务同网、信息互通、便利高效的农村物流发展新格局，为实施乡村振兴战略、打赢脱贫攻坚战、决胜全面建成小康社会提供更加坚实的运输服务保障
49	国家体育总局体育经济司（体经字〔2019〕104号）	《体育总局办公厅关于印发〈运动休闲特色小镇试点项目建设工作指南〉的通知》	2019年3月1日	为贯彻落实《国家发展改革委、国土资源部、环境保护部、住房和城乡建设部关于规范推进特色小镇和特色小城镇建设的若干意见》《国家发展改革委办公厅关于建立特色小镇和特色小城镇高质量发展机制的通知》以及《体育总局办公厅关于推进运动休闲特色小镇健康发展的通知》，推进运动休闲特色小镇试点项目规范、健康、高质量发展，体育总局组织研制了《运动休闲特色小镇试点项目建设工作指南》
50	国家发展改革委（发改规划〔2019〕617号）	《发展改革委关于印发〈2019年新型城镇化建设重点任务〉的通知》	2019年3月31日	支持特色小镇有序发展。建立典型引路机制，坚持特色兴镇、产业建镇，坚持政府引导、企业主体、市场化运作，逐年挖掘精品特色小镇，总结推广典型经验，发挥示范引领作用；完善政银企对接服务平台，为特色产业发展及设施建设提供融资支持，为打造更多精品特色小镇提供制度土壤。建立规范纠偏机制，逐年开展监测评估，淘汰错用概念的行政建制镇、滥用概念的虚假小镇、缺失投资主体的虚拟小镇。组织制定特色小镇标准体系，适时健全支持特色小镇有序发展的体制机制和政策措施。全面开展特色小城镇建设情况调查评估。省级发展改革委要组织特色小镇和小城镇相关部门协调推进，避免政出多门、产生乱象。（发展改革委、自然资源部、住房和城乡建设部、农业农村部、商务部、文化和旅游部、体育总局、林草局、各省级有关部门负责）

续表

序号	制定	名称	生效	备注
51	国家发展改革委办公厅（发改办规划〔2020〕481号）	《国家发展改革委办公厅关于公布特色小镇典型经验和警示案例的通知》	2020年6月26日	为持续加强特色小镇典型示范工作，现推广来自20个精品特色小镇的"第二轮全国特色小镇典型经验"。各地区全面推动规范纠偏和自查自纠，淘汰整改一批"问题小镇"，努力促进特色小镇走上理性发展轨道。其中，河北、辽宁、黑龙江、安徽、江西、山东、湖南、海南、四川、云南、陕西、甘肃等省发展改革委工作成效尤为突出。经筛选，公布有警示效应的案例
52	国家发展改革委（发改规划〔2021〕493号）	《国家发展改革委关于印发〈2021年新型城镇化和城乡融合发展重点任务〉的通知》	2021年4月8日	（十一）促进特色小镇规范健康发展。推动《国务院办公厅转发国家发展改革委关于促进特色小镇规范健康发展意见的通知》全面落实落地。统一实行清单管理，以各省份为单元全面建立特色小镇清单，开展动态调整、优胜劣汰。制发特色小镇发展导则，引导树立控制数量、提高质量导向，强化正面引导和分类指导。统筹典型引路和负面警示，推广新一轮特色小镇建设典型经验，加强监督监管、整改违规行为。（发展改革委、财政部、自然资源部、生态环境部、住房和城乡建设部、市场监管总局等负责）
三、乡镇企业管理					
53	原卫生部、农牧渔业部	《乡镇企业劳动卫生管理办法》	1987年10月1日	本办法所称的乡镇企业，系指乡（镇）办、村办、农民联户办和个体办的企业。乡镇企业的劳动卫生管理，必须贯彻"预防为主"的卫生工作方针和"积极扶持，合理规划，正确引导，加强管理"的乡镇企业发展方针。企业在发展生产的同时，应积极改善劳动条件，减少或消除职业危害，预防职业病的发生
54	原农业部	《乡镇工业企业全面质量管理达标暂行办法》	1991年8月20日	本办法所称的全面质量管理达标（以下简称达标），是指乡镇企业推行全面质量管理达到规定考核的条件和要求，并经验收合格，取得原农业部颁发的《全面质量管理达标证书》（以下简称《达标证书》）的工作。达标由原农业部统一管理，验收工作委托省级乡镇企业行政主管部门进行，接受农业部监督管理。本办法适用于乡镇企业行政主管部门管理的工业企业（以下简称企业）

续表

序号	制定	名称	生效	备注
55	原农业部	《农业部乡镇企业科技成果鉴定规定（试行）》	1991年10月11日	本规定所称科技成果，是指以乡镇企业为主研究和开发的，能够推动全国各有关行业及乡镇工业技术进步，具有明显的经济效益、社会效益、生态效益的机械、电子电器、冶金、建材、化工、轻工、纺织、能源、交通等行业的新产品、新技术、新工艺、新材料、新设计以及软科学等方面的成果。成果必须适用于社会主义经济建设，满足人民物质生活需要和国防建设需要，具有新颖性、先进性和实用价值。 本规定适用于任何部门和单位组织的乡镇企业科技成果鉴定。 医药、医疗器械、食品、饮料、化妆品、标准计量器具、压力容器、农药、兽药等涉及人民生活、人身安全和社会安全的科技成果鉴定，须执行有关行业部门制定的规定和办法
56	原农业部、人事部（农企发〔2001〕7号）	《农业部、人事部关于进一步鼓励人才向乡镇企业流动的通知》	2001年5月27日	鼓励科研院所、大专院校、国有企业的管理人员、技术人员到乡镇企业任职。上述人员应聘到乡镇企业工作的，其档案可由当地政府人事部门批准的人才交流机构管理，并按有关规定办理档案工资调整、工龄计算、专业技术职务评聘等手续。鼓励大专院校应届毕业生到乡镇企业就业。乡镇企业招聘应届毕业生，可由政府人事部门批准的人才交流机构代办办理计划申报、发接收函等有关手续。凡到乡镇企业工作的应届毕业生可免除见习期，工资在不低于国家标准的前提下，由用人单位自定。非城镇户口、国家不包分配的大专以上毕业生自愿到乡镇企业工作的，与到国有单位的大专以上毕业生享受同等待遇，可申请由当地人事部门办理有关农转非等手续。乡镇企业应按照国家有关规定办理聘用手续，并负责提供工资福利、养老保险、医疗等待遇

续表

序号	制定	名称	生效	备注
57	原农业部、建设部、国土资源部（农企发〔2001〕18号）	《农业部、建设部、国土资源部关于促进乡镇企业向小城镇集中发展的通知》	2001年8月28日	促进乡镇企业向小城镇集中发展的指导思想是，以党的十五届三中、四中、五中全会精神为指导，认真贯彻落实中共中央、国务院关于促进小城镇健康发展的有关方针政策，通过乡镇企业向小城镇集中，发挥集聚效应，以先进技术优势和规模经济优势，推动乡镇企业布局调整和小城镇发展，促进我国工业化、城镇化和现代化建设。"十五"期间，乡镇企业向小城镇集中发展的目标是，努力提高企业聚集度：东部地区达到40%，中部地区达到30%，西部地区达到25%。到2015年，乡镇企业聚集度提高到60%以上，乡镇企业营业收入的70%来自小城镇内的各类乡镇企业。检验乡镇企业向小城镇集中发展工作的标志：一是农民生活水平明显改善，农民收入明显增加；二是形成具有地区特色的主导产业和具有一定市场占有率的名、特、优、新产品，经济效益明显提高，农村经济结构优化调整；三是节约土地和资源，生态环境得到明显改善；四是吸纳农村富余劳动力的能力得到加强；五是服务功能逐步完善，工业化和城镇化步伐明显加快
58	原农业部、国家经济贸易委员会、国家发展计划委员会、财政部、监察部、国务院纠风办、审计署	《农业部、国家经贸委、国家计委、财政部、监察部、国务院纠风办、审计署关于印发〈乡镇企业负担监督管理办法〉的通知》	2002年6月1日	为进一步加强乡镇企业负担监督管理，保护乡镇企业合法权益，推进乡镇企业改革和发展，根据《中华人民共和国乡镇企业法》《中共中央国务院关于治理向企业乱收费、乱罚款和各种摊派等问题的决定》等有关规定，制定本办法。本办法所称乡镇企业负担是指：除依法向乡镇企业征收税收之外，各级人民政府及其所属部门、事业单位、各社会团体以及垄断性行业向乡镇企业收取行政事业性收费、政府性基金（包括各种基金、资金、附加和专项收费，下同）、政府性集资、罚款、摊派和其他要求乡镇企业提供人力、财力和物力的行为

续表

序号	制定	名称	生效	备注
59	原农业部	《大中型乡镇企业建立现代企业制度规范》	2002年7月1日	为使全国大中型乡镇企业加快建立现代企业制度,更好地适应社会主义市场经济要求和我国加入WTO的新形势,提高综合素质和核心竞争力,根据《中华人民共和国公司法》《中华人民共和国乡镇企业法》等国家有关法律、法规和政策,制定本规范。本规范所称现代企业制度,是指以规范和完善的法人制度为主体,以有限责任制度为特征,以公司制企业为主要组织形式和以健全科学管理制度为宗旨的新型企业制度。建立现代企业制度的目的,是使乡镇企业真正成为"产权清晰、责权明确、政企分开(家企分开)、管理科学"的自主经营、自负盈亏、自我约束、自我发展的企业实体
60	原农业部(农企发〔2011〕5号)	《农业部关于印发〈全国乡镇企业发展"十二五"规划〉的通知》	2011年5月3日	"十二五"时期乡镇企业发展的目标 1. 总体发展目标 增加值,力争以年均10%左右的速度增长,2015年突破18万亿元; 工业增加值,力争以年均9.6%左右的速度增长,2015年达到12.3万亿元; 出口交货值,力争以年均9%左右的速度增长,2015年达到5.1万亿元左右; 从业人员,力争年均增加280万人,2015年达到1.7亿人以上。 2. 结构优化目标 区域结构优化目标。力争中西部及东北地区乡镇企业增加值占全部乡镇企业增加值的比重年均上升0.4个百分点,2015年达到43.7%。 产业结构优化目标。稳定第一产业,优化第二产业,加快发展第三产业,力争2015年乡镇企业第三产业的比重达到25.5%。 3. 技术进步目标 加快技术创新。提高企业自主研发能力,力争2015年乡镇企业技术创新中心和研发机构达到6万多个,规模乡镇企业劳动生产率、综合能耗、物耗、环保等指标达到全国同行业的平均水平。 提高人员素质。力争到2015年,乡镇企业中大专以上学历职工比重达到11%,具有初级以上职称的专业技术人员比重达到9.6%左右,技术工人比重有显著提高

续表

序号	制定	名称	生效	备注
四、财政金融管理				
61	原卫生部、国家中医药管理局、国家发展和改革委员会、财政部（卫规财发〔2006〕340号）	《中央预算内专项资金（国债）项目乡（镇）卫生院建设指导意见》	2006年8月29日	乡（镇）卫生院建设的总体目标是：通过加大投入和深化改革，改变乡（镇）卫生院房屋破旧、基本医疗设备短缺的状况，为2010年基本建立起适应社会主义市场经济体制要求的农村卫生服务体系奠定基础，满足农民群众的基本医疗保健需求。指导意见所称建设项目，是指经项目省（自治区、直辖市）发改委、卫生厅局论证确定，列入中央预算内专项资金（国债）乡（镇）卫生院建设计划的项目
62	财政部（财预〔2008〕406号）	《财政部关于发挥乡镇财政职能作用加强财政预算管理的意见》	2008年9月24日	要健全乡镇财政预算制度，坚持量入为出、收支平衡的原则，科学合理地编制乡镇年度财政收支预算。要切实保障乡镇党政机构行政和社会管理等基本运转的支出需要。要适应统筹城乡发展的要求，增加农村基础设施建设，支持农业和农村社会事业发展，努力满足农村社会基本公共产品和服务需求。要健全乡镇基本支出定员定额管理，严格控制预算追加，切实增强预算的约束力。要规范乡镇财政预算执行，深化"收支两条线"改革，稳步推进国库集中支付制度和政府采购制度，积极探索通过政府购买等方式提供公共服务和公共产品。要加强和规范农村收费管理，坚决取消不合法、不合理收费，优化农村经济发展环境。要按照政务公开的要求，及时公开预算及执行、专项资金分配和使用等情况，自觉接受社会监督。要切实加强乡镇债务管理，坚决制止发生新的乡镇债务。要建立激励约束机制，通过奖补等方式，鼓励、引导和督促乡镇政府积极化解逾期债务

续表

序号	制定	名称	生效	备注
63	原中国银监会（银监发〔2009〕48号）	《中国银监会关于印发〈小额贷款公司改制设立村镇银行暂行规定〉的通知》	2009年6月9日	本暂行规定适用于按照《关于小额贷款公司试点的指导意见》（以下简称《指导意见》）要求，经省级政府主管部门批准、在工商管理部门注册登记、在县（市）及县（市）以下地区设立的小额贷款公司。拟改制小额贷款公司须符合《指导意见》的审慎经营要求
64	财政部（财预〔2010〕33号）	《财政部关于印发切实加强乡镇财政资金监管工作的指导意见的通知》	2010年3月11日	将所有财政资金纳入监管范围。乡镇财政要将各级政府安排和分配用于乡镇以下的各种财政资金，以及部分乡镇组织的集体经济收入等，全部纳入乡镇财政监管范围。包括：对人员和家庭的补助性资金，支农惠农的项目建设资金；乡镇财政本级安排资金，上级财政部门、主管部门下达到乡镇的资金。提高财政资金使用绩效。做好预算执行工作，加快预算支出进度，促进资金及时足额拨付。提高资金项目的安全性，防止数据不实、虚假立项、骗取套取、挤占挪用财政资金等行为。推进资金使用的绩效评价工作，不断提高农民受益程度
65	原中国银监会办公厅（银监办发〔2011〕74号）	《银监会办公厅关于进一步推进空白乡镇基础金融服务工作的通知》	2011年3月23日	2010年，基础金融服务全覆盖工作取得很大进展，但在工作推进过程中仍然存在不少问题。表现为工作进展不平衡，部分地区不同程度存在思想认识不到位、工作措施不力的情况；有些省份流动服务方式功能单一，服务深度不够；有些省份定时定点服务频度少、时间短、有效性差；有些省份新设网点营运安全风险大、成本高、可持续性能力弱。为进一步做好空白乡镇基础金融服务全覆盖工作，就有关事项通知

续表

序号	制定	名称	生效	备注
66	财政部办公厅（财办农〔2011〕53号）	《财政部办公厅关于充分发挥乡镇监督管理支农资金作用的意见》	2011年9月13日	为了充分发挥乡镇财政对财政支农资金的监管作用，提高支农资金使用效益，保障支农政策落实到位，根据财政部党组提出的加强管理基础工作和基层财政建设，推进财政科学化精细化管理的要求，提出意见
67	原中国银监会（银监发〔2012〕1号）	《中国银监会关于印发〈村镇银行监管评级内部指引〉的通知》	2012年1月10日	为建立和完善村镇银行的风险监管体系，实现对村镇银行的持续、分类监管，依据《中华人民共和国银行业监督管理法》《村镇银行管理暂行规定》等有关法律、法规，借鉴商业银行内部监管评级的基本原则、方法和国际通用的骆驼评级体系，并充分考虑村镇银行支持"三农"和小企业发展的市场定位以及"低门槛、严监管"的要求，制定本指引
68	财政部（财库〔2014〕177号）	《财政部关于乡镇国库集中支付制度改革的指导意见》	2014年10月28日	具备条件的乡镇应在2015年年底前实施国库集中支付制度改革，将所有财政资金纳入国库单一账户体系管理，规范财政资金支付行为，促进财政资金运行安全、高效、透明。暂不具备条件的乡镇应积极创造条件，尽快实施改革
69	原中国银监会办公厅（银监办发〔2014〕280号）	《中国银监会关于加强村镇银行公司治理的指导意见》	2014年12月3日	为促进村镇银行科学构建公司治理结构，明确职责边界，优化运行机制，提高治理有效性，根据《公司法》《商业银行公司治理指引》等相关法律法规，结合村镇银行的机构特征和经营特点，提出指导意见

续表

序号	制定	名称	生效	备注
70	原中国银监会（银监发〔2014〕46号）	《中国银监会关于进一步促进村镇银行健康发展的指导意见》	2014年12月12日	根据党中央、国务院关于完善农村金融服务体系、稳步培育发展村镇银行的要求，在商业可持续和有效控制风险的前提下，加大村镇银行县（市、旗）全覆盖工作的推进力度。按照规模化组建、集约化管理和专业化服务的原则，积极支持符合条件的商业银行科学制订村镇银行发展规划，加快在县（市、旗）集约化发起设立村镇银行步伐，重点布局中西部和老少边穷地区、粮食主产区和小微企业聚集地区，稳步提升县（市、旗）村镇银行的覆盖面
71	住房和城乡建设部、国家开发银行（建村〔2017〕27号）	《住房和城乡建设部、国家开发银行关于推进开发性金融支持小城镇建设的通知》	2017年1月24日	主要工作目标： （一）落实《住房和城乡建设部、国家发展改革委、财政部关于开展特色小镇培育工作的通知》（建村〔2016〕147号），加快培育1000个左右各具特色、富有活力的休闲旅游、商贸物流、现代制造、教育科技、传统文化、美丽宜居的特色小镇。优先支持《住房和城乡建设部关于公布第一批中国特色小镇名单的通知》（建村〔2016〕221号）确定的127个特色小镇。 （二）落实《住房和城乡建设部等部门关于公布全国重点镇名单的通知》（建村〔2014〕107号），大力支持3675个重点镇建设，提升发展质量，逐步完善一般小城镇的功能，将一批产业基础较好、基础设施水平较高的小城镇打造成特色小镇。 （三）着力推进大别山等集中连片贫困地区的脱贫攻坚，优先支持贫困地区基本人居卫生条件改善和建档立卡贫困户的危房改造。 （四）探索创新小城镇建设运营及投融资模式，充分发挥市场主体作用，打造一批具有示范意义的小城镇建设项目

续表

序号	制定	名称	生效	备注
72	住房和城乡建设部、中国建设银行（建村〔2017〕81号）	《住房和城乡建设部、中国建设银行关于推进商业金融支持小城镇建设的通知》	2017年4月1日	支持范围：落实《住房和城乡建设部、国家发展改革委、财政部关于开展特色小镇培育工作的通知》（建村〔2016〕147号）、《住房和城乡建设部等部门关于公布全国重点镇名单的通知》（建村〔2014〕107号）等文件要求，支持特色小镇、重点镇和一般镇建设。优先支持《住房和城乡建设部关于公布第一批中国特色小镇名单的通知》（建村〔2016〕221号）确定的127个特色小镇和各省（区、市）人民政府认定的特色小镇

五、农业管理

序号	制定	名称	生效	备注
73	原农业部办公厅（农办市〔2017〕27号）	《农业部办公厅关于开展农业特色互联网小镇建设试点的指导意见》	2017年10月10日	为深入贯彻落实2017年中央1号文件和中央城镇化工作会议精神，加快推动农业现代化与新型工业化、信息化、城镇化同步发展，统筹推进"互联网+"现代农业行动和特色小城镇建设，前期，我部对农业特色互联网小镇建设试点做出了初步安排。为进一步规范农业特色互联网小镇建设，厘清建设的总体思路、融资模式、重点任务和机制路径，现就开展农业特色互联网小镇建设试点提出如下指导意见，请认真贯彻落实党中央、国务院决策部署并结合当地实际，按照本文件要求扎实推进农业特色互联网小镇建设

续表

序号	制定	名称	生效	备注
74	农业农村部（农质发〔2021〕7号）	《农业农村部关于加强乡镇农产品质量安全网格化管理的意见》	2021年8月23日	"十四五"期间，基本实现所有乡镇明确监管网格，所有网格明确网格监管员和农产品质量安全协管员（信息员），网格监管员年度培训全覆盖，乡镇农产品质量安全日常巡查更加规范，生产主体质量安全控制技术指导更加到位，织密监管网络、压实管理责任，实现网格化管理横向到边、纵向到底、监管服务全覆盖
六、文化、卫生、教育、体育管理					
75	教育部（教考试〔1999〕8号）	《教育部关于积极推进农村乡镇自学考试服务体系建设的意见》	1999年10月13日	推进农村乡镇自学考试工作服务体系建设，各省、自治区、直辖市教育行政部门或自学考试机构要本着统筹规划、分步实施的原则，制定建站规划目标。可根据本地实际，选择人口比较集中，经济文化和教育基础比较好的乡镇率先建站。待取得经验后，再带动其他乡镇，应有步骤、有计划地推开。在推进此项工作的过程中，要体现积极推动、稳步发展的原则，对经济、教育发展不平衡的地区，要分类指导、区别对待。注意把政策和行政推动与当地自觉意识、自我要求相结合，充分调动各方面的积极性，创造性地开展这项工作。乡镇自学考试服务机构的主要职责是：在本乡镇开展自学考试宣传、咨询工作，为考生代办报名手续；订购和发送自学教材、辅导资料；组建自学互助小组；组织考生参加助学辅导活动；进行思想品德教育和学风考纪教育，为推荐就业、落实政策待遇提供服务等。具体工作任务可由各地根据实际需要进行规定
76	原建设部	《中国历史文化名镇（村）评选办法》	2003年10月8日	为更好地保护、继承和发扬我国优秀建筑历史文化遗产，弘扬民族传统和地方特色，建设部和国家文物局决定，在各省、自治区、直辖市核定公布的历史文化村镇的基础上，评选中国历史文化名镇和中国历史文化名村

续表

序号	制定	名称	生效	备注
77	原卫生部、国家中医药管理局	《乡镇卫生院中医药服务管理基本规范》	2003年11月25日	乡镇卫生院应当将提供中医药服务作为其业务工作的重要内容，设置中医科，开设中药房，有相应的专用医疗用房。房屋面积、环境等达到省级中医药管理部门规定的要求和标准。有条件的乡镇卫生院可根据本地区疾病谱、中医药专业技术条件等情况开设相应的特色专科（专病），设置中药炮制室、煎药室
78	原卫生部（卫科教发〔2004〕7号）	《卫生部关于印发乡镇卫生院卫生技术人员培训暂行规定的通知》	2004年7月1日	本规定适用于全国乡镇卫生院在职卫技人员。本规定所指卫技人员是指在乡镇卫生院从事医疗、护理、药剂、预防保健及其他相关卫生专业技术工作的人员。本规定中的培训是指对乡镇卫生院卫技人员进行以胜任岗位要求为基础，以学习基本理论、基本技术和方法为主要内容，以不断更新知识、提高业务水平和职业道德素质为目的各种教育培训活动。乡镇卫生院卫技人员有参加和接受培训的权利与义务
79	国家广播电影电视总局	《国家广播电影电视总局关于乡镇广播电视站、转播台重新审核登记和加强乡镇广播电视管理的通知》	2004年10月28日	近年来，乡镇广播电视发展很快，广播电视传输覆盖网络建设水平和节目覆盖率逐步提高，为加强农村两个文明建设、保障社会繁荣发展稳定，起到了积极的促进作用。但也应看到，在一些地区，特别是在省、市、县的交界地区，乡镇广播电视管理还存在不同程度的弱化倾向，擅自设立电视转播台（含转播站，以下统称转播台）、广播电视站、电视台和经批准的转播台违规播出自办电视节目的问题时有发生，严重影响了广播电视的传播秩序。为此，根据《广播电视管理条例》《广播电视站审批管理暂行规定》有关规定，现就乡镇广播电视站、转播台重新审核登记及加强管理等有关问题做出规定

续表

序号	制定	名称	生效	备注
80	原卫生部办公厅（卫发明电〔2009〕150号）	《卫生部办公厅关于印发〈乡镇甲型H1N1流感防控工作方案（试行）〉的通知》	2009年8月11日	为指导乡镇科学、有序地做好甲型H1N1流感疫情防控工作，有效控制疫情的扩散和蔓延，我部组织专家制订了《乡镇甲型H1N1流感防控工作方案（试行）》
81	原卫生部、国家中医药管理局（国中医药发〔2010〕3号）	《卫生部、国家中医药管理局关于印发乡镇卫生院中医科基本标准的通知》	2010年2月22日	根据《医疗机构管理条例》及有关规定，原卫生部和国家中医药管理局制定了《乡镇卫生院中医科基本标准》，各地要将中医科的设置及业务开展情况纳入乡镇卫生院评审工作中予以考评，并将在执行过程中发现的问题，及时反馈原卫生部和国家中医药管理局
82	国家体育总局、原文化部、原农业部（体群字〔2010〕128号）	《国家体育总局、文化部、农业部关于印发〈关于发挥乡镇综合文化站的功能进一步加强农村体育工作的意见〉的通知》	2010年6月29日	为深入贯彻落实《全民健身条例》，进一步推动基层文化体育组织建设，建立健全综合站体育工作齐抓共管的机制，完善农村公共体育服务体系，不断为农民参加体育健身活动创造条件，使广大农民的体育健身权益得到保障，推动农村体育工作实现跨越式发展，对发挥综合站的功能，进一步加强农村体育工作提出意见
七、其他管理					
83	司法部令（〔1991〕19号）	《乡镇法律服务业务工作细则》	1991年9月20日	乡镇法律服务所通过开展各项业务，维护当事人的合法权益，维护法律、法规的正确实施，保障和促进社会主义民主法制建设和经济建设。 乡镇法律服务所的业务范围： （一）应聘担任法律顾问； （二）代理参加民事、经济、行政诉讼活动； （三）代理非诉讼法律事务； （四）主持调解纠纷； （五）解答法律询问； （六）代写法律事务文书； （七）协助办理公证事项； （八）协助司法助理员开展法制宣传教育和其他有关业务工作

续表

序号	制定	名称	生效	备注
84	民政部（民发〔2000〕186号）	《民政部关于进一步推进乡镇政务公开工作的通知》	2000年8月10日	今后乡镇政府政务公开的主要内容：一是乡镇政府行政管理、经济管理活动中需要向群众公开的事项，包括乡镇政府及有关部门的年度工作目标及进展情况，乡镇年度财政预算及执行情况，上级政府或政府部门下拨的专项经费及使用情况，乡镇集体企业及其他经济实体承发包、租赁、拍卖等情况，乡镇工程项目招投标及社会公益事业建设情况等。二是乡镇政府和县级政府部门所属的基层站（所）应当公开与履行职务有关的事项，包括工作人员工作职责、办事依据、办事程序、办事纪律、办事期限、办事结果和监督办法，收费、罚款标准和收缴情况等。三是与村务公开相对应的事项，主要包括乡村税费的收缴、使用情况，计划生育情况，征用土地及土地补偿费、安置补助费的发放情况，各村宅基地审批情况，水电费价格及收缴情况，救灾救济款物发放、优待抚恤情况等。上述情况都要向群众、企业事业单位公开。此外，领导干部的廉洁自律情况，机关内部的财务收支情况，招待费、差旅费的开支使用情况等也要对本机关干部职工公开
85	中央五部委经济责任审计工作联席会议办公室（经审办字〔2004〕9号）	《中央五部委经济责任审计工作联席会议办公室关于转发四川省〈关于乡镇党委书记乡镇长任期经济责任审计若干问题的指导意见〉的通知》	2004年8月11日	乡镇党委书记、乡镇长任期经济责任审计工作必须坚持"积极稳妥、量力而行、提高质量、防范风险"的指导原则。乡镇党委书记、乡镇长是一个干部人数较多的群体，在审计对象确定上应注意突出重点。一般可以从五个方面进行选择确定：一是拟提拔使用的；二是群众举报其经济问题较多的；三是县（市、区）党委、政府指名要求审计的；四是本人提出辞职的；五是任现职时间较长且任期内未接受过经济责任审计拟离岗、退休的

续表

序号	制定	名称	生效	备注
86	国家档案局令（〔2021〕18号）	《乡镇档案工作办法》	2022年1月1日	乡镇档案是指乡镇党委、政府、人大、群团组织（以下简称乡镇机关）及企业事业单位在各项活动中直接形成的具有保存价值的各种文字、图表、声像等不同形式的历史记录。乡镇应当把档案工作纳入乡镇发展规划、工作计划和考核体系，纳入领导目标管理责任制，纳入乡镇各部门和履行公共服务职能等机构职责范围，切实解决设施设备、人员和经费等实际问题

表5.3中，涉及镇的全国性规章共计86件。其中，涉及城镇化建设的39件；涉及体制改革的13件；涉及财政金融的12件；涉及文化、卫生、教育、体育的8件；涉及乡镇企业的8件；涉及农业的2件；涉及其他的4件。反映了国务院各职能部门在不同时期，从行业、事业管理、协调角度促进县域乡镇经济和社会发展的政策与制度建设，系我国国家宏观调控之常规运行模式，具有重要的指导意义。其中，关于县域城镇化的建设指导具有明显的阶段性特征；各机构组织的定位及标准的提出，为考核县域经济和社会发展提供了全国统一的评价依据，具有方向示范作用。且2000年有关政务信息公开的规定，对于镇一级民主化进程，起到了推动作用，具有标志性意义。此外，行政建制镇和非建制镇（集镇、小镇）的交集性规定以及乡镇不分，虽然初衷是好的，但是造成了对镇的管理规范的混乱。

六、地方性法规及规范性文件的调整

经过网上检索，在地方性法规立法方面，除有关乡镇及自治乡镇之综合自治条例和人大选举方面的立法外，涉及县域内城镇建设的代表性立法如表5.4：

表5.4 地方性法规有关镇的文件

序号	制定	文件名称	生效	备注
一、体制改革				
1	上海市人民代表大会常务委员会公告（〔2003〕29号）	《上海市人民代表大会常务委员会关于同意〈上海市小城镇社会保险制度的实施方案〉的决定》	2003年10月20日	实施上海市小城镇社会保险制度，是进一步完善本市社会保障体系、维护群众根本利益的一项有益探索，符合上海社会和经济发展的总体要求，对加快实现上海城乡一体化具有重要意义。同意在本市郊区实施小城镇社会保险制度

续表

序号	制定	文件名称	生效	备注
2	1990年11月2日宁夏回族自治区第六届人民代表大会常务委员会第十五次会议通过，根据2019年3月26日宁夏回族自治区第十二届人民代表大会常务委员会第十一次会议《关于修改〈宁夏回族自治区商品交易市场管理条例〉等18件地方性法规的决定》修正	《宁夏回族自治区乡、镇人民政府工作条例》	2019年3月26日	乡、镇人民政府负责本行政区域内的行政工作，行使下列职权： （一）执行乡、镇人民代表大会的决议和上级国家行政机关的决定和命令，发布决定和命令； （二）制定乡、镇经济和社会发展计划、财政预算，提请乡、镇人民代表大会通过后组织实施； （三）推广应用农业科学技术，规划、实施农田基本建设，发展农业生产； （四）保障集体经济组织应有的自主权。兴办乡、镇工业，指导帮助其健康发展。对私营企业、个体户进行管理、监督； （五）发展教育、科技、文化、卫生健康、体育、广播事业，组织实施义务教育； （六）负责乡镇建设、土地管理和环境保护，发展公益事业； （七）管理乡、镇财政，完成税收、粮油征购任务； （八）制定计划生育规划，负责计划生育工作； （九）管理民兵工作，办理预备役和兵员征集工作； （十）负责对上级业务部门派驻机构的工作和人员的管理； （十一）负责五保户供养、退伍军人安置、婚姻登记、扶贫、优抚、救济、救灾、殡葬改革等工作； （十二）负责精神文明建设，加强对公民的理想、道德、纪律和法制教育； （十三）做好公安保卫工作，调解民间纠纷，维护社会秩序； （十四）保护社会主义全民所有的财产和劳动群众集体所有的财产，保护公民私人所有的合法财产，保障公民的人身权利、民主权利和其他权利； （十五）保障少数民族的权利，尊重少数民族的风俗习惯； （十六）保障宪法和法律赋予妇女的男女平等、同工同酬和婚姻自由等各项权利； （十七）办理上级人民政府交办的其他事项和乡、镇人民代表大会主席团交办的议案、建议、批评和意见

续表

序号	制定	文件名称	生效	备注
3	山东省人民代表大会常务委员会公告（〔2020〕112号）	《山东省乡镇人民政府工作条例》	2020年8月1日	乡镇人民政府应当坚持中国共产党的领导，对本级人民代表大会和上一级人民政府负责并报告工作，遵循职能清晰、权责一致、运转有序、高效便民的原则依法履行职责。省人民政府应当按照国家规定，赋予乡镇人民政府更多自主权，支持乡镇人民政府创造性开展工作，将直接面向人民群众、由乡镇人民政府承担更方便有效的县级服务管理事项依法下放给乡镇人民政府，制定目录并向社会公布
4	珠海市人民代表大会常务委员会公告（〔2021〕33号）	《珠海市人民代表大会常务委员会关于镇街综合行政执法的决定》	2021年3月31日	法律、法规、规章规定由区级人民政府及其行政执法部门行使的自然资源和规划建设、生态保护、市场监管、卫生健康、社区治理、城市管理、劳动保障、应急管理、物业管理、农业技术推广使用等方面的行政处罚权，按照实际需要、宜放则放的原则，调整由镇人民政府、街道办事处（以下简称镇街）以其自身名义行使，实行综合行政执法。因专业性和技术性强镇街无法承接的行政处罚事项，或者工作量较小、由区级集中行使成本更低的行政处罚事项，不予以调整。行政处罚权调整实施后，与之相关的行政检查权、行政强制措施权由镇街一并实施

续表

序号	制定	文件名称	生效	备注
5	河北省第十三届人民代表大会常务委员会公告〔2021〕76号）	《河北省乡镇和街道综合行政执法条例》	2021年7月15日	为了推进乡镇和街道综合行政执法工作，规范乡镇和街道综合行政执法行为，推进基层治理体系和治理能力现代化，根据《中华人民共和国行政处罚法》等有关法律、行政法规，结合本省实际，制定本条例。乡镇人民政府和街道办事处应当按照相对集中行使行政处罚权要求，整合乡镇和街道现有站所、分局和县级人民政府有关行政执法部门下放的执法力量，组建乡镇和街道综合行政执法机构，以乡镇人民政府和街道办事处名义依法开展执法工作。依法依规实行派驻体制的行政执法机构，单独履行监管职责，但应当按照规定纳入乡镇人民政府和街道办事处统一指挥协调工作机制
二、乡镇建设与管理				
6	1995年4月14日云南省文山壮族苗族自治州第九届人民代表大会第五次会议通过，1995年11月27日云南省第八届人民代表大会常务委员会第十七次会议批准	《云南省文山壮族苗族自治州城镇规划管理条例》	1995年11月27日	在自治州行政区域的县城、建制镇、边境口岸、经济开发区、旅游开发区制订和实施城镇规划，在城镇规划区内进行建设，必须遵守本条例。城镇规划区的具体范围，由自治州、县、镇人民政府在编制城镇总体规划时划定
7	1993年6月4日福建省第八届人民代表大会常务委员会第三次会议通过，1997年10月25日福建省第八届人民代表大会常务委员会第三十五次会议修订	《福建省村镇建设管理条例》	1997年10月25日	条例所称村镇是指村庄和集镇。在城市规划区外的村镇建设，适用本条例。但国家重点项目和成片开发区建设除外

续表

序号	制定	文件名称	生效	备注
8	1999年3月26日镇宁布依族苗族自治县第九届人民代表大会第二次会议通过，1999年5月30日贵州省第九届人民代表大会常务委员会第九次会议批准	《镇宁布依族苗族自治县城镇规划建设管理条例》	1999年5月30日	本条例所称城镇，是指自治县县城及所辖的按国家行政建制的建制镇。本条例所称城镇规划区，是指城镇建成区及因城镇建设和发展需要实行规划控制的区域
9	1999年3月27日黔南布依族苗族自治州第十届人民代表大会第五次会议通过，1999年7月27日贵州省第九届人民代表大会常务委员会第十次会议批准，1999年9月21日黔南布依族苗族自治州人民代表大会常务委员会公告公布，根据2006年2月26日黔南布依族苗族自治州第十一届人民代表大会第七次会议通过，2006年9月22日贵州省第十届人民代表大会常务委员会第二十三次会议批准的决定修正	《黔南布依族苗族自治州城镇建设管理条例》	2006年9月22日	在本州行政区内进行城镇规划、建设和管理适用本条例。本条例所称城镇，是指按照国家行政建制设立的市、镇
10	2000年11月30日关岭布依族苗族自治县第六届人民代表大会第四次会议通过，2001年3月29日贵州省人民代表大会常务委员会第二十一次会议批准，自公布之日起施行	《关岭布依族苗族自治县城镇规划建设管理条例》	2001年3月29日	本条例所称城镇，是指自治县人民政府所在地和按国家行政建制设立的镇。本条例所称规划区，是指城镇建设区和因发展需要规划控制的区域

续表

序号	制定	文件名称	生效	备注
11	2001年2月22日松桃苗族自治县第十二届人民代表大会第四次会议通过，2001年5月25日贵州省第九届人民代表大会常务委员会第二十二次会议批准，根据2011年3月5日松桃苗族自治县第十四届人民代表大会第六次会议通过，2011年9月27日贵州省第十一届人民代表大会常务委员会议批准的决定修正	《松桃苗族自治县城镇管理条例》	2011年10月20日	本条例所称城镇，是指自治县人民政府所在地的镇以及按照国家行政建制设立的其他建制镇。本条例所称城镇规划区，是指城镇建成区及城镇发展需要规划控制的区域。本条例所称城镇管理，是指对城镇规划、建设、市政设施、园林绿化、市容环境卫生、市场和交通秩序等的管理
12	2001年2月28日三江侗族自治县第十二届人民代表大会第三次会议通过，2001年7月29日广西壮族自治区第九届人民代表大会常务委员会第二十五次会议批准	《三江侗族自治县城镇道路管理条例》	2001年7月29日	本条例所称的城镇道路，是指自治县境内的县城和各乡（镇）人民政府所在地总体规划区内的道路、桥梁及其排水沟、路灯、护坡、绿化等附属设施。本条例适用于自治县城镇道路的设计、建设、养护、维修和路政管理
13	1997年4月25日河北省第八届人民代表大会常务委员会第二十六次会议通过，根据2002年3月30日河北省第九届人民代表大会常务委员会第二十六次会议《关于修改〈河北省村镇规划建设管理条例〉的决定》修正	《河北省村镇规划建设管理条例》	2002年4月30日	本条例适用于村庄、集镇规划建设管理和县城、设市城市建成区以外建制镇的建设管理

续表

序号	制定	文件名称	生效	备注
14	2002年3月11日乳源瑶族自治县第八届人民代表大会第五次会议通过，2002年10月13日广东省第九届人民代表大会常务委员会第三十七次会议批准，2002年12月10日乳源瑶族自治县人大常委会公布施行	《乳源瑶族自治县城镇规划条例》	2002年12月10日	在自治县行政区域内制订和实施城镇规划，在城镇规划区内进行建设，必须遵守本条例。自治县城镇规划是进行城镇建设管理的依据。城镇规划区范围内的土地利用和各项建设，必须服从规划管理
15	2004年1月12日前郭尔罗斯蒙古族自治县第十五届人民代表大会第二次会议通过，2004年3月31日吉林省第十届人民代表大会常务委员会第九次会议批准	《前郭尔罗斯蒙古族自治县城镇规划建设管理条例》	2004年4月10日	本条例所称城镇，是指自治县人民政府所在地前郭镇及自治县行政区域内的其他建制镇、独立工矿区、旅游风景区等。本条例所称城镇建设，是指在城镇规划区内新建、扩建、改建建筑物、构筑物和人民防空、市政公用、地下取水、工程管线、对外交通设施以及整治江河湖泊等其他改变地形地貌的活动。本条例所称城镇管理，是指对城镇规划区内城镇规划、市政工程、公用事业、市容环境卫生、园林绿化等的监督、检查和管理，以及依法实施行政处罚的行为
16	1993年12月15日四川省第八届人民代表大会常务委员会第六次会议通过，根据2004年9月24日四川省第十届人民代表大会常务委员会第十一次会议《关于修改〈四川省村镇规划建设管理条例〉的决定》修正	《四川省村镇规划建设管理条例》	2004年9月24日	本条例所称村镇，是指农村行政村域内不同规模的村民聚居点和乡、民族乡人民政府所在地及经县级人民政府确认由集市发展而成的作为农村一定区域经济、文化和生活服务中心的非建制镇。本条例所称村镇规划区，是指村、集镇建成区和因村镇建设及发展需要实行规划控制的区域。村镇规划区的具体范围，在村镇总体规划中划定

续表

序号	制定	文件名称	生效	备注
17	1997年7月25日吉林省第八届人民代表大会常务委员会第三十二次会议通过，2001年1月12日吉林省第九届人民代表大会常务委员会第二十一次会议第一次修改，根据2005年6月2日吉林省第十届人民代表大会常务委员会第二十次会议通过的《吉林省人民代表大会常务委员会关于修改部分地方性法规的决定》第二次修改	《吉林省村镇规划建设管理条例》	2005年6月2日	本条例所称村镇，包括村屯和集镇。 村屯是指村民委员会所在地以及农村村民居住和从事各种生产的自然屯。 集镇是指乡、民族乡人民政府所在地和经县级人民政府确认由集市发展而成的作为农村一定区域经济、文化和生活服务中心的非建制镇。 本条例所称村镇规划区，是指村镇建成区和因村镇建设及发展需要实行规划控制的区域。村镇规划区的具体范围，在村镇总体规划中划定。 村镇规划建设，应当坚持合理布局、节约用地的原则，全面规划，正确引导，依靠群众，自力更生，因地制宜，量力而行，逐步建设，实行经济效益、社会效益和环境效益的统一
18	2006年2月21日大理白族自治州第十一届人民代表大会第四次会议通过，2006年5月25日云南省第十届人民代表大会常务委员会第二十二次会议批准，2006年6月30日云南省大理白族自治州人民代表大会常务委员会公告公布	《云南省大理白族自治州城镇管理条例》	2006年7月1日	条例所称的城镇是指自治州内州、县（市）、镇人民政府所在地。 城镇规划区是指经审查批准的城镇规划控制区域。 城镇的规划和建设坚持以人为本，科学预测，突出特色，合理布局，完善功能，和谐发展的方针

续表

序号	制定	文件名称	生效	备注
19	2006年10月25日银川市第十二届人民代表大会常务委员会第十八次会议通过，2006年11月30日宁夏回族自治区第九届人民代表大会常务委员会第二十五次会议批准，2006年12月4日银川市人民代表大会常务委员会公告公布	《银川市村庄和集镇规划建设管理条例》	2007年1月1日	本条例所称村庄，是指农村村民居住和从事各种生产的聚居点。本条例所称集镇，是指乡人民政府所在地或者经县级人民政府确认由集市发展而成的作为农村一定区域经济文化和生活服务中心的非建制镇。本条例所称村庄、集镇规划区，是指村庄、集镇建成区和因村庄、集镇建设及发展需要实行规划控制的区域。村庄、集镇规划区的具体范围在村庄、集镇总体规划中划定
20	2007年12月14日江西省第十届人民代表大会常务委员会第三十二次会议通过	《江西省城市和镇控制性详细规划管理条例》	2008年3月1日	本条例所称城市和镇控制性详细规划，是指以依法批准的城市、镇总体规划为依据，对城市、镇建设用地的使用性质、使用强度和道路、工程管线、公共配套设施以及空间环境等控制要求做出的规划
21	紫云苗族布依族自治县人大常委会公告〔2008〕1号	《紫云苗族布依族自治县城镇建设管理条例》	2008年10月1日	本条例所称城镇，是指自治县人民政府所在地及按国家行政建制设立的建制镇。本条例所称城镇规划区，是指城镇建成区及城镇发展需要实行规划控制的区域。本条例所称城镇建设管理，是指对城镇规划与建设、城镇设施、城镇绿化、城镇环境卫生等的管理

续表

序号	制定	文件名称	生效	备注
22	2008年3月1日东乡族自治县第十六届人民代表大会常务委员会第二次会议通过，2009年7月31日甘肃省第十一届人民代表大会常务委员会第十次会议批准，2009年9月15日东乡族自治县第十六届人民代表大会常务委员会公告第4号公布，自公布之日起施行	《甘肃省东乡族自治县城镇规划建设管理条例》	2009年9月15日	本条例所指城镇是自治县人民政府所在地的镇和自治县辖区内的建制镇
23	江西省人民代表大会常务委员会公告（〔2002〕108号）根据2010年11月26日江西省第十一届人民代表大会常务委员会通过的决定修改	《江西省村镇规划建设管理条例》	2010年11月29日	本条例所称村镇包括村庄、集镇、建制镇（不含县级人民政府所在地的建制镇）： （一）村庄是指农村村民居住和从事各种生产的聚居点； （二）集镇是指乡、民族乡人民政府所在地和经县级人民政府确认由集市发展而成的作为农村一定区域经济、文化和生活服务中心的非建制镇； （三）建制镇是指国家按行政建制设立的镇。 村镇规划建设管理，应当坚持科学规划，合理布局，节约用地，保护耕地，因地制宜，量力而行的原则，实现社会效益、环境效益和经济效益的统一

续表

序号	制定	文件名称	生效	备注
24	2010年1月8日麻阳苗族自治县第五届人民代表大会第三次会议通过，2010年3月31日湖南省第十一届人民代表大会常务委员会第十四次会议批准，根据2022年12月19日麻阳苗族自治县第八届人民代表大会第二次会议决定修正，2023年5月31日湖南省第十四届人民代表大会常务委员会第三次会议批准	《麻阳苗族自治县城镇管理条例》	2023年7月4日	条例所称城镇，是指自治县人民政府所在地的镇及本县行政区域内的其他建制镇。本条例所称城镇管理，是指对自治县城镇建成区以及自治区人民政府划定并公布实施城镇化管理区域的城镇规划、建设、市政公用设施、市容和环境卫生、污染防治、园林绿化、市场和交通秩序等的管理
25	1996年5月20日河南省第八届人民代表大会常务委员会第二十次会议通过，根据2005年1月14日河南省第十届人民代表大会常务委员会第十三次会议决定第一次修正，根据2010年7月30日河南省第十一届人民代表大会常务委员会第十六次会议决定第二次修正	《河南省村庄和集镇规划建设管理条例》	2010年7月30日	凡在本省行政区域内制订和实施村庄和集镇（以下简称村镇）规划，以及在村镇规划内进行建设活动，必须遵守国务院《村庄和集镇规划建设管理条例》和本条例。国家征用集体所有的土地进行的建设除外。城市规划区内村镇的规划和实施，国家《城乡规划法》另有规定的，从其规定
26	2011年1月21日云南省西盟佤族自治县第十届人民代表大会第四次会议通过，2011年3月30日云南省第十一届人民代表大会常务委员会第二十二次会议批准	《云南省西盟佤族自治县城镇建设管理条例》	2011年7月1日	本条例所称的城镇，是指自治县人民政府所在地勐梭镇和勐卡镇规划区。规划区包括建成区和规划控制区

续表

序号	制定	文件名称	生效	备注
27	2011年2月23日沿河土家族自治县第六届人民代表大会第六次会议通过，2011年5月31日贵州省第十一届人民代表大会常务委员会第二十二次会议批准，根据2023年3月25日贵州省第十四届人民代表大会常务委员会批准的决定修正	《沿河土家族自治县城镇管理条例》	2023年7月1日	条例所称城镇，是指自治县人民政府所在地的镇和按照国家行政建制设立的建制镇。本条例所称城镇规划区，是指城镇边界线内区域，具体范围由自治县、镇人民政府在组织编制的城镇国土空间总体规划中划定。本条例所称城镇管理，是指对城镇规划、建设、园林绿化、市政设施、市容和环境卫生、污染防治等的管理
28	2004年2月20日丰宁满族自治县第五届人民代表大会第二次会议通过，2004年5月28日河北省第十届人民代表大会常务委员会第九次会议批准，根据2011年3月10日丰宁满族自治县第六届人民代表大会常务委员会第五次会议修正，2011年5月26日河北省第十一届人民代表大会常务委员会第二十三次会议批准，2011年6月21日丰宁满族自治县第六届人民代表大会常务委员会公告第15号公布，自2011年6月21日起施行的《丰宁满族自治县人民代表大会常务委员会关于修改部分条例的决定》修正	《丰宁满族自治县城镇规划建设管理条例》	2011年6月21日	本条例适用于自治县县城、建制镇、乡人民政府所在地的规划、建设和管理

续表

序号	制定	文件名称	生效	备注
29	2011年3月23日青龙满族自治县第六届人民代表大会第五次会议通过，2011年5月26日河北省第十一届人民代表大会常务委员会第二十三次会议批准，2011年7月5日青龙满族自治县第六届人民代表大会常务委员会公告公布，自公布之日起施行的《青龙满族自治县人民代表大会关于修改部分条例的决定》修正	《青龙满族自治县城镇规划建设管理条例》	2011年7月5日	本条例所称的城镇，系指自治县县城、建制镇、乡人民政府所在地的集镇
30	2011年2月26日云南省金平苗族瑶族傣族自治县第十一届人民代表大会常务委员会第四次会议通过，2011年5月26日云南省第十一届人民代表大会常务委员会第二十三次会议批准，2011年7月28日金平苗族瑶族傣族自治县第十一届人民代表大会常务委员会第二十八次会议决定，2011年7月28日云南省金平苗族瑶族傣族自治县第十一届人民代表大会常务委员会公告第2号公布	《云南省金平苗族瑶族傣族自治县城镇管理条例》	2011年10月1日	本条例所称城镇，是指自治县县城所在地金河镇的建成区和规划控制区。本条例所称的城镇管理，是指对城镇的规划、建设、市政公用设施、市容和环境卫生、污染防治、园林绿化、市场和交通秩序等的管理

续表

序号	制定	文件名称	生效	备注
31	2011年12月5日道真仡佬族苗族自治县第七届人民代表大会第一次会议通过，2012年3月30日贵州省第十一届人民代表大会常务委员会第二十七次会议批准	《道真仡佬族苗族自治县城镇管理条例》	2012年6月1日	本条例所称的城镇，是指自治县人民政府所在地的镇及自治县所辖其他建制镇。 本条例所称的城镇规划区，是指城镇建成区及因城镇建设和发展需要，必须实行规划控制的区域。 本条例所称的城镇管理，是指对城镇规划建设、市政公共设施、市容和环境卫生、环境绿化等方面的管理
32	1999年11月29日内蒙古自治区第九届人民代表大会常务委员会第十二次会议通过，根据2004年11月26日内蒙古自治区第十届人民代表大会常务委员会第十二次会议决定第一次修正，根据2012年3月31日内蒙古自治区第十一届人民代表大会常务委员会第二十八次会议决定第二次修正，内蒙古自治区第十一届人大常委会公告第36号	《内蒙古自治区小城镇规划建设管理条例》	2012年3月31日	本条例所称小城镇，是指自治区行政区域内的建制镇（不含旗县人民政府所在地的城关镇）和集镇。 本条例所称集镇是指苏木乡人民政府所在地和旗县级人民政府确定作为农村牧区一定区域经济、文化和生活服务中心的非建制镇。 本条例所称小城镇规划区，是指小城镇建成区和因建设发展需要实行规划控制的区域。小城镇规划区范围，在建制镇总体规划和乡域村镇总体规划中划定。 小城镇建设应当坚持全面规划、合理布局、规模适度、保护生态、节约用地的原则，实现经济效益、社会效益和环境效益的统一
33	2012年11月29日经酉阳土家族自治区第十六届人民代表大会第二次会议通过，2012年12月27日重庆市第三届人民代表大会常务委员会第三十九次会议批准，2022年12月27日酉阳土家族苗族自治县第十八届人民代表大会第二次会议修正，2023年3月30日重庆市第六届人民代表大会常务委员会批准	《酉阳土家族苗族自治县城镇管理条例》	2023年4月13日	本条例所称城镇，是指自治县人民政府所在地的街道及按国家行政建制设立的建制镇和街道。 城镇规划区，是指城镇建成区及城镇发展需要规划控制的区域。 城镇管理，是指对城镇规划、建设、公共设施、园林绿化、污染防治、市容和环境卫生等的管理

续表

序号	制定	文件名称	生效	备注
34	2015年1月30日云南省镇沅彝族哈尼族拉祜族自治县第十六届人民代表大会第三次会议通过，2015年3月26日云南省第十二届人民代表大会常务委员会第十七次会议批准	《云南省镇沅彝族哈尼族拉祜族自治县城镇规划建设管理条例》	2015年3月26日	在自治县城镇规划区内从事城镇规划、建设、管理等活动，适用本条例。本条例所称城镇是指自治县人民政府所在地恩乐镇和其他建制镇。规划区是指城镇建成区以及因城镇建设和发展需要应当实行规划控制的区域
35	1998年3月28日重庆市第一届人民代表大会常务委员会通过，根据2004年6月28日重庆市第二届人民代表大会常务委员会第十次会议决定第一次修正，根据2015年5月27日重庆市第二届人民代表大会常务委员会第十七次会议决定第二次修正，2015年5月28日重庆市第四届人民代表大会常务委员会第十八次会议修订	《重庆市村镇规划建设管理条例》	2015年10月1日	本市行政区域内乡（镇）、村的规划、建设和管理活动，适用本条例。《重庆市城乡规划条例》等地方性法规另有规定的，依照其规定。村镇规划、建设和管理应当按照本市主体功能区域定位，坚持科学规划，合理布局，因地制宜，节约资源，保护历史文化和自然风貌，保持乡土特色，实现经济效益、社会效益和环境效益的统一
36	2016年11月25日连南瑶族自治县第十五届人民代表大会第一次会议表决通过，2017年7月27日广东省第十二届人民代表大会常务委员会第三十四次会议批准	《连南瑶族自治县村镇规划建设管理条例》	2017年12月1日	本条例适用于自治县行政区域内镇、村的规划建设管理活动。村镇规划建设管理应当坚持科学规划，合理布局，因地制宜，绿色环保，保护民族文化，促进生态效益、社会效益和经济效益协调发展

续表

序号	制定	文件名称	生效	备注
37	2011年1月14日印江土家族苗族自治县第六届人民代表大会第六次会议通过，2011年3月30日贵州省第十一届人民代表大会常务委员会第二十一次会议批准，2020年5月28日印江土家族苗族自治县第八届人民代表大会第四次会议修订，2020年7月31日贵州省第十三届人民代表大会常务委员会第十八次会议批准	《印江土家族苗族自治县城镇管理条例》	2020年10月1日	本条例所称城镇，是指自治县县城及本行政区域内的建制镇。本条例所称城镇规划区，是指县城规划区、镇规划区以及因城镇建设和发展需要应当实行规划控制的区域。本条例所称城镇管理，包括对城镇规划、建设、市容环境卫生、市政设施、市场和交通秩序等的管理
38	2011年9月28日西安市第十四届人民代表大会常务委员会第三十二次会议通过，2011年11月24日陕西省第十一届人民代表大会常务委员会第二十六次会议批准，根据2016年12月22日西安市第十五届人民代表大会常务委员会第三十六次会议通过，2017年3月30日陕西省第十二届人民代表大会常务委员会第三十三次会议批准的决定第一次修正，根据2020年10月21日西安市第十六届人民代表大会常务委员会第三十七次会议通过，2020年11月26日陕西省第十三届人民代表大会常务委员会第二十三次会议批准的决定第二次修正	《西安市村镇建设条例》	2021年1月18日	本市行政区域内的村镇建设和管理活动适用本条例。本条例所称村镇建设是指在本市行政区域内的村庄、镇以及街道办事处管辖的农村区域进行的基础设施、公共设施、企业生产经营性设施、村民住宅等建设。纳入城中村改造范围的村镇建设依照相关法律、法规执行

续表

序号	制定	文件名称	生效	备注
三、文化名城名镇保护				
39	2009年2月26日黔东南苗族侗族自治州第十二届人民代表大会第四次会议通过，2009年5月27日贵州省第十一届人民代表大会常务委员会第八次会议批准，2023年1月1日黔东南苗族侗族自治州第十五届人民代表大会第二次会议修订，2023年11月29日贵州省第十四届人民代表大会常务委员会第六次会议批准	《黔东南苗族侗族自治州镇远历史文化名城保护条例》	2023年12月31	名城的规划、保护、管理和历史文化资源开发利用，以及在名城保护范围内从事生产经营、工程建设、旅游观光等活动，应当遵守本条例
40	2010年1月28日云南省孟连傣族拉祜族佤族自治县第十三届人民代表大会第三次会议通过，2010年3月26日云南省第十一届人民代表大会常务委员会第十六次会议批准，2010年5月12日孟连傣族拉祜族佤族自治县第十三届人民代表大会常务委员会公告第12号公布	《云南省孟连傣族拉祜族佤族自治县娜允傣族历史文化名镇保护管理条例》	2010年6月1日	娜允名镇的保护管理范围是：以孟连宣抚司署为中心，东至南垒河，南至城西路，西至芒畦路，北至南雅路的区域，总面积73.2882公顷
41	2010年8月27日合肥市第十四届人民代表大会常务委员会第十九次会议通过，2010年10月22日安徽省第十一届人民代表大会常务委员会第二十一次会议批准	《合肥市三河历史文化名镇保护条例》	2011年1月1日	三河历史文化名镇实行分区保护。保护范围划分为核心保护区、建设控制区、风貌协调区。具体范围以三河历史文化名镇保护规划为准

续表

序号	制定	文件名称	生效	备注
42	云南省第十届人民代表大会常务委员会公告（〔2007〕65号），根据2012年3月31日云南省第十一届人民代表大会常务委员会通过的决定修正	《云南省历史文化名城名镇名村名街保护条例》	2012年3月31日	本条例所称历史文化名城、名镇、名村、名街，是指经国务院或者省人民政府批准公布的具有重大历史、科学、文化价值或者纪念意义的城市、镇、村、街区
43	2015年2月8日宁波市第十四届人民代表大会第五次会议通过，2015年5月27日浙江省第十二届人民代表大会常务委员会第二十次会议批准，2023年11月1日宁波市第十六届人民代表大会常务委员会第十三次会议修订，2023年11月24日浙江省第十四届人民代表大会常务委员会第六次会议批准	《宁波市历史文化名城名镇名村保护条例》	2024年3月1日	本市行政区域内历史文化名城、街区、名镇、名村以及历史建筑的保护与管理，适用本条例。在历史文化名城、街区、名镇、名村以及历史建筑保护和管理中涉及文物保护单位、文物保护点、世界文化遗产、非物质文化遗产、古树名木等的保护，法律、法规另有规定，从其规定，慈城古县城的保护与管理，《宁波市慈城古县城保护条例》另有规定的，从其规定
44	2017年3月31日福建省第十二届人民代表大会常务委员会第二十八次会议通过	《福建省历史文化名城名镇名村和传统村落保护条例》	2017年7月1日	本省行政区域内历史文化名城、名镇、名村和传统村落的保护与管理，适用本条例。本省行政区域内历史文化街区和历史建筑的保护与管理，按照本条例有关规定执行
45	2017年10月30日湘西土家族苗族自治州第十四届人民代表大会常务委员会第五次会议通过，2017年11月30日湖南省第十二届人民代表大会常务委员会第三十三次会议批准	《湘西土家族苗族自治州浦市历史文化名镇保护管理条例》	2018年3月1日	浦市历史文化名镇实行分区保护，依据《湖南省泸溪县浦市历史文化名镇保护规划》（以下简称保护规划）划分为历史文化核心保护区（以下简称核心区）、建设控制地带，由泸溪县人民政府设立标志，予以公告

259

续表

序号	制定	文件名称	生效	备注
46	山西省人民代表大会常务委员会公告（〔2017〕52号）	《山西省历史文化名城名镇名村保护条例》	2018年1月1日	本省行政区域内历史文化名城、名镇、名村、街区和历史建筑的保护利用与监督管理，适用本条例
47	重庆市人民代表大会常务委员会公告（〔2018〕14号）	《重庆市历史文化名城名镇名村保护条例》	2018年9月1日	本市行政区域内历史文化名城、名镇、名村，以及历史文化街区，传统风貌区，历史建筑和传统风貌建筑的规划、保护、利用和管理，适用本条例
48	2018年8月27日湘西土家族苗族自治州第十四届人民代表大会常务委员会第十一次会议通过，2018年9月30日湖南省第十三届人民代表大会常务委员会第六次会议批准	《湘西土家族苗族自治州边城历史文化名镇保护条例》	2018年11月1日	边城历史文化名镇实行分区保护。保护范围根据《花垣县边城历史文化名镇保护规划》（以下简称保护规划）划分为核心保护区、建设控制地带，由花垣县人民政府设立标识、标志
49	2018年10月23日泰州市第五届人民代表大会常务委员会第十二次会议通过，2018年11月23日江苏省第十三届人民代表大会常务委员会第六次会议批准	《泰州市历史文化名城名镇保护条例》	2019年3月1日	本市行政区域内历史文化名城名镇的规划、保护、管理和利用，适用本条例。 历史文化名城名镇保护的对象，包括历史城区、历史文化街区、历史文化名镇、传统村落、历史地段、历史河道、文物保护单位、登记的不可移动文物、历史建筑、泰州传统民居、古树名木、历史地名、工业遗产、传统产业、非物质文化遗产和法律、法规规定的其他保护对象。 文物保护单位、登记的不可移动文物、古树名木、历史地名和非物质文化遗产等的保护，法律、法规另有规定的，从其规定

续表

序号	制定	文件名称	生效	备注
50	2018年10月31日永州市第五届人民代表大会常务委员会第十五次会议通过，2018年11月30日湖南省第十三届人民代表大会常务委员会第八次会议批准	《永州市历史文化名城名镇名村保护条例》	2019年4月1日	永州市行政区域内历史文化名城、名镇、名村的规划、保护、管理和利用，适用本条例。 历史文化名城、名镇、名村的保护对象包括历史城区的传统格局和历史风貌，历史文化街区，历史文化名镇，历史文化名村，文物，历史建筑，传统村落，非物质文化遗产，传统地名，古道桥，古河湖水系和古树名木等。 法律法规对文物、非物质文化遗产、古树名木、传统地名等的保护另有规定的，从其规定
51	2018年10月30日郴州市第五届人民代表大会常务委员会第十二次会议通过，2018年11月30日湖南省第十三届人民代表大会常务委员会第八次会议批准	《郴州市历史文化名城名镇名村保护条例》	2019年3月1日	本市行政区域内历史文化名城、名镇、名村的申报与预保护、规划与保护、管理与利用等活动，适用本条例。 历史文化名城、名镇、名村保护范围内涉及文物、古树名木、传统地名、非物质文化遗产等保护的，依照有关法律、法规执行
52	2019年4月26日贵阳市第十四届人民代表大会常务委员会第二十一次会议通过，2019年8月1日贵州省第十三届人民代表大会常务委员会第十一次会议批准	《贵阳市青岩古镇保护条例》	2019年10月1日	本条例适用于青岩古镇的保护、管理及其相关活动。 涉及文物、非物质文化遗产和古树名木的保护和管理，按照有关法律、法规的规定执行

续表

序号	制定	文件名称	生效	备注
53	2019年8月27日吕梁市第三届人民代表大会常务委员会第三十七次会议通过，2019年11月29日山西省第十三届人民代表大会常务委员会第十四次会议批准	《吕梁市碛口古镇保护条例》	2020年1月1日	本条例所称碛口古镇（以下简称古镇），是指古镇相接的黄河中线以东，西头村东湫水河岸以西，卧虎山山脊线外100米以南，河南坪所傍山山脊线以北（包括麒麟滩）之间的区域
54	山东省人民代表大会常务委员会公告（〔2019〕84号）	《山东省历史文化名城名镇名村保护条例》	2020年3月1日	本省行政区域内历史文化名城、名镇、名村的保护与监督管理，适用本条例
55	2012年9月28日浙江省第十一届人民代表大会常务委员会第三十五次会议通过，根据2020年9月24日浙江省第十三届人民代表大会常务委员会第二十四次会议决定修正	《浙江省历史文化名城名镇名村保护条例》	2020年9月24日	本省行政区域内历史文化名城、街区、名镇、名村的保护与管理，适用本条例。本省行政区域内历史建筑的保护与管理，按照本条例有关规定执行
56	2020年8月31日聊城市第十七届人民代表大会常务委员会第三十二次会议通过，2020年9月25日山东省第十三届人民代表大会常务委员会第二十三次会议批准	《聊城市历史文化名城名镇名村保护条例》	2020年12月1日	本市行政区域内历史文化名城、名镇、名村以及历史文化街区、传统风貌区、传统村落、历史建筑、传统风貌建筑的规划、保护和管理等活动适用本条例。文物、古树名木、地名文化遗产、非物质文化遗产和世界文化遗产等的规划、保护和管理，法律、法规另有规定的，从其规定

续表

序号	制定	文件名称	生效	备注
57	2020年10月30日晋中市第四届人民代表大会常务委员会第三十八次会议通过，2020年11月27日山西省第十三届人民代表大会常务委员会第二十一次会议批准	《晋中市静升古镇保护条例》	2021年1月1日	古镇保护范围根据依法批准的静升历史文化名镇保护规划（以下简称保护规划），西至团结西路，东、南至永吉大道，北至静升村北和集广村北，规划总面积490.93公顷，按照核心保护范围、建设控制地带与风貌协调区进行分区保护。核心保护范围包括里仁巷保护区、王家大院保护区、朝阳堡保护区、拱极堡保护区、和义堡保护区、龙王庙保护区、后土庙保护区、文笔塔保护区、文昌宫保护区、三官庙保护区、何氏宗祠保护区、集广戏台保护区，面积共计41.63公顷。建设控制地带包括静升与集广两个区域。静升建设控制地带东至和义堡东部规划路、西至中举沟西侧民居、南至文昌南一巷、北至朝阳堡北侧167米处；集广建设控制地带东至集广戏台东侧153米村庄道路处、西至何氏宗祠西侧71米处、南至东街延伸段南侧50米处、北至东街延伸段北侧163米处，面积共计169.16公顷。建设控制地带外围的风貌协调区，面积共计280.14公顷
58	2020年12月17日常州市第十六届人民代表大会常务委员会第二十九次会议通过，2021年1月15日江苏省第十三届人民代表大会常务委员会第二十次会议批准	《常州市焦溪古镇保护条例》	2021年5月1日	焦溪古镇的保护和管理，适用本条例

续表

序号	制定	文件名称	生效	备注
59	2020年12月29日宜宾市第五届人民代表大会常务委员会第三十九次会议通过，2021年3月26日四川省第十三届人民代表大会常务委员会第二十六次会议批准	《宜宾市李庄古镇保护条例》	2021年6月1日	李庄古镇的规划、保护、管理和利用等活动，适用本条例。 李庄古镇的保护范围由《四川李庄历史文化名镇保护规划》确定，分为核心保护区、建设控制区等区域
60	2020年12月30日保山市第四届人民代表大会常务委员会第三十次会议通过，2021年3月31日云南省第十三届人民代表大会常务委员会第二十三次会议批准	《保山市和顺古镇保护条例》	2021年7月1日	和顺古镇实行分区保护，保护范围划分为核心保护区、建设控制区、风貌协调区。 核心保护区是指十字路社区村民委员会、水碓社区村民委员会所辖的主要居民区，包括大寨子片区、和顺图书馆、艾思奇故居、张家坡、贾家坝等区域。 建设控制区是指十字路社区村民委员会、水碓社区村民委员会在核心保护区以外的其他居民区以及大庄社区村民委员会居民区。 风貌协调区是指核心保护区、建设控制区以外的和顺镇管辖的其他区域。 核心保护区、建设控制区、风貌协调区的具体范围由腾冲市人民政府划定、公布并设立统一的标志牌
61	三亚市人民代表大会常务委员会公告（〔2021〕3号）	《三亚市历史文化名镇名村保护条例》	2021年6月1日	本市行政区域内已经批准公布的中国历史文化名镇（原崖城镇）、中国历史文化名村（保平村）的保护、利用与监督管理活动，适用本条例。 本条例施行后，本市行政区域内经批准公布的历史文化名镇、名村的保护、利用与监督管理活动，可以结合实际，参照本条例的规定执行。 历史文化名镇、名村范围内涉及文物、非物质文化遗产和古树名木保护的，依照有关法律、法规的规定执行

续表

序号	制定	文件名称	生效	备注
四、乡镇环境治理				
62	2001年3月3日务川仡佬族苗族自治县第四届人民代表大会第四次会议通过，2001年5月25日贵州省第九届人民代表大会常务委员会第二十二次会议批准，根据2004年3月19日务川仡佬族苗族自治县第五届人民代表大会第二次会议通过，2004年5月28日贵州省第十届人民代表大会常务委员会批准的《务川仡佬族苗族自治县城镇环境管理条例修正案》修正	《务川仡佬族苗族自治县城镇环境管理条例》	2004年6月22日	本条例所称城镇环境管理，是指对县城、乡、镇人民政府所在地市容市貌、环境卫生、环境绿化、污染防治的规范和管理
63	连山壮族瑶族自治县人民代表大会常务委员会公告（〔2019〕26号）	《连山壮族瑶族自治县村容镇貌条例》	2019年12月1日	本条例适用于本自治县行政区域内村容镇貌的规划、建设和管理活动
五、乡镇企业管理				
64	1989年11月20日吉林省第七届人民代表大会常务委员会第十二次会议通过	《吉林省乡（镇）村集体企业条例》	1990年1月1日	本条例适用于我省境内农民集体经济组织（包括村民小组）和街委农民举办的乡（镇）村集体企业（以下简称企业）。各级人民政府对企业实行积极扶持、合理规划、正确引导、加强管理的方针，促进其健康发展

续表

序号	制定	文件名称	生效	备注
65	根据1992年4月24日安徽省第七届人民代表大会常务委员会第三十次会议通过的《关于修改〈安徽省乡镇集体和个体开采矿产资源管理办法〉的决定》修正	《安徽省乡镇集体和个体开采矿产资源管理办法》	1992年4月24日	本办法所指矿产资源包括： （一）除石油、天然气和放射性矿产以外的能源矿产； （二）黑色、有色及贵重金属矿产； （三）稀有、稀土及分散元素矿产； （四）冶金辅助原料矿产； （五）化工原料非金属矿产； （六）特种非金属矿产； （七）建材及其他非金属矿产
66	1997年8月19日四川省第八届人民代表大会常务委员会第二十八次会议通过	《四川省〈中华人民共和国乡镇企业法〉实施办法》	1997年8月19日	实施办法所称乡镇企业，是指农村集体经济组织或农民投资为主，在乡镇（包括所辖村、村民小组）举办的承担支援农业义务的各类企业。 前款所称投资为主，是指农村集体经济组织或者农民投资超过50%，或者虽不足50%，但能起到控股或者实际支配作用。 乡镇企业符合企业法人条件的，依法取得企业法人资格
67	1998年8月1日重庆市第一届人民代表大会常务委员会第十次会议通过	《重庆市实施〈中华人民共和国乡镇企业法〉办法》	1998年10月1日	本办法所称乡镇企业，是指乡、镇、村、社集体经济组织或农民投资为主，在乡镇范围内举办的承担支援农业义务的各类企业。 乡镇企业符合企业法人条件的，依法取得企业法人资格。 乡镇企业的主要形式有： （一）乡、镇、村、社集体经济组织举办的企业； （二）农民个人、农民合作、合伙举办的企业； （三）乡、镇、村、社集体经济组织或农民同其他企业事业单位、个人，以及境外投资者联合举办的企业； （四）上述企业之间、上述企业同其他企业事业单位、个人，以及境外投资者联合举办的企业； （五）法律、法规规定的符合乡镇企业条件的其他企业

续表

序号	制定	文件名称	生效	备注
68	1999年11月12日天津市第十三届人民代表大会常务委员会第十二次会议通过	《天津市实施〈中华人民共和国乡镇企业法〉办法》	2000年1月1日	本办法所称的乡镇企业，是指农村集体经济组织或者农民投资超过百分之五十，或者虽不足百分之五十，但能够起到控股或者实际支配作用，在乡镇、村设立依法取得企业法人资格，承担支援农业义务的企业。 乡镇企业可以采取下列形式： （一）乡镇、村集体企业； （二）股份有限公司、有限责任公司； （三）股份合作制企业； （四）农民个人独资企业、合伙企业； （五）前四项所述企业与香港、澳门、台湾地区和外国投资者联办的企业； （六）法律、法规规定其他形式的企业
69	2000年7月28日湖北省第九届人民代表大会常务委员会第十九次会议通过	《湖北省实施〈中华人民共和国乡镇企业法〉办法》	2000年7月28日	本办法所称乡镇企业，是指乡（镇）办企业，村（村民小组）办企业，农民联户（合伙）办企业，户（个体）办企业，以及农村股份制、股份合作制和联营企业

续表

序号	制定	文件名称	生效	备注
70	河南省人民代表大会常务委员会公告（〔2000〕33号）	《河南省实施〈中华人民共和国乡镇企业法〉办法》	2000年11月1日	为了扶持和引导乡镇企业持续健康发展，保护乡镇企业的合法权益，规范乡镇企业行为，繁荣农村经济，推进农业和农村现代化，根据《中华人民共和国乡镇企业法》和有关法律、法规，结合本省实际，制定本办法。 本办法所称乡镇企业是指农村集体经济组织或农民投资为主，在乡镇、村举办的承担支援农业义务的各类企业，其主要形式有： （一）乡镇集体经济组织举办的企业； （二）村集体经济组织（包括村民小组，下同）举办的企业； （三）乡镇、村集体经济组织或农民举办的股份合作制、股份制企业； （四）农民合伙举办的企业； （五）农民个人举办的企业； （六）农村集体经济组织或农民与其他企业、事业单位、社会团体、个人、港澳台投资者、外国投资者联合举办的企业； （七）因城市发展由农村划归城区，但所有权仍属农村集体经济组织或农民的企业。 前款所指农村集体经济组织或农民投资为主是指农村集体经济组织或农民投资超过50%，或者虽不足50%，但能起到控股或实际支配作用
71	2001年7月27日济南市第十二届人民代表大会常务委员会第二十一次会议通过，2001年8月18日山东省第九届人民代表大会常务委员会第二十二次会议批准	《济南市促进乡镇企业发展若干规定》	2001年9月1日	凡本市行政区域内的乡镇企业适用本规定

续表

序号	制定	文件名称	生效	备注
72	2002年3月19日山东省第九届人民代表大会常务委员会第二十六次会议通过，2002年3月19日山东省人民代表大会常务委员会公告第92号公布	《山东省人民代表大会常务委员会关于废止〈山东省乡（镇）村集体工业企业管理条例〉的决定》	2002年3月19日	
73	2004年11月26日河南省第十届人民代表大会常务委员会第十二次会议通过	《河南省人民代表大会常务委员会关于废止〈河南省乡镇企业环境管理办法〉的决定》	2005年1月1日	河南省第十届人民代表大会常务委员会第十二次会议根据《中华人民共和国行政许可法》等法律、行政法规的规定，决定废止《河南省乡镇企业环境管理办法》
74	山西省人民代表大会常务委员会公告（〔2016〕33号）	《关于废止〈山西省乡镇企业条例〉的决定》	2016年5月31日	
75	辽宁省人民代表大会常务委员会公告（〔2018〕2号）	《辽宁省人民代表大会常务委员会关于废止〈辽宁省乡镇企业环境保护管理条例〉的决定》	2018年3月27日	

续表

序号	制定	文件名称	生效	备注
76	2001年8月10日黑龙江省第九届人民代表大会常务委员会第二十四次会议通过，根据2018年4月26日黑龙江省第十三届人民代表大会常务委员会第三次会议《黑龙江省人民代表大会常务委员会关于废止和修改〈黑龙江省统计监督处罚条例〉等72部地方性法规的决定》修正	《黑龙江省发展乡镇企业条例》	2018年4月26日	本条例所称乡镇企业包括： （一）乡镇、村（含村民小组，下同）集体企业； （二）乡镇、村和农民举办的股份制、股份合作制企业； （三）农民个人独资、合伙企业； （四）乡镇、村、农民或上述企业同其他组织或者个人以及同港、澳、台或者国外投资者联办的企业； （五）乡镇企业在城市设立的分支机构； （六）农村集体经济组织在城市开办的企业； （七）因行政区划调整由农村划归城区的乡镇企业； （八）乡镇企业或农民个人承包、租赁的国有企业或城镇集体企业； （九）法律、法规规定的其他形式的乡镇企业。 各级人民政府应当把发展乡镇企业纳入国民经济和社会发展计划，对乡镇企业积极扶持、合理规划、分类指导、依法管理
77	贵州省人民代表大会常务委员会公告（〔2021〕21号）	《贵州省人民代表大会常务委员会关于废止〈贵州省经纪人管理条例〉〈贵州省乡镇企业条例〉的决定》	2021年10月1日	
六、其他管理				
78	1997年11月5日玉树藏族自治州第九届人民代表大会第三次会议通过，1998年4月3日青海省第九届人民代表大会常务委员会第一次会议批准	《玉树藏族自治州城镇暂住人口管理条例》	1998年7月1日	本条例所称暂住人口是指离开常住户口所在地，在本州行政区域内县城所在地（以下简称"城镇"）居住3日以上的人员

续表

序号	制定	文件名称	生效	备注
79	四川省第十二届人民代表大会常务委员会公告（〔2013〕8号）	《四川省村镇供水条例》	2014年1月1日	四川省行政区域内从事村镇供水、用水及相关监督管理活动，适用本条例。城市供水工程管网覆盖范围内的供水、用水及相关监督管理活动，适用《四川省城市供水条例》。村镇供水坚持安全卫生、节约利用、统筹兼顾的原则，优先保障生活饮用水
80	湖南省第十二届人民代表大会常务委员会公告（〔2014〕24号）	《湖南省乡镇财政管理条例》	2015年3月1日	省人民政府应当建立健全县级基本财力保障机制，完善转移支付制度，督促县（市、区）人民政府履行乡镇基本财力保障责任。设区的市（自治州）人民政府应当按照其职责履行相应的保障责任。县（市、区）人民政府应当明确乡镇基本财力保障范围和标准，及时、足额落实保障资金，不断提高保障水平
81	重庆市人民代表大会常务委员会公告（〔2016〕55号）	《重庆市村镇供水条例》	2017年5月1日	本条例所称村镇供水，是指利用村镇供水工程向村镇居民和单位等用水户供应生活用水和生产用水的活动。本条例所称村镇供水工程，包括规模化供水工程和小型集中供水工程。村镇供水坚持城乡供水一体化方向，实行政府主导与市场化运行相结合、生活用水优先与兼顾生产用水相结合、确保水质与保障水量相结合的原则

在地方性法规立法方面，除有关乡镇人大选举及自治条例方面的规定外，上述81件地方性法规和规范性文件中，涉及体制改革的5件；涉及乡镇建设与管理的33件；涉及文化名城名镇保护的23件；涉及乡镇企业管理的14件；涉及乡镇环境治理的2件；其他方面4件。由以上梳理可看出，地方性法规主要立法方向为乡镇建设与管理和文化名城名镇保护两个方面，但存在乡镇、村不分的问题，而在对待乡镇企业方面，一些地方为了适应市场经济发展的需要，废除了有关乡镇企业和相关方面的规定，反映了地方性法规调整的历史。

七、地方性规章及规范性文件的调整

通常情况下，地方性规章立法与地方性法规立法的区别在于，地方性规章涉及的事务比较具体，且具有阶段性特征。特别是对于处于改革试验的事项，更适合以地方性规章及其规范性文件进行调整。经过检索发现，改革开放以来，至今有效的或各地具有代表性的文件共计62件，详见表5.5所列：

表5.5 有关镇的地方性规章及规范性文件

序号	制定	名称	生效	备注
一、体制改革				
1	山西省人民政府（晋政办发〔1987〕25号）	《山西省乡镇统计工作站管理办法》	1987年4月13日	乡镇统计工作站是乡镇人民政府的职能机构，行使乡镇社会经济综合统计的职权
2	山东省人民政府（鲁政发〔1997〕7号）	《山东省人民政府关于印发〈山东省乡镇卫生院管理办法〉的通知》	1997年3月1日	乡镇卫生院分为中心卫生院和一般卫生院。中心卫生院作为相邻几个乡镇的区域性医疗卫生技术中心，在资金投入、技术力量配备、设施装备上应有重点保证；对一般卫生院，今后要适当控制发展规模，着力提高其预防保健和卫生技术服务水平
3	银川市人民政府令（〔2011〕1号）	《银川市市县人民政府行政执法部门委托乡镇人民政府执法机构行使部分行政执法权管理规定》	2011年4月10日	本规定所称市县人民政府行政执法部门委托执法是指市、县（市、区）人民政府相关执法部门（以下简称"委托机关"），将其行使的部分行政执法权委托给乡镇人民政府行政执法机构（以下简称"受委托组织"）行使，受委托组织以委托机关的名义对外实施行政执法行为（以下简称"委托执法行为"），其执法行为所产生的法律后果由委托机关承担法律责任的活动。受委托组织应当具备行政处罚法第十九条规定的条件
4	广东省人民政府令（〔2011〕158号）	《广东省县镇事权改革若干规定（试行）》	2011年7月1日	本省行政区域内实行县镇事权改革，扩大县级人民政府和乡镇人民政府（以下统称县镇政府）行政管理职权，规范和监督其职权行使，适用本规定。本规定所称行政管理职权，主要包括行政许可、非行政许可类审批、行政处罚、行政强制等职权

续表

序号	制定	名称	生效	备注
5	宁波市人民政府令（〔2013〕203号）	《宁波市人民政府关于扩大中心镇行政执法权限的决定》	2013年3月1日	县（市）区人民政府及其有关部门根据中心镇经济社会发展需要，通过依法交办、委托的方式，将其在产业发展、项目投资、规划建设、安全生产、环境资源、市场监管、社会保障、民生事业等管理领域的行政许可权、非行政许可审批权、行政处罚权、日常监督管理权等行政执法权下放，由中心镇人民政府及其有关事业组织具体承办。县（市）区下放行政执法权的具体管理领域和权限范围，由县（市）区人民政府决定，报市人民政府备案，并向社会公告
6	贵州省人民政府令（〔2014〕156号）	《贵州省人民政府关于公布赋予行政管理体制改革试点乡镇部分县级经济社会管理权限基本目录的决定》	2014年7月16日	经审核，省人民政府决定公布赋予行政管理体制改革试点乡镇部分县级经济社会管理权限基本目录。试点乡（镇）所在县（市、区、特区）人民政府要结合本地经济社会发展状况和试点乡（镇）承接能力在基本目录中合理确定赋予管理权限的具体事项和实施步骤，并由县级职能部门以委托形式向试点乡（镇）赋予管理权限，试点乡（镇）不得就委托事项再行委托。今后，新进入100个示范小城镇名单的乡（镇）即为试点乡（镇），不再重新公布。附：1. 赋予行政管理体制改革试点乡镇部分县级经济社会管理权限基本目录（包括行政服务类8项；行政监督检查类1项；行政许可类4项；行政处罚类182项，共计195项）。2. 行政管理体制改革试点乡镇名单（100个镇名单）
7	陕西省人民政府令（〔2019〕219号）	《陕西省人民政府关于公布〈赋予经济发达镇部分县级管理事项目录〉的决定》	2019年2月17日	附：赋予经济发达镇部分县级管理事项目录。包括行政许可类12项；行政处罚类135项；行政检查类8项；行政确认类1项；其他权力类5项。共计161项

续表

序号	制定	名称	生效	备注
8	广东省人民政府令（〔2019〕261号）	《广东省人民政府关于赋予经济发达镇行政管理体制改革试点镇部分县级行政职权的决定》	2019年8月1日	附：广东省人民政府赋予经济发达镇行政管理体制改革试点镇县级行政职权通用目录，共计325项
9	2009年12月18日广西壮族自治区人民政府令第53号公布，2021年3月12日广西壮族自治区人民政府令（〔2021〕139号修正）	《广西壮族自治区乡镇卫生院管理办法》	2021年3月12日	乡镇卫生院是政府在乡镇设置的公益性质的医疗卫生事业单位。乡镇卫生院按照功能、规模分为一般卫生院和中心卫生院
二、乡镇规划建设与管理				
10	福建省人民政府（闽政〔1989〕32号）	《福建省人民政府关于批转省建委制定的〈福建省村镇规划建设管理暂行规定〉的通知》	1989年8月30日	本规定所指村镇范围，包括县以下的建制镇、乡政府所在地（不含县城关镇和工矿区）和不同规模的村庄。乡、镇的总体规划和建设规划由所在乡、镇人民政府负责编制，经乡、镇人民代表大会讨论通过，报县级人民政府审查批准。村级建设规划由所在地村民委员会负责编制，经村民代表大会或村民大会讨论通过，所在乡、镇人民政府审查同意，报县级人民政府批准。城市规划区内的乡镇建设规划，由县级人民政府审查后，报市人民政府批准
11	抚顺市人民政府（抚政发〔1990〕176号）	《抚顺市村镇建设管理暂行办法》	1990年1月1日	本办法所称村镇系指本市行政区域内的所有村庄和集镇（不含县城关镇），包括农村的工矿区、顺城区各联社（含城管联社），以及农、林、牧、渔场场部和分场场部所在地

续表

序号	制定	名称	生效	备注
12	重庆市人民政府办公厅（重办发〔1994〕68号）	《重庆市人民政府关于转发〈重庆市小城镇建设用地管理办法(试行)〉的通知》	1994年9月15日	办法所称"小城镇"是指我市城市规划区和县城（包括县级市和远郊区）的规划区范围以外的镇（乡）政府所在地的集镇。在小城镇的工业、商业、服务站、旅游业、乡镇企业工业小区、非公有制经济园区、居民住宅等建设用地适用本办法。小城镇建设开发用地应当坚持"实事求是、量力而行"的方针和土地统一规划、统一征用、统一开发、统一出让、统一管理的原则，严格用地管理、做到合理、节约、依法用地
13	云南省人民政府令（〔1994〕15号）	《云南省村庄和集镇规划建设管理实施办法》	1994年9月19日	加强村庄和集镇的规划建设管理，改善村庄和集镇的生产、生活环境，促进农村经济和社会发展，根据国务院发布的《村庄和集镇规划建设管理条例》（以下简称《条例》）的规定，结合我省实际，制定本办法。在本省行政区域内制定、实施村庄和集镇（以下简称村镇）规划，以及在村镇规划区内进行居民住宅和生产设施、乡（镇）村企业、乡（镇）村公共设施和公益事业等建设，必须遵守《条例》和本办法。法律、法规另有规定的除外
14	北京市人民政府办公厅（京政办发〔1997〕74号）	《北京市人民政府办公厅关于转发北京市公安局〈北京市郊区小镇建设试点城镇户籍管理试行办法实施细则〉的通知》	1997年12月31日	实施细则适用于经市人民政府批准的小城镇规划建设试点城镇（以下简称试点城镇）。本实施细则先在试点城镇规划建设区里的起步区（以下简称起步区）内试行，取得经验后在试点城镇规划建设区内实施。对迁入试点城镇人口实行指标、政策双重控制原则，纳入本市人口增长计划和规划管理。凡在试点城镇登记的常住户口人员，除外省、自治区、直辖市的投资人员和本市的购房人员外，其他人员均需在试点城镇居住满2年
15	新疆维吾尔自治区人民政府	《新疆维吾尔自治区村镇建筑工程施工许可证管理办法》	2000年1月1日	凡在自治区村庄、集镇规划区范围内新建、改建、扩建公共建筑、生产建筑、道路、公用工程设施以及村镇居民住宅，均应依照本办法向县级以上建设行政主管部门申请施工许可，领取村镇建筑工程施工许可证

续表

序号	制定	名称	生效	备注
16	鞍山市人民政府令（〔2005〕143号）	《鞍山市村庄和集镇规划建设管理办法》	2005年3月1日	为加强村庄和集镇规划建设管理，改善我市村庄和集镇的生产、生活环境，加快农村城镇化进程，促进县域经济发展，依据国务院《村庄和集镇规划建设管理条例》《辽宁省村庄和集镇规划建设管理办法》，结合我市实际，制定本办法。 在本市行政区域内制订和实施村庄和集镇规划以及在村庄和集镇规划区内进行住宅、企业、公共设施和公益事业等建设，除国家征用集体所有土地进行的建设外，必须遵守本办法。 城市规划区内村庄和集镇规划的制订和实施，依照城市规划法律、法规执行。 本办法所称村庄，是指农村村民居住和从事各种生产的聚居点。 本办法所称集镇，是指乡人民政府所在地和经县级人民政府确认由集市发展而成的作为农村一定区域经济、文化和生活服务中心的非建制镇
17	黑龙江省人民政府令（〔2008〕2号）	《黑龙江省垦区森工林区小城镇规划建设管理办法》	2008年9月1日	办法所称垦区，是指省人民政府确定并由省国土资源行政主管部门设在省农垦系统的派出机构管辖范围内的区域。 本办法所称森工林区，是指国务院确定的森工国有重点林区以及省人民政府确定并由省国土资源行政主管部门设在省森工系统的派出机构管辖范围内的区域。 本办法所称垦区、森工林区小城镇，是指垦区、森工林区范围内的农垦分局局址、农场场部、林业局局址（含林业局管辖的部分中心林场场部，下同）所在地，具体范围及分类由省人民政府另行确定

续表

序号	制定	名称	生效	备注
18	2009年6月13日天津市人民政府令第18号公布，自2009年8月1日起施行，根据2018年1月9日天津市人民政府令第29号修正	《天津市以宅基地换房建设示范小城镇管理办法》	2018年1月9日	本办法所称以宅基地换房建设示范小城镇（以下简称示范小城镇），是指村民以其宅基地按照规定的标准置换小城镇中的住宅，迁入小城镇居住，建设适应农村经济和社会发展、适于产业聚集和生态宜居的小城镇。 示范小城镇建设坚持土地承包责任制不变、可耕种土地不减、尊重村民意愿、维护农村集体经济组织和村民合法权益的原则。 示范小城镇应当科学规划、特色设计、适于产业聚集和生态宜居。 示范小城镇建设除建设村民安置住宅区外，可以规划供市场开发、出让的土地，以土地出让金政府收益部分用于平衡建设资金。 2018年修改后：第二十九条改为："鼓励示范小城镇建设单位在招标文件中载明或双方在合同中约定以审计机关的审计结果作为工程结算或竣工决算依据。"
19	2010年7月1日宁夏回族自治区人民政府令第23号公布，根据2018年10月7日《自治区人民政府关于废止和修改部分政府规章决定》第一次修正，根据2022年12月27日《自治区人民政府关于修改部分政府规章的决定》第二次修正	《宁夏回族自治区城镇规划区临时建设和临时用地规划管理办法》	2022年12月27日	本办法所称临时建设，是指在城市、镇规划区内建造的暂时使用的建筑物、构筑物等设施。 本办法所称临时用地，是指在城市、镇规划区内用于建设工程施工、地质勘察、物品堆放、商业经营及其他活动暂时占用的土地

277

续表

序号	制定	名称	生效	备注
20	1991年3月6日北京市人民政府第5号令公布，根据2007年11月23日北京市人民政府第200号令第一次修改，根据2018年2月12日北京市人民政府第277号令第二次修改	《北京市人民政府关于郊区城镇和农村建设规划管理的若干规定》	2018年2月12日	本市的乡镇机关、乡镇村企事业单位、新集镇、新农村和农民住宅等建设工程的选址定点，必须经城乡规划行政主管部门审查批准，核发建设用地规划许可证、建设工程规划许可证或者乡村建设规划许可证后，方可建设
21	2014年7月2日珠海市人民政府令第100号公布，2021年3月15日珠海市人民政府令第135号修正	《珠海市村镇规划建设管理办法》	2021年4月15日	在本市行政区域范围内制订和实施村镇规划，在村镇范围内进行建设以及相关管理活动，适用本办法。本办法所称村是指农业村、涉农村（居）和城郊村（居），但依规划需要整村搬迁、纳入城中旧村改造实施计划、纳入城市更新改造范围，并确定了建设主体的村除外
22	2021年12月1日经市政府第78次常务会议讨论通过，2021年12月15日镇江市人民政府令第10号公布，自2022年2月1日起施行	《镇江市城乡网格化服务管理实施细则》	2022年2月1日	本实施细则所称城乡网格化服务管理（以下简称网格化服务管理），是指在城乡社区以及其他特定管理区域之内统一划分网格，整合各方面力量，配备网格服务管理人员，综合运用人力资源、科技信息化等多种手段，提供服务和进行管理的活动

续表

序号	制定	名称	生效	备注
三、城镇环境管理				
23	杭州市人民政府（杭政〔1985〕234号）	《杭州市人民政府关于加强乡镇、街道企业环境保护管理的规定》	1985年9月25日	乡镇、街道企业要在当地政府的统一指导下，根据本地资源情况、技术条件和环境状况，合理布局，因地制宜地发展农副产品加工业和食品加工业、饲料工业、建筑业、运输业、为旅游服务的第三产业等无污染或少污染的行业
24	四川省人民政府（川府发〔1986〕17号）	《四川省乡镇、街道企业环境管理暂行办法》	1986年1月21日	乡镇、街道企业，应根据本地的资源、能源、环境等条件，发展无污染或者少污染综合效益好的行业。乡镇、街道企业，必须坚持以经济建设与环境保护协调发展的方针，贯彻环境保护"以防为主、防治结合""谁开发、谁保护""谁污染、谁治理"的原则
25	山西省人民政府（晋政发〔1986〕42号）	《山西省乡镇、街道企业环境管理办法（试行）》	1986年6月23日	为了保护城乡环境和农业生态，根据国务院《关于加强乡镇、街道企业环境管理的规定》，结合我省实际情况，制定本办法。各级人民政府要加强对乡镇、街道企业的领导，贯彻全面规划，合理布局，发展经济，保护环境的方针。积极发展无污染和少污染的行业，努力搞好"三废"综合利用。现有企业要通过技术改造，积极进行污染治理，限期达到国家要求的"三废"排放标准，新建企业要严格执行"三同时"规定，控制新污染的产生

续表

序号	制定	名称	生效	备注
26	齐齐哈尔市人民政府（齐政发〔1986〕35号）	《齐齐哈尔市人民政府乡镇、街道企业环境管理办法》	1986年7月12日	本办法适用于全市各县、区乡镇、街道办的企业（包括机关、团体、部队、学校、企业、事业单位和专业户、承包户办的企业）。市、县、区环境保护部门是同级人民政府负责环境保护、监测工作的管理部门，分别对市、县、区环境保护工作实施监督管理
27	青岛市人民政府	《青岛市乡镇、街道企业环境保护管理暂行办法》	1988年12月18日	本办法适用于本市行政区域内的乡（镇）、村办企业、农（牧）工商联合企业、街道办企业、校办企业、工厂、机关、部队办家属企业和其他形式的合作企业及个体企业（以下简称乡街企业）
28	呼和浩特市人民政府令（〔1995〕18号）	《呼和浩特市乡镇企业和街道企业环境管理暂行办法》	1995年8月29日	乡镇企业和街道企业（以下简称乡镇、街道企业）环境保护坚持"谁开发谁保护、谁利用谁补偿、谁破坏谁恢复"和"开发利用与保护增值并重"的原则，优先发展无污染、少污染的企业，确保环境的永续利用和经济、社会、环境效益的统一。本办法适用于呼和浩特市行政区域内一切形式的乡镇、街道企业
29	1986年11月3日江苏省人民政府公布，根据1997年12月27日江苏省人民政府第107次常务会议通过的江苏省人民政府令第102号修正	《江苏省乡镇、街道企业环境管理办法》	1997年12月27日	本办法适用于我省境内的乡镇、街道企业（包括各种形式的联营企业，校办企业，劳动服务公司，农工商联合企业，中外合作、合资企业，村办企业，个体企业等）

续表

序号	制定	名称	生效	备注
30	山东省人民政府令（〔2010〕218号）	《山东省城镇容貌和环境卫生管理办法》	2010年3月1日	本办法适用于本省行政区域城市、镇规划区范围内的城镇容貌和环境卫生管理及相关活动。 城镇容貌和环境卫生管理应当坚持以人为本，遵循统一领导、分级管理、公众参与、社会监督的原则
31	1994年11月16日上海市人民政府公布，根据1997年12月14日上海市人民政府令第53号修正，根据2002年11月18日上海市人民政府令第128号修正，根据2010年12月20日上海市人民政府令第52号公布的《上海市人民政府关于修改〈上海市农机事故处理暂行规定〉等148件市政府规章的决定》修正，根据2012年2月7日上海市人民政府令第81号公布的《上海市人民政府关于修改〈上海市内河港口管理办法〉等15件市政府规章的决定》修正并重新公布	《上海市集镇和村庄环境卫生管理暂行规定》	2012年2月7日	本规定所称集镇，是指乡人民政府所在地和经县（区）人民政府确认由集市发展而成的作为农村一定区域经济、文化和生活服务中心的非建制镇。 本规定所称村庄，是指农村村民居住和从事各种生产的聚居点

续表

序号	制定	名称	生效	备注
32	1995年4月26日市人民政府令第40号公布施行，根据1997年12月7日市人民政府令第105号第一次修正，根据2004年6月29日市人民政府令第40号第二次修正，自2004年7月1日起施行，根据2010年11月16日市人民政府令第29号第三次修正，根据2012年5月21日市人民政府令第52号第四次修正，根据2018年4月12日市人民政府令第5号第五次修正，根据2020年12月5日市人民政府令第20号第六次修正	《天津市城镇街道综合整修管理规定》	2020年12月5日	本规定所称城镇街道综合整修，系指对本市市区、建制镇和独立工业区范围内街道和铁路两侧的建筑、院落及周围环境，按街道功能及市容景观的统一规划设计要求进行的综合性整修和管理。 2020年修改后：删除第八条。 （2）第十一条修改为："凡因街道综合整修需要临时占路、占地（含道路与河道管理用地）的，由所在地区的市容管理部门向有关主管部门通报并统一办理占用手续。" （3）第十五条修改为："综合整修后的街道两侧建筑物和构筑物，需再次进行维修、改建、重新装饰、新开门脸、架立管线的，应当符合本市城市容貌标准，并向市容管理部门提出申请，市容管理部门应当在15日内作出行政许可决定。"

续表

序号	制定	名称	生效	备注
四、文化名城名镇保护				
33	苏州市人民政府令（〔2003〕33号）	《苏州市历史文化名城名镇保护办法》	2003年6月1日	本市行政区域内历史文化名城名镇的保护，适用本办法。常熟历史文化名城和经苏州市人民政府确定的控制性保护古镇、古村落、历史街区、古建筑群的保护参照本办法执行。本办法所称历史文化名城，是指经国务院或者省人民政府核定公布的保存文物特别丰富、具有重大历史价值或者革命纪念意义的城市。本办法所称历史文化名镇，是指经省人民政府核定公布的保存文物特别丰富、具有重大历史价值或者革命纪念意义的建制镇和集镇。本办法所称重点保护区，是指历史街区和已探明的能体现城市发展脉络、遗存保存丰富的地下文物埋藏区
34	河北省人民政府令（〔2013〕5号）	《河北省历史文化名城名镇名村保护办法》	2013年10月1日	本办法所称历史文化名城、名镇、名村，是指经国务院批准公布的国家历史文化名城，国务院住房和城乡建设主管部门、国务院文物主管部门公布的中国历史文化名镇、名村，以及经省人民政府批准公布的河北省历史文化名城、名镇、名村
35	安徽省人民政府令（〔2017〕275号）	《安徽省历史文化名城名镇名村保护办法》	2017年8月1日	本办法所称历史文化名城、名镇、名村包括：（一）国务院批准公布的国家历史文化名城；（二）国务院住房和城乡建设主管部门会同文物主管部门确定的中国历史文化名镇、名村；（三）省人民政府批准公布的安徽历史文化名城和历史文化名镇、名村
36	苏州市人民政府令（〔2018〕144号）	《苏州市江南水乡古镇保护办法》	2018年3月1日	本办法所称江南水乡古镇，是指被列入《中国世界文化遗产预备名单》以及后续加入该名单的中国历史文化名镇，包括甪直、周庄、千灯、锦溪、沙溪、同里、黎里、震泽、凤凰等镇

续表

序号	制定	名称	生效	备注
37	嘉兴市人民政府令（〔2020〕51号）	《嘉兴市江南水乡古镇保护办法》	2020年10月1日	本市行政区域内江南水乡古镇的保护和管理，适用本办法。本办法所称江南水乡古镇，是指被列入《中国世界文化遗产预备名单》的中国历史文化名镇
38	2018年11月18日珠海市人民政府令第123号公布，2020年11月23日珠海市人民政府令第131号修正	《珠海经济特区历史文化名镇名村和历史建筑保护办法》	2020年12月23日	本办法适用于本市行政区域内历史文化名镇、名村和历史建筑的保护管理。历史建筑被依法确定为文物的，其保护管理依照文物保护法律、法规的有关规定执行
39	无锡市人民政府令（〔2021〕175号）	《无锡市江南水乡古镇保护办法》	2022年3月1日	本市行政区域内江南水乡古镇的保护和管理，适用本办法。本办法所称江南水乡古镇，是指本市被列入《中国世界文化遗产预备名单》以及后续加入该名单的中国历史文化名镇

五、乡镇企业管理

序号	制定	名称	生效	备注
40	南京市人民政府	《南京市乡镇企业安全生产管理暂行规定》	1985年11月21日	实行安全责任制
41	四川省人民政府（川府发〔1986〕147号）	《四川省乡镇企业劳动安全管理暂行规定》	1986年7月24日	为加强乡镇企业劳动安全管理，保护劳动者安全和健康，促进乡镇企业发展，根据国家有关规定，结合我省实际，制定本规定
42	昆明市人民政府（昆政发〔1998〕66号）	《昆明市乡镇企业租赁经营试行办法》	1988年3月17日	租赁经营的乡镇企业实行独立核算、自主经营、自负盈亏、照章纳税、照租赁合同上交租金。承租人在遵守国家有关方针、政策、法律的前提下，拥有充分的经营自主权。国家保护承租人的合法权益

续表

序号	制定	名称	生效	备注
43	昆明市人民政府（昆政发〔1988〕91号）	《昆明市人民政府批转市劳动人事局〈关于鼓励科技人员、管理人员支援乡镇企业的实施办法〉的通知》	1988年4月13日	提倡、支持和鼓励国家机关、人民团体、全民所有制企业、事业单位的科技人员和管理人员，采取调动、辞职、停薪留职、带薪留职和兼职等形式，承包、租赁、创办、领办乡镇企业和开办种类各类养殖、种植业，以及从事乡镇企业专业技术和管理工作。各级劳动人事部门和有关单位，要维护科技人员、管理的经营自主权，保护他们的合法权益和正当收入
44	昆明市人民政府（昆政发〔1988〕171号）	《昆明市人民政府关于进一步发展乡镇企业的若干政策规定》	1988年7月20日	为坚持改革开放的方针，继续大力发展我市乡镇企业，根据国家和省、市的有关政策规定，在税收、信贷等方面提出八项规定
45	上海市人民政府（沪府发〔1988〕57号）	《上海市人民政府关于发布〈上海市专业技术人员支援郊县乡镇企业暂行办法〉的通知》	1988年11月1日	专业技术人员应积极支援郊县乡镇企业。支援乡镇企业，可以采取单位或集体创办、联营、承包、租赁和开展技术开发、技术培训、技术咨询等方式；也可以采用个人辞职、业余兼职、留职停薪、借调和大中专毕业生应聘等方式。在上海市人事局核定指标内，经县人事局批准，乡镇企业可以从外省市引进专业技术人员
46	长春市人民政府（长府发〔1990〕46号）	《长春市人民政府关于促进乡镇企业发展的若干规定》	1990年5月22日	为了更好地贯彻"积极扶持、合理规划、正确引导、加强管理"的方针，动员各方力量，采取切实措施，促进乡镇企业稳步健康发展，根据国家和省的有关政策，结合我市实际情况，做出23项规定
47	抚顺市人民政府（抚政发〔1991〕20号）	《抚顺市乡镇企业职工教育培训办法（试行）》	1991年1月1日	本办法所称乡镇企业职工是指在乡镇企业工作和劳动的人员。全市一切乡镇企业（含乡镇办、村办、联办、户办企业）都必须执行本办法

续表

序号	制定	名称	生效	备注
48	珠海市人民政府	《珠海市人民政府关于进一步扶持乡镇企业发展的暂行规定》	1991年6月3日	本规定所称乡镇企业是指镇、村、街道办各级政府或农、渔民依法投资、集资、合资经营的集体所有制企业。农村私营企业及个体工商业户的管理按国家有关规定办理。市乡镇企业管理局是全市管理乡镇企业的主管部门，根据国家法律、法规和政策，对乡镇企业进行指导、管理、监督、协调和服务
49	沈阳市人民政府令（〔1991〕27号）	《沈阳市加强对乡镇企业收费管理的若干规定》	1991年6月10日	规定所称乡镇企业，系指本市所辖的县和东陵、于洪、苏家屯、新城子四个区的县（区）属企业、乡（镇）村属企业的私营、个体、联户企业。本规定所称的收费包括经营性、事业性和行政性收费；以各种名目向乡镇企业摊派、赞助、集资；以及其他收取钱、物的行为。在对乡镇企业收费时，收费单位必须依据收费、集资管理的有关规定进行。行政事业性收费，必须持《收费许可证》亮证收费。凡是超标准、超范围收费或擅自增加收费项目的，企业有权拒付。企业不予拒付的，按违反财经纪律查处
50	新疆维吾尔自治区人民政府（新政发〔1996〕84号）	《新疆维吾尔自治区乡镇煤矿发展基金管理暂行办法》	1996年9月1日	乡镇煤矿发展基金（以下简称发展基金）的征集、管理和使用，应当遵守本办法
六、财政管理					
51	吉林省人民政府（吉政发〔1986〕153号）	《吉林省乡（镇）财政管理暂行办法》	1986年11月8日	为了加强国家基层政权建设，促进农村经济和各项事业的发展，根据国家法律、法规的有关规定，结合我省实际情况制定本办法。乡（镇）财政应按"划分收支、分级管理"和"核定收支、收支挂钩"的原则确定财政体制。各市、地、州可根据本办法，结合本地实际情况，制定具体实施办法，报省财政厅备案后实施

续表

序号	制定	名称	生效	备注
52	吉林市人民政府（吉政发〔1987〕）	《吉林市乡（镇）级国库代办处暂行管理办法》	1987年3月10日	乡（镇）级国库为国家金库县支库设立在各乡（镇）的代办处，是乡（镇）级地方国库。 乡（镇）级国库代办处（以下简称代办处）的业务工作，由上级国库实行直接领导；代办处的工作，直接对上级国库负责。代办处应定期向上级报告工作情况；上级国库可以对代办处直接布置检查工作。 代办处的业务工作，由乡（镇）的工商银行或农业银行的基层办事处、营业所代办；在工商银行和农业银行双设机构的地方，由工商银行代办
七、档案管理				
53	广东省人民政府令（〔1997〕11号）	《广东省乡（镇）档案管理办法》	1997年4月1日	乡（镇）档案是指乡（镇）行政区划内各单位［包括乡（镇）机关、上级派驻单位、村民委员会（管理区）、居民委员会、社会团体、企事业单位，下同］在工作活动、生活建设和各项管理工作中形成的对乡（镇）和国家有保存价值的各种文字材料、图表、账簿、凭证、声像等不同形式的历史记录
54	河北省人民政府令（〔1997〕205号）	《河北省乡（镇）档案管理办法》	1997年8月26日	本办法所称乡（镇）档案，是指乡（镇）机关、团体和企业、事业单位在政治、经济、科学、技术、教育、文化等活动中直接形成的具有保存价值的文字、图表、声像等历史记录

续表

序号	制定	名称	生效	备注
55	2004年1月5日内蒙古自治区人民政府令第132号公布，根据2021年11月25日《内蒙古自治区人民政府关于修改〈内蒙古自治区苏木、乡镇档案管理办法〉的决定》修改	《内蒙古自治区苏木、乡镇档案管理办法》	2021年11月25日	办法所称苏木、乡镇档案，是指苏木、乡镇党委、政府、人大、群团组织及企业事业单位在各项活动中直接形成的具有保存价值的各种文字、图表、声像等不同形式的历史记录。 坚持中国共产党对档案工作的领导。苏木、乡镇人民政府应当加强档案工作，建立健全档案工作制度，指定档案工作人员，统筹安排档案工作所需经费

八、渡口船舶安全管理

序号	制定	名称	生效	备注
56	1991年4月16日辽宁省人民政府令第7号公布，自公布之日起施行，根据1997年12月26日辽宁省人民政府令第87号第一次修正，根据2004年9月2日发布的辽宁省人民政府令第175号第二次修正，根据2011年1月13日辽宁省人民政府令第247号第三次修正	《辽宁省乡镇船舶安全管理办法》	2011年1月13日	本办法所称的乡镇船舶，是指我省乡镇和农村中的企业、事业单位、个体、联户、承包经营户从事客货运输的船舶以及用于农林业生产、测量、挖沙、采金、防洪等船舶

续表

序号	制定	名称	生效	备注
57	湖北省人民政府令（〔1997〕120号）公布，根据2014年12月22日湖北省人民政府令第378号修正	《湖北省乡镇船舶安全管理办法》	2014年12月31日	本办法所称乡镇船舶，是指乡镇的企事业单位、个人或合伙所有的从事经营性运输的船舶（渔船除外）
58	云南省人民政府令（〔2012〕175号）	《云南省乡镇船舶和渡口安全管理办法》	2012年7月3日	在我省行政区域内从事航行、停泊、作业的乡镇船舶和渡口的安全管理活动，应当遵守本办法

九、其他管理

序号	制定	名称	生效	备注
59	杭州市人民政府	《杭州市乡镇法律服务所工作暂行规定》	1991年9月9日	乡镇法律服务所是为本地区机关、团体、企业事业单位和公民提供法律服务的集体所有制事业单位。乡镇法律服务所由乡镇人民政府领导，并受县（市）、区司法局管理和业务指导。乡镇法律服务所的建立，由乡镇人民政府根据本地区经济和社会发展的需要决定，并经县（市）、区司法局批准。工作人员的事业编制由县（市）、区编委核定
60	成都市人民政府（成委办〔1993〕75号）	《成都市乡、镇、街道信访工作办法》	1993年12月6日	为切实加强基层信访工作，保障人民群众的民主权利和合法利益，密切党和政府同人民群众的联系，推进乡、镇党委和人民政府，地市街道办事处信访工作的规范化、制度化，根据《党政机关信访工作暂行条例》的精神，结合我市实际，制定本办法

续表

序号	制定	名称	生效	备注
61	湖北省人民政府（鄂政发〔1996〕9号）	《关于印发〈湖北省乡镇成人文化技术学校管理办法〉的通知》	1996年1月8日	乡镇成人文化技术学校主要任务是：根据本地经济、社会发展需要，对青壮年农民、特别是在乡知识青年，开展实用技术、经营管理知识培训，有计划地进行初级技术教育，在有条件的地方可进行中级技术教育；对农村基层干部、技术人员、乡镇企业职工进行岗位培训；对需要接受初等、中等文化教育的农村青壮年进行必需的基础教育补课。还应对农民进行时事政策教育、法制教育、人口知识和计划生育教育
62	黑龙江省人民政府令（〔1997〕12号）	《黑龙江省乡镇农机社会化服务管理办法》	1997年8月11日	在本省乡镇范围内从事农机社会化服务的组织和个人，必须遵守本办法。本办法所称农机社会化服务，是指农机服务组织和农机户为农业生产、农民生活及农村经济发展提供的各项服务

如表5.5所示，地方人民政府公布的有关县域内城镇发展建设的规章及规范性文件共计62件。其中，涉及体制改革的9件；涉及乡镇规划建设与管理的13件；涉及城镇环境管理的10件；涉及文化名城名镇保护的7件；涉及乡镇企业管理的11件；涉及财政管理的2件；涉及档案管理的3件；涉及渡口船舶安全管理的3件；其他还涉及乡镇法律服务所、信访、成人文化技术学校、农机社会服务4件。其中有关将部分行政管理权下放于乡镇人民政府的改革，为促进当地县域城镇的发展提供了法律依据。而有关乡镇企业和城镇环境整治的规定，多见于20世纪80~90年代，反映了当时的历史背景和产业政策。

第六章 我国县域及镇的法治完善

通过以上较全面地分析，改革开放以来，中央和地方为县域及县域内的城镇发展，提供了必要的政策法律保障，政策与制度供给比较充分，涉及国民经济和社会发展的主要领域。为此，在以上梳理总结的基础上，本著作就我国改革开放以来县域经济及小城镇发展的法治基础、法治经验、所面临的问题以及对策做一个总结。

一、我国县域及镇的法治基础

新中国成立以来，县域及其建制镇一直是我国基本的基层政权机构。但随着经济社会的发展，一些县域提升为设区市的一个区，或改为县级市。根据民政部网站公布的资料，1987年，全国共有1986个县，发展到2021年共有1301个县、117个自治县、49个旗、3个自治旗，总数为1470个县。34年中涉及516个县域行政区划的调整。或撤或并，或升格为市辖区，或改为县级市，其中394个县改为县级市。就建制镇的发展情况来看，1986年年底，全国共有建制镇10717个，截至2021年，为21322个建制镇，35年增加了10605个建制镇。同期相比，1986年年底，全国共有建制乡61415个（含民族乡2936个），截至2021年为8309个乡（含民族乡958个、苏木153个、民族苏木1个），35年内建制乡减少53106个，呈现出大幅度下降的趋势。这是我国城镇化发展的趋势和结果。而且，其目前还处在变化之中。同样根据民政部网站公开的信息，截至2022年3季度民政统计信息，全国共有建制镇21335个，比2021年年底的21322个镇又增加了13个。而建制乡的情况是，截至2022年第三季度，全国共有建制乡8269个，比2021年年底的8309个建制乡减少40个。其减少的基本去向，一是撤销；二是乡乡合并；三是撤乡建镇；四是撤乡建街道。总之，通过深化改革，县域内建制镇的作用越来越重要。与此同时，以企业及产业为主导的经济类特色镇及小城镇也在相关政策的推进下，蓬勃发展起来。对此，本著作认为，从表象上看，这种发展，是国家为推进城镇化及现代化，通过政策法律积极促进推进的结果，并取得了相当的成效。但其有着深刻的政治、经济和社会发展基础。

(一) 我国县域城镇发展及其法治的政治基础

我国县域城镇发展及其法治政治基础的突出特征,就是坚持中国共产党的统一协调领导,坚持人民民主专政,带领人民走社会主义共同富裕的道路,实现中华民族伟大复兴的伟大梦想。这一根本的政治基础,是新中国成立以来所确立的,并一直为人民所拥护。这是因为,中国共产党的宗旨就是为人民服务。在中国共产党的领导下,按照宪法规定,确定了人民代表大会制度、中国共产党领导的多党合作和政治协商制度,以及一系列的基层民主政治制度。这些基本的政治制度是我国县域城镇发展及其法治的政治基础。无论是新中国成立初期县域及镇的建设,还是改革开放以来,县域及镇的历史演变,均离不开中国共产党的领导以及一系列政治制度的保障。从县域及镇的发展趋势来看,县域及镇的发展目标是实现城镇化,实现中国式现代化,使县域内的城乡统筹协调地发展,全社会逐步实现共同富裕,使人民过上幸福美好的生活。为此,我国县域及镇的发展及其法治建设,不管采取什么样的经济社会与法治体制机制,什么样的政策法律措施,均应当围绕着我国特有的社会主义政治基础展开并为之服务。否则,就会犯颠覆性错误。尤其重要的是,党的十八大以来,以习近平同志为核心的党中央,推行"党政同责"的新体制,将党内政策法规与法律相协调,拨乱反正,强力反腐,通过巡视、督查、约谈、问责以及免责等一系列制度的建立、完善和实施,使得县域及镇的发展及其法治所依托的政治生态大为改观。为促进县域及镇的发展及其法治,提供了政治保障。保证了全面依法治国基本方略得以在县一级、镇一级具体落实。为此,在依法治县、依法治镇中,首先要求法律政策的决策者、执行者要提高政治站位,以高度重视对党和人民负责的态度、克服"形式主义""官僚主义",发动群众、依靠群众,接受人民的监督,积极开展各项工作,只有这样,才能为县域及镇的发展及其法治工作奠定良好的政治基础。在政治领域,没有什么地方特色。除党中央批准的特别行政区和政治体制改革试点地区外,全国所有的县域发展,必须保持高度的政治统一,增强"四个意识",坚定"四个自信"做到"两个维护"[1],才能保证在党中央的统一领导下,全国步伐一致地完成国家发展战略、规划目标及任务。同时,也要深刻地警惕和批判学术界的一些人企图将法律和政治分离

---

[1] "四个意识"是指政治意识、大局意识、核心意识、看齐意识。"四个自信"是指道路自信、理论自信、制度自信和文化自信。"两个维护"是指坚决维护习近平总书记党中央的核心、全党的核心地位,坚决维护党中央权威和集中统一领导。

的错误观点,这是因为,将法律与政治分离观点的实质,就是以"法律至上""司法独立"为由,企图脱离党的领导。将党的统一领导与法治相对立。这在我国社会主义体制下是绝对不允许的。

(二) 我国县域城镇发展及其法治的经济基础

按照马克思主义的基本原理,经济基础决定上层建筑。法律及法治属于上层建筑的范畴,自然脱离不了经济基础的决定性作用。与此同时,无论是政策,还是法律,作为一种制度性的安排或资源配置,其一旦实施,就会对经济基础起到反作用,或促进、或阻碍经济的发展。然而,具体到县域及镇这一级的基层发展及法治,如何解决法治与经济发展矛盾,是一个值得研究的问题。对此,本著作认为,一方面,作为我国最基层的政权组织,必须将中央、省、市一级出台的政策法律落实于本地。这是保持国家政策和法律、法制及法治统一的基本要求,特别是在宪法、民商法、刑法、诉讼法及基本经济制度领域,必须保持全国高度的统一;另一方面,按照区域发展的基本理论,各个县域及镇的发展,均会有一些自己特殊的经济基础为依托,其主要包括常住人口、劳动力及其人才结构、农业用地和其他用地、林地、水利、草原等自然资源禀赋、自然地理与生态环境状况等基本生产要素。这些经济基础,一些是自然固有的,另一些则是通过人类的长期改造形成的。有些可以依靠县域及镇的自身努力得以完善,但有一些则离不开中央、省、市政策和法律的支持。其集中体现在两个方面,一是公共设施的配套及标准化建设;二是相关产业的合理布局安排。多数情况下,上级政府对于某一个县域及镇的发展项目资金安排,就会改变该县域及镇的落后面貌。这方面的支持,根据本著作分析,大量地体现于较低层次的经济立法和政策性文件之中。这是中国经济立法的一个重要特点。

此外,还要看到,县域及镇的划分只是一种行政区划的划分。但这种行政划分,一定程度上可能会割裂基于流域、经济区域及交通等因素的相邻县域及镇的协同发展。2011年,国家确定了14个集中连片特困区。[①] 2016年起通过5年的努力,截至2020年使这些特困片区的所有县均实现了摘帽,摆脱了绝对贫困的局面。但这些特困片区仍然处于相对贫困状态,仍然是我国经济发展的短

---

① 2011年12月6日,国务院发布《中国农村扶贫开发纲要(2011-2020年)》。集中连片特殊困难地区被作为扶贫攻坚主战场是新阶段扶贫开发工作的重大战略举措。《纲要》第十条明确指出:国家将六盘山区、秦巴山区、武陵山区、乌蒙山区、滇桂黔石漠化区、滇西边境山区、大兴安岭南麓山区、燕山-太行山区、吕梁山区、大别山区、罗霄山区等区域的连片特困地区和已明确实施特殊政策的西藏、四省藏区、新疆南疆四地州作为扶贫攻坚主战场。为此,中央财政专项扶贫资金主要用于连片特困地区。

板所在。为此，县域及镇的经济基础，不能仅仅囿于单一县域及镇的发展，应当综合考虑相邻县域及镇的协同发展，这对于加快县域城镇化发展至关重要。由此，县域与镇的发展及其法治，在服从国家大局的前提下，要立足于县域及镇的本身，也要考虑到县与县之间，镇与镇之间政策法律措施的统筹协调问题。

(三) 我国县域城镇发展及其法治的社会基础

从理论上讲，我国县域及镇的法治社会基础十分广泛。广义地讲，政治上讲的群众基础，经济上讲的人口等生产生活因素，也是社会基础。但根据前面的分析，我国政策法律上讲的社会发展，有其特定的指向，一般意义上讲，就是指县域及镇一级科技、教育、文化、医疗健康、体育事业和民政事业的发展。这些社会事业的发展关乎所有人民的生活水平与质量的提升，是经济发展的最终落脚点。为此，在我国各级人大批准实施的发展规划中，将社会发展计划予以单列。这些社会事业的发展，极大地丰富了人民群众的生活，可以使人民老有所养、病有所医、学有所教、工有所做、失业有保障，并能够满足精神文化的需求。而且，在发生生活困难时，还能得到政府与社会的救助。为此，改革开放以来，国家一直重视对县域及镇各项社会事业发展的支持，体现于各项政策和法律之中。它是县域与镇的发展及其法治的重要社会基础。

在市场经济条件下，为了使市场在经济发展中起到决定性作用，国家从培养市场主体做起，促进市场经济的发展。通过不断完善营商环境，使更多的人投身于市场创业之中，并完善了各项社会保障制度，为市场经济发展提供了社会基础。另一方面，随着县域城镇化步伐的加快，县域内的各种社会组织得以发展，房地产开发形成的社区也发展起来，社区内的各项事务需要通过物业委员会，由业主依法共同治理。由此，产生了一些新的不同于村民委员会和城市居民委员会的自治性因素，其为县域及镇的发展提供了社会自治的基础。在今后，如何处理好政府法治与社会自治的关系，是县域城镇化面临的重大问题。总的原则是，凡是市场能调节的交由市场调节；凡是社会能自治的，交由社会自治。

二、我国县域城镇发展及法治经验

(一) 坚持党中央的统一领导

改革开放以来，在保持国家基本政治和经济制度不变的基础上，党中央领导全国展开"对内搞活，对外开放"的经济体制改革，使乡镇企业异军突起，成为县域经济发展的一个重要突破点。这一突破点的集中表现就是改变了县域经济发展主要依托农业的格局。为此，在学术界调查研究基础上，党中央敏锐地抓住了这一突破点，在20世纪80~90年代出台了支持、扶持县域乡镇企业发展的政策，促进了各地县域内乡镇企业的发展，从而，改变了县域的单一经济结构，在做好农业生产的基础上，走一、二、三产业融合发展的道路，成为改变县域经济发展状态的趋势。自2000年开始，党中央开始亲自布局城镇化发展，抓县域内小城镇的发展问题，先后以党中央、国务院的名义出台了有关城镇化建设的专项规划，到2020年，县域内的建制镇已经大大超过建制乡，建制镇占比已经达到了60%~70%，完成了预期的目标，改变了县域经济的结构，使更多的农民转为市民，村民委员会转变为居民委员会或社区，享受城市的公共服务，过上了小康生活。特别是在"十三五"期间，以习近平同志为核心的党中央，为解决实现全面小康的经济短板，针对农村绝对贫困问题，发起了"脱贫攻坚战"，在"中央统筹、省负总责、市县落实"和"党政同责"的体制下，发动全国力量打赢了这场攻坚战，至2020年，全国所有贫困县摘帽，5000多万处于绝对贫困县的农村建档立卡贫困人口实现脱贫，步入小康生活，这是党中央坚强地统一领导的结果，也是各省、市、县地方党组织、县人大、县政府及社会各界积极响应党中央号召，坚决贯彻党中央决定的结果。因此，没有党中央的英明决策和坚强统一领导，是不可能取得这样伟大成绩的。为此，在总结经验时，党中央的统一领导是第一位的，体现了鲜明的中国社会主义发展的特色。

（二）以扩权强县与扩权强镇为目标的简政放权

分析表明，新中国成立以来，无论是县一级建制，还是镇的建制均有稳定的基本政权的基本的政策法律规定，这是我国县域经济作为一个经济发展相对独立层级的法制保障。然而，要使一些具备条件的县域及镇的经济快速发展，必须消除其发展的一些制度性障碍。因此，通过简政放权，扩大县一级和镇一级政权的行政管理及经济自主权，成为改革和法治的一个重要经验。为此，中央要求省一级政府、市一级政府和县一级政府，根据本地实际情况，逐级下放部分管理权限，以便调动基层发展的积极性，通过扩权强县、扩权强镇，促进县域经济和社会发展。在此方面，不仅有属于发达省的广东、江苏、浙江等地的经验，也有属于欠发达省的贵州、湖南、陕西、重庆等地的经验，值得在全国推广。

（三）法律保留下的政策及其他法规、规章及规范性文件优先

面临改革探索举措，作为国家的最高立法形式，法律采取了比较稳定的保留态度，涉及专门调整县域经济或镇的发展的法律数量并不多，尤其是涉及镇

的发展的专门法律。截至目前，仅仅有《乡镇企业法》一部，且面临着修改，甚至废除的情况。大量的立法体现于行政法规、规章、规范性文件及政策性指导文件，且党和国家的有关政策处于领导引领地位。这种法治模式符合不同阶段改革试点的需要，是中国发展模式的重要体现。在这种模式下，在党和国家政策指引下，法律起着框架性作用，往往不宜规定得细致，更多地交由政府通过行政法规、规章、规范性文件，甚至政策性指导意见来调整。与此同时，地方性法规和规章及其规范性文件，也可以根据本地实际，在不与中央法律、行政法规、全国性规章抵触的情况下，自行立法调整本地的经济和社会发展。还有，需要特别关注的是，涉及县域发展的《国民经济和社会发展规划》及其城镇化专项规划和实施方案，具有重要的实际操作意义。按照宪法和地方组织法规定，县域经济以及城镇化的发展，均必须纳入《国民经济和社会发展规划》（以下简称《规划》），在《规划》的范围内持续发展，各类镇的建设也必须按照政策法律要求，以《规划》为引领开展经济和社会建设，体现了鲜明的中国特色。就党内法规而言，虽然相对数量不多，但是其意义重大。党中央出台的各项政策是我国改革开放以来，县域经济及镇的改革的政策起点，也是出台相关法律、行政法规、地方性法规、规章、规范性文件及政策性指导意见的最高依据。

（四）国务院职能部门的有效管理和激励

国务院各部委局，作为全国行业和事业的主管部门，对于组织全国各行业、事业的发展具有重要的职责。为此，各部委局针对县域发展，纷纷出台了各行业、事业发展的标准、指导意见，为县域经济和社会发展提供了政策法律依据。与此同时，通过组织县和镇的各类命名活动，对各省、市、县予以激励，从政策、项目和资金上支持被命名的县和镇的发展，在一定程度上，使约 1/3 的县和 3%~5% 的镇从中受益，有效地促进了先进县和镇的发展。并且，这种方法也被省、市一级采用，调动了县域经济和镇的发展积极性，起到了激励的效果。典型的如有关历史文化名镇、名村的命名，不仅有部委命名的国家级历史文化名城、名镇、名村，也有省一级、市一级的命名。这种命名无疑会带动当地文化旅游业的发展。而有关重点镇、小城镇、特色小镇等国家级、省级、市级评选，也会激励县域经济的发展，更多地集聚于重点镇、小城镇和特色小镇，以便吸引更多的人愿意到重点镇、小城镇和特色小镇创业创新，为实现县域一、二、三产业融合发展奠定了基础。

（五）大力开展公共设施建设

在各项政策和制度保障下，经过40余年的建设，国家大力发展大、中城市的同时，开展县一级的道路交通、电力、通信、水利、文化、卫生、教育、环保等公共设施的标准化建设，为县域经济发展和社会发展提供了物质保障。尤其是在解决"村村通公路""村村通电"、解决"饮水安全"及普及网络通信畅通方面，取得重大进展。自 2017 年以来，党中央提出了县级和乡镇级政府提升服务能力的要求，使县级政府和乡镇级政府的改革，由原来的管理型政府向服务型政府转变，经过近 5 年的努力初见成效，使县域经济和社会发展下的营商环境、法治环境得以改善，群众办事越来越便利。近几年来，为了补齐县域及城镇发展的弱项，国家提供了相关的政策，在财政、金融和产业发展方面，大力支持县域公共建设方面的弱项建设工程，各县可以根据政策中所指向的项目清单，结合本县的实际情况，申报有关补短板项目的资金，完善县域及城镇的公共设施。

（六）形成城乡一体化的社会保障机制

自 2007 年党中央提出科学发展观以来，在城乡一体化工作目标的推进下，形成了大、中、小城镇建设的格局。其最突出的成就，就是在面对市场经济风险时，实现了城乡一体化的社会保障格局。通过财政兜底方式，使县域及乡镇农村的贫困人口在遭遇困难时，能够在医疗、养老等方面，得到政府的基本帮助，从而，为市场经济和社会发展筑起了"防底坝"。这项改革，一开始仅涉及城镇，后逐步延伸到乡村，进而实现了城乡一体化，为县域城镇化的发展，奠定了良好的社会发展基础。

（七）重视县域和乡镇法律服务能力的提升

改革开放之初，国家就专门针对县域和乡镇发展提出了法律服务的要求。2008 年启动县级政府依法执政的政策要求，要求基层干部学法用法，依法决策，乡镇级政府政务信息公开，依法接受人民的监督。除完善县一级人民法院、人民检察院、人民公安、人民监察委员会外，通过构建县域乡镇司法服务机构，服务于乡镇，满足乡镇基层人民的法律需求。经过 20 多年的努力，使乡镇法治环境大大改进。而乡镇机构由原来的 2 年一届改为 5 年一届，也为乡镇的稳定发展，奠定了制度基础。

（八）县域法治的标准化推进

2008 年国务院出台《关于加强市县政府依法行政的决定》，立足市县级政府依法行政，经过 13 年的努力，市县政府依法行政的能力大为提升。发展至 2021 年，在总结经验的基础上，中央依法治国办发布《市县法治政府建设示范指标体系》（2021 年版）（以下简称《指标体系》）。该《指标体系》设计一级指标十个方面，一是政府职能依法全面履行；二是依法行政制度体系完善；三是重大行政决策科学民主合法;四是行政执法严格规范公正文明;五是行政权力制约监督科学有效;六是社会矛盾纠纷依法有效化解;七是重大突发事件依法预防处置;八是政府工作人员法治思维和依法行政能力全面提高;九是法治政府建设组织领导落实到位;十是附加项。具体内容包括对2019年以来法治政府建设有关工作获得的省部级以上的表彰奖励或在法治政府建设上积极创新、深化改革,有关做法经验在全国范围内推广的予以加分。与此同时,发生严重违法的行政行为,或者因行政不作为、乱作为造成恶劣社会影响的,或者在示范创建活动的申报材料中,故意编造、虚构有关数据、资料、文件的,或者隐瞒事实真相的为否决项。在此基础上,又设计了二级标准34项和三级标准100项,为下一步实现县域经济和城镇管理法治化提供了可以量化考核的法治依据。

三、我国县域城镇化面临问题的分析

截至2020年,我国已经实现了全面建成小康社会的目标。以往的一些阶段性政策和法律调整及其法治治理完成了历史使命。进入新时代,对县域经济和社会发展提出了更高的要求。"十四五"规划要求,到2025年实现以常住人口城镇化率达到65%为基础的城镇化发展目标。党的十九大提出了新的社会发展目标是为满足人民群众美好生活追求,如何通过解决发展不平衡、不充分问题,实现共同富裕的社会主义目标。党的二十大又进一步强化了十九大的要求,明确提出了中国式现代化的重大命题。为此,在新形势、新任务下,县域城镇经济和社会发展面临一些新的问题,需要进一步深化改革及其法治来实现。

(一)农业县发展缓慢的困境问题

改革的实践证明,我国传统意义上的县域经济主要依托于农业。发展至今,在许多县域,农业仍然是县域经济的基础。撤乡建镇,在许多农业地区,只是名义上改为"镇",但许多镇的经济基础仍然是以村为基本单位的农业经济。然而,严酷的现实是,县域经济及镇要发展,就要摆脱依托于传统农业的单一产业格局,才能发展起来。在市场经济条件下,促进二、三产业在县域的迅速发展,才能带动整个产业水平的提升。对此,目前处于经济发达的县域及镇无疑走的是农业与工业相结合,以及工业现代化的路子。而在相对不发达的县及镇,农业的比重则相对较大。而且,这些农业县大多数位于国家划定的粮食主产区。然而,城乡一体化的发展目标,并不是要彻底地消灭农村和农业,我国作为十四亿多人口的大国,关系人民的吃饭安全问题,必须牢牢地掌握在自己手中,决不能有依靠国外进口解决粮食食品供给和安全问题的幻想。为此,国家一直坚持十八亿亩耕地红线的法治措施，并强化县域农田的基本建设，加强农产品的质量管控。涉农方面的法律法规对于县域及镇的发展有着极大的影响。一定程度上，影响了县域经济的发展，使农业县的发展陷入困境。经济增长率一直处于缓慢增长的状态。

由此，引发了县域农业发展的路线方向之争。一是继续坚持农村的土地联产承包制，立足于个人家庭农场式经营模式，并通过"三权"分置，盘活农村的土地资源，通过土地的有限流转，由种粮大户实现农业土地集中的规模经营，并加强市场监管，以保障粮食等农产品的安全有效供给。这是一条私有化、市场化的道路，为目前的中央政策法律所允许。其也是目前大部分县域农业发展与"能人经济"相匹配的基本发展模式。二是在坚持农村联产承包制的基础上，将村民承包的土地通过入股方式归于集体，由农村集体组织或党支部领衔成立农业合作社或公司，实行集体统一经营管理，实现农业的规模化经营，带领村民共同致富。这一发展模式，在山东烟台、河南南街村、江苏华西村等地区推行，取得成功，特别是近几年涌现的贵州"塘约经验"①，更是引起关注，得以推广。这一模式，虽然没有法律的认可，但得到了政策的默许。三是主张为保障我国的粮食食品安全，将农产品的生产实现总体上的国有化经营，其余的全部放开，农民可以按照市场经济的需求，以营利为目的，自主经营任何经济作物，甚至可以在土地上发展其他产业。该项主张，在目前处于学者专家建议阶段，实践中并未推行。

本著作认为，对于上述三种发展思路，第一、二种主张与实践，无论如何规模经营，均是建立在市场经济发展思路基础上的，但对如何解决县域经济发展的不平衡问题而言，不仅没有帮助，而且会使县域之间的差距越拉越大。这是因为，按此思路，处于农业县状态的县域经济，由于受到可能遭遇的自然灾害和农产品价格"剪刀差"②的影响，将永远发展不起来。如果按照第三种方案实施，农业粮食、蔬菜、肉蛋等主要农产品的生产和安全由国有机制保障，将可以为县域经济发展留出空间大力发展工业和服务业，才能解决县域经济发

---

① 贵州"塘约经验"的主要内容为：党建引领、改革推动、合股联营、村民自治、共同富裕。
② "剪刀差"是指工农业产品交换时，工业品价格高于价值，农产品价格低于价值所出现的差额。因用图表表示呈剪刀张开形态而得名。它表明工农业产品价值的不等价交换。如果价格背离价值的差额越来越大，叫扩大剪刀差；反之，叫缩小剪刀差。该剪刀差形成于工业革命，是造成农业生产者收入长期迟缓于工业生产者收入的原因之一，依靠市场机制无法克服。

展不平衡、不充分的问题。这一主张成立的基本依据还有农业生产的特殊性问题，即迄今为止，有关农业的生产经营，受到自然灾害因素的影响依然很大。为此，世界各国对于农业均无法完全按照市场规律予以生产经营，农业丰收时，农产品价格上不去，国家只能通过政府采购、最低保护价和农业补贴的方式，保护农业生产；而当农业歉收或遭遇重大自然灾害时，国家同样需要财政补贴农业生产者。与其这样，不如施行国有机制为好。国有机制不以营利为目的，可以减少基于市场主体唯利是图引发的市场风险和粮食食品安全风险。对此，在资本主义市场经济条件下无法实现，但在我国社会主义市场经济条件下，只要党中央下定决心，是完全能够实现的。

（二）乡镇不分与镇的混乱问题

在我国，乡镇以及政府都属于县域下的乡级基层政权组织。传统意义上的建制镇，主要是指县级政府所在地的城关镇和历史上形成的贸易集镇。随着城镇化步伐的加快，现有的建制镇已经突破了该两类镇的范畴。但一个共同点是所有的建制镇和小镇的建设，均应立足于二、三产业的非农业发展，具有城市的内涵，这是与乡政府仍然主要依托于农业和农村的重大区别。然而，既有的法律和政策没有把乡镇分开，总是把乡镇，甚至村庄视为一体。乡镇职权没有什么差异。而事实上，在镇或乡的不同体制下，政府的公共服务职责是不同的。其中，县域内镇的发展，是按照城市建设的规划设计的，相对于乡的建设，政府提供公共服务的职责会更大一些。典型的如撤乡建镇后，镇的规划建设，不仅要考虑科技、教育、文化、卫生健康、体育、交通、通信、水、电、气、暖等公共设施的配套和提升，还要考虑农民转市民后的就业与社会保障问题。

2017年以来，在国家发展改革委主导的现有政策法规中，除建制镇外，还有一些非建制镇的政策指引，主要是提倡以企业为主导的非建制的小镇或特色小镇，这些经济类镇以"镇"的名义存在，虽然目的是促进县域经济的发展，却带来了镇的混乱。市中镇、区中镇、县中镇、镇中镇，甚至村中镇，纷纷涌现。为此，2016年启动的小城镇与小镇建设项目，到2018年被叫停整顿，改革的效果有待观察。

有关资料显示，县域之内改革，除撤乡建镇外，街道办事处以及居民服务中心和社区，也纷纷设立。县域之下的乡、镇、街道、居民服务中心、社区以及村庄之间究竟是什么关系，它们的本质有什么不同，也需要法律上的明确定位。

（三）简政放权不到位的问题

按照党中央的政策要求，有条件的地方应当简政放权，扩权强县、扩权强镇。但检索发现，积极响应者并不普遍。其中，广东省最为积极，先后两次做出规定，扩权强县、扩权强镇。这是广东省的县域及镇的经济及其整体经济为什么一直在全国领先的一个重要原因。而近几年贵州省县域经济及镇的快速发展，也得益于简政放权思想指导下的扩权强县和扩权强镇。此外，通过制定地方性法规或规章明确扩权强县、扩权强镇的还有陕西省、湖南省、浙江省、重庆市等地，而在其他地区，特别是不发达或欠发达地区则执行得不到位，也是相关地区的县域及镇的经济不能快速发展的重要原因之一。为此，广东和贵州等地的经验应在全国推广。

（四）产业发展基础水平提升问题

我国既有的县域经济产业基础立足于县域的特色农业（一县一业）以及乡镇企业的发展。产业水平与大中城市相比，基本处于低、中端水平，或立足于当地的矿产等自然资源。20世纪80~90年代，国家和地方持续十几年出台了支持乡镇企业发展的政策法律、法规、地方性法规和规章，促进了乡镇企业的发展，使其成为县域及镇的经济发展的重要支柱。但是，自2001年中国入世以来，基于世界贸易规则以及我国市场经济的深入发展，乡镇企业作为市场主体，需要与其他民事主体公平竞争，而在加大环境保护力度的情况下，县域内矿产及其他自然资源的开采利用受到自然资源和环境保护等法律因素的限制。在此情况下，县域经济的产业基础水平需要提升。为此，国家在布局大中城市产业发展的同时，对于县域及镇的第二产业、第三产业的发展主要依靠市场机制，来自上级部门的合理布局明显不足。不仅如此，乡镇一级产业的布局安排，其权限在省一级，而省一级的规划布局，主要还是立足于各县、各镇所依托的农业和文化旅游资源，对于工业产业的安排，除个别县域通过创建省级、市县级工业园区吸引产业布局外，基本处于自发状态。全国像浙江义乌那样，在没有自然资源的情况下，创建规模较大的国际化小商品经营城的做法尚不多见。在目前，县域电力和交通通信等公共基础设施基本完善的情况下，为县域经济及镇的发展提供了物质条件，在统一市场发展规划布局的安排下，省域范围，乃至于全国范围的县域及镇的产业布局完全能够实现县域经济的均衡发展。

（五）城乡人口互动问题

改革开放以来，政策与大环境均允许农民工外出打工，并常住于城市，极大地促进了城市的建设发展。事实上形成了农村人口可以单向迁徙于城市的局面。近2亿农民涌入大中城市打工，一方面促进了城市的发展；另一方面，也出现了农村、农业及镇的"空心化"问题，也给市场发展带来了较大的压力。为此，大中城市的"城市病"问题凸显。所以，随着我国各地区城市的快速发展，在农村农业及县域城镇出现"空心化"问题时，除鼓励农民工返乡创业外，也要改变目前仅允许农业人口向城市转移的单向人口流动政策，同时鼓励一线、二线、三线城市人口向处于四线的县一级流动，甚至向发展较好的镇一级流动，是未来县域及镇经济和社会发展的必然趋势，但现有的政策法律尚未放开，需要完善。

（六）县镇级党政主要领导干部的稳定问题

现有宪法和地方组织法，将县镇级人大、政府每届任期由2年制修改为5年制，为县镇两级发展奠定了法律基础。主要是该制度可以保证县镇两级政府干部队伍的稳定性，保证一个5年规划期可以持续性地得到执行。然而，现实的问题是，在实践中，干部队伍的稳定性仍存在问题，一任县委书记和县长能否在一个县任职够5年，在各地执行不一，常常任职不够3年便更换主要领导。且一任领导一个发展思路，人治倾向明显大于法治，导致既定的发展规划不能很好地贯彻执行。这一现象，不仅在县一级存在，在省一级、市一级也同样存在，而在省一级、市一级频繁更换主要党政领导的情况下，作为省级、市级的下级的县一级的发展也会受到影响。为此，在县域及镇一级的发展中，如何做到像右玉县那样，"一张蓝图"发展到底，对于保持县域经济和社会发展的稳定性具有重大意义，这需要党内法规的完善。另外，各地区的县级党政领导仅仅在本地轮流交流，也是影响当地经济发展的重要原因之一。如果对全国县域主要领导推行全国性交流制度，特别是推行发达省份干部与不发达省份干部的广泛交流，就会把发达地区比较先进的发展理念和做法推行于不发达与欠发达地区，进而促进不发达与欠发达地区县域经济及镇的发展。但目前的制度设计，将干部交流仅限于对口支援的地区，有一定的局限性。因此，县级主要领导干部在全国范围内交流的经验，有必要在全国范围内推行。

这方面的问题，在镇一级政权建设中，相对好一些，但也存在类似的问题。

四、我国县域城镇发展及法治完善的对策建议

回顾我国改革开放以来县域及镇的发展历史，在改革中前行，也必须在前行中进一步解放思想，在深化制度改革中，稳步推进，才能解决问题。为此，针对以上分析的问题，提出以下建议。

（一）必须坚持党中央的统一领导

坚持党中央的统一领导，是我国各项社会主义事业取得发展成效的本质特征。为此，党中央在充分发扬民主的基础上，针对新时代的形势要求，审时度势地把握县域经济和小城镇发展建设的方向，有序地推进县域经济及其城镇化的发展，十分重要。在"中央统筹、省负总责、市县落实"和"党政同责"的新体制下，筹划县域经济及其城镇化的均衡发展，既要有统一的政策要求，也要针对不同区域的实际情况区别对待。在打赢脱贫攻坚战的基础上，应当特别关注相对贫困地区的发展，预防原有的贫困地区返贫。在当前及今后相当一段时期，就是要通过乡村振兴政策与规划的落实，大力促进县域城镇化的发展。发扬社会主义制度的优越性，组织实施发达县域及其城镇对不发达或欠发达县域及其城镇的对口合作活动，使不发达或欠发达地区的县域经济及其城镇尽快发展起来。2022年5月，中共中央办公厅、国务院办公厅发布《关于推进以县城为重要载体的城镇化建设的意见》，为今后县域及镇的发展指明了方向，即顺应县城人口流动变化趋势，立足资源环境承载能力、区位条件、产业基础、功能定位，选择一批条件好的县城作为示范地区重点发展，防止人口流失县城盲目建设。充分发挥市场在资源配置中的决定性作用，引导支持各类市场主体参与县城建设；更好地发挥政府作用，切实履行制定规划政策、提供公共服务、营造制度环境等方面职责。以县域为基本单元推进城乡融合发展，发挥县城连接城市、服务乡村的作用，增强对乡村的辐射带动能力，促进县城基础设施和公共服务向乡村延伸覆盖，强化县城与邻近城市发展的衔接配合。统筹发展和安全，严格落实耕地和永久基本农田、生态保护红线、城镇开发边界，守住历史文化根脉，防止大拆大建、贪大求洋，严格控制撤县建市设区，防控灾害事故风险，防范地方政府债务风险。同年，中央全面依法治国委员会印发《关于进一步加强市县法治建设的意见》（以下简称《意见》）。《意见》要求，以解决当前市县法治建设存在的突出问题为重点，健全完善党领导市县法治建设体制机制，提升市县法治工作能力和保障水平，增强人民群众在法治领域的获得感、幸福感、安全感，为2035年法治国家、法治政府、法治社会基本建成奠定坚实基础。这些新的政策文件精神与措施要求，为县域及镇的发展与法治提供了政策依据。

（二）彻底改变农业县发展的被动格局

在继续坚持农业联产承包制的基础上，推行以保障十四亿多人口粮食食品安全为目的的非营利性或微利性的国有化经营机制，通过粮食主体功能区全国统一规划，将十几个农产品集中产区统一纳入国家经营范畴，可保障我国的粮食食品供给和安全，摆脱市场的困扰，也使农业县区及其城镇，立足于二、三产业的发展。对于非粮食主产区，则应放开政策，允许农业生产者按照市场需求自主生产粮食或其他经济作物，也可以将土地用于其他产业的发展，这样，原有的农业县域及其城镇,就可以甩开农业包袱,按照市场需求,发挥各自优势,将一、二、三产业融合发展。对于原有的农产区,在国家推行国有生产经营机制收回土地时,可以实施对县一级的经济补偿,对按照规划由国家统一生产经营的土地,可以实行政府征收措施,同时,失去土地的农民除获得合理补偿外,也可以自愿加入国有农业企业的生产队伍,实现由农民转化为有充分工资收入保障及社会保障的国有企业员工。

（三）将广东贵州等地简政放权的经验推广到全国

广东和贵州等地的实践经验表明,要尽快促进县域经济及其城镇的发展,就要坚决克服制度性障碍,大力扩权强县、扩权强镇。为此,建议广东、贵州等地的经验在全国大力推广。除省一级政府授权于县一级政府相关权力外,县一级政府也要积极地将一些涉及人、财、物的权力下放于重点镇,使其自主地发展,自主地处理镇内的经济和社会事务,只有这样,才能使县域内镇的发展越做越强。县域内镇的发展强大了,县域经济的增长也就有了可靠的保障。对于原有的集中连片贫困地区,则可以实施统一协调的政策措施,促进片区各县域及城镇的快速发展。在体制机制上,可以借鉴流域治理的经验,成立片区协调委员会,统一协调片区各县域及镇的发展。

（四）为改变镇的混乱局面坚守建制镇发展思路

针对目前镇的发展比较混乱的局面,本著作认为,无论是3万~10万的人口大镇的发展,还是1万人口以下的小城镇的发展,均应当立足于建制镇的完善。对于非建制镇的发展,可以通过工业园区等措施集聚产业发展要素,为撤乡建镇奠定基础,创造条件,但不能称之为"镇"。对于目前以企业为主导的市中镇、区中镇、市中镇、县中镇、镇中镇以及村中镇,除基于历史文化传统可以称之为"镇"或"名镇"外,通过整顿一律取消"镇"的称谓。以避免建制镇与非建制镇的混同。需要通过修改宪法和地方组织法,将乡镇分开,明确建制乡与建制镇的不同职责,为建制镇的发展奠定宪治基础。

（五）大力提升县域及其城镇的产业化水平

目前的县域经济及其城镇发展立足于二、三产业或一、二、三产业的融合,总的方向是正确的。但其形成不能仅依靠市场机制,既需要国家和省、市一级通过合理的空间规划布局得以落实,也需要各县域及其城镇,根据自己的实际情况,结合市场的需求寻找生产供给优势。但总的来看,还需要提升既有的产业技术水平。其中,在乡镇企业的整合发展中,按照新的《民法典》的规定,取消"乡镇企业"的提法,废除《乡镇企业法》,使位于县域及其城镇的各类企业,以平等的民事主体身份与其他企业竞争,并且在竞争中不断提升自己的技术和经营水平。在这一竞争中，基于自然禀赋的优势，位于县域及其城镇的企业具有独特的市场优势，典型的如土特产的生产经营。政府则在这一历史进程中，应当立足于克服地方保护主义，为县域及其城镇的各类企业提供良好营商环境和法治环境。

（六）放开城乡人口互动政策

截至目前，单向地允许农村人口流动于大中小城市的做法，其政策红利已经基本到头。根据发达国家的经验，鉴于"城市病"的爆发，允许城乡人口互动是未来发展的必然趋势。为此，尽早放开大中城市人口向县域及其乡镇流动，是下一步合理配置城乡人口的政策着力点。在目前，除北京、上海等一线城市外，千万级人口的大城市迅猛增长，并非好事。一旦重大事件爆发，就是对城市管理能力的极大考验。在目前，全国城市公共设施日益完善的情况下，只有逐步人口下移，通过发展小城镇，鼓励农民就近城镇化，才能均衡发展。对此，党中央有关城镇化发展的政策是有明确指引的，只是在各地都想发展成为大城市的相互攀比下，没有很好地执行。2020年，暴发新冠疫情，武汉、西安等大城市暴露出的诸多问题，值得警示。本著作提出这一建议的基本依据还有第七次人口普查的结果显示，由于农村人口大量涌入城市，一些县域的人口急剧下降，典型的如山西省已有14个县区常住人口不足10万人，一些乡镇不足千人；而在东北地区，虽然城镇化程度较高，但由于该地区的人口大量流失，导致城镇化的成效受到影响。如果放开人口流动政策，吸引一些城市人口到人口稀少的县域及乡镇创业，就可以预防和解决县和镇的"空心化"问题。

（七）为保持规划执行的连续性，稳定县域及其城镇干部队伍

我国社会主义事业发展的一个重要经验，就是在政治路线、经济发展路线确定后，干部是决定的因素。而一地的主要党政领导干部是否稳定，对于一地的发展至关重要。就本著作而言，所谓干部队伍的稳定，主要是指县域及其城镇关键领导岗位干部队伍的稳定性，即县委书记、县长、镇党委书记、镇长的稳定性。只有干部稳定，才能安下心来谋划本地的经济和社会事业发展。由于我国实行"党管干部"的体制，就需要有关干部任免的党内法规和政策的完善。不仅如此，还应当坚决克服"一任领导一个发展思路"的做法。领导可以更换，但基于省域县域实情，所确认的县域发展的基本方针和规划不可以随意变更，几任领导共谋一张"蓝图"才是造福于人民的正路。对此，早在44年前的党的十一届三中全会上，邓小平同志就明确指出："为了保障人民民主，必须加强法制。必须使民主制度化、法律化，使这种制度和法律不因领导人的改变而改变，

不因领导人的看法和注意力的改变而改变。"① 这一英明论断，一下就抓住了我国经济发展及其法治问题中的要害。并且，该论断在党的文件中被多次提及。如今，虽然已经过去40多年，但观之我国县域经济及其城镇发展中出现的"形象工程"等腐败问题，均是未按照邓小平确定的法制原则所导致的。因此，保持县域及其城镇干部队伍的稳定性，严格规划执行的连续性，对于县域经济及其城镇发展具有重要的现实意义。当然，辩证地看，由于经济发展的阶段性和不确定性，变更原有的规划计划也是可以的，执行各类规划计划中实行中期评估也有相应的制度安排，关键是必须通过人民代表大会的同意，并接受人民的监督，才符合法治原则，才能保障规划调整的科学性、合理性。

（八）分类确定县域城镇化规划的发展目标

按照世界上发达国家的经验，城镇化发展的最高目标是70%。以此标准衡量，我国预计在"十四五"期间，经过努力完成65%的目标。但要完成70%的目标，在农业现代化和合理空间布局基础上，还需要进行较大的努力，预计可在"十五五"规划期内，甚至"十六五"规划期内完成。前后约需要15年的时间。然而，就目前的情况来看，各地发展极不平衡。第七次人口普查结果显示，我国的上海（89.3%）、北京（87.5%）、天津（84.7%）、广东（74%）、江苏（73.44%）、浙江（72.17%）、辽宁（72.14%）七个省和直辖市，其城镇化水平已经达到国际水平。其县域经济及其城镇化的规划建设目标主要在于提升质量，进一步充实城市的内涵，其城市人口不宜再增长；重庆（69.46%）、福建（68.75%）、内蒙古自治区（67.61%）、黑龙江（65.61%）四个省、自治区、直辖市已经达到"十四五"规划要求水平，并接近国际水平，其城市人口不宜再大量增长；已经接近"十四五"规划要求的宁夏回族自治区（64.93%）、山东（63.05%）、湖北（62.89%）、陕西（62.66%）、吉林（62.64%）、山西（62.53&）、江西（60.44%）、海南（60.27%）、青海（60.08%）、河北（60.07%）十个省、自治区，其城市人口宜稳步增长；而其他低于"十四五"规划要求5个百分点以上的湖南（58.76%）、安徽（58.33%）、四川（56.73%）、新疆维吾尔自治区（56.53%）、河南（55.45%）、广西壮族自治区（54.20%）、贵州（53.15%）、甘肃（52.23%）、云南（50.05%）、西藏自治区（35.73%）十个省、自治区，其城市常住人口需要加速增长。对于这些地区，除少数民族地区以及自然条件较差的地区外，国家和省一级可以采取县域行政区划调整等有力措施，解决城镇化问题。对于今后15年的城镇化发展及其法

---

① 参见邓小平. 邓小平文选：第二卷［M］. 北京：人民出版社，1983：136.

治，要实事求是，分类调整，分类施策，才能解决县域城镇化发展不平衡的问题。

总之，"十四五"规划及 2035 年远景规划的实施，将为县域及城镇发展带来新的发展机遇，中央和地方在既有政策法律基础上，还会陆续出台一些新的政策和法律，党中央有关县域法治化标准的提出，给县域及其城镇法治指明了发展的方向。各县域及镇的党政机关只要抓住发展机遇，发动群众，依靠群众，就会迎来更加美好的未来。

主要参考文献

一、中文著作文献

[1] 邓小平. 邓小平文选：第二卷 [M]. 北京：人民出版社，1983.

[2] 封丽霞. 全面依法治国中的县域治理 [M]. 北京：人民出版社，2015.

[3] 顾朝林. 县镇乡村域规划编制手册 [M]. 北京：清华大学出版社，2016.

[4] 习近平. 习近平谈治国理政：第二卷 [M]. 北京：外文出版社，2017.

[5] 费孝通. 费孝通文集：第九卷 [M]. 北京：群言出版社，1999.

二、中文期刊文献

[1] 王春云. 小城镇法治建设略述 [J]. 小城镇建设，2001（6）.

[2] 段进军. 关于我国小城镇发展态势的思考 [J]. 城市发展研究，2007（6）.

[3] 庄会利. 浅析小城镇建设中的法治思想 [J]. 理论学刊，2008（8）.

[4] 耿宏兵，刘剑. 转变路径依赖：对新时期大连市小城镇发展模式的思考 [J]. 城市规划，2009，33（5）.

[5] 廖冲绪，陈仲. 我国乡镇撤并存在的问题及对策分析 [J]. 学理论，2009（30）.

[6] 沈国明. 小城镇建设与法治 [J]. 农场经济管理，2010（12）.

[7] 曹阳，田文霞. 沿边开发开放民族地区小城镇发展：耦合力、模式与对策：基于延边州朝阳川镇的调查 [J]. 学术交流，2011（2）.

[8] 陈前虎，寿建伟，潘聪林. 浙江省小城镇发展历程、态势及转型策略研究 [J]. 规划师，2012，28（12）.

[9] 李兰昀，吴朝宇，李恺. 重庆市主城区小城镇城乡统筹发展规划策略

研究[J].城市发展研究,2012,19(12).

[10]严凯.小城镇文化特色塑造与景观设计浅析[J].江苏城市规划,2012(5).

[11]李培林.小城镇依然是大问题[J].甘肃社会科学,2013(3).

[12]翁加坤,余建忠.浙江省首轮小城市培育试点三年行动计划评估方法:以象山县石浦镇为例[J].小城镇建设,2014(4).

[13]赵莹,李宝轩.新型城镇化进程中小城镇建设存在的问题及对策[J].经济纵横,2014(3).

[14]李兵弟,郭龙彪,徐素君,等.走新型城镇化道路,给小城镇十五年发展培育期[J].城市规划,2014,38(3).

[15]卢小军,张宁,王丽丽.农业转移人口城市落户意愿的影响因素[J].城市问题,2016(11).

[16]高天跃,路城.试析农村城镇化与县域经济的发展[J].山西农经,2016(5).

[17]张薇.小城镇拉动县域经济发展研究[J].经贸实践,2017(13).

[18]马正立.县域治理法治化思考[J].宁夏党校学报,2017(1).

[19]杨玉圣.法治、自治、礼治与善治:立足于县域法治与县域善治的讨论[J].政法论坛,2017(4).

[20]周祖成,池通.国家法治建设县域试验的逻辑与路径[J].政法论坛,2017(4).

[21]宋才发,董占军.民族地区特色小城镇建设的法治保障探讨[J].云南民族大学学报(哲学社科科学版),2018(6).

[22]史旭敏,管京.乡村振兴背景下的小城镇发展研究:以山西省为例[J].小城镇建设,2018,36(11).

[23]姜晓丽.山西省特色小城镇遴选及发展研究[J].生产力研究,2018(4).

[24]吴未,周佳瑜.特色小城镇发展水平评价指标体系研究:以浙江省为例[J].小城镇建设,2018,36(12).

[25]庄园,冯新刚,陈玲.特色小城镇发展潜力评价方法探索:以403个国家特色小城镇为例[J].小城镇建设,2018,36(9).

[26]张立,白郁欣.403个国家(培育)特色小城镇的特征分析及若干讨论[J].小城镇建设,2018,36(9).

[27]刘国斌,朱先声.新型城镇化背景下大中小城市和小城镇协调发展研

究[J].黑龙江社会科学,2018(4).

[28]陈晨.县域小城镇经济关联分析[J].中国市场,2018(15).

[29]冯嘉.特色小镇在县域经济转型中的角色扮演和价值分析[J].中国房地产,2019(29).

[30]傅远佳.加快特色小镇建设推动广西县域经济发展[J].商业经济,2019(6).

[31]陈金钊.论县域治理法治化[J].扬州大学学报(人文社会科学版),2019,23(2).

[32]公丕祥.新时代的中国县域法治发展[J].求是学刊,2019,46(1).

[33]石东坡,张琪,叶霈文.县域法治及其实现机制的样本与进路:以浙江省台州市路桥区为例[J].浙江工业大学学报(社会科学版),2020,19(3).

[34]王燕青.以法治引领甘肃小城镇治理机制创新路径探索[J].农村经济与科技,2021(11).

三、其他文献

[2]荣丽华,王彦开.内蒙古特色小镇培育建设研究[C]//彭震伟.乡村振兴战略下的小城镇.上海:同济大学出版社,2018.

[2]王璐.山西省特色小城镇法治治理调研报告[D].太原:山西大学,2019.

附录一
县域城镇化国家重要政策法律文件目录

一、中央政策文件

［1］中共中央、国务院关于促进小城镇健康发展的若干意见（中发〔2000〕11号）

［2］中共中央、国务院关于印发《国家新型城镇化规划（2014-2020年）的通知》（中发〔2014〕4号）

［3］中共中央办公厅、国务院办公厅关于全国区、乡、镇党政机关人员编制的有关规定（中办发〔1986〕28号）

［4］中共中央办公厅、国务院办公厅关于印发《县级以下党政领导干部任期经济责任审计暂行规定》的通知（中办发〔1999〕20号）

［5］中共中央办公厅、国务院办公厅关于在全国乡镇政权机关全面推行政务公开制度的通知（中办发〔2000〕25号）

［6］中共中央办公厅、国务院办公厅转发《中央机构编制委员会办公室关于深化乡镇机构改革的指导意见》的通知（中办发〔2009〕4号）

［7］中共中央办公厅、国务院办公厅印发《关于深入推进经济发达镇行政管理体制改革的指导意见》（2016）

［8］中共中央办公厅、国务院办公厅印发《关于加强乡镇政府服务能力建设的意见》（2017）

［9］中共中央办公厅、国务院办公厅印发《关于推进以县城为重要载体的城镇化建设的意见》（2022）

［10］中央组织部、原劳动人事部关于颁发执行《关于补充乡镇干部实行选任制和聘用制的暂行规定》的通知（劳人干〔1987〕4号）

［11］中共中央组织部关于严格控制县级领导班子职数的通知（组通字〔1994〕13号）

［12］原中央五部委经济责任审计工作联席会议办公室关于转发四川省《关于乡镇党委书记乡镇长任期经济责任审计若干问题的指导意见》的通知（经审办字〔2004〕9号）

［13］中共中央纪律检查委员会、中共中央组织部《省、自治区、直辖市党委对县（市、区、旗）巡视工作实施办法》（2012）

［14］中共中央组织部、原国务院扶贫办印发《关于改进贫困县党政领导班子和领导干部经济社会发展实绩考核工作的意见》的通知（组通字〔2014〕43号）

［15］中共中央转发《中共全国人大常委会党组关于加强县乡人大工作和建设的若干意见》的通知（中发〔2015〕18号）

［16］中央政法委关于转发《中国法学会关于加强市县法学会工作的指导意见》的通知（中政委〔2015〕23号）

［17］中共中央组织部关于表彰全国优秀县委书记的决定（2015年、2021年）

［18］中央依法治国办《市县法治政府建设示范指标体系》（2019年版、2021年版）

［19］中央全面依法治国委员会《关于进一步加强市县法治建设的意见》（2022）

［20］国务院关于设置市、镇建制的决定（〔1955〕国秘习字180号）

［21］国务院关于农民进入集镇落户问题的通知（国发〔1984〕141号）

［22］国务院批转《民政部关于调整建镇标准的报告》的通知（国发〔1984〕165号）

［23］国务院关于乡镇煤矿实行行业管理的通知（国发〔1986〕105号）

［24］国务院关于加强内河乡镇运输船舶安全管理的通知（国发〔1987〕98号）

［25］国务院关于印发在全国城镇分期分批推行住房制度改革实施方案的通知（国发〔1988〕11号）

［26］国务院《"十五"城镇化发展重点专项规划》（2001）

［27］国务院关于加强市县政府依法行政的决定（国发〔2008〕17号）

［28］国务院关于深入推进新型城镇化建设的若干意见（国发〔2016〕8号）

［29］国务院关于统筹推进县域内城乡义务教育一体化改革发展的若干意见

（国发〔2016〕40号）

［30］国务院办公厅转发《水利部关于进一步做好农村人畜饮水和乡镇供水工作报告》的通知（国办发〔1991〕69号）

［31］国务院办公厅转发《国家体委关于深化改革加快发展县级体育事业意见》的通知（国办发〔1996〕50号）

［32］国务院办公厅转发《财政部关于调整和完善县级基本财力保障机制意见的通知》（国办发〔2013〕112号）

［33］国务院办公厅关于全面推开县级公立医院综合改革的实施意见（国办发〔2015〕33号）

［34］国务院办公厅关于支持贫困县开展统筹整合使用财政涉农资金试点的意见（国办发〔2016〕22号）

［35］国务院办公厅关于县域创新驱动发展的若干意见（国办发〔2017〕43号）

［36］国务院办公厅关于全面加强乡村小规模学校和乡镇寄宿制学校建设的指导意见（国办发〔2018〕27号）

［37］国务院办公厅转发《国家发展改革委关于促进特色小镇规范健康发展意见》的通知（国办发〔2020〕33号）

［38］国务院批转《建设部等部门关于进一步加强村镇建设工作请示》的通知（国发〔1991〕15号）

［39］国务院批转《农业部关于促进乡镇企业持续健康发展报告》的通知（国发〔1992〕19号）

［40］国务院批转《公安部小城镇户籍管理制度改革试点方案和关于完善农村户籍管理制度意见》的通知（国发〔1997〕20号）

［41］国务院第三次全国国土调查领导小组办公室关于发布《第三次全国国土调查县级数据库建设技术规范（修订稿）》及县级数据库质量检查软件的通知（国土调查办发〔2019〕10号）

［42］国务院安全生产委员会关于危险化学品重点县聘任化工专家工作的指导意见（安委〔2019〕3号）

二、宪法和法律

［43］全国人民代表大会《中华人民共和国宪法》（2018年修正）

［44］全国人民代表大会《中华人民共和国地方各级人民代表大会和地方各

级人民政府组织法》（2022 年修正）

［45］全国人大常委会《中华人民共和国乡镇企业法》（1996）

［46］全国人大常委会《中华人民共和国乡村振兴促进法》（2021）

［47］全国人大常委会《全国人民代表大会常务委员会关于县级直接选举工作问题的决定》（1980.02.12）

［48］全国人大常委会《全国人民代表大会常务委员会关于授权国务院在北京市大兴区等 33 个试点县（市、区）行政区域暂时调整实施有关法律规定的决定》（2015.02.27）

［49］全国人大常委会《全国人民代表大会常务委员会关于授权国务院在北京市大兴区等 232 个试点县（市、区）、天津市蓟县等 59 个试点县（市、区）行政区域分别暂时调整实施有关法律规定的决定》（2015.12.27）

［50］全国人大常委会《全国人民代表大会常务委员会关于延长授权国务院在北京市大兴区等 33 个试点县（市、区）行政区域暂时调整实施有关法律规定期限的决定》（2017.11.04/2018.12.29）

［51］全国人大常委会《全国人民代表大会常务委员会关于延长授权国务院在北京市大兴区等 232 个试点县（市、区）、天津市蓟州区等 59 个试点县（市、区）行政区域分别暂时调整实施有关法律规定期限的决定》（2017.12.27）

三、国务院行政法规

［52］国务院《村庄和集镇规划建设管理条例》（〔1993〕116 号）

［53］国务院《乡镇煤矿管理条例》（2013 年修订）

［54］国务院《历史文化名城名镇名村保护条例》（2017 年修订）

四、国务院部门规章、规范性文件及政策文件

（一）国家发展改革规划与计划部门文件

［55］原国家计委办公厅印发《关于开展农村小城镇建设试点工作的若干意见（试行）》的通知（计办农经〔1992〕544 号）

［56］国家发展改革委办公厅、原国土资源部办公厅《关于在全国部分发展改革试点小城镇开展规范城镇建设用地增加与农村建设用地减少相挂钩试点工作的通知》（发改办规划〔2006〕60 号）

［57］国家发展改革委关于加快美丽特色小（城）镇建设的指导意见（发改规划〔2016〕2125 号）

[58] 国家发展改革委、国家开发银行、中国光大银行、中国企业联合会、中国企业家协会、中国城镇化促进会《关于实施"千企千镇工程"推进美丽特色小（城）镇建设的通知》（发改规划〔2016〕2604号）

[59] 国家发展改革委、原国土资源部、原环境保护部、住房城乡建设部《关于规范推进特色小镇和特色小城镇建设的若干意见》（发改规划〔2017〕2084号）

[60] 国家发展改革委办公厅关于建立特色小镇和特色小城镇高质量发展机制的通知（发改办规划〔2018〕1041号）

[61] 国家发展改革委关于印发《2019年新型城镇化建设重点任务》的通知（发改规划〔2019〕617号）

[62] 国家发展改革委、国家开发银行、中国农业发展银行、中国工商银行、中国农业银行、中国建设银行、中国光大银行《关于信贷支持县城城镇化补短板强弱项的通知》（发改规划〔2020〕1278号）

[63] 国家发展改革委办公厅关于做好县城城镇化公共停车场和公路客运站补短板强弱项工作的通知（发改办基础〔2020〕522号）

[64] 国家发展改革委办公厅关于印发县城新型城镇化建设专项企业债券发行指引的通知（发改办财金规〔2020〕613号）

[65] 国家发展改革委关于加快开展县城城镇化补短板强弱项工作的通知（发改规划〔2020〕831号）

[66] 国家发展改革委办公厅关于加快落实新型城镇化建设补短板强弱项工作有序推进县城智慧化改造的通知（发改办高技〔2020〕530号）

[67] 国家发展改革委办公厅关于推进县城产业平台公共配套设施补短板强弱项的通知（发改办规划〔2020〕564号）

[68] 国家发展改革委办公厅关于公布特色小镇典型经验和警示案例的通知（发改办规划〔2020〕481号）

[69] 国家发展改革委关于印发《2021年新型城镇化和城乡融合发展重点任务》的通知（发改规划〔2021〕493号）

[70] 国家发展改革委关于印发"十四五"新型城镇化实施方案的通知（发改规划〔2022〕960号）

（二）县域城镇建设管理部门文件

[71] 原国家建设委员会、国家农业委员会《村镇规划原则》（1982.01.14）

[72] 原建设部《村镇规划标准》(建标〔1993〕732号)

[73] 原建设部、国家计委、国家体改委、国家科委、农业部、民政部关于印发《关于加强小城镇建设的若干意见》的通知（建村〔1994〕564号）

[74] 原建设部《全国小城镇建设示范镇评选标准》（建村〔1999〕128号）

[75] 原建设部关于发布《村镇规划编制办法》(试行)的通知（建村〔2000〕36号）

[76] 原建设部《县域城镇体系规划编制要点（试行）》（建村〔2000〕74号）

[77] 原建设部关于贯彻《中共中央、国务院关于促进小城镇健康发展的若干意见》的通知（建村〔2000〕191号）

[78] 原建设部关于全国历史文化名镇（名村）申报评选工作的通知（2002.09.28）

[79] 原建设部《中国历史文化名镇（村）评选办法》（2003.10.08）

[80] 原建设部、国家发展和改革委员会、民政部、国土资源部、农业部、科学技术部发布《关于公布全国重点镇名单的通知》（建村〔2004〕23号）

[81] 原建设部《关于加强村镇建设工程质量安全管理的若干意见》（建质〔2004〕216号）

[82] 原建设部关于批准《小城镇住宅建筑构造》等三十二项国家建筑标准设计的通知（建质〔2005〕201号）

[83] 原建设部、科学技术部关于印发《小城镇建设技术政策》的通知（建科〔2006〕76号）

[84] 原建设部关于发布国家标准《镇规划标准》的公告（〔2007〕553号）

[85] 住房和城乡建设部公告关于发布行业标准《镇（乡）村给水工程技术规程》的公告（〔2008〕48号）

[86] 住房和城乡建设部关于发布行业标准《镇（乡）村建筑抗震技术规程》的公告（〔2008〕49号）

[87] 住房和城乡建设部关于发布行业标准《镇（乡）村文化中心建筑设计规范》的公告（〔2008〕50号）

[88] 住房和城乡建设部关于发布行业标准《镇（乡）村排水工程技术规程》的公告（〔2008〕51号）

[89] 住房和城乡建设部、国家发展和改革委员会关于批准发布《乡镇卫生院建设标准》的通知（建标〔2008〕142号）

[90] 住房和城乡建设部关于推进县域村庄整治联系点工作的指导意见（建村〔2008〕141号）

[91] 住房和城乡建设部、原国家旅游局关于开展全国特色景观旅游名镇（村）示范工作的通知（建村〔2009〕3号）

[92] 住房和城乡建设部标准定额司关于同意浙江省《村镇避灾场所建设技术规程》等两项地方标准备案的函（建标标备〔2010〕23号）

[93] 住房和城乡建设部关于印发《镇（乡）域规划导则（试行）》的通知（建村〔2010〕184号）

[94] 住房和城乡建设部《建制镇规划建设管理办法》（2011年修正）

[95] 住房和城乡建设部《城市、镇控制性详细规划编制审批办法》（〔2011〕7号）

[96] 住房和城乡建设部、财政部、国家发展和改革委员会关于发布《绿色低碳重点小城镇建设评价指标（试行）》的通知（建村〔2011〕144号）

[97] 住房和城乡建设部关于发布行业标准《镇（乡）村绿地分类标准》的公告（〔2011〕1181号）

[98] 住房和城乡建设部、国家发展和改革委员会关于批准发布《乡镇综合文化站建设标准》的通知（建标〔2012〕44号）

[99] 住房和城乡建设部、国家文物局关于印发《历史文化名城名镇名村保护规划编制要求（试行）》的通知（建规〔2012〕195号）

[100] 住房和城乡建设部、国家发展和改革委员会、财政部、国土资源部、农业部、民政部、科学技术部发布《关于开展全国重点镇增补调整工作的通知》（建村〔2013〕119号）

[101] 住房和城乡建设部《历史文化名城名镇名村街区保护规划编制审批办法》（〔2014〕20号）

[102] 住房和城乡建设部关于印发县（市）域城乡污水统筹治理导则（试行）的通知（建村〔2014〕6号）

[103] 住房和城乡建设部关于印发《可再生能源建筑应用示范市县验收评估办法》的通知（建科〔2014〕138号）

[104] 住房和城乡建设部公告第302号——关于发布行业标准《镇（乡）村仓储用地规划规范》的公告（〔2014〕302号）

［105］住房和城乡建设部、国家发展和改革委员会、财政部、原国土资源部、原农业部、民政部、科学技术部等部门关于公布全国重点镇名单的通知（建村〔2014〕107号）

［106］住房和城乡建设部关于2014年建设宜居小镇、宜居村庄示范工作的通知（建村函〔2014〕105号）

［107］住房和城乡建设部关于开展小城镇宜居小区示范工作的通知（建村〔2014〕50号）

［108］住房和城乡建设部关于公布第一批小城镇宜居小区示范名单的通知（建村〔2015〕29号）

［109］住房和城乡建设部、国家发展和改革委员会、财政部关于开展特色小镇培育工作的通知（建村〔2016〕147号）

［110］住房和城乡建设部、国家开发银行关于推进开发性金融支持小城镇建设的通知（建村〔2017〕27号）

［111］住房和城乡建设部、中国建设银行关于推进商业金融支持小城镇建设的通知（建村〔2017〕81号）

［112］住房和城乡建设部等部门关于开展无障碍环境市县村镇创建工作的通知（建标〔2018〕114号）

［113］住房和城乡建设部办公厅关于组织推荐全国农村生活污水治理示范县（市、区）的通知（建办村函〔2020〕392号）

［114］住房和城乡建设部办公厅关于组织推荐农村生活垃圾分类和资源化利用示范县的通知（建办村函〔2020〕314号）

［115］住房和城乡建设部等15部门关于加强县城绿色低碳建设的意见（建村〔2021〕45号）

［116］原国务院扶贫办印发《关于完善县级脱贫攻坚项目库建设的指导意见》的通知（2018.03.08）

［117］原国务院扶贫办关于进一步落实贫困县约束机制的通知（2019.07.14）

［118］人力资源社会保障部、国家乡村振兴局印发关于加强国家乡村振兴重点帮扶县人力资源社会保障帮扶工作的意见（人社部发〔2021〕94号）

（三）自然资源和环境保护部门文件

［119］原国土资源部关于开展县级土地利用总体规划修编试点工作的通知（国土资发〔2002〕189号）

［120］国家海洋局关于县际间海域勘界工作的指导意见（国海发〔2002〕12号）

［121］原国家环境保护总局、建设部关于印发《小城镇环境规划编制导则（试行）》的通知（环发〔2002〕82号）

［122］原国家环境保护总局办公厅关于印发《生态县、生态市建设规划编制大纲（试行）》及实施意见的通知（环办〔2004〕109号）

［123］原国土资源部办公厅关于印发市县乡级土地利用总体规划编制指导意见的通知（国土资厅发〔2009〕51号）

［124］原国土资源部关于加强乡（镇）国土资源所建设的指导意见（国土资发〔2010〕24号）

［125］中国地震局关于加强市县防震减灾工作的指导意见（中震防发〔2010〕96号）

［126］中国地震局关于印发《市县防震减灾工作年度考核办法》的通知（中震防发〔2021〕73号）

［127］中国气象局关于县级综合气象业务改革发展的意见（2013.06.14）

［128］原环境保护部关于印发《国家生态文明建设示范村镇指标（试行）》的通知（环发〔2014〕12号）

［129］原环境保护部《关于发布县域生物多样性调查与评估技术规定的公告》（〔2017〕84号）

［130］自然资源部关于发布《第三次全国国土调查技术规程》《县级国土调查生产成本定额》2项行业标准的公告（〔2019〕7号）

［131］生态环境部关于印发《国家生态文明建设示范市县建设指标》《国家生态文明建设示范市县管理规程》和《"绿水青山就是金山银山"实践创新基地建设管理规程（试行）》的通知（环生态〔2019〕76号）

［132］自然资源部办公厅关于印发《省级矿产资源总体规划编制技术规程》和《市县级矿产资源总体规划编制要点》的通知（自然资办发〔2020〕19号）

［133］生态环境部、科学技术部关于印发《百城千县万名专家生态环境科技帮扶行动计划》的通知（环科财〔2021〕55号）

（四）农业、林业管理部门文件

［134］原农业部《乡镇工业企业全面质量管理达标暂行办法》（1991.08.20）

［135］原农业部乡镇企业科技成果鉴定规定（试行）（1991.10.11）

［136］原农业部、人事部关于进一步鼓励人才向乡镇企业流动的通知（农企发〔2001〕7号）

［137］原农业部、建设部、国土资源部关于促进乡镇企业向小城镇集中发展的通知（农企发〔2001〕18号）

［138］原农业部《大中型乡镇企业建立现代企业制度规范》（2002.07.01）

［139］原农业部、国家经济贸易委员会、国家发展计划委员会、财政部、监察部、国务院原纠风办、审计署关于印发《乡镇企业负担监督管理办法》的通知（2002.03.18）

［140］原农业部关于开展"十省百县"外来入侵生物灭毒除害行动的通知（2004.04.13）

［141］原农业部关于进一步改革和加强乡镇企业信息统计工作的意见（农企发〔2005〕5号）

［142］原农业部办公厅关于进一步做好乡镇畜牧兽医站改革工作的通知（2007.09）

［143］原农业部关于加快推进乡镇或区域性农业技术推广机构改革与建设的意见（农科教发〔2009〕7号）

［144］原农业部关于印发《全国乡镇企业发展"十二五"规划》的通知（农企发〔2011〕5号）

［145］原农业部、国家资源局、财政部关于印发《绿色能源示范县建设技术管理暂行办法》的通知（农科教发〔2011〕5号）

［146］原农业部办公厅关于开展全国农村集体"三资"管理示范县创建工作的通知（农办经〔2012〕17号）

［147］原农业部关于开展创建国家农产品质量安全监管示范县试点工作的意见（农质发〔2013〕2号）

［148］原农业部办公厅关于开展一事一议规范管理县创建活动的通知（农办经〔2013〕15号）

［149］原农业部办公厅《一事一议规范管理县认定管理暂行办法》（农办经〔2014〕15号）

［150］原农业部关于印发《国家农产品质量安全县创建活动方案》和《国家农产品质量安全县考核办法》的通知（农质发〔2014〕15号）

［151］原农业部关于印发《国家农产品质量安全县管理办法（暂行）》的

通知（农质发〔2015〕8号）

［152］原农业部办公厅关于印发主要农作物生产全程机械化示范县评价指标体系（试行）和评价办法（试行）的通知（农办机〔2016〕22号）

［153］原农业部办公厅关于开展农业特色互联网小镇建设试点的指导意见（农办市〔2017〕27号）

［154］原国家认监委关于开展国家良好农业规范认证示范区（县）创建活动的通知（国认注〔2017〕23号）

［155］农业农村部、财政部关于深入推进农村一二三产业融合发展开展产业兴村强县示范行动的通知（农财发〔2018〕18号）

［156］农业农村部办公厅关于组织申报农民专业合作社质量提升整县推进试点有关事项的通知（农办经〔2018〕11号）

［157］农业农村部办公厅关于印发《全国分县农业农村经济基础资料统计调查制度》的通知（农办市〔2021〕1号）

［158］农业农村部关于开展全国休闲农业重点县建设的通知（农产发〔2021〕1号）

［159］农业农村部办公厅关于开展全国农业科技现代化先行县共建工作的通知（农办科〔2021〕10号）

［160］农业农村部关于开展全国农业全产业链重点链和典型县建设工作的通知（农办产〔2021〕8号）

［161］农业农村部办公厅关于认定制种大县和区域性良种繁育基地的通知（农办种〔2021〕5号）

［162］农业农村部关于加强乡镇农产品质量安全网格化管理的意见（农质发〔2021〕7号）

［163］原国家林业局关于进一步加强乡镇林业工作站建设的意见（林站发〔2015〕146号）

［164］原国家林业局关于印发《国家珍贵树种培育示范县管理办法（试行）》的通知（林造发〔2013〕27号）

［165］原国家林业局办公室关于印发《全国森林旅游示范市县申报命名管理办法》的通知（办场字〔2017〕73号）

［166］原国家林业局办公室关于开展森林特色小镇建设试点工作的通知（办场字〔2017〕110号）

（五）商业与市场监管部门文件

［167］中华全国供销合作总社关于进一步加快县级供销合作社改革发展的

321

意见（供销合字〔2009〕45号）

［168］原国家食品药品监督管理局办公室、商务部办关于印发《国家餐饮服务食品安全示范县遴选暂行办法》的通知（食药监办食〔2011〕177号）

［169］工业和信息化部办公厅关于征选信息消费试点市（县、区）的通知（工信厅信函〔2013〕701号）

［170］商务部等17部门关于加强县域商业体系建设促进农村消费的意见（商流通发〔2021〕99号）

［171］商务部等15部门办公厅（室）关于印发《县域商业建设指南》的通知（商办流通函〔2021〕322号）

［172］商务部等9部门办公厅（室）关于印发《县域商业三年行动计划（2023—2025年）》的通知（2023.07.27）

［173］原国家食品药品监督管理局关于开展创建食品安全示范县活动的通知（国食药监协〔2007〕291号）

［174］原国家食品药品监管总局关于加强县级食品药品监督管理部门及其派出机构食品安全执法规范化的指导意见（食药监法〔2016〕124号）

（六）水利、交通运输部门文件

［175］水利部《水电农村电气化县建设管理办法》（水规计〔2001〕548号）

［176］原交通部关于印发《县际及农村公路改造工程实施意见》的通知（交公路发〔2003〕206号）

［177］水利部关于加强村镇供水工程管理的意见（水农〔2003〕503号）

［178］水利部关于印发《村镇供水站定岗标准》的通知（水农〔2004〕223号）

［179］交通运输部关于发布《内河乡镇渡口建设有关技术标准暂行规定》的通知（交水发〔2014〕206号）

［180］水利部关于开展县域节水型社会达标建设工作的通知（2017）

［181］交通运输部办公厅关于推进乡镇运输服务站建设加快完善农村物流网络节点体系的意见（交办运〔2018〕181号）

（七）财政金融部门文件

［182］中国农业银行关于印发《中国农业银行小城镇建设专项贷款管理暂行规定》的通知（农银发〔1997〕145号）

［183］财政部关于下发《改革和完善农村税费改革试点县、乡财政管理体

制的指导性意见》的通知（财预〔2000〕134号）

［184］原中国银行业监督管理委员会关于印发《县（市）农村信用合作联社监管工作意见》的通知（银监发〔2005〕59号）

［185］财政部关于进一步推进乡财县管工作的通知（财预〔2006〕402号）

［186］财政部关于发挥乡镇财政职能作用加强财政预算管理的意见（财预〔2008〕406号）

［187］财政部关于推进省直接管理县财政改革的意见（财预〔2009〕78号）

［188］原中国银监会关于印发《小额贷款公司改制设立村镇银行暂行规定》的通知（银监发〔2009〕48号）

［189］财政部关于印发《切实加强乡镇财政资金监管工作的指导意见》的通知（财预〔2010〕33号）

［190］原中国银监会办公厅关于进一步推进空白乡镇基础金融服务工作的通知（银监办发〔2011〕74号）

［191］财政部办公厅关于充分发挥乡镇监督管理支农资金作用的意见（财办农〔2011〕53号）

［192］中国人民银行办公厅关于加强县支行建设项目管理的指导意见（银办发〔2011〕133号）

［193］财政部关于印发《农业综合开发财政资金县级报账实施办法》的通知（财发〔2011〕22号）

［194］财政部、住房和城乡建设部关于绿色重点小城镇试点示范的实施意见（财建〔2011〕341号）

［195］原中国银监会关于印发《村镇银行监管评级内部指引》的通知（银监发〔2012〕1号）

［196］财政部关于乡镇国库集中支付制度改革的指导意见（财库〔2014〕177号）

［197］原中国银监会办公厅关于加强村镇银行公司治理的指导意见（银监办发〔2014〕280号）

［198］原中国银监会关于进一步促进村镇银行健康发展的指导意见（银监发〔2014〕46号）

［199］国家税务总局关于印发《全国县级税务机关纳税服务规范（1.0版）》相关表证单书的通知（税总发〔2014〕109号）

［200］财政部关于印发《生猪（牛羊）调出大县奖励资金管理办法》的通知（财建〔2015〕778号）

［201］原中国银监会办公厅关于进一步提升大型银行县域金融服务能力的通知（银监办发〔2016〕163号）

［202］财政部关于印发《国家农业综合开发县管理办法》的通知（财发〔2017〕3号）

［203］财政部关于印发《中央财政县级基本财力保障机制奖补资金管理办法》的通知（财预〔2019〕144号）

［204］中国银保监会办公厅关于推动村镇银行坚守定位提升服务乡村振兴战略能力的通知（银保监办发〔2019〕233号）

［205］中国银保监会办公厅关于印发支持国家乡村振兴重点帮扶县工作方案的通知（银保监办发〔2021〕97号）

（八）科技与知识产权部门文件

［206］科学技术部、财政部关于印发《科技富民强县专项行动计划实施方案（试行）》的通知（国科发计字〔2005〕264号）

［207］科学技术部关于印发《科技兴县（市）专项工作"十一五"规划》的通知（国科发农字〔2007〕73号）

［208］科学技术部关于印发《科技兴县（市）专项工作管理办法》的通知（国科发农字〔2007〕476号）

［209］国家知识产权局关于印发《国家知识产权强县工程试点、示范县（区）评定管理办法》的通知（国知发管字〔2012〕133号）

［210］国家知识产权局办公室关于开展国家知识产权强县工程试点、示范县（区）评定工作的通知（国知办发管字〔2013〕11号）

（九）教育、文化部门文件

［211］教育部关于积极推进农村乡镇自学考试服务体系建设的意见（教考试〔1999〕8号）

［212］教育部、国家广播电影电视总局关于印发《关于推进市（地）、县（市）教育电视播出机构职能转变工作的意见》的通知（教社政〔2002〕13号）

［213］教育部关于加强县级教师培训机构建设的指导意见（教师〔2002〕3号）

［214］教育部关于印发《县域义务教育均衡发展督导评估暂行办法》的通知（教督〔2012〕3号）

［215］教育部关于印发《县域义务教育优质均衡发展督导评估办法》的通知（教督〔2017〕6号）

［216］教育部关于印发《县域学前教育普及普惠督导评估办法》的通知（教督〔2020〕1号）

［217］教育部办公厅关于开展县域义务教育优质均衡创建工作的通知（教基厅函〔2021〕43号）

［218］教育部等九部门关于印发《"十四五"学前教育发展提升行动计划》和《"十四五"县域普通高中发展提升行动计划》的通知（教基〔2021〕8号）

［219］原文化部《乡镇综合文化站管理办法》（〔2009〕48号）

［220］国家广播电影电视总局关于乡镇广播电视站、转播台重新审核登记和加强乡镇广播电视管理的通知（2004.10.28）

（十）卫生健康事业管理文件

［221］原卫生部、农牧渔业部《乡镇企业劳动卫生管理办法》（1987.07.09）

［222］原卫生部、国家中医药管理局《乡镇卫生院中医药服务管理基本规范》（国中医药发〔2003〕56号）

［223］原卫生部关于印发《乡镇卫生院卫生技术人员培训暂行规定》的通知（卫科教发〔2004〕7号）

［224］原卫生部、国家中医药管理局、国家发展和改革委员会、财政部《中央预算内专项资金（国债）项目县中医医院建设指导意见》（卫规财发〔2006〕340号）

［225］原卫生部办公厅关于印发《乡镇甲型H1N1流感防控工作方案（试行）》的通知（卫发明电〔2009〕150号）

［226］原卫生部、国家中医药管理局关于印发《乡镇卫生院中医科基本标准》的通知（国中医药发〔2010〕3号）

［227］原卫生部办公厅关于印发《市、县级医院常见肿瘤规范化诊疗指南（试行）》的通知（卫办医管发〔2010〕191号）

［228］原卫生部、国家发展改革委、财政部、人力资源社会保障部、农业部关于印发《乡镇卫生院管理办法（试行）》的通知（卫农卫发〔2011〕61号）

［229］原卫生部关于印发《县级医院及乡镇卫生院院务公开考核标准（试行）》的通知（卫医政发〔2011〕39号）

［230］原卫生部办公厅关于印发《国家卫生应急综合示范县（市、区）评估管理办法（试行）》的通知（卫办应急发〔2012〕34号）

［231］全国爱卫会关于印发《关于开展健康城市健康村镇建设的指导意见》的通知（全爱卫发〔2016〕5号）

［232］国家卫生健康委办公厅、国家医保局办公室、国家中医药局办公室关于印发《紧密型县域医疗卫生共同体建设评判标准和监测指标体系（试行）》的通知（国卫办基层发〔2020〕12号）

［233］国家卫生健康委办公厅关于进一步加强县域新型冠状病毒感染的肺炎医疗救治工作的通知（国卫办医函〔2020〕83号）

［234］国家卫生健康委、国家乡村振兴局、国家中医药管理局、中央军委政治工作部、中央军委后勤保障部关于印发《"十四五"时期三级医院对口帮扶县级医院工作方案》的通知（国卫医函〔2021〕262号）

［235］全国爱卫会关于印发《国家卫生城镇评审管理办法》和《国家卫生城市和国家卫生县标准》《国家卫生乡镇标准》的通知（全爱卫发〔2021〕6号）

（十一）体育管理文件

［236］国家体育总局、原文化部、原农业部关于印发《关于发挥乡镇综合文化站的功能进一步加强农村体育工作的意见》的通知（体群字〔2010〕128号）

［237］国家体育总局《县级全民健身中心项目实施办法》（2016.07.20）

［238］教育部办公厅关于加强全国青少年校园足球改革试验区、试点县（区）工作的指导意见（教体艺厅〔2017〕1号）

［239］体育总局办公厅关于推动运动休闲特色小镇建设工作的通知（体群字〔2017〕73号）

［240］体育总局办公厅关于公布第一批运动休闲特色小镇试点项目名单的通知（体群字〔2017〕149号）

［241］体育总局办公厅关于推进运动休闲特色小镇健康发展的通知（体经字〔2018〕665号）

［242］体育总局关于开展全民运动健身模范市和全民运动健身模范县（市、区）创建工作的通知（2018.08.02）

［243］教育部办公厅关于印发《全国青少年校园足球试点县（区）基本要求（试行）》的通知（教体艺厅〔2018〕3号）

[244] 体育总局办公厅关于印发《运动休闲特色小镇试点项目建设工作指南》的通知（体经字〔2019〕104号）

[245] 体育总局办公厅关于开展首批全国县域足球典型推荐工作的通知（2021.01.27）

（十二）民政管理文件

[246] 民政部关于进一步推进乡镇政务公开工作的通知（民发〔2000〕186号）

[247] 原民政部、中央机构编制委员会办公室、国务院经济体制改革办公室、建设部、财政部、国土资源部、农业部《关于乡镇行政区划调整工作的指导意见》（民发〔2001〕196号）

[248] 民政部关于印发《全国农村社区建设实验县（市、区）工作实施方案》的通知（民函〔2007〕79号）

[249] 民政部关于印发《"全国县（市、区）社会福利中心建设计划"实施方案》的通知（民发〔2008〕145号）

[250] 全国双拥工作领导小组关于印发《全国双拥模范城（县）考评标准（试行）》的通知（国拥〔2010〕3号）

[251] 全国双拥工作领导小组关于印发《双拥模范城（县）创建命名管理办法》和《全国双拥模范城（县）考评标准》的通知（国拥〔2015〕5号）

[252] 民政部、全国工商联关于加强乡镇、街道商会登记管理工作的通知（民发〔2020〕76号）

[253] 国家民委关于印发全国民族团结进步示范市（地、州、盟）、县（市、区、旗）测评指标的通知（2022.01.20）

（十三）档案管理文件

[254] 国家档案局、民政部、原农业部关于印发《社会主义新农村建设档案工作示范县实施办法》的通知（档发〔2010〕3号）

[255] 国家档案局办公室、民政部办公厅、原农业部办公厅关于印发《社会主义新农村建设档案工作示范县预验收方案》和《社会主义新农村建设档案工作示范县验收方案》的通知（档办〔2011〕236号）

[256] 国家档案局《乡镇档案工作办法》（〔2021〕18号）

（十四）法治管理文件

[257] 司法部《乡镇法律服务业务工作细则》（〔1991〕19号）

[258] 公安部《小城镇户籍管理制度改革试点方案》（1997.05.20）

[259] 全国普法办公室《关于开展法治城市法治县（市、区）创建活动的意见》（普法办〔2008〕7号）

[260] 司法部《关于进一步加强乡镇司法所建设的意见》（司发〔2009〕7号）

[261] 公安部关于县级公安机关建立完善法制员制度的意见（公通字〔2010〕53号）

[262] 全国普法办公室关于深化法治城市、法治县（市、区）创建活动的意见（2013.07.30）

[263] 司法部关于进一步加强乡镇司法所建设的意见（司发通〔2014〕71号）

[264] 公安部、住房和城乡建设部、国家文物局关于印发《关于加强历史文化名城名镇名村及文物建筑消防安全工作的指导意见》的通知（公消〔2014〕99号）

附录二 列表目录

表1.1 第七次人口普查全国各地城镇人口比情况（2020年）

表1.2 我国建制镇的历史演变情况（1986年—2021年）

表1.3 中部地区建制镇比例与人口城镇化率比较（2020）

表2.1 集镇规划规模分级（1993）

表2.2 镇及村庄规划分级（2007）

表2.3 全国小城镇建设试点镇名单（1994—1995）

表2.4 全国小城镇建设示范镇名单（1997—1999）

表2.5 "十五"第一批全国星火小城镇示范镇创建单位

表2.6 发展改革土地增减挂钩试点小城镇各地分布情况

表2.7 第一批试点示范绿色低碳重点小城镇名单

表2.8 第一批小城镇宜居小区示范名单

表2.9 特色小镇入选名单（2016—2017）

表2.10 第一批运动休闲特色小镇试点项目名单

表2.11 国家级历史文化名镇名单

表2.12 全国历史文化名镇名村地区分布情况

表2.13 全国特色景观旅游名镇（村）名单

表4.1 市县法治政府建设示范指标体系（2021）

表4.2 有关县域发展的全国性部委规章及规范性文件

表5.1 有关镇的党内法规文件

表5.2 有关镇的行政法规与规范性文件

表5.3 有关镇的部门规章及规范性文件

表5.4 地方性法规有关镇的文件

表5.5 有关镇的地方性规章及规范性文件

后 记

终于可以暂时搁笔了，因为出版的时效问题，审阅终稿时，正值中央电视台热播电视剧《县委大院》。看着电视剧中的人和事，不禁想起本课题研究时深入有关县及乡镇调研的情形，也想起了2018年承担山西省扶贫办委托项目《山西省十四五脱贫攻坚规划中期评估》时，带领8名教师和20多名研究生深入山西省58个贫困县调研的情形。

笔者在2017年接手本项目时，本应在一年内完成。但没想到，基于诸多因素，这个项目竟做了5年多，如果加上后期成果鉴定及修改的时间，也许要达6年之久。即使这样，由于只能根据公开信息做政策法律方面的研究，一些涉及不公开的文件信息无法体现。可现实中，一些悄然的改革举措正在影响着我国一千多个县及两万多个镇的改革。而且，相关的改革还将一直持续下去。"上面千根线，下面一根绳"，每一个县域及镇的发展都是我国国民经济发展和社会发展的一个缩影。每一个县及乡镇的实际情况均有所不同，所以，各县各乡镇的改革举措，必须获得当地人民群众的理解和支持才能顺利推进。所谓基层工作"难"，基层工作"不容易"，也就体现在如何发动群众，依靠群众之上。为此，党中央才提出"一县一策"的政策主张，尤其在依法治国和实施社会主义统一大市场的格局下，在进入小康社会之后继续前行下，如何科学地促进我国县域城镇化的进一步发展，成为当前需要解决的首要问题。本著作与其他类似成果相比，只是做了一个比较全面的分析，有历史的、现实的，也有对未来发展的建议和设想。合理与否，还需要实践的检验。

在本项目研究过程中，项目组课题成员段浩、王璐、崔培艳及在校研究生郭荣靖、樊朝蕾参与了课题调研、资料文献的搜集整理及初稿的审阅等工作，终稿形成中，在校研究生姚尧、王盟博、刘盈参与了校对工作，笔者在此表示感谢，对于本著作引用的相关成果的作者也表示感谢。特别是费孝通先生对于促进我国小城镇建设的突出贡献令人敬佩，正是他的江南乡镇调研和研究成果开启了我国县域小城镇发展的革命性变革，是我等后辈学人永远学习的榜样。

同时，特别感谢光明日报出版社及本著作编辑为出版本著作付出的辛劳。

最后，我要表达的是，此项科研工作虽然可以告一段落，但是由于我国有关县域城镇化的改革还将持续进行下去，在如何完善县域城镇的城市内涵及协调好与乡村的关系方面，至少还需要10~15年的时间。因而，对于县域城镇的发展及其法治问题，我亦将会持续地关注和研究下去。

董玉明

2024年2月于山西大学东山校区